KB037184

기생,
문화콘텐츠 관점에서 본 권번기생 연구

신현규

기생,
문화콘텐츠 관점에서 본 권번기생 연구

머리말

이 책은 일제강점기 권번기생을 연구 발표한 논문들의 묶음이다. 기생에 대한 나의 관심은 대학 졸업논문 「진랑(황진이)시조 구조분석의 한 시도」에서 시작되었다. 그렇지만 대학원에서 관심 분야는 설화, 즉 신화(神話)에 열중하였다. 이를 천착한 결과로 석사논문은 「'동명형' 시조신화 연구」이었고, 박사 논문은 「임병양란을 소재한 한문서사시 연구」로 학문 관심 영역을 '중국소수민족의 서사시'로 확대한 셈이다.

2003년 중앙대에서 교양학부가 신설되어 부임하게 되어, 교양교육의 글쓰기와 말하기의 교양 수업을 전담하였다. 차츰 고전문학의 학술담화공동체와는 거리를 두게 되면서 자연스럽게 다른 영역에 관심을 찾았다. 그것이 바로 '조선기생', 즉 '일제강점기 권번기생'을 연구대상으로 삼았다. 학부 졸업논문에서부터 다시 에둘러 돌아온 셈이다.

당시 권번기생 자료를 모아 서둘러 단행본 발간부터 시작했다. 논문은 그 뒤를 따라가면서 학회 발표와 토론을 병행하다보니 사뭇 책으로 묶을 만큼 모아졌다. 더 늦기 전에 책을 만들기로 작정하고도 여러 해가 지나가 버렸다. 비로소 이번에 완성되어 감회가 남다르다.

이 책의 구성은 총 4부로 나누어져 있다. '제1부 일제강점기 권번기생 개념 연구', '제2부 일제강점기 권번기생 문학 연구', '제3부 권번기생의 문화콘텐츠 연구', '제4부 권번기생의 근대 서지 연구' 등으로 구분하였다. 앞으로도 권번기생에 대한 연구가 쌓이는 대로 모아서 책을 묶을 생각이다.

이 책이 나오기까지 고마운 분들이 많다. 우선 본격적인 기생 이미지 연구에 자료 도움을 준 고(故) 이종호 선생과 고(故) 박민일 교수님께 늦게나마 명복을 빈다. 특히 기생 관련 자료를 아낌없이 내어 준 근대서지학회 오영식 회장님에게도 고마움을 전하고 싶다. 그리고 사랑하는 아내이면서 학문을 함께 하는 동지(同志), 이은미 선생님에게 한결같이 큰 힘을 얻기에 참 고맙다.

끝으로 어려운 출판 상황에서도 책을 발간해준 연경문화사 이정수 사장님에게 이 자리를 빌어서 감사의 마음을 전한다.

2022. 3.

흑석골에서 청담(淸潭) 신현규

목차

제3부 권번기생의 문화 콘텐츠 연구

제4부 권번기생의 근대 서지 연구

제1부

일제강점기 권번기생 개념 연구

권번기생을 논의하기 위한 사적 고찰

1. 한·중·일의 기생사

우리나라 기생의 역사를 이야기하기 위해서는 『조선해어화사』를 빼놓을 수 없다. 이는 1927년 국학자 이능화가 저술한 풍속에 관한 서적으로, 기생의 역사를 종합적으로 다루고 있다. 이후 제대로 된 연구서는 나오지 않았고, 다만 이방인이 외부의 관점에서 우리의 기생 역사를 다루었을 뿐이다. 국내에서는 발간되지 않았지만 1997년 독일 함부르크대의 이탈리아 출신 여성학자 '빈센차 두르소' 박사논문 『조선기녀』와 그리고 2002년 다소 수준 이하로 비추어지지만 일본 학자 '가와무라 미나토'의 『말하는 꽃 기생』 등이 바로 그것이다.

『조선해어화사』는 삼국시대부터 조선시대 말기에 이르기까지 천민층으로 취급받은 기생들의 자료를 모았는데, 『삼국사기』와 『삼국유사』·『고려사』·『조선왕조실록』 등의 역사서와 각종 문집까지 참고하였다. 기생의 기원과 각 시대별 제도, 기생의 생활, 유명한 기생들, 기생의 역할과 사회적인

대한제국 궁정 관기 정장 사진 1900년대

성격 등을 다루고 있다. 또 각종 일화와 시조 및 시가 등을 소개한다. 이를 통해 기생이 비록 천민층이었으나 매우 활동적인 여성들이었음을 보여주었다. 또한 전통문화의 계승자였고, 나라를 위해 몸을 바친 의기나 의료에 종사한 의녀도 있었으며, 우리 문학사에도 적지 않게 공헌했음도 재확인하였다.

기생의 명칭 중에 '해어화'는 '말을 알아듣는 꽃이란 뜻'으로 '미인'을 달리 이르는 말이지만, 기생을 일컫는 말로도 통용된다. 당나라 현종이 비빈과 궁녀들을 거느리고 연꽃을 구경하다가 양귀비를 가리켜 "연꽃의 아름다움도 '말을 이해하는 이 꽃'에는 미치지 못하리라"고 말했다는 고사에서 온 말로, '해어지화(解語之花)'에서 비롯된 것이다.

1) 우리나라의 경우

우리나라에서만 쓰이는 어휘인 기생(妓生, a gisaeng(-girl) ; a singing and dancing girl)은 지난날, 잔치나 술자리에 나가 노래·춤 등으로 흥을 돕는 일을 직업으로 삼던 여자로 '예기(藝妓)'와 함께 쓰였다. 특히 '기생'의 한자어는 우리나라 문헌에서 조선시대 와서야 비로소 출전이 보인다. '기생'의 '-생'은 접사로, 일부 명사 뒤에 붙어 '학생'의 뜻을 더하는 접미사로 간주된다. 또는 인명의 성을 나타내는 명사 뒤에 붙어 '젊은 사람'의 뜻을 더하는 접미사다. 예컨대 교생, 서생, 선생, 학생, 이생 등과 같은 경우이다.

기생의 원류는 신라 24대 진흥왕 때에 여자 무당 직능의 유녀화에 따른 화랑의 '원화(源花)'에서 발생하였다는 의견도 있다. 정약용과 이익은 고려시대부터 생겼다 하여 "백제 유기장의 후예인 양수척이 수초를 따라 유랑하매, 고려의 이의민이 남자는 노예로 삼고, 여자는 기적(妓籍)을 만들어 기(妓)를 만드니, 이것이 기생의 시초"라 주장하고 있다. 그러나 문헌 기록에서 되짚어 보면 다소 이견이 있을 수 있다.

우리나라 기생의 역사에서 고려시대에는 관기를 기첩(妓妾)으로 맞고 사대부들이 집마다 둔 기록이 있어 공물이면서 사물로서도 존재한 것으로 보인다. 조선시대에는 관기제도를 한층 정비하였으나, 표면상으로만 '관원은 기녀를 간(奸)할 수 없다'는 『경국대전』의 명문이 있었을 따름이다. 실제로는 관기는 공물이라는 관념이 불문율로 되어 있어 지방의 수령이나 막료의 수청기(守廳妓) 구실을 하였다. 관비(官婢)와 관기(官妓)는 엄연히 구별되었다. 세종 때는 관기가 모자라 관비로써 충당하였다. 관기제도는 조선 말기까지 존속하였으며, 그 소생의 딸은 수모법(隨母法)에 따라 어머니가 관기이면 딸도 관기가 되어야 했다. 이 부분이 비인간적이면서도 고약한 경우이다. 바로 한 지방 수령관이 관기 모녀와의 관계를 맺고 번갈아 가면서 수청드는 경우가 생기기도 했다.

이처럼 세습되는 기생이 아닌 경우는 고아가 되거나 빈곤하여 팔리는 것처럼 외적 환경을 들 수 있다. 그밖에 자발적 의지에 의한 것은 허영심에 본인이 희망하거나 과부가 되어 자원하고 양반의 부터로서 음행하여 자녀안

楊水尺太祖攻百濟時所難制者遺種也素
無貫籍賦役好逐水草遷徙無常唯事畋獵
編柳器販鬻爲業凡妓種本出於柳器匠家

『고려사』 제129권 열전 제42 반역3 최충헌, 기(妓) 출전

(恣女案)에 기록된 경우이다.[1)]

조선시대의 교방은 기생을 관장하고 교육을 맡아보던 기관으로 가무 등 기생이 갖추어야 할 기본 기예는 물론, 행의(行儀)·시·서화 등을 가르쳐, 상류 고관이나 유생들의 접대에 부족함이 없도록 하였다.

8, 9살이 된 기생은 동기(童妓)라 하는데, 교방에서는 12세부터 교육을 시켰다. 춤을 잘 추는 기생은 무기(舞妓), 노래를 잘 하는 기생은 성기(聲妓) 또는 가기(歌妓)라 불렀다. 또한 악기를 잘 다루는 기생은 현기(弦妓) 또는 예기라 하였다. 외모가 뛰어난 기생은 미기(美妓), 가기(佳妓), 염기(艶妓) 등으로 불리웠다. 특히 사랑하는 기생은 애기(愛妓), 귀엽게 여기어 돌아보아 주는 기생은 압기(狎妓)라 하였다. 나이가 지긋한 기생 나이로 보아 장성한 기생은 장기(壯妓)라 하는데, 의로운 일을 한 기생들이 많아 의기(義妓)로 칭송받기도 하였다. 물론 기생의 우두머리는 행수 기생으로 도기(都妓)이다.

어두운 호칭으로는 노래와 춤과 몸을 파는 기생을 창기(娼妓), 천한 기생은 천기(賤妓), 기생퇴물이라는 뜻으로 퇴기(退妓) 등을 든다. 조선 후기에 두드러지는 기부(妓夫), 즉 액례(-별감)·승정원 사령·의금부 나장·포교·궁가·외척의 겸인 청지기·무사 등의 등장은 후대에 오랫동안 지속된다.

조선 시대 기생의 배출지로 이름났던 곳으로는 서울·평양·성천·해주·강계·함흥·진주·전주·경주 등이다. 일제강점기에는 권번(券番)이 이 지역에서 이러한 역할을 이어갔다. 동기에게 노래와 춤을 가르쳐 기생을 양성

---

1) 현문자(1967), 「기녀고」, 동아대학교 대학원.

혜원 신윤복 그림-전모를 쓴 여인(국립중앙박물관소장)

한말 궁중의 연희가 끝난 후 기념촬영을 관기 사진의 엽서

하는 한편, 기생들의 요릿집을 지휘하고 그들의 화대(花代)를 받아주는 역할이었다. 비로소 일반인도 요릿집에서 만날 수 있는 존재가 된 기생은 권번에 적을 두고 세금을 바쳤으며, 이들 권번기생은 다른 기녀들과는 엄격히 구분되었다.

그 당시 기생에 대해서는 호감과 배척이라는 이율배반적인 성격이 함께 들어 있다. 한쪽에서 보면 기생들은 적어도 봉건적인 유물로서 배척해야 할 대상이었으나, 실상은 현대적인 대중문화의 스타이기도 하였다.

권번은 정식 국악교육기관은 아니었으나 민속음악의 교육에 적지 않은 공헌을 하였다. 일제강점기를 거치면서 우리나라 기생의 이미지가 '창기', '작부'와 동일시하게 만드는 계기는 일본의 성풍속이다. 서로가 다름을 인정하는 인식의 출발이 없이 일본의 성문화 관점에서 예악문화의 계승자였던 권번기생의 이미지에 대한 아우라(Aura)를 부정하고 있다. 타락한 소수의 사이비 기생과 유녀들이 '기생'으로 참칭하면서 기생 이미지는 왜곡되었다. 뭇 사람들도 '기생 파티'란 말을 거부감이 없이 사용하고 있다. 그러나 본질면에서나 역사적 시각에서 기생의 이미지는 보존되어야 하며 이를 지켜낼 의무가 기생 연구자의 몫으로도 남겨져 있다.

2) 중국의 경우

기생에서의 '기'는 형성문자로 뜻을 나타내는 '계집 녀'와 음을 나타내는 '가를 지'의 바뀐 음이 합하여 이루어졌다. 여기에서 한·중·일 기생 어휘의 변별이 필요하다. 중국에서는 기생이라는 어휘 대신에 '기' 또는 '기녀', '창기' 등을 널리 사용하였다. 기생이라는 어휘의 용례를 찾을 수 없을뿐더러 인용조차도 않았다. 중국의 문헌 기록을 보면 우리와는 다른 관점을 가지고 있다. 바로 '기(妓)'와 '기(伎)'의 차이이다.

'기녀(伎女)'는 고대의 여자 가무예인을 가리키는데, '기녀(妓女)'는 여자 가무예인이지만 매음을 위해 영업하는 여자로도 그 용례가 보인다.

중국의 옛 문헌에는 '기(妓)'보다는 '창(娼)'으로 불리었다. 특히 옛 시대 창녀는 음악에서 기원한다. 이런 까닭으로 후세에 창녀가 비록 살기 위해 매음을 하지만 음악과 가무로 인하여 그들의 주요 기술이 되었다고 한다. 또한 '창(娼)'은 남녀로 구분되지 않았다.

즉 중국 한나라 이래로는 창(倡), 기(伎), 여창(女倡), 여기(女妓), 어기(御妓) 등으로 불리었다. 당나라 이후에 관기(官妓), 가기(歌妓), 영기(營妓), 음기(飮妓), 교방여기(教坊女妓), 성기(聲妓), 가기(家妓) 등으로 불리게 되었다. 물론 여기에는 여악(女樂)의 연희가 전제되고 있다.

은나라 시대에는 종교매음의 '무창(巫娼)'에서 그 기원을 찾고 있다. 서주 시대에 노예 '창기'와 '관기'가 처음으로 생겨난다. 그 후 춘추전국시대 이후 '여악'과 '창기' 발달이 이루어진다. 한무제 때 군영에서 설치되었던 창기를 '영기'라 하였다. 위진남북조 시대에는 사노예처럼 집안에 둔 '가기'와 '성기'의 전성기이었다. 당나라 시대에는 그 유명한 '진사'와 '창기'의 관계로 두드러진다. 당나라 관원들이 창기와 함께 있는 것이 법에 저촉되지 않았기 때문에 사대부 연희를 즐기는 풍조가 생겼다. 송나라 시대에는 '태학생'과 '창기' 관계가 많이 회자된다. 그 후 청나라 시대에는 예전 왕조처럼 교방을 두고 국가에서 관리하다가 나중에 개인이 창기를 경영하는 시기로 유지되다가 폐창(廢娼)으로 진행되어간다.

청나라 말기 상하이 10대 명기 사진

3) 일본의 경우

반면에 일본에서는 기생이라고 하지 않고 유녀(遊女)라고 부르는 것이 일반적이다. 특히 '예기(藝妓)'는 일본 기생을 일컫는 말로 많이 쓰였다. 즉, 예자(藝者, げいーしゃ, 게이샤)로 통용된다. 게이샤는 일본에서 1688~1704년경부터 생긴 제도로서 본래는 예능에 관한 일만을 하였으나 유녀가 갖추지 못한 예능을 도와주는 역할을 한 게이샤와, 춤을 추는 것을 구실로 손님에게 몸을 파는 게이샤의 두 종류로 나뉘었다. 전문적으로 질 높은 서비스를 제공하는 그들은 높은 수준으로 일본 전통예술의 훈련을 받는다. 기품 있는 게이샤는 매력적이면서 우아했고, 예전에 게이샤는 남자였다. 그러나 18세기 여자로 바뀌었으며 젊은 소녀들이 사춘기에 이르기 전에 교육을 시작한다.

게이샤는 아름다운 사람, 예술로 사는 사람, 예술을 행하는 사람이란 뜻이다. 그들은 예술분야 즉, 음악, 서예, 다도, 시, 대화 그리고 샤미센이라 부르는 세 종류의 악기를 배운다. 그들은 화려하고 우아한 전통의상인 기모노를 입고 하얀 얼굴에 아주 빨간 입술로 화장을 한다. 풍기를 문란하게 한다 하여 여러 차례 금지령을 내린 일도 있으나 메이지시대 이후 일반 게이샤의 수는 크게 증가하여 지방도시에까지 퍼지게 되었다. 근대에 와서는 예능의 정도에는 관계없이 매춘만을 전문으로 하는 여성이 게이샤의 이름으로 술자리에 나가는 일이 많다.

일제강점기 일본인의 권번은 예기 중심의 기생권번이 아니라 유곽의 공창(公娼)인 예창기(藝娼妓)라고 볼 수 있다. 1900년대 초 일본인 예창기가 수입되어 당시 남대문, 태평로에 5, 6호의 애미옥(曖昧屋)이 있어서 '어

일본 게이샤 사진 엽서

일제강점기의 부산 미도리마치(綠町) 유곽 사진

요리(御料理)'의 간판을 붙이고 10여 명의 매춘부가 비밀 영업을 하였다. 노일전쟁 때 일본인이 격증하여 예창기가 증가되면서, 예기의 권번도 생기고 창녀의 유곽도 생겼다.

일본의 유곽제도는 집창제(集娼制)로서 매음업자를 일정한 곳에 모아 사창(私娼)이 일반주거지역으로 침투·난립하는 것을 단속한다는 취지에서 생겨난 것이다. 1924년 당시 일본에 생겨난 유곽은 544개소에 이르렀다.

일제강점기 서울에는 중구 묵정동 일부 지역이 '신마치' 유곽의 소재지가 되어 여기에서만 매음업이 허용되었다. 신마치 유곽지대는 동·서로 나누어져 동쪽은 조선인이 경영하여 창기들도 주로 조선인이었으며, '한성대좌부조합'을 결성하였다. 서쪽은 '다이와신찌'라고 해서 주인·창기가 주로 일본인이었으며, '신마치유곽조합'을 결성하였다. 그 뒤 유곽은 개항지에는 예외없이 먼저 생겼고, 이어 내륙 도시들로 번져갔다.

당시 유곽에서 여자를 사는 사람은 큰 홀의 벽에 기대어 늘어앉은 여자를 직접 고르거나 번호가 붙은 사진첩, 또는 벽에 걸린 사진들을 보고 번호를 지정하였다. 유곽이 설치되자 임질·매독 등의 성병도 번져 대개의 유곽에는 그 구내에 성병진료소를 설치하였다.

서울에 있던 일본인의 예기권번은 욱정 1정목 28번지에 있던 혼권번, 신정 12번지의 히가시권번, 원정 2-1번지의 난권번, 그리고 츄우나가권번이 있었는데 1924년 기준으로 혼권번의 예기 숫자가 268명이었다. 묵정동의 신마치권번은 창기 권번으로 일본인 창기가 340명이었으며, 또 용산에 야오이마치 유곽이 있었다. 지방의 일본인 권번은 거의 몸을 파는 창기 중심

의 유곽들이었다.[2)]

일제 과거사 청산의 대상으로 우리나라 '집창촌(集娼村)'도 예외가 아니다. 일제강점기에 일본에서 들어온 '유곽'이 집장촌의 유래이면서 당시 전국에 설치된 지역이 대부분 현재 집장촌 지역이기도 하다.

예를 들어, 부산의 속칭 '완월동' 집창촌은 일제에 의해 소화통(昭和通)으로 불리던 충무동의 완월동 지역에 1907년 '미도리마치유곽'을 조성하면서 형성되었다. 이곳에서부터 일제에 의해 생겨난 유곽이 전국으로 확산된 것이다. 광복 후 미군정 시대에는 '공창제도'가 폐지되자, '완월동' 집창촌은 사창화된다.

2. 권번의 탄생, 그리고 영욕의 세월

일제강점기 시절의 기생은 권번에 소속된 기생을 말한다. 권번은 가부키 극장에서 사이반[菜番]이라는 관행이 생겨났을 때의 이름들과 아주 관계가 깊다. 일본은 이미 에도시대부터 메이지시대를 거쳐 다이쇼시대(1912~1926)에 이르는 기간에 극과 음악과 위로 파티를 연 연희장에서 차 시중을 드는 사람들인 차반[茶番]들과 술 시중을 드는 사카반[酒番]이나 모치반[餅番]으로 분화·변화해 '사이반'에 이르고 있었다. 이때의 그 일을 맡은 당번(當番) 모두를 '권번'(券番, 칸반)으로 부르고 있었다. 같은 발음의 칸반[爛番]은 요리점 등에서 술을 데우는 사람을 가리키고 있었다.

---

2) 「京城의 花柳界」, 『개벽』 제48호, 1924. 6. 1.

이 모두는 일본 국가 내의 기생들의 기관이자 기생학교였던 '교방'의 기능을 민간에서 모방한 것으로, 다이쇼 기간에 일본에서 예기들의 조합을 좁혀서 '칸반'이라고 하였고, 조선총독부는 그 한자음을 따와 '권번'시대를 열어간 것이다.[3]

1) 평양 기생학교의 방문기

1930년대 일제강점기에 우리나라를 방문하는 관광단이 가장 보고 싶어하는 것 중의 하나가 기생이었다. 당시 '조선색 농후한 전통적 미를 가진 기생'을 볼 수 있는 곳은 평양 기생학교뿐이라고 해도 과언이 아니다. 사실 평양 기생학교는 본래 명칭이 '평양 기성권번(箕城券番) 기생양성소'인데 3년 학제로 운영되었다. 대동강 부근에 있었고 그 부근 일대에 산재해 있는 10여 군데의 대규모 요릿집을 대상으로 운영하였다.

기생을 전문적으로 키우던 평양 기생학교에는 10대 소녀들이 모여 가무음곡을 익히고, 일제 말기 대동강변의 기생 수효는 무려 5, 6백 명에 이르렀다. 이는 조선말 '평양관기학교(平壤官妓學校)'에서 그 흔적을 찾을 수 있다.[4]

1930년 수양버들이 축 늘어진 연광정에서 서쪽으로 돌아 한참 가노라면 채관리가 나오고 그곳에 평양 기성권번의 부설 기생학교가 구름 속 반달모양으로 자리한다. 정문에 발을 들어 놓으면 〈시조〉와 〈수심가〉 가락이 장구에 마치어 하늘 공중 둥둥 높이 울려 나오고 연지와 분과 동백기름 냄새가 마취약같이 사람의 코를 찌를 정도였다고 한다.

3) 노동은(2001), 「평양기성권번」『노동은의 두 번째 음악상자』, 한국학술정보(주), 204쪽.

4) 德永勳美(1907), 『韓國總攬』, 東京 博文館.

1930년 6월 「삼천리」 잡지에 실린 평양 기생학교 방문기를 들어보자.

마루 아래는 빨간 신, 파란 신, 굽 높은 외씨 같은 구두들이 수백 켤레 놓이고 화초병풍을 두른 넓은 방 안에는 방마다 13, 4세부터 16, 7세까지 되는 남의 집 처자들이 가락지 모양으로 원을 짓고 돌라앉아서 혹은 사군자를 치고 혹은 가사를 배우고 혹은 승무와 검무를 추고 있으며 있던 아이들은 단청 칠한 마루 기둥에 몸을 꼬아 기대고 서서 남이 하는 모양을 물끄러미 보기도 하고 있는데 모두 200여 명 동기들이 만발한 화초동산 같이 와자작 피고 있다.

외지인이 오면 경계하는 눈치인가 소근거리며 머리를 들어 나를 쳐다보는 품이 한껏 귀여웠다. 그 하얀 얼굴에 머루 알 같은 까만 눈동자가 달달 구우는 것이 어디에 죄가 있다 할까. 동정녀에게서만 보는 기품과 아름다움이 나 같은 우직한 사내의 가슴조차 여간 설레게 하지 않는다.

그네들은 "너는 모란 꽃 되라. 나는 초롱 꽃 되마." 하는 듯이 제각각 차림 차림을 달리하였다. 어떤 각시는 빨간 댕기에 발목까지 잘잘 흘리는 치마를 입었는가 하면 어떤 아씨는 영초댕기에 연두색 치마를 궁둥이에 걸치었고 어떤 색시는 흰 저고리 검은 치마에 히사시 가미로 여학생 차림을 하였는가 하면 어떤 아이는 제비 꼬리 같은 양창에 장미꽃 리본을 달아 공연히 남을 못 견디게 군다. 그렇더라도 모두 다르게 차렸건만 마치 식물원에 온갖 꽃이 어울러져 피어 있되 어느 것이나 다 풍정이 있는 모양으로 아기자기한 인생의 꽃동산이 저절로 이루어졌다.

평양 기생학교 관람 사진 엽서

당시 3년 동안의 교과 내용은 학년마다 달랐다. 1년급 아이들에게는 우조(羽調), 계면조(界面調) 같은 가곡을 가르친다. 평시조, 고조(高調), 사설조(詞說調), 그 밖에 매·란·국·죽 같은 사군자와 한문 운자(韻字)까지 또 조선어 산술 등을 가르친다. 2년급 때에는 관산융마(關山戎馬)나 백구사(白鷗詞), 황계사(黃鷄詞), 어부사(漁父詞)와 같이 조금 높은 시조에다가 생황, 피리, 양금과 거문고, 젓대 같은 즉 관현악을 가르쳤다. 3년급 때에는 양산도나 방아타령 같은 것은 품에 깩긴다하여 가르치지 않다가 부르는 손님들의 요구로 춤과 함께 승무와 검무를 배운다. 처음에는 발 떼는 법, 중둥 쓰는 법 몸 놀리는 법에만 약 20일이 걸렸다. 또 신식 댄스는 더 배우고 싶으면 배우게 하였다.

졸업 후에는 서울이나 신의주, 대구로 진출하고 180여 명의 졸업생 중의 70% 정도는 외지로 갔다. 기생학교로 입학하러 오는 학생들은 평양아이도 많지마는 서울이나 황해도, 평안도에서도 많이 왔다. 노래는 박명화(朴明花), 김해사(金海史)라는 두 명기가 가르치고 그림은 수암(守巖) 선생이 가르쳤다.[5]

4년 뒤에 1934년 5월「삼천리」잡지에 실린 평양 기생학교 방문기를 들어보자.

> 평양의 대동강을 끼고 연광정으로 올라가면 호화로운 3층 다락이 가로 눕고 있는 양식 절반 조선식 절반의 커다란 건물이 기생학교이다.
>
> 바로 작년에 교실을 신축하여 놓아서 주홍칠한 기둥에나 학 두루미와 용 같은 오색그림을 그린 벽화가 특이하지만 아니 묫은 채 그냥 있다. 예전에는

5) 1930년 6월『삼천리』잡지 탐방기.

평양 기생학교 서양댄스 공연 연습 장면

평양 기생학교 수업장면

대동문 부근의 채관리 골목에 있더니 몇 해 아니 되어 재산도 상당히 모여 작년에 신축하여 놓은 것이다. 나는 12월 9일 석양이 연광정 아래 옷 빨기에 급한 서도 각씨들 댕기 위에 흐를 때에 기생학교 구경차로 학교 문을 두드렸다.

2층의 응접실로 들어서자 동백기름 냄새가 코를 찌른다. 어디서 간드러지게 웃는 젊은 여자의 웃음소리도 새어 나온다. 그리고 마루에는 외씨 같은 조그마한 하얀 갓신들이 짝을 지어 가지런히 여러 켤레 놓여있다. 응접실은 겨울도 달아 놓았고 등의자도 갖추어 놓은 양실로 되었다. 젊은 여사무원이 응대하여 준다. 온 뜻을 간단히 이야기하였더니 대단히 반기며 자기가 앞장을 서서 학교 사무실이며, 교실이며 심지어 학생들이 자는 기숙사까지 보여 준다. 퍽이나 재미있게 보았음으로 본 대로 적으리라.

학생 수도 250명으로 늘어나 교수 과목도 변화가 생기었다.

학년	과목
1	가곡, 서화, 수신, 창가, 조선어, 산술, 국어
2	우조, 시조, 가사, 조선어, 산술, 음악, 국어, 서화, 수신, 창가, 무용
3	가사, 무용, 잡가, 창가, 일본패, 조선어, 국어, 동서음악, 서화, 수신, 창가

의외로 무척 많이 배운다. 여기는 모두 보통학교 6학년을 마친 13살 이상 15살까지의 아이들을 받는다. 여기도 여학교 모양으로 학기도, 월사금도 있다. 월사금은 1학년 한 달 2원, 2학년 2원 50전, 3학년 3원이었다. 입학금은 3원씩 있다.

학기는 제1학기 4월 1일~8월 31일, 제2학기 9월 1일~12월 31일, 제3학기 1월 1일~3월 31일 등으로 되어 있다. 그리고 이 학교장은 기성권번 취제

역 사장이 겸임하였다. 그리고 기생학교가 평양의 한 명물로 상해, 남경 등지로 오는 서양 사람이나 동경, 오사카 등지로 오는 일본 사람이나 서울 기타 각처로부터 구경 오는 귀한 손님들이 그칠 새가 없이 구경으로 찾아온다고 한다.[6)]

일제강점기에 학교는 보안경찰의 감독하에 있었다. 일제 황국신민의 맹세를 하고 여자들은 국방부인회원이 되었다. 그런 시대상황에서 술자리의 꽃이 되어 웃음을 파는 기생을 양성하는 학교에서는 바야흐로 기생은 대대로 내려오는 직업부인이므로 이에 필요한 직업교육을 행한다고 설립취지를 설명하였다.

이에 기생학교에서 가르치는 것은 '기예(妓藝)', '기술(妓術)', 그리고 더 나아가서 '기학(妓學)'이라고까지 언급하고 있었다.

	월	화	수	목	금	토
1교시	국어(國語)	국어	작문(作文)	회화(會話)	사해(詞解)	사해
2교시	서화(書畵)	서화	서화	서화	서화	서화
3교시	가곡(歌曲)	가곡	가곡	가곡	가곡	가곡
4교시	내지패(內地唄)	내지패	내지패	내지패	내지패	회화
5교시	잡가(雜歌)	작법(作法)	잡가	성악(聲樂)	잡가	
6교시	가복습(歌復習)	음악(音樂)	가복습	작법	가복습	

이는 1939년 당시 평양 기생학교 210명의 제3학년 수업시간표로 내지패는 '일본창'을 말한다. 여기에 표시되어 있지 않은 학과로는 1학년의 창가와

6) 1934년 5월『삼천리』잡지 탐방기.

1930년 후반 평양 대동강변에 있는 기생학교를 배경으로 포즈를 취한 평양기생 사진엽서

무용, 2학년의 시조와 악전이 있다. '기학(妓學)'이라는 하나의 학문이라고 주장할 정도로 다양하였다.

학생들은 창으로 유명한 선배기생, 여선생들이 각각 자신들이 잘할 수 있는 분야에 따라 나눠어 장기, 가야금 등으로 단계에 맞춰가며 전수를 하였다. 처음에는 소리 내는 방법부터 시작하였으나 소리 내는 일이 무척 어려워, 그 다양한 음색을 내기 위해서 오래전엔 3, 4개월씩 밥도 먹지 않고 수련을 시켰다. 그리고 맞춤소리의 맞춤법이나 무릎을 치는 방법 등을 하나하나 손놀림, 다리놀림의 규범을 보여 주며 가르쳤다. 5, 60명의 여학생이 이를 따르며, 제스처를 적당하게 어깨를 흔들며 태평스럽게 노래를 제창하였다. 아울러 이것만을 배우는 것이 아니라 옛 기생의 음악을 배우는데, 시대의 개화에 따라 손님들이 '모던(Modern)' 해야지만, 만약 명창의 감흥을 느끼기 위해서는 "창을 열어…", "…오늘도 비가 내리네" 등의 애절한 목소리가 나오는 레코드같이 길게 노래하지 않으면 안 되었다.

당시 기생학교의 무용은 검무와 승무로 상당히 유명하였다. 1930년 후반부터 손님들 사이에 고전적인 취향이 옮어져 가는 경향을 반영해서 명목만으로 가르쳤다. 기생들로서는 가장 관심인 서비스 방법, 손님 남자들 다루는 방법은 '예의범절'과 '회화' 시간에서 배웠다. 걷는 법, 앉는 법에서부터 인사법, 술 따르는 법, 표정 짓는 법에서 배웅하는 법 등 연회좌석에서의 일거수일투족에 대해서, 무엇보다 수라간의 손님접대방법을 구분해서 상세하게 강의하였다.

물론 이 정도의 기법만으로 기생의 임무를 잘 수행해 낼 리는 없지만 타고난 소질이 있다면 별반 문제는 없었다. 그렇지만 확실히 기생들은 남자의 마음을 끄는 기술에 관해서는 한 가지를 가르치면, 열 가지를 아는 타고난 무엇인가 있었다. 게다가 기생들 주위에는 뛰어난 기생 선배들이 항상 모범을 보이고 있고, 학교는 권번사무소와 한 지붕 아래에 있었으며 대기실에서는 언니들이 관능적인 에로이야기로 꽃을 피우고, 집에 돌아오면 집이 기생거리에 있었던 만큼 그들 자신의 언니들이 기생이 아니어도 주변 여기저기서 듣고 뒷이야기들을 전해 줄 수 있었다. 이와 같이 기생들은 겉과 속이 있고, 진실과 거짓도 있는 기생다운 기생으로 성장해 나갔다고 한다.[7]

7) 1939년 6월 『모던일본』 잡지 탐방기.

전통공연계승의 관점에서 본 권번기생 고찰

1. 일제강점기 권번기생의 전통공연예술

1) 기생 조합에서 권번으로

1908년 대한제국 시기에 궁중의 관기가 해체되면서 갈 곳을 잃은 기생은 일제강점기에 요릿집에서 공연을 하는 것으로 생활하게끔 된다. 1909년부터 생겨나기 시작한 조합은 기생들을 한군데 묶어 조합을 만들어 놓으면 연락하기 쉽고, 사방에서 모여든 기생들도 그들의 단결된 힘으로 자신의 권익문제를 해결해 나가고 기예학습도 할 수 있게 됐으니, 서로의 이해를 모아 조합이 생기게 되었다. 이와 같은 이해타산 속에서 태어난 조합도 출신 지방별로 따로따로 모이게 되어 광교 쪽에 자리 잡은 광교기생조합은 서울출신과 남도출신들이 많이 모이게 되었고, 다동기생조합은 거의 평양지방 출신인 서도출신들로 구성되었다.

이러한 조합이 일제에 의해 1914년 일본식 명칭인 '권번(券番)'으로 바뀌게 되는데 '검번(檢番)' 또는 '권반(券班)'이라고도 불렀다. 권번은 기생을 관리하는 업무대행사로, 등록된 기생을 요청에 따라 요릿집에 보내고 화대를 수금하는 일을 맡았다. 권번에서는 매일 '초일기(草日記)'라는 기생명단을 요릿집에 보내 단골손님이 아닌 사람도 기생을 부를 수 있게 하였다. 물론 예약도 가능했는데 일류 명기의 경우에는 일주일 전에 해야만 했다. 신입기생은 권번에서 채용했었는데 인물이나 태도, 가무, 서화 등을 심사해 채용했으며, 어린 기생들에게 노래와 춤을 가르치고 요정 출입을 지휘하여 일종의 매니저 역할을 하였다.

당시 권번에 들어오는 여성들은 대부분 남의 추천을 받아오는 이가 제일 많았고, 일부는 본인들이 직접 찾아왔다. 좋은 권번에서 조신한 예의범절과 노래와 춤을 배우고 지체 높은 양반의 눈에 들기만 하면, 팔자 고치는 것은 시간문제라 시집가기 위해 권번을 찾는 여성도 많았다. 권번에 들어오기 위해서는 입회금 10~20원씩 내었고, 일단 이름을 올려놓으면 매월 50전씩 회비를 내야 했다.[1] 기생조합에 대한 최초의 기록은 1909년 4월 1일 '한성기생조합소'가 함경남도 문천군의 기근을 위하여 자선 연주회를 연다는 것이었다. 서울에는 한성권번(漢城券番), 대정권번(大正券番), 조선권번(朝鮮券番), 한남권번(漢南券番), 경화권번(京和券番), 대동권번(大同券番), 대항권번(大亢券番), 경성권번(京城券番), 종로권번(鍾路券番), 삼화권번(三和券番) 등이 있었다. 지방의 권번에는 개명(開明), 계림(鷄林), 광주(光州), 기성(箕城). 남선(南鮮), 남원예기(南原藝妓), 단천(端川), 달성(達城), 대전(大田), 동래예기(東萊藝妓), 동래예기(東來藝妓), 마산예기(馬山藝妓), 목포(木浦), 반용(盤龍), 봉래(蓬萊), 소화(昭

1) 이난향(1971), 「남기고 싶은 이야기들」, 『중앙일보』.

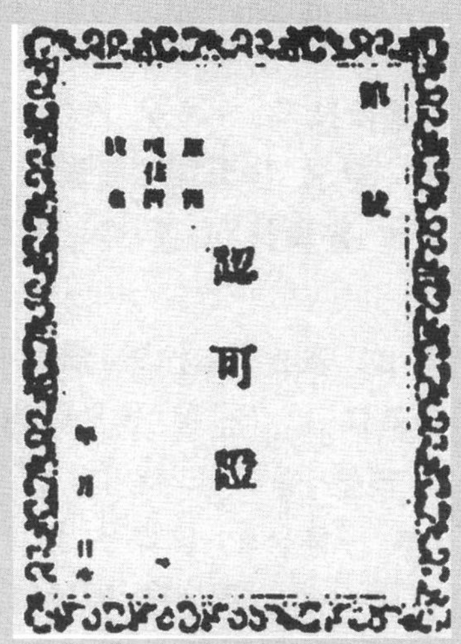
認可證

기생 인가증

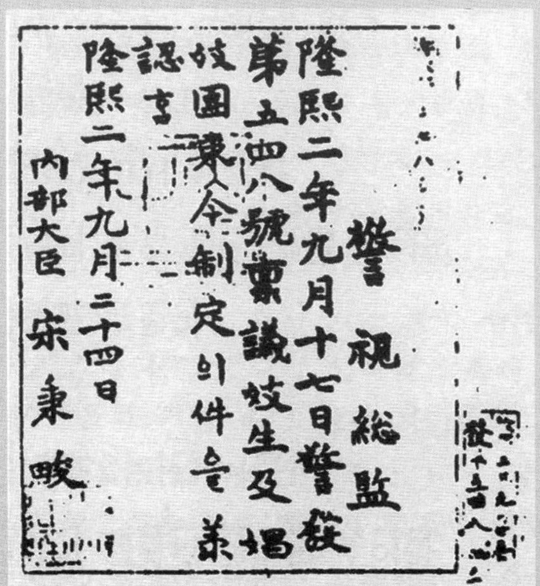
警視總監
隆熙二年九月十七日警發
第五四八號禀議妓生及娼
妓團束令制定의件을兼
認함
隆熙二年九月二十四日
內部大臣 宋秉畯

기생 및 창기 단속령 결재서

和), 연안(延安), 원춘(元春), 인천(仁川), 인화(仁和), 전주(全州), 진주 예기(晋州藝妓), 해주(海州) 등이 있었다.[2)]

기생조합의 성립은 1908년부터 일제에 의해 준비되었다. 1908년 9월 15일에 '기생 및 창기 단속시행령 제정건', 이는 당시 일제 경시청이 발행하는 인가증으로 각종 여행이나 공연의 경우 경시청의 인가증 없이는 아무것도 할 수 없도록 한 법령이다. 같은 해 9월 25일 기생과 창기를 구분하여 경시청령 제5호 '기생단속령'이 제정되었다. '기생단속령' 제2조에 의하면 "기생은 경시청에서 지정하는 시기에 조합을 설치하고 규약을 정하여 경시청에 인가를 받음이 가함"이라고 했고, 곧이어 10월 6일 '기생 및 창기단속령 시행 심득', 즉 기생 및 창기단속령에 대한 세부지침으로 전국의 각 경찰서와 경찰분서로 하달되었다. 따라서 일제 경시청의 명령에 의해 1908년 9월 25일 이후에서 1909년 4월 1일 사이에 한성기생조합소가 만들어졌다.

2) 신현규(2005), 『꽃을잡고-일제강점기기생인물생활사』, 경덕출판사, 21-285쪽; 신현규 외(2006), 『제4기민속박물관대학2』, 한국민속박물관회 · 국립민속박물관대학.

일제강점기 경성의 조선 기생 권번[3]

명칭	권번	주식회사	대표	주소
성(漢城)	1914	1936.9.10	안춘민	무교정92
대정(大正)	1914	1923.10.4	홍병은	청진동120
한남(漢南)	1917	-	송병준	공평동 65
경화(京和)	1917	-	신태휴	남부시동
대동(大同)	1919	1920.8.14	황희성	청진동120
경성(京城)	1919	1923.10.4	홍병은	인사동141-2
대항(大亢)	1919	1923.10.4	홍병은	인사동106
조선(朝鮮)	1923	1936.4.30	하규일	다옥정45
종로(鍾路)	1935	1935.9.11	김옥교	청진정164
삼화(三和)	1942	1942.8.17		낙원동

경성의 조선 기생 권번 변천사[4]

1910년대	4대 권번: 한성·대정·한남·경화
1920년대	4대 권번: 한성·조선·대정·한남
1930년대	3대 권번: 종로·조선·한성
1946년	4대 권번: 삼화·한성·서울·한강
1948년	2대 권번:한성·예성

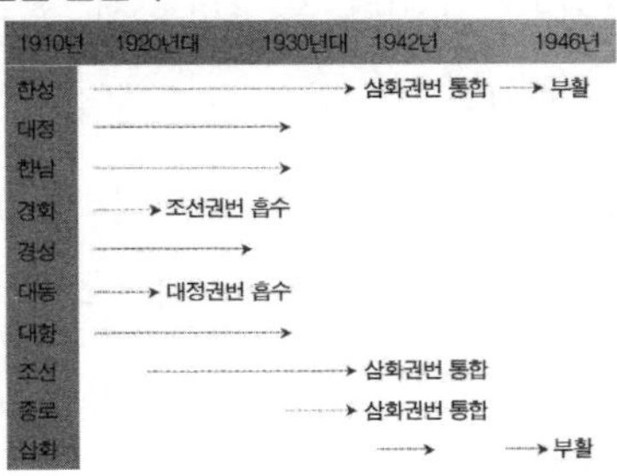

3) 中村資良, 『朝鮮銀行會社組合要錄』(1929년, 1932년, 1937년, 1939년, 1942년판), 東亞經濟時報社

4) 中村資良, 『朝鮮銀行會社組合要錄』(1929년, 1932년, 1937년, 1939년, 1942년판), 東亞經濟時報社; 『每日新報』 1942. 5. 26; 1942. 8. 18; 『조선일보』 1946. 3. 19.

2) 경성의 권번

① 한성권번

한성권번(漢城券番)은 1908년에 광교의 '한성기생조합'을 효시로 창립되었는데, 이 조합은 1패 기생중심의 약방기생으로 기생서방이 있는 '유부기조합'이다. 후에 광교기생조합은 한성조합으로 이름을 바꿨는데, 1918년 기생명단을 보면 한성조합에 등록한 인원수는 2백여 명이었다.

한성권번

한성권번은 한성기생조합이 1914년에 권번으로 바뀌면서 생겨난 곳으로, 퇴역 관기와 당시 급상경하고 있던 남도지방의 기생들을 포괄하는 집단으로 재구성하면서 기예가 뛰어난 장안의 일류 기생들이 소속해 있었다.

당시 한성권번은 기생 영업자 177명, 어린 기생인 '동기' 100명이 소속되어 있었는데, 원적별로는 서울 출신이 221명으로 가장 많았다. 그다음은 평안도 40, 경상도 10, 황해도 3, 전라도 2, 함경도 1명으로 구성되었다.

이 한성권번은 안춘민에 의해 합작회사 형식의 '광교조합'으로 만들어져, 그 당시 소리와 춤으로 유명한 류개동, 주영화, 장계춘, 김용태 등을 선생으로 두고 재주 있고 총명하면서 미모가 뛰어난 동기들을 양성하였다. 그 후 1936년 9월 10일 경성부 무교정 92번지에 자본금 2만 원의 주식회사로 바뀐다.

1938년에는 주식회사 한성권번 부속 기생학교가 인가되었다. 당시 기생학교는 보통과(2년), 본과(1년), 전수과(1년)가 있었으며, 입학 연령은 12세로 1938년 5월 초에 개교할 계획이 언론에 소개되었다. 1942년 8월 17일에서 삼화권번(三和券番)으로 통합된다.[5)]

② 대정권번

다동기생조합은 1913년에 조직되어 후에 대정권번(大正券番)으로 바뀌면서 뛰어난 명기들이 즐비하게 늘어서 있어, 장안 명사들의 화제가 되고 인기의 초점이 되었다. 대정권번은 평양의 서방이 없는 기생, 즉 '무부기' 들을 중심으로 기타 서울과 지방 기생을 합하여 만들어졌다. 대정권번은 1923년 10월 4일 사무를 보던 홍병은에 의해 경성부 청진동 120번지에 자본금 2천 원의 합작회사로 바뀌게 된다. 그러나 1935년에는 영업 부진으로 유명

대정권번

대정권번 전신 다동기생조합 총회

5) 「名妓榮華史, 漢城券番」『삼천리』제8권 제8호, 1936. 8.; 동아일보 1938. 4. 17; 每日新報 1942. 8. 18.

무실하게 된다.[6]

③ 조선권번

조선권번(朝鮮券番)의 연혁을 보면 하규일이 1923년 '대정권번'에서 나와 새로 만든 것이 조선권번이다. 이 권번의 초장기로부터 1936년까지 교육시킨 기생이 3,000명을 헤아렸다. 1936년 4월 30일 하규일에 의해 경성부 다옥정 45번지에 자본금 8천 원의 주식회사로 바뀌게 된다. 1939년에는 대표가 이종완으로 바뀌면서 자본금 10만 원으로 증자되고, 1942년 일본인 대표로 바뀌면서 1942년 8월 17일 삼화권번으로 통합된다.[7]

④ 한남권번

한남권번(漢南券番)도 역시 다동에 있었고, 『조선미인보감』의 사진에는 간판 명칭이 '한남예기조합'으로 쓰여 있다. 1918년 경상도, 전라도 두 지방 기생을 중심으로 한남권번이 창립되어, 당시 남도에서 기생 수업을 받고 서울생활을 위해 올라오는 많은 기생들의 보금자리가 되었던 것으로 보인다.

당시 64명의 기생영업자와 31명의 동기가 있었던 한남권번은 비교적 인원수가 적었다. 원적별로는 서울 34, 전라 4, 충청 2, 경상 55명이었다. 그 후 1935년에는 영업부진으로 유명무실하게 된다.[8]

---

6) 中村資良, 『朝鮮銀行會社組合要錄』(1932년, 1937년, 1939년, 1942년판), 東亞經濟時報社.

7) 中村資良, 『朝鮮銀行會社組合要錄』(1932년, 1937년, 1939년, 1942년판), 東亞經濟時報社.

8) 「名妓榮華史, 漢城券番」, 『삼천리』 제8권 제8호, 1936. 8. 1.

박람회 연예관 조선권번

한남권번의 댄스

한남권번

한남권번기생

⑤ 경화권번

경화권번

경화권번(京和券番)은 경화기생조합에서 생겨났는데, 이것은 당시 경무사 신태휴가 주로 40여 명의 3패들을 중심으로 남부시동에 마련한 것이었다.

1918년 『조선미인보감』에서 서울 4대 권번 소개된 3패 중심의 '경화권번'도 명색이 기생조합으로 조합을 구성했으니, 다른 조합원들과 격과 질이 떨어지는 관계로 충돌이 자주 일기도 했었다고 한다. 1923년 하규일과 기생들에 의해 조선권번으로 매수되어 흡수된다.[9]

⑥ 대동권번

대동권번(大同券番)은 1920년 8월 14일 황희성에 의해 경성부 청진동 120번지에 자본금 10만 원의 주식회사로 바뀌게 된다. 평양출신 기생으로만 조직되어 대정권번과 경쟁관계에 놓였다가, 결국 1924년에 대정권번으로 흡수되어 폐업하게 된다.[10]

9) 「名妓榮華史, 漢城券番」 『삼천리』 제8권 제8호, 1936. 8. 1.

10) 『시대일보』 1924. 6. 9.

⑦ 대항권번

대항권번(大亢券番)은 1923년 10월 4일 대정권번에서 사무일을 하던 홍병은에 의해 경성부 인사동 106번지에 자본금 2,400원의 합작회사로 설립된다. 영업의 목적이 예기의 양성과 권번업으로 대정권번, 경성권번의 설립대표와 시기가 일치하고 있다.[11)]

⑧ 경성권번

경성권번(京城券番)도 1923년 10월 4일 홍병은에 의해 경성부 인사동 141-2번지에 자본금 2,200원의 합작회사로 설립된다. 영업의 목적도 예기의 양성, 유흥업으로 조선물산공진회의 연예관에 참여할 정도로 활발하게 활동하였다. 1928년 일시 영업중지 상태에 있었다가 조병환에 의해 관수동 160번지로 권번을 옮겨 다시 부활한다. 당시 소속 기생이 200여 명에 달하였다. 그 이듬해 경성권번의 예기 대운동회를 장충공원에서 개최하기도 한다. 1932년 3월 12일에는 서린동 70번지로 이전하지만, 그 후 명맥만 유지된다.[12)]

⑨ 종로권번

종로권번(鍾路券番)은 1935년 9월 11일 권번 출신 기생 김옥교에 의해 경성부 청진정 164번지에 자본금 1만 원의 주식회사로 설립된다. 1937년에는 대표가 이종구로 바뀌면서 경성부 낙원정 164번지로 옮긴다. 1939년에

---

11) 中村資良, 『朝鮮銀行會社組合要錄』(1932년, 1937년, 1939년, 1942년판), 東亞經濟時報社.

12) 中村資良, 『朝鮮銀行會社組合要錄』(1932년, 1937년, 1939년, 1942년판), 東亞經濟時報社. ; 『동아일보』 1928. 11. 16; 1929. 6. 1; 『중앙일보』 1932. 3. 12.

박람회 연예관 경성권번

는 일본인으로 바뀌어 자본금 5만 원으로 증자한다. 당시 영업목적은 기생권번, 기생의 기예품성 향상을 도모하는 것 및 그 실행, 기생영업자에 대한 금융융통 및 구제기생영업자의 일용품 용달 등의 업무로 두었다. 당시 종로권번은 '조선색' 농후한 기생양성소 출현이라고 언론에 소개될 정도로 유명하였다. 1942년 8월 17일에 삼화권번으로 통합되었다.[13]

⑩ 삼화권번

삼화권번(三和券番)은 경성부내 조선·종로·한성 3대권번 주주들이 1942년 5월 25일 다옥정 조선권번에서 회합하여 3대권번을 합동하여 만든 권번이었다. 주식회사로 자본금은 3대권번의 당시 자본금을 합친 17만 원으로 충당키로 가결하였고, 이것은 일제의 전시동원체제로 인하여 생긴 통합권번이었다. 1942년 8월 17일에 그 결성식은 경성부 대륙극장에서 거행되어 그 후 일제에 의해 영업 제지를 받았다가, 광복 후에 부활하지만 1948년에 그 명맥이 끊어지게 된다.[14]

---

13) 『동아일보』 1937. 6. 24.

14) 『每日新報』 1942. 5. 26. ; 1942. 8. 18.

3) 지방의 권번[15)]

일제강점기 지방의 조선 기생 권번

명칭	권번	주식회사	대표	주소
개명(開明) 開城+夜明		1935.11.10	권용락	개성부 서본정 320
계림(鷄林)		1930.3.15	손승조	경주읍 노서리113
광주(光州)		1932.4.10	김승동	전남 광주읍 남정 21
기성(箕城)	1924	1932.9.23	윤영선	평양 신창리36
남선(南鮮)	1922	-	-	마산부 오동동
남원예기(南原藝妓)		1939.3.5	이정근	전북 남원읍 쌍교리 140
단천(端川)		1940.6.6	이성렬	함남 단천군 단천읍 주남리 9-6
달성(達城)		1927.1.6	겸용산	대구부 상서정 20
대전(大田)		1935.12.23	오재흥	대전부 본정2정목 85
동래예기(東萊藝妓)		1932.12.20	윤상직	경남 동래읍 교동 357
동래예기(東來藝妓)		1932.12.20	이병진	경남 동래읍 온천정 188
마산(馬山藝妓)		1939.11.21	김영우	마산부 오동동 26-4
목포(木浦)		1942.3.18	김광일	목포부 죽동 132
반용(盤龍)		1929.1.24	이희섭	함흥부 서양리 100
봉래(蓬萊)		1938.2.11	임선이	부산부 영주정 674
소화(昭和)	1928	1937.2.7	박재효	군산부 동영정 55
연안(延安)		1936.8.1	서수남	황해도 연안면 연성리 132-4
원춘(元春)		1939.5.3	이순철	원산부 상리 2동 25
인천(仁川)		1938.2.12	김윤복	인천부 용운정90-4
인화(仁和)		1935.8.9	김명근	인천부 용리 171
전주(全州)		1939.9.15	최병철	전주부 대화정
진주예기(晋州藝妓)	1928	1939.9.10	전두옥	진주부 영정 177
해주(海州)		1935.10.15	오돈근	황해도 해주읍 남본정 317

1918년 기생조합

수원·대구·동래·평양·광주·연기·안성·인천·김천·개성·진남포·창원

15) 中村資良, 『朝鮮銀行會社組合要錄』(1932년, 1937년, 1939년, 1942년판), 東亞經濟時報社.

① 대구권번

대구 달성권번(達城券番)은 1927년 1월 6일 대구부 상서정 20번지에 자본금 6천 원의 합작회사로 바뀌게 된다.[16] 달성권번은 권번에서 2년 내지 3년 정도 기예를 학습하고 나면 시험을 통해 그동안 습득한 기예의 실력을 판가름하게 된다. 여기에 합격해야만 비로소 놀음을 나갈 수 있는 기회가 주어졌다. 놀음의 장소는 퇴기가 운영하는 요릿집이나 규모가 큰 시내 음식점이었다.

기생들은 지방 유지들의 환갑잔치 또는 관에서 개최하는 각종 행사의 뒤풀이 등에 나가서 놀음을 연행한다. 놀음을 원하는 주최 측에서 시간과 장소, 기생 수 또는 특별히 원하는 기생이 있으면 그 명단을 적어 신청하고, 권번에서는 적합한 기생을 선정하여 게시판에 공고하고 또 이를 해당 기생들에게 연락해 주었다.

화대는 권번에서 일괄적으로 받아 보름이나 한 달 단위로 계산해 주었다. 경우에 따라서는 놀음을 한 당일 기생들에게 직접 주기도 했으나, 이때 역시 권번에 냈다가 정기적인 날짜에 계산해서 받는 형식이었다.[17]

광복 후 대구의 대동권번(大同券番)에서 '기생들의 시험'을 실시하여 뽑았다는 기록이 있는데, 광복 후 두 번째의 기생시험을 1948년 9월에 실시하여 응모자 84명 중 60여 명이 합격되었다고 한다. 시험 종목은 상식을 주로 한 구술시험과 노래의 두 종목으로 들어 시험을 보았다고 한다. 구술시험 문제는 "도청 소재지는 어디냐?", "올해는 단기 몇 년이냐?" 등 소학교 2학년

---

16) 中村資良, 『朝鮮銀行會社組合要錄』(1932년, 1937년, 1939년, 1942년판), 東亞經濟時報社.

17) 성기숙(2001), 앞의 논문.

정도의 것을 채택하였으나, 이것도 어렵다 하여 반 이상은 답을 못하였다.[18)]

② 진주권번

진주권번(晋州券番)은 1928년 4월 김창윤에 의해 세워졌다. 그 후 1939년 10월 전두옥에 의해 자본금 5만 원의 주식회사로 바뀌게 된다.[19)] 진주권번의 춤 교육기간은 3년이었다. 교육기간이 끝나면 반드시 졸업시험을 치고, 심사는 춤 선생과 권번장, 그리고 춤에 안목이 있는 권번 후원자격인 지방의 유지들이 맡았다. 기생들은 졸업시험에 합격해야만 소위 놀음을 나갈 수 있었다. 놀음의 형태는 관에서 베푸는 행사와 개인연회가 있었고, 장소는 주로 큰 요릿집이나 요정에서 이루어졌다. 기생들이 춤과 소리, 가야금, 거문고 등을 연주하고 받는 화대는 대개 권번과 약 7:3으로 분배되었다.

놀음의 대가로 받는 화대는 시간단위로 계산되었다. 놀음의 소요시간과 액수가 적힌 전표를 받아다 권번에 제출하면 권번에서는 기생 개인별로 놀음시간에 따른 수입액수를 게시판에 공고한다. 돈은 보름이나 한 달 단위로 지급되었다.

진주권번에서는 반드시 기예기생만이 놀음을 나갈 수 있었다. 기생이 놀음을 나갈 때에는 권번장을 비롯한 한두 명을 딸려 보내 기생들이 놀음을 잘 할 수 있도록 도와주는 역할을 맡겼다. 기생들이 놀음과정에서 권번에서 정해놓은 규정이나 법도를 어긴 경우에는 즉시 보고되었고, 경우에 따라서는 별도의 책임과 추궁까지 뒤따르는 등 매우 엄격한 면모를 보였다. 그 규

---

18) 『대구시보』 1948. 9. 23.

19) 『중외일보』 1929. 7. 6.

진주권번 수업 장면

진주권번기생 유앵

정 중의 하나는 손님상에 차려진 음식상에는 먼저 손을 대서는 절대 안 되었다. 대신 요정에서는 기생들을 위해 따로 음식상을 차려내주기도 했다.[20]

③ 부산권번

부산 동래기예권번(東萊藝妓券番)은 1932년 12월 20일에 윤상직에 의해 자본금 5,000원으로 경상남도 동래읍 교동 357번지에 주식회사로 바뀌게 된다.[21]

동래권번 역시 기생들의 기예가 일정 수준에 도달해야 비로소 놀음을 허가했다. 동래권번의 놀음방식 역시 다른 지역의 권번과 비슷했다. 다만, 놀음전 들어오는 상차림에 있어 다소 차이가 있었다. 요릿집에서는 놀음이 펼쳐지기 전에 우선 요리상이 들어오는데, 이때 상은 3원·5원·7원·10원 등으로 가격이 매겨져 있었다. 즉 연회의 내용과 규모, 그리고 참여한 기생들의 품격과 기예의 수준에 따라 값이 다르게 매겨졌던 것이다.

1920년대 부산항구의 모습

화대는 1시간당 1원 20전이었고, 1시간이 경과하면 매시간 80전씩 추가로 환산되었다. 계산은 요정에서 끊어주는 전표를 권번의 회계장

20) 성기숙(2001), 앞의 논문.

21) 中村資良, 『朝鮮銀行會社組合要錄』(1932년, 1937년, 1939년, 1942년판), 東亞經濟時報社.

부에 기록했다가 한 달에 두 번 기생에게 지급되었다.[22]

④ 정읍권번

전라도 정읍권번(井邑券番)의 놀음의 방식 역시 다른 지역과 유사했다. 다만, 권번에서의 학습기간이 다른 지역에 비해 다소 길었다. 기생들은 권번에서 최소 5년 정도의 수련을 거쳐야 놀음을 나갈 수 있었다. 대신 졸업 시험제도는 없었다.

권번으로 놀음요청이 있으면 이를 기생들에게 알려주고 기생들은 인력거를 타고 놀음을 나간다. 화대의 분배는 7:3 또는 6:4로 계산되었다. 그러나 이러한 분배가 모든 기생들에게 적용되는 것은 아니었고 기생들의 용모와 재능에 따라 각기 다르게 계산되었다.[23]

⑤ 군산권번

군산의 소화권번(昭和券番)은 놀음의 방식이 엄격하게 진행되었다. 놀음에는 꼭 시험을 통과한 기생만이 나갈 수 있었고, 시험에 통과해서도 군산경찰서로부터 허가증을 발급받는 절차를 꼭 거쳐야 했다. 군산지역의 놀음은 주로 시내 죽서동에 있는 명월관과 영화동의 만수장에서 이루어졌다. 기생의 놀음 참여 기회는 연회의 주최 측이나 권번에서 낙점하거나 선배나 동료의 추천에 의해 참가하기도 하였다. 놀음을 행하고 받는 화대는 놀음차 또는 해웃값이라 했다. 해웃값은 권번과 7:3 내지 6:4로 분배되었다. 군산 소화권번은 1937년 2월 7일 박재효에 의해 군산부 동영정 55번지에 자본

---

22) 성기숙(2001), 앞의 논문.

23) 성기숙(2001), 앞의 논문.

금 8천 원의 주식회사로 바뀌게 된다.[24)]

⑥ 평양권번

기생권번(기생양성소)

평양의 기성권번(箕城券番)은 부속된 3년 학제의 기생학교를 운영하였다. 대동강 부근에 있었는데 그 부근 일대에 산재해 있는 10여 군데의 대규모 요릿집을 대상으로 운영하였다. 기생을 전문적으로 키우던 평양 기생학교에는 10대 소녀들이 모여 가무음곡을 익히고, 일제 말기 대동강변의 기생 수효는 무려 5, 6백 명에 이르렀다. 이는 조선말 '평양관기학교(平壤官妓學校)'에서 그 흔적을 찾을 수 있다.[25)]

일본인들까지도 아름다운 평양기생의 공연을 보기 위해 '기생학교' 관광 일정에 꼭 포함시키기도 하였다. 이처럼 1937년 당시 평양기생은 국내외를 통해 명성을 떨쳤는데도, 실제로 화대는 서울에 비해 상대적으로 저렴했으며 시간당 50전이었다. 쌀 한 가마에 20원 하던 시절인데 5원 정도면 3, 4명이 실컷 즐길 수 있었으니, 유흥객의 전성기이었다.

기생들과 함께 놀이하는데 가장 즐겨 사용됐던 것은 뱃놀이였다. 놀잇배 수백 척이 대동강에 두둥실 떠 있다가 손님과 기생이 오르면 모란봉 아래

---

24) 성기숙(2001), 앞의 논문.

25) 德永勳美(1907), 『韓國總攬』, 東京 博文館.

대동강 뱃놀이와 기생

1900년대 평양관기학교 생도 모습

능라도 주변 등지로 뱃놀이를 시작하는데, 기생들이 창을 시작하면 흥취는 절정에 이른다.

평양기생이 다른 기생들보다 특별히 정조관념이 강한 것은 아니었지만, 단골손님이나 평양손님과는 결코 관계를 맺지 않았다.

늘 다니는 손님과 관계를 맺어놓으면 곧 소문이 나게 되고, 그렇게 되면 자연히 다른 손님들이 외면하기 때문이다. 평양 기생학교에 들어가는 동기는 대체로 하류층 자녀로서 보통학교를 졸업하는 즉시 기생수업을 받기 시작하며, 기생학교를 졸업하면 권번에 입적되어 손님을 받게 된다.

1937년 기준으로 살펴보면 '기성권번' 총인원은 252명으로, 그중에서 휴업이 19명, 임시휴업이 26명, 영업 기생은 207명이었다. 당시 하룻밤에 한 번 불리는 이가 66명, 두 번 불리는 이가 47명, 세 번 이상 불리는 이가 21명, 한 번도 못 불리는 이가 71명이나 되었다. 이러한 기성권번은 그 후 조합제로서 주식제가 되면서 기존 기생들의 저항으로 우여곡절을 겪지만, 결국 1932년 9월 23일 윤영선에 의해 평양부 신창리 36번지에 자본금 2만 원의

주식회사로 바뀌게 된다.[26)]

4) 일본인의 권번

일본인의 권번은 예기(藝技) 중심의 기생권번이 아니라 유곽의 공창(公娼)인 예창기(藝娼妓)라고 볼 수 있다. 1900년대 초 일본인 예창기가 수입되어 당시 남대문, 태평로에 5, 6호의 애미옥(曖昧屋)이 있어서 '어요리(御料理)'의 간판을 붙이고 10여 명의 매춘부가 비밀 영업을 하였다. 노일전쟁 때 일본인이 격증하여 예창기가 증가되면서, 예기의 권번도 생기고 창녀의 유곽도 생겼다.

일본의 유곽제도는 집창제(集娼制)로서 매음업자를 일정한 곳에 모아 사창(私娼)이 일반주거지역으로 침투·난립하는 것을 단속한다는 취지에서 생겨난 것이다. 1924년 당시 일본에 생겨난 유곽은 544개소에 이르렀다.

일제강점기 서울에는 중구 묵정동 일부 지역이 '신마치(新町)' 유곽의 소재지가 되어 여기에서만 매음업이 허용되었다. '신마치' 유곽지대는 동·서로 나누어져 동쪽은 조선인이 경영하여 창기들도 주로 조선인이었으며, '한성대좌부조합(漢城貸座敷組合)'을 결성하였다. 서쪽은 '다이와신찌(大和新地)'라고 해서 주인·창기가 주로 일본인이었으며, '신마치유곽조합(新町遊廓組合)'을 결성하였다. 그 뒤 유곽은 개항지에는 예외 없이 먼저 생겼고, 이어 내륙 도시들로 번져갔다.

당시 유곽에서 여자를 사는 사람은 큰 홀의 벽에 기대어 늘어앉은 여자

---

26) 中村資良, 『朝鮮銀行會社組合要錄』(1932년, 1937년, 1939년, 1942년판), 東亞經濟時報社; 김산월, 「고도의 절대명기, 주로 평양기생을 중심삼고」, 『삼천리』 제6권 제7호 1934. 6. 1.

東券番

京城府新町一二番地

電話本局⑤ 代表 二二九一番 二二九四番 事務室 一五五二番

東券番沿革

現在の東券番は、大正九年新町券番として生れたのに始まり、其當時は貸座敷が殆んど中心となつて居たのであるが、大正十年五月改めて株式會社東券番と改稱し、社長に赤萩與吉氏、專務に梅林松太郎氏、取締役上野要人氏、同、上原[illegible]氏、同、松永榮次氏、監査役に備田正一氏、同、西川傳三郎氏、技術部長、住谷富藏氏である。現在の藝妓数約百五十餘名を數へ京城に於ける本町券番と並び稱さる・內鮮人二大券番として誇つてゐる

『명기대감(名妓大鑑)』에 소개된 히가시(東)권번

本券番

本券番沿革

『명기대감(**名妓大鑑**)』에 소개된 혼(本)권번

를 직접 고르거나 번호가 붙은 사진첩, 또는 벽에 걸린 사진들을 보고 번호를 지정하였다. 유곽이 설치되자 임질·매독 등의 성병도 번져 대개의 유곽에는 그 구내에 성병진료소를 설치하였다.

서울에 있던 일본인의 예기권번은 욱정 1정목 28번지에 있던 혼(本)권번, 신정 12번지의 히가시(東)권번, 원정 2-1번지의 난(南)권번, 그리고 츄우나가(中)권번이 있었는데 1924년 기준으로 혼권번의 예기 숫자가 268명이었다. 묵정동의 신마치(新町)권번은 창기(娼妓) 권번으로 일본인 창기가 340명이었으며, 또 용산에 야오이마치(彌生町) 유곽이 있었다. 지방의 일본인 권번은 거의 몸을 파는 창기 중심의 유곽들이었다.[27]

일제 과거사 청산의 대상으로 우리나라 '집창촌'도 예외가 아니다. 일제강점기에 일본에서 들어온 '유곽'이 집장촌의 유래이면서 당시 전국에 설치된 지역이 대부분 현재 집장촌 지역이기도 하다.

예를 들어, 부산의 속칭 '완월동' 집창촌은 일제에 의해 소화통(昭和通)으로 불리던 충무동의 완월동 지역에 1907년 '미도리마치(綠町)유곽'을 조성하면서 형성되었다. 이곳에서부터 일제에 의해 생겨난 유곽이 전국으로 확산된 것이다. 광복 후 미군정 시대에는 '공창제도'가 폐지되자, '완월동' 집창촌은 사창화된다.

이를 『말하는 꽃, 기생』 저자 가와무라 미나토(川村溱)는 "식민지 시절의 '유곽제도'를 그대로 승계하고 있는 듯한 느낌을 지울 수가 없다"고 말한다. 이 표현이야말로 아직도 일제의 식민지 담론에서 조금도 벗어나지 않고 있다는 의미로, 유곽제도는 '승계'할 대상이 아니라, '청산'의 대상이면서 일제의 잔재일 뿐이다.

---

27) 「京城의 花柳界」, 『개벽』 제48호, 1924. 6. 1.

또한 “한국 사회에도 이미 기생이라는 말이 매매춘을 표현하는 말로 더 이상 어울리지 않는다는 논의가 제기될지도 모른다. 그때야말로 비로소 ‘말하는 꽃’이 종언을 맞이할 때일 것이다”라는 거듭된 식민주의 담론으로 왜곡된 시각을 버리지 않고 있다. 일본 성문화의 단선적인 이방인의 입장에서 조선의 권번기생을 일본의 예창기, 즉 공창으로 취급하고 있다.

일제강점기를 거치면서 우리나라 기생의 이미지가 ‘창기’, ‘작부’와 동일시하게 만드는 계기는 일본의 성풍속이다. 서로가 다름을 인정하는 인식의 출발이 없이 일본의 성문화 관점에서 예악문화의 계승자였던 권번기생의 이미지에 대한 아우라(Aura)를 부정하고 있다. 기생 사진엽서처럼 대량 생산된 복제품에서 아우라를 찾을 수 없듯이 일본의 조선기생 타자화로 지금도 여전히 ‘현재 진행형’이다.

5) 평양기생학교의 모습들

‘평양 기생학교’는 본래 명칭이 ‘평양 기성권번 기생양성소’이며, 일제 침략기의 엽서들에는 조선 유일의 기생학교라고 하였다. 현재 그 실체에 대해 유일하게 남아 있다.

우선 가장 주가 되는 것은 노래였다. 우리나라 노래만 해도 가곡, 가사, 시조 등 옛날엔 주로 상류의 소위 ‘사(士)’ 신분계급이 즐긴 비교적 고상한 것부터, 각지 각종의 대중적인 민요류를 망라한 잡가에 이르기까지 네 과목이 있었다. 시음(詩吟)류의 시조, 마음속 깊은 곳부터 짜내는 듯한 비장한 남도노래, 또한 애절하게 마음을 두드리는 아리랑, 로맨틱한 도라지타령, 에로틱한 속요까지 가리지 않고 모든 것을 배우지 않으면 안 되었다. 학생들은 창으로 유명한 선배기생, 여선생들이 각각 자신들이 잘할 수 있는 분야에 따라 나뉘어 장기, 가야금 등으로 단계에 맞춰가며 전수를 하였다.

6) 권번기생이 대중스타가 되다

오늘날 '근대(近代)'라는 말은 널리 사용되고 있고, 여러 곳에서 논의되는 말이기도 하다. 하지만 아직 그 개념 규정이나 내용에 관해서는 일치된 견해가 없다. 특히 근대화의 척도 중에 '대중매체의 광범위한 보급'은 봉건사회에서 자본주의 사회로의 근대화 개념과 보편적인 근대화의 개념을 구분 지어 확인할 수 있는 좋은 예이다.[28]

이 시기에 평양 기생 출신에서 대중스타로 변신한 왕수복(王壽福, 1917~2003)의 등장은 주목할 만하다. 왕수복이 태어난 시기는 한민족의 3·1운동에 위협을 느낀 일제가 종래의 무단정치 대신 표면상으로는 문화정치를 표방하던 때였다. 이 시기에 왕수복은 12세에 평양 기성권번의 기생학교에 입학하고 졸업 후에 레코드 대중 가수로 진출하기 위한 준비를 하게 된다. 이어 왕수복은 콜롬비아 레코드 회사에서 폴리돌 레코드로 소속을 바꾸면서 '유행가의 여왕'이 되어간다.

왕수복은 건장한 몸집과 같이 목소리도 우렁차고 기운 좋고 세차게 나왔다고 한다. 특히 평양 예기학교, 즉 기생학교를 졸업한 만큼 그 넘김이 뛰어났다. 본 성대가 아니라 순전히 만들어 내는 성대이면서 일반대중에게 열광적 대환영을 받아 「고도의 정한」은 조선유행가 중에 가장 많이 유행되었으며

28) 신현규(2006), 「기생에 대한 오해와 진실」, 『신동아』 통권 566호(11월호), 446-455쪽.

레코드 판매 매수도 조선 레코드 계에 있어서 최고를 기록했다. 왕수복이 평양 기생으로 세상을 놀라게 하는 대가수가 되자, 콜롬비아 빅타 등 각 레코드 회사의 가수쟁탈전은 평양 기생들을 싸고 전개되는 양상을 띠었다.[29)]

그 당시 한국음악사에서 매우 중요한 1930년대가 열리고 있었다. 근대음악사의 발전과정에서는 그 시대가 새로운 대중음악을 등장시킨 하나의 전환기였고 그 중요한 획을 그은 이가 평양 출신 기생 왕수복이었다. 이처럼 급격한 사회변동에 따라 생성된 새 대중음악의 등장은 그 시대를 앞 시대와 구분 짓도록 만든 전환기적 사건이 되었다. 이러한 흐름 속에서 1930년대 본격적으로 작곡가에 의해서 새로 등장한 '신민요(新民謠)'라는 성악의 갈래가 일제강점기 전통 민요와 유행가의 중간 다리 역할을 맡았던 전환기적 시대 산물로 볼 수 있다. 신민요의 등장은 근대의 단초를 제공한다. 왜냐하면 근대화가 전통적 사회에 내재된 전통적인 바탕 위에서 외재적인 요소를 가지고 변질 또는 변형시키는 과정을 보여주기 때문이다. 신민요는 전통적인 문화에 외래적인 문화가 더해진 문화적 종합화라고 보아야 한다.

왕수복이 첫 전성기로 '10대 가수'의 여왕이 되는 1930년대는 중요한 전환점으로 볼 수 있다. 봉건적 잔재의 전근대 표상이었던 '기생'이 근대의 표상으로 일컬어지는 대중문화의 '대중스타'로 바뀌어는 그 과정은 바로 우리 근대 사회의 모습이다. 레코드 축음기의 보급은 대중매체의 광범위한 보급으로 설명할 수 있으며 그 레코드 가요의 팬의 주축은 기생들이었다. 기생들은 레코드에서 배운 노래를 술자리에서 불러 유행에 도움을 주어 레코드 회사에서 보면 큰 고객이었고 이에 따라 판매 전략이 세워지는 것이었다.

---

29) 신현규(2007), 『기생이야기-일제시대 대중스타』, 살림, 3-91쪽.

결국 대중문화를 이끌어가는 한 축이 바로 전근대 표상이었던 기생이었기에 대중 유행가 여왕으로 기생 출신이었던 왕수복, 선우일선, 김복희 등 3명이 『삼천리(1935년)』 잡지 10대 가수 순위에서 5명의 여자 가수 중에 1위, 2위, 5위를 하게 되었던 것은 어쩌면 당연한 일이었다. 1937년 21세의 왕수복은 폴리돌 레코드 회사와 결별하면서 일본 우에노 동경음악학교의 벨트라멜리 요시코에게서 조선민요를 세계화한다는 포부를 가지고 성악을 전공하게 된다. 1959년 43세에 북한에서 공훈배우 칭호를 받고, 마침내 애국열사릉에까지 묻히게 되었다.

2. 우편엽서에 나타난 전통공연예술자로서의 기생

1) 기생 사진 우편엽서

기생이 등장한 사진과 사진엽서는 사실적인 이미지를 통해 대중들에게 다른 민족들의 풍속과 문화를 한눈에 보고 소유할 수 있는 기회를 제공했다는 점에서 새로운 차원의 근대적 시각 이미지였다고 할 수 있다. 특히 식민지의 문화와 풍속을 담은 관광용 우편엽서는 그것을 만든 일본 제국주의의 일방적인 시각과 관광산업의 전략들을 드러낸다.[30]

사진이 도입되는 초창기에 카메라 앞에 무표정한 모습으로 서 있던 기생들은 시대가 내려올수록 친근한 미소를 지으며 다양한 포즈로 자신을 드러

30) 佐藤健(1996), 황달기 역, 「그림엽서의 인류학」, 『관광인류학의 이해』, 일신사, 70-81쪽.

내기 시작하였다. 그리고 1920년대, 1930년대로 오면서 '조선풍속'이나 '기생'이란 제목 자체가 사라지고 있는 것을 볼 수 있다. 그리고 기생의 이름이 쓰인 사진엽서가 나오기 시작한다. 엽서 한 장에는 한 사람의 기생을 클로즈업해서 찍었다. 흑백 혹은 단색사진인데 채색된 것은 흑백사진을 찍은 후에 인화 과정에서 색을 입힌 것으로 요즈음의 컬러사진과는 다르다.

사진엽서의 체계적인 연구대상이 되지 못하고 있는 실정이다. 따라서 체계적인 자료 접근이 어렵고 특히 우편엽서의 성격상 그 제작연대나 제작 장소, 엽서에 쓰인 사진의 촬영연대나 사진가 등을 밝혀내는 일이 쉽지 않다. 현재 남아 있는 사진엽서들은 전반적으로 1910~1935년까지 걸쳐 제작된 것으로 추정된다. 또한 사진엽서를 중심으로 하는 근대 시각문화에 대한 연구 성과는 아직 미미하다.

권번의 기생 사진은 원판 흑백사진은 제작하고, 이를 토대로 다양한 그림엽서가 제작되었다고 유추할 수 있다. 이는 다음과 같이 아래의 사진을 분석하면 추측이 가능하다.

A형은 원판 흑백 사진인데 이를 B형의 다른 각도 흑백 사진과 비교하면 같은 장소와 인물임을 알 수 있다. C형은 채색된 컬러 사진으로 A형의 원판 흑백 사진과 같은 구도이며 인물의 자세도 같다. D형은 B형의 다른 각도 흑백 사진을 편집하여 그림엽서로 만들어 판매하거나 홍보하는데 사용한 것임을 알 수 있다.

서구에서는 사진엽서에 대한 수집과 연구가 활발한 반면, 우리나라에서는 이제 시작단계이다. 권번의 기생 사진은 원판 흑백사진은 제작하고, 이를 토대로 다양한 그림엽서가 제작되었다고 유추할 수 있다. 사진엽서 하단에는 '(イ148), (ロ158), (ハ168)···'는 우리나라의 '(갑 148), (을 158),

A형 원판 흑백 사진

B형 다른 각도 흑백 사진

C형 채색 컬러 사진

D형 다른 각도 흑백 그림엽서

(병 168) · · ·'에 해당하는 나열 순서를 표시하는 기호로 하나하나 분류항목을 나타내고 있다. 대략 분류 코드가 600종 이상으로 확인되지만, 분류 코드가 없는 것까지 포함하면 수천 종의 사진엽서가 제작되어 판매되었다.[31)]

2) 요릿집에서의 기생 전통공연예술

한말 요릿집의 기원은 일본식 요정에 있다. 1887년 처음으로 일본식 요정인 '정문루(井門樓)'가 만들어지고, 여기에 '화월루(花月樓)'가 생겼다. 친일파의 대명사로 불리는 송병준이 '청화정(淸華亭)'까지 내면서 한말의 3대 요릿집이 생겼던 것이다. 일본식 요릿집은 목욕간을 두었는데, 조선식 요릿집은 이를 따로 두지 않았다. 이 일본식 요릿집을 이어받으면서 조선식 궁중요리를 내놓은 집이 바로 명월관이다.

명월관은 '청풍명월(淸風明月)'에서 따온 이름으로 명사와 한량들에게 편안한 장소와 푸짐한 음식을 대접한 요릿집의 대표적인 브랜드를 쌓았다. 그 전에 '조선 요리옥'이 명월관의 전신이었다. 궁내부 주임관(奏任館)과 전선사장(典膳司長)으로 있었던 안순환이 궁중에서 나온 뒤 1903년에 생겨난 요릿집이었다. 안순환은 명월관을 개업하여 궁중요리를 일반인에게 공개하게 되었고, 술은 궁중 나인 출신이 담그는 술을 대 쓰는 바람에 인기를 끌기 시작했다. 처음에는 약주, 소주 등을 팔았지만 나중에는 맥주와 정종 등 일본 술을 팔았다. 명월관의 요리는 고유한 조선요리, 서양요리를 만들었고 주로 손님들이 고위 관료와 재력가, 외국인 등이었다. 명월관은 서

---

31) 이경민(2004), 『기생은 어떻게 만들어졌는가』, 사진아카이브연구소, 105-106쪽.

명월관 전경

울에 있어서 조선요리업의 '원조(元祖)'라는 이름이 높다 보니, 지방에서도 '명월관'이라는 간판을 내놓고 요릿집을 운영하는 이가 많았다.[32] 더구나 일본 동경 고이마치[麴町]에 있었던 조선요릿집 명월관도 요릿집 이상의 유명한 명소였다. 명월관의 경영 방침은 외상이 후하고 외상값 독촉을 심하게 하지 않았다. 그 덕분에 손님이 끊어지지 않았다.[33]

일제강점기에 요릿집은 기생이 상주하지 않고 권번에 연락을 하면 인력거를 타고 요릿집에 나와 손님을 접대했다. 그 당시 기생이 되려면 미모도 뛰어나지만, 영리하고 똑똑해야 했다. 특히 점잖은 양반들의 말뜻을 재빨리 재치 있게 알아차려야 했고, 거기에 합당한 대답을 우아하게 내놓아야 명기라 할 수 있었다. 연석에 앉을 때는 반드시 한 무릎을 세우고 그 무릎 위에

32) 신현규(2005), 『꽃을잡고-일제강점기기생인물생활사』, 경덕출판사, 21-285쪽.

33) 이난향(1971), 「남기고 싶은 이야기들-명월관」, 『중앙일보』.

두 손을 얌전히 포개 놓는다. 요릿집이나 개인집에서 연석이 벌어지는 사랑놀음에 다녀올 때는 시간에 따라 돈을 받게 되었다. 어떤 요릿집에서는 2시간 반이면 3시간으로 넉넉히 시간을 잡아주는 후한 곳도 있었지만, 2시간으로 우수리를 떼는 곳도 있었다.

3. 권번기생에 대한 재평가

근대화 과정에 관련된 자료를 찾다 보면, 반드시 짚고 넘어가야 하는 문제가 식민지 구도이다. 일제통치 기간이라는 것이 우리나라의 근대화라는 문제와 불가분의 관계에 있다는 점은 아무도 부인하지 못한다. 따라서 어떤 주제를 연구대상으로 하든 간에 관계없이 20세기 전반부의 문제와 관련된다면, 그것은 반드시 식민지 구도 즉 일본의 제국주의 판도를 기저로 하지 않으면 안된다는 얘기다. 근대화, 여성사, 식민주의, 젠더, 계급 등의 문제들이 한 덩어리로 어우러져 있다고 생각되는 "기생"이라는 주제는 학문적인 흥미를 지니고 왔던 주제이기도 하다. 근대화 과정의 모순들이 한꺼번에 농축된 문제로서의 기생은 사회과학적인 안목으로 분석하지 않으면 안 되는 주제라고 생각한다.[34] 일제강점기 당시 사회변화에는 기생에 대한 호감과 배척이라는 이율배반적인 성격도 들어 있었다. 한쪽에서 보면 기생들은 적어도 봉건적인 유물로서 배척해야 할 대상이었으나, 실제적인 면에서는 현대적인 대중문화의 스타이기도 하였다.[35]

34) 전경수(2005),「추천사」 신현규『꽃을잡고-일제강점기기생인물생활사』, 경덕출판사, 3-10쪽.

35) 신현규(2007),『기생이야기-일제시대대중스타』, 살림, 3-91쪽.

일제강점기를 거치면서 우리나라 기생의 이미지가 '창기', '작부'와 동일시하게 만드는 계기는 일본의 성풍속이다. 우리나라 전통문화예술을 전승하는 기생들을 수많은 요릿집에서 술과 안주와 더불어 음악, 춤으로 살아가게끔 만들고 '기생인가증'으로 통제하였다. 그리고 차츰 매춘을 업으로 하는 창기 수준으로 전락하게끔 유도하였고, 우리는 역사적인 문화예술조차 스스로 천대하는 어처구니없는 현실을 조장하게 된 것이다. 서로가 다름을 인정하는 인식의 출발이 없이 일본의 성문화 관점에서 예악문화의 계승자였던 권번기생의 이미지에 대한 아우라(Aura)를 부정하고 있다. 기생 사진엽서처럼 대량 생산된 복제품에서 아우라를 찾을 수 없듯이 일본의 조선기생 타자화로 지금도 여전히 '현재 진행형'이다.

우리나라 권번의 기생은 대한제국 황실의 관기 예악문화를 전승하고 보전시킨 공로를 인정받아야 한다. 그들은 현금·가야금·장구·아쟁·해금·대금·소금·가곡 등의 기악과 성악은 물론 궁정무용인 춤, 가인전목단·선유락·항장무·포구락·무고·검무·사자무·학무 등의 정재(呈才)와 그 밖의 글씨와 그림을 익혀온 예악문화의 실현자이자 종합예술가들이었다.

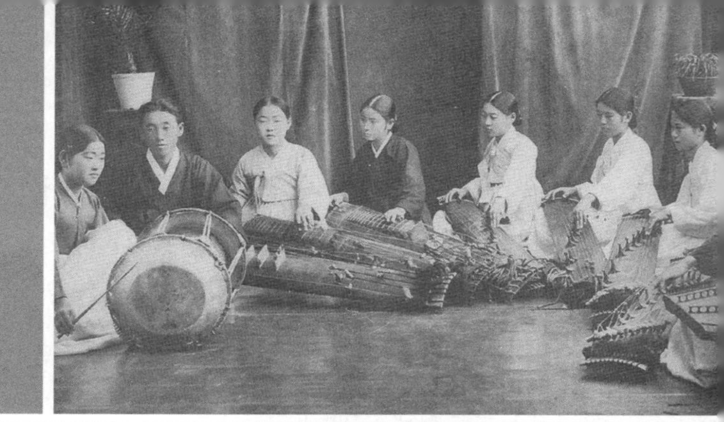

제2부

일제강점기 권번기생 문학 연구

『조선미인보감(朝鮮美人寶鑑)』에 수록된 창가(唱歌) 연구

1. 서 언

한국 근대문학 발생에 있어 서구문학의 영향을 구체적으로 말해주는 것들이 開化期 文學이다. 바로 飜譯 · 唱歌 · 新小說의 형태로 설명할 수 있다. 그중에서 창가는 1890년대 후반에 『독립신문』의 발간과 함께 나타났다. 1896년 이용우의 『애국가』, 이중원의 『동심가』 등 독립사상을 고취하는 내용이 중추를 이루었다. 창가는 그 뒤 7 · 5조, 8 · 5조 등의 가사 형태로 발전하여 1908년 최남선의 「海에게서 少年에게」를 新體詩의 예로 든다.[1] 하지만 최남선은 時調 · 雜歌(또는 歌辭)와 구별되는 새로운 詩歌는 어떤 형식이든 '新詩' 또는 '新體詩歌'라고 막연하게 일컬었다. 후대에는 그것들을 다시 둘로 나누어 규칙적인 律格이 뚜렷한 정형시는 창가라 하고, 그렇지

1) "육당의 『소년』 창간은 그의 계몽사상이 근저를 이룬 것으로서 그의 세계 지리, 역사에 대한 관심을 통해서 조선인의 세계에 대한 인식, 근대 문물에 대한 태도를 계몽시키고자 했다. 그가 일본 유학시 地歷科를 선택한 것은 이 점에서 철저하게 계몽적인 의도에서 비롯된 것이다." 김춘식(2003), 『근대성과 민족문학의 경계』, 역락, 230면 참조.

않은 자유시는 신체시라고 한다.[2)]

개화기 문학은 1900년을 전후한 개화기의 시대적 사조를 배경으로 하여 나타난 문학을 일컬으며, 고전문학과 신문학 사이의 과도기적 구실을 하였다. 1860년경에서 근대적인 의식이 어느 정도 자리 잡게 된 1919년 직전까지의 시기에 제작된 개화기 시가들은 그 작품들이 배경으로 하고 있는 시대의 양상과 관련하여 문체 변동과 사회 문화 변동에 따른 작품 형태의 변화, 즉 찬송가, 창가, 신체시 같은 새로운 시가 형태들이 발생하여 전통적인 시가 형태들과 영향을 주고받으면서 제작되었다.[3)]

당시 창가에서도 개화가사는 비전문적이고 개방된 양식으로 인식되었다.[4)] 이 때문에 전문적으로 글을 쓰거나 시가를 제작하는 문필가 아닌 일반인들에 의하여 많은 작품이 쓰여졌다. 이들은 주변에서 일어나는 여러 일을 소박한 입장에서 자유롭게 다루고 읊조리는 형식으로 글을 썼다.[5)] 현재 전

2) "최남선의 정형시 또한 전에 볼 수 없는 새로운 창안물이고 당시까지의 창가가 가사 또는 민요의 율격을 받아들였던 것과는 전혀 이질적인 율격을 갖추었기에 창가와 한 자리에 놓을 수 없는데, 후대에는 정형시냐 자유시냐 하는 분별에만 관심을 가졌다. 최남선은 전통적인 율격 및 그 변형 원리를 이중으로 파괴하고, 일본 모형의 정형시와 일본을 거쳐 받아들인 서양시 모형의 자유시를 이식하고, 그 중간물이라 하겠다는 독특한 형식도 만들어냈으니, 어느 모로 보거나 혼란을 일으킨 장본인다." 조동일(1994), 『제3판 한국문학통사4』, 지식산업사, 426-427면.

3) 그밖에 특징적인 모습은 개화기 시가들이 노래한 대상들은 한국 시문학사의 전개 과정에서 특이한 변모를 보여준다는 점과 당시 사회, 문화 변동에 발맞추어 작품 형태의 변화를 보여준 작품들이었다는 점을 들 수 있다. 권오만(1989), 『개화기 詩歌硏究』, 새문사, 12-13면.

4) "신체시는 개화가사나 창가와 공존한 시가 있었다고 해도 개화가사와 창가에 뒤이어 매우 의식적으로 창작된 새로운 양식으로 보아 마땅하다" 장도준(2003), 『한국현대시교육론』, 국학자료원, 290면 참조.

5) 개화기 시대의 종교 창가는 활발하게 이루어져 있는데, "애국가류는 주로 4·4조 2행연으로 연의 구분이 되어 있으며, 창가가사의 경우 7·5조, 6·5조, 8·5조의 음수율을 지니고 있고, 신체시의 경우 형식이 자유로운 점 등 찬송시가에 비해 그 차이점이 뚜렷하다는 것을 알 수

해 오고 있는 개화가사는 주로 『독립신문』이나 『대한매일신보』과 같은 일간지에 활자화되었던 작품들인데, 그 무렵에는 작자의 이름은 표시하지 않는 것이 일반적이었다.

1918년에 발행된 『조선미인보감』은 학계의 본격적인 검토 대상이 아니었다. 지금까지 『조선미인보감』은 권번기생에 대해 관심을 가질 만한 화보집일 뿐이었으며, 원본 소장은 몇몇 수집가에 의해 한정되어 있다. 그러나 이 책에는 엄연히 넓은 개념의 작품성 있는 작자 미상의 620여 개의 창가가 존재하고 있다. 이 글에서 창가는 新詩를 제외한 개화기 시가 전반을 가리키는 포괄적 개념으로 이해한다.[6] 따라서 이 글의 목적은 『조선미인보감』에 수록된 창가를 개화기 문학의 시가 작품군으로 자리매김하는데 그 가능성을 제시하고자 한다.

2. 『조선미인보감』의 발간 의도 및 체재

1918년에 京城新聞社의 사장이었던 아오야나기 고타로[靑柳網太郎]가 발행한 『조선미인보감』은 당시 시대 상황을 잘 반영하고 있는 화보 및 唱歌 자료집이다. 크기가 가로 26㎝, 세로 18.5㎝의 46배판이며 총 312쪽으

있다. 결국 찬송시가와 기독교 개화시는 그 내용으로 보나 형식면으로 보나 서로 구별되는 바, 국문학사상 전환기에 나타난 기독교 개화시는 한국 기독교시가문학의 독립된 한 장르種으로 인정해 마땅하다고 하겠다." 신규호(2003), 『한국현대시와 종교』, 국학자료원, 490면 참조.

6) 조연현(1968), 『한국현대문학사』, 인간사, 135면; 백철(1980), 『신문학사조사』, 신구문화사 참조.

로, 각 권번·조합별 구분하여 605명의 기생 자료가 실려 있다.

체재는 한쪽에 각각 2명씩의 기생 이름과 나이, 사진, 출신지와 현주소, 특기, 그리고 그 기생에 대한 짧은 평가들이 적혀 있다. 童妓의 경우에는 3명씩 수록되어, 총 605명 기녀의 신상 정보가 수록되어 있다.

서문에는 발간의도를 뚜렷하게 밝히고 있다. 서문이 3개가 수록되어 있는데 그중 편집자가 직접 써놓은 서문을 보면 발간의 취지와 그 목적, 특성 및 靑樓美人의 개념도 잘 나타나 있다.

> **"미인보감은 무슴 칙이뇨 죠션젼도 미인의 ᄉ진과 기예와 이력을 슈집ᄒ고 죠션 언문과 한문으로 져슐ᄒᆫ 칙이니라"**[7]

序에는 먼저 어떠한 책인가를 밝히고 있는데, "朝鮮 全道 미인의 사진과 妓藝와 履歷을 수집하고 조선 언문과 한문으로 저술한 책이다"하여 발간의 성격이 분명하다. 즉 사진과 기예, 그리고 이력을 수집해서 우리말과 한문으로 저술한 책이라고 규정짓고 있다. 또한 그 취지도 밝혀져 있어 당시 사회의 모습을 읽을 수 있다.

> **"그 칙은 무슴 취지로 발힝ᄒ나뇨 인류의 발달을 취ᄒᆷ인가 샤회의 진보를 위ᄒᆷ인가 이는 미인보감이 발힝된 후 실디의 결과를 기ᄃᆡ려고 그 취지의 엇더ᄒᆷ을 말 ᄒᆯ려니와 ᄃᆡ기 이 칙의 이른바 미인은 규즁의 잠겨 잇셔 침션을 죵ᄉᄒᄂᆞᆫ ᄌᆞ를 가ᄅᆞ침도 안이오인가의 쥬궤되야 봉제 졉빈ᄒᄂᆞᆫ 부인을 가라침도 안이오신지 식이 츙만ᄒ야 교육계에 모범되는 녀교ᄉ를 가ᄅᆞ침이**

---

7) 靑柳綱太郎(1918), 『조선미인보감』, 朝鮮硏究會, 序文, 1면(民俗苑 1985년 復刻).

안이라 길가버들과 담위 꼿의 신분으로 장숨리ᄉᆞ의 완호물이 되야 만죵풍류와 쳔반 졍한으로 화죠월셕에 질탕ᄒᆞᆫ 흥치를 도아쥬ᄂᆞᆫ 쳥루미인을 이름이니 소위 쳥루미인의 무리가 의문미소 ᄒᆞᄂᆞᆫ 하등자격에 지나지 못ᄒᆞ야 죡히 붓을 가져의론ᄒᆞᆯ 여디가 업슬 것시나 그러나 이 또 ᄒᆞᆫ 셩셰화육즁 물건이라 거연히 포기치 못 ᄒᆞᆯ지오"[8)]

발간 취지가 무엇인가에 대한 설명을 '인류의 발달을 取함인가', '사회의 진보를 위함인가.'라 하여 당시 개화기 문학의 주된 관심사[9)]를 서술하고 있다. 여기에 미인에 대한 개념을 앞서와 마찬가지로 '閨中의 잠겨 있어 針線을 종사하는 자를 가리킴도 아니오', '人家의 主饋[10)]되어 縫製 接賓하는 婦人을 가리킴도 아니오', '신지식이 충만하여 교육계에 모범이 되는 여교사를 가리킴이 이니라'라 하여 당시 1910년대 여성의 사회적 역할로 나누어 구분하여 개화기 시대의 봉건성과 신교육의 이중적 지향 의식을 드러내고 있다.

이러한 이중적 여성의 역할에 대한 서술에 이어, "길가 버들과 담 위 꽃의 신분으로 張三李四의 玩好物이 되어 晩種 풍류와 賤班 靜閑으로 花鳥月石에 跌宕한 興致를 도와주는 靑樓美人을 이름이니"라 하여 路柳墻花의 신분을 명시하고 있다. 이를 통하여 '美人寶鑑'의 미인은 '娼妓가 있는 집의 아름다운 여인'이라는 의미의 '청루미인'으로 개념 규정을 한다. 또한 "소위 靑樓美人의 무리가 利文 賣笑하는 下等 資格에 지나지 못하

8) 靑柳網太郎(1918), 1면.

9) 개화기문학의 주제는 ① 자주독립, ② 자유민권, ③ 신교육, ④ 미신타파와 과학지식의 보급, ⑤ 자유연애와 자유결혼, ⑥ 평등사상 등으로 집약되겠으나, 고전문학의 테두리를 완전히 벗어나지 못한 신문학의 전단계적인 구실을 하는 데 머물렀다.

10) 主饋는 안 살림 가운데 음식에 관한 일을 책임 맡은 여자를 말하는데, 中饋라고도 한다.

여 족히 붓을 가져 議論할 여지가 없을 것이다"고 하여 내심 발간에 대한 세상의 비판을 의식하였다. 하지만 "이 또한 盛世化育 中 物件이라 居然히 抛棄치 못할 것이다"라 하여 발간의 당위성을 설명한다. 이어서 당시 청루미인의 행실과 폐단에 대해서 논하면서 개탄하고 있다.

"ᄯᅩ ᄒᆞᆫ져의 가결단코 청루즁에셔 죵로 치안이 ᄒᆞ고 긔회를 ᄯᅡ라 혹 상당ᄒᆞᆫ 인ᄉᆞ의 ᄇᆡ우도 되고 부호ᄒᆞᆫ 가졍에 총첩도 되야 후진 청년의 어미도 될지니 만일 그 위인이 온당치 못 ᄒᆞ고 ᄒᆡᆼ실이 죠결치 못 ᄒᆞ면 그 영향이 엇더 ᄒᆞ리오 이르ᄂᆞᆫ 곳 마다 남의 문호를 젼복케 ᄒᆞ거나 남의 ᄌᆞ질을 타락케 홈이 하나 둘이 암이리니 이엇지 ᄀᆡ탄ᄒᆞᆯ 바– 안이리오"

위의 내용을 보면 "또한 底意가 결단코 靑樓 중에서 終路하지 아니하고 기회를 따라 혹 상당한 人士의 配偶도 되고 富豪한 가정에 寵妾도 되어 後進 청년의 어미도 될지니 만일 그 爲人이 穩當치 못하고 행실이 操潔하지 못하면 그 영향이 어찌 하겠는가"라 하여 행실을 지조 있게 깨끗하여야 한다고 강조한다. 당시 청루미인의 폐단을 지적하고 있는데, "이르는 곳마다 남의 門戶를 顚覆하게 하거나 남의 子姪을 타락하게 함이 하나둘이 아니리니 이 어찌 개탄할 바가 아니 하겠는가"하여 조결한 행실의 중요성을 거듭 강조하고 있다.

『미인보감』의 발간의 효용성에 대한 설명으로, 처신에 정성스레 마음을 써야 한다는 의미의 '用心行身'을 하는 데 참고가 되도록 하였다고 밝히고 있다.

“이졔 그 폐ᄆᆡᆨ을 만일이라도 교구코져ᄒᆞ야 미인보감을 비로소 져술ᄒᆞᆯᄉᆡ 죠션젼도 청루즁예기의 용ᄐᆡ 연츄와 기예 우열이며 그 략력의 ᄃᆡᄀᆡ를 혹 포장도 ᄒᆞ며 혹평논도ᄒᆞ며 왕왕 경계ᄒᆞᄂᆞᆫ 말을 긔록ᄒᆞ야 져의로 ᄒᆞ야금 이 ᄎᆡᆨ을 ᄌᆡ미잇게 보아 부지불각 즁ᄭᆡ 다름이 잇셔 용심ᄒᆡᆼ신을 그르지안케 ᄒᆞ고 ᄃᆡ인졉물을 바르게 ᄒᆞᆯ지면 샤회에 젹이 유익ᄒᆞᆷ이 잇스리라ᄒᆞ노라.”

앞서 風流美人의 폐단을 이야기하면서, “이제 그 弊瘼을 만일이라도 考究하고자 하여 미인보감을 비로소 저술할 제 朝鮮 全道 靑樓 中 藝妓의 容態 姸醜[美醜]와 妓藝 우열이며 그 略歷의 대개를 혹 포장도 하며 혹 평론도 하며 왕왕 경계하는 말을 기록하여 底意로 하여금 이 책을 재미있게 보아 不知不覺 중께 다름이 있어 用心行身을 그르지 않게 하고 待人接物을 바르게 할지면 사회에 적이 유익함이 있다”고 하였다. 물론 이에 대한 비판을 예견하면서 다음과 같이 이어지고 있다.

“혹자―말ᄒᆞ되 문ᄉᆞ가 만권셔류에 무엇을 편집지못ᄒᆞ야 하필 화류계 하등쳔업 ᄒᆞᄂᆞᆫ 예기의 관ᄒᆞᆫ ᄎᆡᆨᄌᆞ를 발ᄒᆡᆼᄒᆞ야 부랑청년 ᄇᆡ의 한낫 소ᄀᆡ물을 짓ᄂᆞ뇨.”

당시 사회의 상황을 잘 알 수 있는 내용으로 “혹자는 말하되 文士가 萬卷 書類에 무엇을 編輯하지 못하여 하필 花柳界 下等賤業하는 藝妓의 관한 책자를 발행하여 浮浪 청년배의 한낱 紹介物을 짓느냐”고 하지만, 이를 논리적으로 반박하고 있다.

“슯흐다 그 ᄃᆡ의 말이여 그 ᄃᆡᄂᆞᆫ 진실로 ᄌᆞ막의집즁으로 고집불통 ᄒᆞᄂᆞᆫ

소견이로다 옛적 공부ᄌᆞᄂᆞᆫ 대셩인이시로ᄃᆡ 시셔를 산졍ᄒᆞ실ᄉᆡ 음란ᄒᆞᆫ 말이 비ᄒᆞᆯᄃᆡ 업ᄂᆞᆫ 졍위지풍을 사거 치안인 ᄒᆞ심은 엇진 뜻이요 그 ᄃᆡ의 말 갓흘 진ᄃᆡ 졍위지풍도 가히 음란ᄒᆞᆫ 일을 소ᄀᆡᄒᆞᆯ 만 ᄒᆞᆫ 글이라 ᄒᆞ겟도다 이ᄂᆞᆫ 곳 졍위의 부정한 풍속을 거울삼아 후인을 경계ᄒᆞ시ᄂᆞᆫ 깁흔 뜻이시니 쳥컨ᄃᆡ 그 ᄃᆡᄂᆞᆫ 이 뜻을 밀어 미인보감을 자셔히 볼 지어다. ᄃᆡ졍 칠년 파월일 편집자ᄂᆞᆫ셔ᄒᆞ노라"[11)]

우선 "슬프다 그대의 말이여 그대는 진실로 子膜執中[12)]으로 固執不通하는 所見이로다."라는 표현으로 개탄한다. 이어서 "옛적 孔夫子는 大聖人이시로대 詩書를 刪定하실 때 淫亂한 말이 比할 때 없는 鄭衛之風을 산같이 아니하심은 어찌 뜻이요. 그대의 말 같을진대 鄭衛之風도 가히 음란한 일을 소개할만한 글이라 하겠다. 이는 곧 鄭衛의 不淨한 풍속을 거울삼하 後人을 경계하시는 깊은 뜻이시니 청컨대 그대는 이 뜻을 미루어 미인보감을 자세히 볼 지어다."라 하여 '鄭衛의 不淨한 풍속을 後人의 警戒'하고자는 의도를 분명히 밝히고 있다.[13)]

이밖에 수록된 기생들의 妓藝 부분에는 國樂[14)]과 舞踊,[15)] 그 밖의 特

11) 靑柳網太郎(1918), 1면.

12) 融通性이 없고 임기응변할 줄 모르는 사람을 일컫는 말이다.

13) 당시 券番들을 구분하면 한성권번 187명, 대정권번 181명, 한남권번 79명, 경화권번 40명, 대구조합 32명, 금천조합 3명, 동래조합 11명, 창원조합 2명, 광주조합 7명, 평양조합 7명, 진남포조합 3명, 수원조합 33명, 개성조합 3명, 인천조합 5명, 안성조합 5명, 연기조합 7명 등이다.

14) 〈雜歌〉京西雜歌 京城雜歌 南道雜歌 南中雜歌 內地雜歌 西關雜歌 西南雜歌 西道雜歌 〈俚曲·俚謠·俗謠〉 關西俚曲 關中俚曲 南方俚曲 南中俚曲 西道俚謠 西方俗謠 〈창가·俚唱〉 창가 南方俚唱 立唱 坐唱 〈行歌〉 南道行歌 西道行歌 〈樂器〉 伽倻琴 楊琴 長鼓 風琴 玄琴 〈調〉 羽界面 羽調 執拍

15) 劍舞 南舞 南舞바지 南中俗舞(살풀이춤) 內地舞無山香 西洋舞蹈 僧舞 立舞 長衫舞

技[16]에 관련된 내용이다. 수록된 605명의 기생을 소개하는 작자 미상의 한글 가사를 분석해보면, 운율이 주로 8·8조와 8·5조이며, 그밖에 6·6조, 8·7조, 7·8조도 수록되어 있어 개화기 가사의 운율적 형태를 고찰할 수 있다.

3. 『조선미인보감』에 수록된 개화기 창가

1) 개화기 창가의 개념

창가는 新詩를 제외한 개화기 시가 전반을 가리키는 포괄적 개념이다. 개화기 시가에서 창가는 중요한 쟁점이 되는 사항이다.[17] 창가가 어떻게 형성되어 어떤 사회집단들에게 수용되었는지를 살피는 것은 서양음악이 어떻게 시작되고 어떻게 받아들였는지를 살피는 것과 맥을 같이 한다. 이는 또한 우리의 전통적 노래양식들이 어떻게 쇠퇴해 가는가의 문제와 동일한 맥락을 형성하는 것으로 해석할 수 있다. 일반 민중이 향유하던 노래가 민요에서 창가, 그리고 유행가로 바뀌어가는 과정은 우리 사회에서 전통음악

呈才舞 春鶯舞.

16) 歌詞 京西巨里 國語 墨畫 竝唱散調 三味線 書畵 善圍碁 隷書 風流 漢語 筭術.

17) 개화기 詩歌의 시적 형태에 의한 전개 과정 여러 의견을 다음과 같이 정리 할 수 있다. 김학동(1982), 「개화기 시가」, 『한국문학연구입문』, 지식산업사, 485-496면.
창가 → 신체시 : 임화, 조연현, 백철, 조윤제, 김동욱, 문덕수 등
개화가사 → 창가 → 신체시 : 조지훈
개화시 → 개화가사 → 창가 → 신시 : 송민호

이 쇠퇴하고 서양음악이 일반화되는 것을 단적으로 보여주기 때문이다. 창가의 변천과정은 찬송곡에 '노래가사 바꿔부르기' 같은 창작창가라 할 수 있다.[18]

창가는 서양악곡의 영향으로 발생하여 지나치게 정형률에 얽매였던 우리 시가의 율격을 보다 자유로운 형식으로 개방하는 데 도움을 주었으며 내용적으로 청년 학생의 각성, 문명개화의 필요성과 같은 시대정신의 전파에도 도움이 되었다. 창가가 민중의 정서에 깊은 영향을 미치게 되자 日帝는 창가의 이러한 영향력을 감쇄하기 위해 창가가 지니고 있는 민족적·계몽적 성격을 거세하려고 하였다.[19]

갑오개혁 이후 근대적인 각성과 조국의 자주독립에 대한 열망을 서양식 調로 읊은 시가 형식을 창가의 개념이라고 말할 수 있다. 하지만 '창가'가 무슨 뜻인지 명확하게 규정하기는 어렵다. 가락을 맞추어 부르는 노래라는 뜻의 창가는 전부터 얼마든지 있었으니, 시대적인 요건과 내용에 대한 설명을 보태야만 창가라는 말을 문학 갈래의 명칭으로 사용할 수 있다. 歌唱 여부는 필수적인 요건이 아니고 창가에는 가사를 단형화한 것이 있으며, 민요에 의거해서 지은 것도 있다. 기독교 찬송가 등의 서양 노래 곡조에 얹어서 부르도록 지은 것도 있어서 출처가 다양하다.[20]

---

18) 역사문제연구소(2001), 『전통과 서구의 충돌(한국적 근대성은 어떻게 형성되었는가)』, 역사비평사, 239면 참조.

19) 그러한 의도로 1910년에 편찬된 『보통교육창가집』은 일제에 의해 만들어졌다. 편집부(1994), 『한국사12』, 「근대민족의 형성 Ⅱ」, 한길사 참조.

20) "창가는 대한제국 시대에 독립·애국·개화의 의지를 고취하기 위해서 지은 단형의 국문시가이고, 이미 제기되어 있는 주장을 요약한 교술시라고 규정할 수 있다." 조동일(1994), 264-265면.

개화가사, 즉 開化詩에서 발전한 단계의 시가 형식으로서, 양자는 모두 가창을 전제로 하였으나, 전자는 가창보다 가사에 치중한 반면, 이 창가는 가사보다 가창을 위주로 하였다. 그리고 곡조도 그 모체가 되었던 讚頌歌調에서 벗어나 일반적인 서양음악에 의한 본격적인 근대의 노래로 형성되어 갔다. 가사에서도 4 · 4조에서 7 · 5조가 기준이 되기에 이르렀고, 추상적인 개화사상의 고취에서 점차 근대적인 寫實性의 표현 기법이 도입되어 새로운 문장 감각이 싹트기 시작하였다.[21] 창가는 전단계의 시가 형식인 개화가사나 개화시보다 오래 지속되었고, 대중에게 전파되는 진폭도 넓었다. 개화기의 여러 잡지를 통해서 보급되는가 하면, 창가는 근대식 교육기관의 교과과목으로 채택되어 방방곡곡에 퍼져나감으로써 민족적 · 정서적 교육에 이바지한 바 컸다. 통설로서, 창가의 효시를 1908년에 육당 최남선이 지은 『京釜鐵道歌』로 치나, 이에 앞서 1886년의 배재학당 교과목에는 이미 '창가'가 있었으며, 1896년 『독립신문』에 발표된 4 · 4조의 애국가 계열 창가가 있었음도 간과할 수는 없다.

1910년 국권피탈 이후 민족혼을 고취하고 광복을 바라는 민중의 열망을 담은 내용이 창가의 대부분을 차지하게 된다. 결국 창가는 서유럽의 근대사조 수입과 민족의 자주 · 독립에 대한 갈구가 충만하였던 시기의 필연적인 시가형식으로서, 고전시가 형식에서 新詩로 발전하는 과정에서 과도적인 역할을 다하였다고 보겠다.

---

21) "창가라는 형식을 최남선이 의식적으로 선택했다는 사실에 대해 최남선은 개화기에 신체시와 창가, 시조 형식을 모두 시도했던 사람이다. 그런데 신시를 포기하고 창가에 편향되었음은 이미 증명이 된 바 있다. 여기서 왜 신문명에 관계된 내용일 경우 구태의연한 창가라는 양식을 택했을까 생각해 봐야 할 것이다." 염은열(2000), 『고전문학과 표현교육론』, 역락, 482면 참조.

특히 개화기 시가, 즉 창가들은 그 시기에 진행된 사회, 문화 변동의 일환인 문체 변동과 깊은 관련을 가진다. 조선왕조의 문체는 한문체와 국문체의 이중 구조로 이루어져 있었다. 개화기가 시작될 무렵 이러한 문체의 이중 구조는 당연한 것으로 받아들여졌으나, 새로운 문체로 국한문체가 등장하고 한문체가 쇠퇴하면서, 개화기 끝 무렵에는 국한문체와 국문체로 이루어진 새로운 이중 구조가 확립되었다.[22] 개화기 시가들은 의식적이든 무의식적이든 그 시기에 진행된 위와 같은 문체 변동과 긴밀한 관련을 맺고 있는 작품들이다. 이는『조선미인보감』의 문체에서도 여실히 드러나 있다. 전체 605개의 창가에서 국한문체와 국문체로 이중 구조로 표기되어 있으며, 주로 개화기 가사 위주로 기생을 소개하는 창작 창가이다.

2) 券番 소개 내용의 시조 및 가사

권번은 일제강점기에 기생들이 妓籍을 두었던 조합이다. 檢番 또는 券班이라고도 하였는데, 조선시대에 기생을 총괄하던 妓生廳의 후신이라 할 수 있다. 또한 권번은 기생을 관리하는 업무대행사로, 등록된 기생을 요청에 따라 요릿집에 보내고 花代를 수금하는 일을 맡았다. 권번에선 매일 '草日記'라는 기생명단을 요릿집에 보내 단골손님이 아닌 사람도 기생을 부를 수 있게 했다. 물론 예약도 가능했다.[23]

---

22) 권오만(1989), 12-13면.

23) 경성 소재 권번 → 4대권번 : 漢城券番, 大正券番, 漢南券番, 京和券番 / 평양(箕城券番, 대동권번), 부산권번(동래권번), 인천권번(소성권번, 龍洞券番), 그 밖에 대구권번, 광주권번, 남원권번, 개성권번, 함흥권번, 진주권번 등이 유명하다.

기생조합에 대한 최초의 기록은 1909년 4월 1일 한성기생조합소[24]가 함경남도 文川郡의 기근을 위로하기 위해 자선 연주회를 연다는 것이었다.[25] 한성권번은 한성기생조합이 1914년에 권번으로 바뀌면서 생겨난 곳으로 퇴역 官妓와 당시 급상경하고 있던 남도 지방의 기생들을 포괄하는 집단으로 재구성하면서 기예가 뛰어난 장안의 일류 기생들이 소속해 있었다.[26] 『조선미인보감』에서 한성권번을 소개하는 시조와 가사를 보면 다음과 같다.

東園花林 中에 무엇무엇 붉엇던고
蜀葵花[27]는 已老ᄒᆞ고 桃李花[28]는 片時[29]로다
아마도 富貴繁華 氣像은 牧丹花인가 ᄒᆞ노라[30]

이 시조는 문답의 전형적인 대구 형식으로 초장에서 동쪽 정원의 꽃나무로 이루어진 숲 중에 무엇이 붉었는가 하며 물어보니, 접시꽃은 이미 시들었고 복숭아꽃과 자두 꽃만이 잠시 붉다고 하고, 종장에 와서 부귀영화의 기상은 모란꽃이라고 마무리한다. 이어서 다른 한 편의 시조에서는 상전벽

24) 宋芳松(2003), 「漢城妓生組合所의 藝術社會史的 照明—大韓帝國 末期를 중심으로」, 『한국학보』 113집, 일지사 참조.

25) 김영희(1999), 「일제시대 기생조합의 춤에 대한 연구—1910년대를 중심으로」, 『무용예술학연구』 제3집, 한국무용예술학회, 53-54면.

26) 권도희(2000), 「20세기 초 남도 음악인의 북진」, 『소암권오성박사화갑기념논문집』, 간행위원회, 91-92면.

27) 접시꽃.

28) 복숭아꽃과 자두 꽃을 아울러 이르는 말.

29) 잠시.

30) 青柳綱太郎(1918), 漢城券番.

해처럼 세상의 일들이 변화가 심하더라도 한성권번은 영원하리라는 기원을 담은 내용이다.

> 世上事 飜覆[31]홈이 어이 그리 容易ᄒᆞ고
> 碧海가 桑田이오 桑田이 碧海로다[32]
> 아마도 永久擴張은 漢城券番인가 하노라[33]

이 시조의 초장은 세상의 일들이 이리저리 뒤집히는 것이 어찌 쉽게 일어난다고 하니, 세상일의 변천이 심하다고 거듭 강조한다. 종장에서는 그래도 세상의 일들 중에 영원히 확장되는 곳은 '한성권번'이라고 한다. 당시 茶洞에 있었던 한성권번이 오래도록 번영하고자 하는 의도를 담고 있다. 이 시조를 두 편을 보면 한성권번의 특징과 분위기를 잘 표현하고 있다. 더구나 牧丹花와 한성권번을 환유하는 표현의 비유 방식이 전통장르인 시조의 전형을 보여준다.

한성권번의 가사로 「紅塵曲」(『春眠曲』[34] 一例)이 실려 있는데, 『春眠曲』의 내용은 임을 여의고 괴로워하는 사나이의 심정을 그린 것으로, 다소 퇴폐적이기는 하나 정감이 넘치는 노래이다. 십이가사 중에서도 걸작으로 꼽힌다.

---

31) 이리저리 뒤집힘.

32) 뽕나무 밭이 변하여 푸른 바다가 된다는 뜻으로, 세상일의 변천이 심함을 비유적으로 이르는 말이다.

33) 靑柳網太郎(1918), 漢城券番.

34) 『春眠曲』은 十二歌詞 중 春興을 읊은 곡으로, 작자와 연대는 미상이다. 『靑丘永言』, 『古今歌曲』 등 6~7종의 歌集에 실려 있다. 4분의 7박자 도들이 장단에 가락은 界面調이다.

紅塵에 ᄭᅮᆷ이 깁허 光陰을 虛送터니 뒤동산 ᄭᅩᆺ나무에 나뷔츔이 寂寞하고 霜風[35]이 蕭瑟[36]ᄒᆞᆫ데 찬기력이 소리로다 壁上에 걸닌 거울 偶然히 빗취보니 朝如靑絲 暮如雪은 오날이야 알니로다 芒鞋竹杖으로 千里 鄕山 도라오니 靑山은 반기ᄂᆞᆫ 듯 白鷗[37]ᄂᆞᆫ 嘲弄ᄂᆞᆫ 듯 閑中日月 이ᄂᆡ 몸이 ᄒᆞᆯ노릇이 바이업셔 臨遊賦詩ᄒᆞ야 良久히 徘徊ᄒᆞ니 滿江蘆花 깁흔 곳에 고기잡ᄂᆞᆫ 뎌漁船이 小棹[38]를 흘니즈며 款乃聲 ᄒᆞᆫ 曲操에 江天이 寥亮[39]ᄒᆞ다[40]

「紅塵曲」의 『春眠曲』 형식과 내용을 차용한 것으로 "속된 세상에 꿈이 깊어 허송세월을 보내다가 뒷동산 꽃나무에 나비춤이 적막하고 시든 단풍이 쓸쓸한데 찬 기러기 소리구나, 벽상에 걸린 거울을 우연히 비춰보니 청실 같은 아침과 눈 같은 저녁이 오늘 알게 되는구나, 짚신과 대나무 지팡이로 천 리 고향으로 돌아오니 청산이 반기는 듯이 갈매기가 조롱하는 듯, 한가로운 이내 몸이 할 노릇이 없어 유람하면서 賦와 詩를 짓다가 오랫동안 배회하니 강가에 활짝 핀 갈대꽃 깊은 곳에 고기 잡는 저 어선의 작은 노를 저으니 관내성 한 곡조에 강천이 헤아린다"는 내용이다. 십이가사의 형식과 내용에서 뒤떨어지지 않는 작품성을 지녔다고 볼 수 있다.

두 번째로 언급되어 있는 大正券番은 茶洞組合이 권번으로 결성된 곳으로 평양의 無夫妓들을 중심으로 기타 서울과 지방기생을 합하여 만들어

35) 시든 단풍.

36) 쓸쓸하다, 고요하다, 조용하다.

37) 갈매기.

38) 작은 노.

39) 헤아리다.

40) 靑柳網太郎(1918), 漢城券番 紅塵曲(春眠曲 一例).

졌다. 특히 河圭一에 의해 朝鮮正樂傳習所의 女樂分校室이라는 명분하에 만들어졌기에 주목된다. 하규일의 여악분교실은 안민영과 기녀의 관계와 같은 "歌客—妓女"관계의 부분적인 재현으로 볼 수 있기 때문이다.[41] 대정권번도 茶洞에 있었는데, 앞서 마찬가지로 시조 2수와 가사 「新撰竹枝詞」가 소개되어 있다.

菊花야 너는 어이 三春佳節 다 보ᄂᆡ고
寒露霜風 重陽節에 홀노 滿發 ᄒᆞ얏는고
아마도 桃李와 짝지음을 부그럼인가ᄒᆞ노라[42]

위의 시조 내용을 보면, 봄철 석 달의 좋은 시절을 다 보낸 국화는 찬 이슬을 맞은 단풍의 重陽節에도 홀로 꽃이 활짝 피었느냐 하니, 이는 복숭아꽃과 자두 꽃과의 짝 지음을 부끄러워서 홀로 피었다고 대답한다.

平地突起는 靑山의 奇絕處오
中流分派는 江水의 壯觀處라.
아마도 山之奇絕 水之壯觀은 大正券番인가 ᄒᆞ노다[43]

41) "19세기 風流房에서 歌客과 妓女는 모두 풍류계 음악의 主體者이며 동시에 享受者였다. 그러나 20세기 가객과 기녀의 관계는 풍류계 음악의 주체자가 아니며 학습장의 스승과 弟子로만 기능하게 되며, 이들의 음악은 일정한 美的 趣向을 공유하는 사람들에게 향수되는 것이 아니라 예술을 살 수 있는 불특정 다수가 享受者가 된다. 따라서 河圭一의 女樂分校室은 명분뿐이었다 할 수 있으며 그나마 명분만으로 이어지는 전통적인 풍류방 마지막이었다 할 수 있다." 권도희(2001), 「20세기 기생의 음악사회사적 연구」, 『한국음악연구』 29호, 한국국악학회, 327면.

42) 靑柳綱太郎(1918), 大正券番.

43) 靑柳綱太郎(1918), 大正券番.

이어서 평지에 산이 우뚝 솟는 것은 靑山의 기이한 절경이고, 흐르는 냇가의 한 가운데에 여러 갈라진 물길은 강물의 장관이라 감탄하니, 이는 산의 기이한 절경과 강물의 장관은 대정권번이라 하여 뛰어난 경치와 비유하고 있다. 앞서의 시조에서 국화와 '山之奇絕 水之壯觀'과 대유되어 구체적인 이미지로 드러난다.

또한 대정권번의 소개하는 가사는 「新撰竹枝詞」로 십이가사의 곡목인 『竹枝詞』의 내용과 형식을 차용하여 창작된 것이다.[44]

嬋姸洞裡에 草如裙ᄒᆞ니 多恨多情 今古墳이라
에-에오 이-이오 이이야 一心淨念은 極樂南無阿彌 阿彌像이로구ᄂᆞ
말타고 히툭타 치며가니 千里이 江山에 구름둥ᄯᅥ다
에-에오 이-이오 이이야 一心淨念은 極樂南無阿彌 阿彌像이로구ᄂᆞ
浮碧錬光 歌舞席들에 爾曾爲雨更爲雲이로구나
에-에오 이-이오 이이야 一心淨念은 極樂南無阿彌 阿彌像이로구ᄂᆞ
東風이 불어 杜鵑花피니 벌과 나뷔ᄂᆞᆫ 마ᄋᆞᆷᄃᆡ로 논다
에-에오 이-이오 이이야 一心淨念은 極樂南無阿彌 阿彌像이로구ᄂᆞ[45]

『竹枝詞』는 전 4장의 7절에 토만 붙인 것으로 각 장의 가사 뒤에 "어이요 이이요 이히요 이아에 一心精念은 極樂 나하무 하하무 하 阿彌像이로구나 나니나노 나니"의 후렴을 되풀이한다. 그러나 이 후렴은 異本에 따라

44) 『竹枝詞』은 일명 「乾坤歌」라고도 한다. 중국의 樂府에 7絕로 吟詠한 『竹枝詞』가 있으며, 한국에서도 이를 본떠 향토의 경치와 인정·풍속 등을 노래하여 죽지사라 하였으나 지금은 十二歌詞 중의 한 곡명이 되었다.

45) 靑柳網太郎(1918), 大正券番 新撰竹枝詞.

약간씩 차이가 있지만, 「新撰竹枝詞」은 "에-에오 이-이오 이이야 一心淨念은 極樂南無阿彌 阿彌像이로구ᄂᆞ"로 변형되어 있다.

세 번째로 수록된 漢南券番도 역시 茶洞에 있었고, 『조선미인보감』의 사진에는 간판 명칭이 '漢南藝妓組合'으로 쓰여 있다. 1918년 경상도, 전라도 두 지방 기생을 중심으로 한남권번이 창립되어 당시 남도에서 기생 수업을 받고 경성 생활을 위해 올라오는 많은 기생들의 보금자리가 되었던 것으로 보인다.[46] 물론 시조 2수와 가사「春色詞」가 수록되어 있다.

珊瑚床 白玉盤에 란만ᄒᆞᆫ손져 ᄭᅩᆺ가지
고흔빗 말근 향기 四時長春 자랑ᄒᆞ니
아마도 그 ᄭᅩᆺ일 홈은 月桂花인가 ᄒᆞ노라[47]

위의 시조는 珊瑚로 된 床과 白玉소반에 활짝 핀 꽃가지의 고운 빛과 맑은 향기를 일 년 내내 자랑하지 말라 하면서 그 꽃의 이름은 월계꽃이라고 본 내용이다. 월계꽃은 초여름에서 가을까지 홍색, 백황색 꽃이 房狀 꽃차례로 계속 피고 열매는 梨果로 가을에 빨갛게 익어 우리나라 중부, 남부에 많이 분포하는 꽃이다. 이어서 다른 시조를 보면 한남권번은 번영하리라는 내용을 담고 있다.

---

46) 성경린(1997), 「다시 태어나도 아악의 길로 Ⅱ」, 『한국음악사학보』, 한국음악사학보18집 참조.

47) 青柳綱太郎(1918), 漢南券番.

是非는 둘이 입고 成敗는 한 가지라

잡은 마음 變치 안코 目的을 到達ᄒᆞ니

알괘라 漢南券番은 南方之强[48]인가 ᄒᆞ노라[49]

시비는 둘이 입고 성패는 한 가지이며 잡은 마음은 변하지 않고 목적에 도달하니 이는 한남권번이 인내의 힘으로 사람을 이겨 내는 군자의 용기라고 노래하는 내용이다. 南方之强이라 하여 한남권번의 기생들이 대부분 남도에서 출신임을 밝히고 있다. 이는 앞서의 시조에서 月桂花와 南方之强을 환유하여 독특한 흥취를 자아내고 있다. 또한 한남권번을 소개하는 가사「春色詞」는『黃鷄詞』의 일례로,『황계사』도 작자와 연대가 未詳인 십이가사의 하나로『황계사』는 일명『黃鷄打令』이라고도 한다.[50]

네 번째로 수록된『京和券番』은 경화기생조합에서 생겨났는데 이것은 당시 경무사 신태휴가 주로 3牌들을 중심으로 남부시동에 마련한 것이었다.[51] 3패란 일명 더벅머리라고 불렀던 것으로 娼婦를 지칭하는 것으로 1패 · 2패와 구별되는 것이었다.[52] 1패는 기생으로 가무와 서화를 익히고 처

48) 중국 남쪽 지방 사람들의 强點이라는 뜻으로, 인내의 힘으로 사람을 이겨 내는 군자의 용기를 비유적으로 이르는 말이다.

49) 靑柳綱太郎(1918), 漢南券番.

50)『靑丘永言』,『樂府』등의 책에 실려 전하며 가사가 조금씩 다르다. 내용은 이별한 낭군이 그리워 속히 돌아와 주기를 바라는 여인의 심정을 간접적으로 호소하는 것이다. 모두 41구에 破格이 많다.

51) 오현화(2004),「藝壇一百人을 통해 본 1910년대 기생집단의 성격」,『어문론집』49호, 민족어문학회, 325면.

52) "조선말기의 매음부를 세 등급으로 구분지었는데, 一牌 · 二牌 · 三牌가 그것이다. 왕실이나 관청에 소속된 기생을 一牌라 하고, 二牌는 기생 출신으로 첩이 된 후 밀매음을 하는 慇懃者, 또는 隱君子이고 三牌는 창녀를 이르는 搭仰謀利, 色酒家 등 소위 蝎甫라고 불려진 매춘부가 있었다." 李能和(1968),『朝鮮解語花史』, 신한서림, 279-288면 참조.

신과 범절을 제대로 배운 지조와 절개를 지키는 기생들을 말하는 것이고 2패는 서군자라고도 불리는 것으로 거의 기생 출신으로 첩이 되었다가 도로 나와 조합에 들어가지 않고 그대로 지내는 사람으로 1패보다 한 급 낮게 보았다.

千古絕色楊太眞은 ᄭᅩᆺ즁에 무ᄉᆞᆷᄭᅩᆺ고
아침이슬져즌가지 죠는 美人彷彿ᄒᆞ니
아마도 明沙十里에 海棠花인가ᄒᆞ노라[53]

위 시조의 내용은 대구 형식으로 문답의 형태를 취하고 있어, "천고 절색인 양귀비는 꽃 중에 무슨 꽃인가 하니 아침 이슬 젖은 가지 좋은 미인을 방불케 하니, 아마도 명사십리에 海棠花인가 하노라"하는 내용이다. 더구나 美人 楊貴妃를 花草 양귀비와 해당화로 비유하는 표현이 뛰어나다.

幽谷에 져 ᄭᅬᄭᅩ리 喬木으로 올마와셔
喚友ᄒᆞᄂᆞᆫ 고흔소리 俗耳를 針砭ᄒᆞ니
아마도 禽中黃鳥ᄂᆞᆫ 京和券番인가 ᄒᆞ노라[54]

이어서 깊은 산골짜기에 저 꾀꼬리가 큰키나무로 올라와서 벗을 부르는 고운 소리가 풍류를 이해 못 하는 속인의 귀를 돌 침 놓으니 아마도 날짐승 가운데 꾀꼬리는 경화권번이라는 내용이다. 앞서 마찬가지로 海棠花와 黃

53) 靑柳網太郎(1918), 京和券番.

54) 靑柳網太郎(1918), 京和券番.

鳥를 정취 있는 경화권번이라고 비유하고 있다. 또한 경화권번을 소개하는 가사 「鳥編」은 『花編』을 형식과 내용을 취하였는데, 『화편』은 여창 가곡 편삭대엽을, 꽃을 내용으로 한 시조를 노래하는 것을 일컫는 말이다.

> 鳳凰은 太平像이오 鶴두루미 神仙이라 鸚鵡辯士오 靑鳥[55]使臣이라 가치ᄂᆞᆫ 羅卒[56]이오 솔ᄀᆡᄂᆞᆫ 將帥로다 졔비ᄂᆞᆫ 妓生이오 ᄭᅬᄭᅩ리ᄂᆞᆫ 歌客이라 子規遠客이오 孔雀이ᄂᆞᆫ 文章이로다 그 남아 白鷗漁客이오 鴛鴦翡翠 징경이ᄂᆞᆫ 죠흔 ᄶᅡᆨ인가 ᄒᆞ노라[57]

내용은 "鳳凰은 태평의 형상이오, 학 두루미는 신선이네. 앵무새는 변사이오 파랑새는 사신이네. 까치는 나졸이오 솔개는 장수로다. 제비는 기생이오 꾀꼬리는 가객이네. 두견새는 멀리 오신 손님이오, 공작새는 문장이로다. 그 남아 갈매기는 고기 잡는 손님이오 원앙새와 물총새, 물수리는 좋은 짝인가 하노라"로 『화편』의 형식과 내용을 따라 지은 창작가사이다.

이처럼 경성의 권번 소개가 끝난 후에는 지방 각 권번조합을 소개하는 시조와 가사도 수록되어 있다. 이들 지방의 권번은 대구조합·금천조합·동래조합·창원조합·광주조합·평양조합·진남포조합·수원조합·개성조합·인천조합·안성조합·연기조합 등을 말한다. 지방 권번조합에는 의외로 진주 기생조합이 빠져 있다.

---

55) 반가운 使者나 편지를 이르는 말. 푸른 새가 온 것을 보고 동방삭이 서왕모의 사자라고 한 漢武의 고사에서 유래한다.

56) 조선 시대에, 지방 관아에 속한 使令과 군뢰를 통틀어 이르던 말이다.

57) 靑柳綱太郎(1918), 京和券番 鳥編(花編 一例).

春風이 無私ᄒᆞ야 百花가 다 퓌엿다
桃紅 李白 달을 망정 香氣ᄂᆞᆫ 一般이니
나뷔야 놉고 야즌가지를 가려 무ᄉᆞᆷ일가 ᄒᆞ노라[58)]

봄바람이 사사롭지 아니하여 온갖 꽃이 다 피었고, 붉은 복숭아꽃과 이태백의 달도 향기가 한 모양이니 나비야 높고 낮은 가지를 가려 무슨 일인가 하노라는 내용이다. 옛 典故를 인용하여 나비와 꽃의 비유적 표현이 남다르다.

ᄲᅮ리업ᄂᆞᆫ 나무업고 根源업ᄂᆞᆫ 물 업ᄂᆞ니
京城青樓 여러 美人 그 故鄕이 어듸ᄆᆡᆫ고
眞實로 ᄲᅮ리와 根源은 各 地方인가 ᄒᆞ노라[59)]

이어서 수록된 시조도 옛 典故를 인용하여 뿌리 없는 나무 없고 근원 없는 물이 없으니 경성의 청루 여러 미인들의 고향은 어디인가, 진실로 뿌리와 근원은 각 지방의 권번인가 하노라는 내용이다. 결국 경성의 권번기생도 지방의 각 권번조합에서 올라온 이들이기에 '뿌리와 근원'이라는 표현을 환유적으로 사용하고 있다.

또한 지방 각 권번조합에 수록된 가사는 「三五夜曲」으로 『想思別曲』을 본떠서 창작된 것으로, 『상사별곡』은 십이가사의 하나로 작자와 연대는 미상이다. 생이별한 남녀 간의 상사의 정을 노래한 내용으로, 출전에 따라 조

58) 青柳綱太郎(1918), 地方各券番組合.

59) 青柳綱太郎(1918), 地方各券番組合.

금씩 다르며『南薰太平歌』에 실려 전한다.[60]

3) 靑樓美人의 妓藝와 이력 형식의 창가

일제강점기와 맞물려 있는 근대에 있어 권번과 기생은 전통춤의 계승과 재창조라는 측면에서 민족적 자존심을 지켜준 본보기가 된다. 신무용으로 귀결되는 근대의 담론 속에서 권번과 기생에 대한 관심이 촉구되는 것은 바로 이 점에 있다. 일제강점기 기생들의 활동 발판은 권번이었다. 권번이 성립된 것이 1914년 무렵이니 기생들의 전통춤 활동은 권번 이전 기생조합과도 연관이 있다. 1905년 궁내부 제도개편의 일환으로 조선조 궁중정재를 담당하던 女樂 제도가 폐지되자 1908년경 여악에 소속됐던 관기들은 뿔뿔이 흩어지게 되었다. 방황하던 기생들이 일본 경시청을 통해 하달된 기생조합 내지 藝妓組合에서 권번이라는 명칭으로 전환된 것은 1914년경에 이르러서였다. 당시 기생들의 활동을 기록한 신문자료를 보면, 기생조합과 권번은 한동안 혼용되어 사용되다가 1920년대 이후에는 권번의 명칭이 우위를 점유한다.[61]

---

60) 가사의 첫머리는 "인간이별 萬事中에, 독수공방이 더욱 섧다. 相思不見이 내 진정을, 제 뉘라서 알리마…"로 시작되어 모두 196구로 끝난다. 여느 가사는 대개 한 장단 6박임에 비하여 이것만은 10박 한 장단인 점이 특이하다.

61) "일제강점기 기생들에 의한 전통춤의 전승은 券番과의 매개를 통해서 가능할 수 있었다. 권번과 기생에 대한 연구는 사료와 현장이라는 두 가지 방법론을 통해 접근해 볼 수 있다. 이는 상호 보완의 의미가 있다. 일제강점기 권번과 기생의 활동 내역을 엿볼 수 있는 사료로는『조선미인보감』과『매일신보』의 〈예단일백인〉, 그리고 그 밖의 기생들의 연예활동을 기록한 신문기사를 들 수 있다. 다음은 권번과 기생에 관한 현장 자료로는 원로예인들이 회고하는 구전 내용을 들 수 있다." 성기숙(2001),「일제강점기 권번과 기생의 전통춤 연구」, 한국민속학회 추계학술대회, 발표3, 1-2면.

여기서 특기할 만한 가사를 소개하고자 한다. 한성권번의 童妓 소개란에 수록된 가사로 총 16편이 연작되어 있는데, 이에 해당되는 기생도 16명의 童妓로 14세 전후의 어린 기생들이다.

第 1 拍　李弄玉(14세)	第 2 拍　黃瑞雲(14세)
오동통장구를 잔ᄎᆡ굴니치면서 셔관도잡가가 밋만드러가노라 에 에 에이아 어루마둥둥 ᄂᆡ멋이로구나	ᄂᆡ키가적다고 웃지를 마시오 이삼년지나면 눈히긔가지리라 에 에 에이아 어루마둥둥 ᄂᆡ밉시로구나
第 3 拍　金梅花(16세)	第 4 拍　李琦花(14세)
돌은쏘아서 옥을만들고 우리나나가라쳐 일등명기로구나 에 에 에이아 어라마둥둥 ᄂᆡ일신홈이로다	경상도창원은 산쳔이멋져셔 니ᄀᆞᆺ흔명기가 하나둘이안이라 에 에 에이아 어라마둥둥 산쳔이로구나
第 5 拍　崔錦順(14세)	第 6 拍　姜貞姬(14세)
바눌을보면은 가시보니갓터니 장구처를보닛가 우슴이질노나노나 에 에 에이아 어라마둥둥 ᄂᆡ우슴이로다	슈심가공부ᄂᆞᆫ 팟ᄯᅥᆨ먹기갓더니 우계면공부ᄂᆞᆫ 난상텬이로구 에 에 에이아 어라마둥둥 ᄂᆡ걱정이로다
第 7 拍　裵山玉(13세)	第 8 拍　元順金(13세)
초ᄉᆡᆼ의달도 두렷ᄒᆞᆯ날잇고 이ᄂᆡ도옥친당 ᄭᅩᆺ갓흘ᄯᆡ잇지 에 에 에이아 어라마둥둥 ᄂᆡ얼골이로구나	의쥬통텬로에 긔차만굴러가고요 요ᄂᆡ나목구멍 가곡만굴너나온다 에 에 에이아 어라마둥둥 ᄂᆡ노ᄅᆡ로구나
第 9 拍　李花姸(13세)	第 10 拍　張淳鎬(11세)
능라도니드라 동풍이슬슬불디니 금슈봉진면이 ᄭᅩᆺ이만발ᄒᆞ얏네 에 에 에이아 어라마둥둥 츈경이로구나	모란봉이라ᄂᆞᆫ 나살던곳이오 잡가산이ᄅᆡᄂᆞᆫ 나노ᄂᆞᆫ곳이라 에 에 에이아 어라마둥둥 ᄂᆡ일신이로구나
第 11 拍　李桂花(11세)	第 12 拍　金順伊(11세)
숀곱질작란이 엇그제 일인ᄃᆡ 금일도권반에 공부중이로구나 에 에 에이아 어라마둥둥 ᄂᆡ공부로구나	전습소양금에 ᄉᆡ줄을 골나 둥지당소리에 어ᄀᆡ춤나노나 에 에 에이아 어라마둥둥 ᄂᆡ흥치로구나

第 13 拍　林有順(11세)	第 14 拍　金花姸(16세)
우리사랑ᄒᆞ기ᄂᆞᆫ 여러션ᄉᆡᆼ님이오 숭허물업기ᄂᆞᆫ 한성권반이로다 에 에 에이아 어라마둥둥 ᄂᆡ션셩이로구다	이럴써져 밤이ᄉᆞ지를ᄒᆞ다가 ᄉᆞ세도부득이 한성권반이로다 에 에 에이아 어라마둥둥 ᄂᆡᄉᆞ세로구나
第 15 拍　崔春挑(14세)	第 16 拍　□山月(10세)
둥굴둥굴 다긔니열ᄆᆡ보아라 적확모?황모자지의 별도복송아로다 에 에 에이아 어라마둥둥 ᄂᆡ복숭이로다	울긋불긋 져긔져ᄭᅩᆺ보아라 우리도피여서 져모양이되리라 에 에 에이아 어라마둥둥 ᄂᆡᄌᆡ미로구나[62]

개화기 시가에 나타난 반복구는 그 언어상의 기능으로 보아 두 갈래로 가를 수 있다. '아헤이 어허이 어허', '얼널널 상사지', '시르렁둥덩실'처럼 민요의 여음 자체이거나 그것을 방불하게 하는 갈래가 있다. 반면에 '알어라응 알어라응 알시구나 알일이오', 'ᄋᆡ고ᄋᆡ고 내 身世야'처럼 통사상으로 의미 있는 어구들을 반복하는 갈래이다. 이 두 갈래의 반복구들을 각각 간략하게 '여음형'과 '어구형'으로 부를 수 있다. 그것이 어느 갈래에 속하는 것이든 개화기 시가, 특히 개화기 가사의 반복구는 민요의 여음, 또는 반복구들과 긴밀한 관련을 가지고 있다.[63] 개화기 시가의 반복구 특징은 연작 가사에서도 볼 수 있는데, 한성권번의 연작 가사는 후렴구가 '에 에 에이아 어라마둥둥'으로 나머지 구절은 해당되는 기생에 따라 변화를 주고 있다.

62) 靑柳網太郎(1918), 漢城券番, 88-93면.

63) 권오만(1989), 131-132면.

4. 개화기 시가에서의 문학사적 의의

개화기 시가에서 시조는 660여 수, 가사 880여 수의 창작된 것으로 학계에 파악되고 있다.[64] 이에 대해 한국 詩歌史를 통틀어 볼 때, 개화기는 시조와 가사 창작에 대한 연구를 집중해야 된다고 주장한다. 그렇다면『조선미인보감』의 창작된 가사는 양적으로 보면 개화기 시가 전체의 작품 수에 근접할 만큼 중요하다고 본다. 애써 무리한 논리와 빈약한 작품성으로 양적인 팽창에 동의하자는 의미가 아니라, 앞서 논의한 바와 같이 개화기의 시가문학에서 엄연히 인정해야 할 수밖에 없는 풍성한 작품성이 있다고 본다.

『조선미인보감』에서 창작된 시조와 가사는 당시 개화기 시가 작가들이 전문적인 문인이 아니라, 일반 지식인들의 작품처럼 비전문적이다. 그러면서도 조선 전기에 형성된 시조와 가사의 원래 형태들을 최대한 유지하고 개화기의 시대적 성격을 상응하는 변화를 일으켰다.

특히『조선미인보감』에서 창작된 시조와 가사는 개화기 가사의 길이가 짧아졌다는 변화를 단적으로 보여주는 작품들이다. 605명의 기생들을 한정된 지면에 소개하자니, 짧아질 수밖에 없다. 이는 다른 개화기 가사들도 마찬가지이다. 대부분 당시 신문에 발표된 애국·독립가사였기 때문이다. 전통 가사의 길이에는 일정한 기준이 있었다고 말하기 어렵다. 짧은 것으로는 4음보

---

64) "개화기 시가는 신시, 창가, 자유시 등 신흥 장르와 한시, 시조, 가사, 언문풍월, 민요 등 전통 장르로 대별 된다. 개화기 가사는 마치 장르의 전시장과 같은 혼효 현상을 보이고 있으며 또한 이들 장르 간의 상호 작용과 변이도 두드러진다. 기존 문학사에서 개화기를 신시, 창가 등의 신흥 장르에 주목하여 기술한 것이 보편적이었으나, 분명 개화기는 전통 시가 창작의 절정기였다. 시조는 660여 수, 가사 880여 수의 창작이 이를 단적으로 입증한다." 김영철(1997),「개화기 전통 시가의 장르적 성격과 변이」,『한국시가학회』, 창간호, 89-90면.

4보행으로 수십 행에서, 긴 것으로는 수천 행에 이르는 것까지 실로 다양한 모습을 보였다. 이에 비해서 개화기 가사의 길이는 현저하게 축소되었다.

운율에서의 『조선미인보감』의 창작된 가사는 8·8조와 8·5조가 대부분을 차지하고 있다. 또한 8·7조나 6·6조 등이 사용된 것으로 볼 때, 개화기 가사의 운율적 형태로 파악된다. 이는 1890년대 번역 찬송가의 운율 형식인 8·5조(13음절행), 6·6조(12음절행)와 일치하고 있다는 점이다.[65]

따라서 개화기 가사의 하위 장르인 동학가사, 의병가사, 개화가사, 우국가사, 규방가사 등에서 『조선미인보감』의 창작된 가사는 '권번가사'로 설정할 수 있다고 본다. 좀 더 세분한다면 '한성권번가사', '대정권번가사', '한남권번가사', '경화권번기사', '대구권번가사', '김천권번가사,' '동래권번가사', '창원권번가사', '광주권번가사', '평양권번가사', '수원권번가사', '진남포권번가사', '개성권번가사', '인천권번가사', '안성권번가사', '연기권번가사' 등으로 구분이 가능하다.

이러한 구분은 각 권번의 가사 형식이나 내용이 분명한 차이점이 존재하기 때문이다. 유독 '대정권번가사'에서만 운율이 8·5조이고 소개의 내용도 다른 권번의 가사와는 변별성을 가진다. 더구나 기생을 소개하는 시조 작품이 11수가 유일하게 수록되어 이채롭다. 또한 '한성권번가사'에서는 개화기 가사의 형태적 특징인 分聯體의 반복구가 첨가된 작품을 볼 수 있다. 이를 통해 『조선미인보감』의 가사 창작자는 미상이지만, 당시 경성신문사의 기자들이었다는 추측으로 이어질 수 있다.

개화기 가사는 1896년 『독립신문』 가사를 출발로 1910년대 말까지 창작

---

65) 권오만(1989), 166-167면.

된 개화기 시가의 중심 장르이다. 이 기간 동안 880여 수가 제작되어 최다의 창작량을 보여주고 있다. 여기에 '권번가사'를 추가할 수 있다면 611수를 포함하여 1,491여 수의 풍부한 창작 작품군이 된다 하겠다. 여기에 『조선미인보감』에서 창작된 시조의 작품 수도 새로운 21여 수를 발굴해서 작품군으로 자리매김 할 수 있지 않을까 한다.

5. 결 언

이 글은 『조선미인보감』 수록된 창가를 개화기 문학의 시가 작품군으로 자리매김하는 데 그 가능성을 열고자 시도하였다.

개화기 문학은 1900년을 전후한 개화기의 시대적 사조를 배경으로 하여 나타난 문학을 일컬어 말하는데, 특히 개화기 창가는 당시 필연적인 시가형식으로서, 고전시가 형식에서 新詩로 발전하는 과정에서 과도적인 역할을 다하였다. 그러나 1918년에 발행되어 작자 미상의 620여 수의 창가가 수록된 『조선미인보감』은 학계의 본격적인 검토 대상이 아니었다. 지금까지 『조선미인보감』은 권번기생에 대해 관심을 가질 만한 화보집일 뿐이라고 치부하였지만, 엄연히 이 책에 수록된 넓은 개념의 작품성 있는 창가가 존재하고 있다.

개화기 시가에서 시조는 660여 수, 가사 880여 수의 창작된 것으로 학계에 파악되고 있다. 『조선미인보감』의 창작된 가사는 양적으로 보면 개화기 전체의 작품 수에 근접할 만큼 중요하다고 본다. 따라서 개화기 가사의 하위 장르로 '권번가사'는 권번별 가사로도 세분할 수 있다는 가능성을 확인하였다.

기녀 시조문학의 전통성과 현대성 연구
- 기생 잡지 『장한(長恨, 1927년)』에 수록된 시조 중심으로-

1. 문제 제기

고전 여성 시조 작품에서 대표적인 작가군은 기녀, 즉 기생을 빼놓고는 논할 수 없다. 반면에 고전 여성 한시 작품은 조선조 여성 전반에 걸쳐 두루 향유된 문학이었다. 기녀를 작가군으로 가진 시조문학의 전통성에서 연장선상에 있는 일제강점기 기생의 시조 작품은 있지 않을까?[1] 이에 대한 논의는 1927년에 경성의 권번기생들이 만든 잡지 『장한(長恨)』[2]에 창작 수록된 3편의 시조를 출발점으로 삼았다. 이 논문은 『장한』에 창작 수록된 시조 작품의 작자가 기생이기에, 이를 기녀 시조문학의 전통성과 현대성으로 논의할 수 있지 않을까 하는 문제 제기다.

1) 1920-30년대에 활동을 한 기생 채금홍의 시조 3편이 밝혀져 있다. 하지만 1954년 잡지에 채금홍의 시조 3편을 소개하는 글은 신빙성이 다소 떨어진다고 할 수 있다. 醉吟散人(1954), 「사상에 산 박명가인 채금홍」, 『지방행정』 3(3), 86-91쪽.

2) 연세대 소장본 『長恨』 1927. 1월호-2월호. 현재 1월, 2월호 두 권은 연세대학교 중앙도서관 국학 자료실에 소장되어 있다. 물론 그 밖에 개인 소장자가 가지고 있는 것까지 포함하면 어느 정도일지는 짐작하기 어렵다.

기녀시조에 관한 연구는 이른 시기부터 진행되었다. 초창기 연구의 관점은 여류시조 작가로서 기생의 작품이 즉흥적인 시조가 많고 서민적인 구어체의 시조에 주목했다. 그리고 주제는 애정을 황진이, 송이, 매화의 시조에서 찾아 연관하여 고찰했다. 여기서 더 나아가 정한(情恨)의 주제로 시선을 돌려서, 상사(相思)의 자의식 형성으로 연구의 영역을 확대한다. 또한 기녀시조에 드러나는 시적 감성의 특성을 시대의 흐름에 다르다는 것을 밝히는 작업을 병행했다. 최근에는 한(恨)의 정서보다 갈등과 몸부림으로서의 의지적(意志的) 태도에 의미를 부여한 논의에, 문학 치료적 효과와 기녀시조의 전개 양상을 기녀제도의 변화측면으로 접근한 논문이 발표되었다.[3)]

조선은 고려시대의 제도 문물을 답습하였지만, 도덕을 중시했던 조선왕조의 유교 질서 속에서 창기폐지에 대한 논의가 태종·세종 때 활발히 제기되기도 했다. 그리고 후대로 내려올수록 그 수는 더욱 증가하였다. 그러나 관기는 사실상 이미 고려 이전부터 제도화되어 내려오던 것이 고려의 기녀제도 연장으로 이어진 것에 불과하다. 지금까지 남아 있는 조선기생의 문학작품도 사대부와의 소통한 산물이고 유학자들의 문집에 남아 있는 시와 산문에서 등장하는 주변인물로 기생을 빼놓을 수 없다. 최근 발굴된 평양기생

---

3) 이상보(1956), 「여류시조 작가론」, 『국어국문학』 14, 70-80쪽; 김함득(1968), 「여류 시조문학고」, 『국문학논집』 2, 94쪽; 윤영옥(1983), 『기녀시조의 고찰』, 『여성문제연구』 12, 177-205쪽; 김명희(1993), 「기녀문학의 특질」, 『시조학논총』 9, 105-142쪽; 성기옥(2000), 「기녀시조의 감성특성과 시조사」, 『한국고전여성문학연구』 1, 75-98쪽; 이화형(2001), 「시조에 나타난 기녀들의 존재의식 탐구」, 『한국언어문학』 46, 125-139쪽; 안지영(2001), 「기녀시조의 시조사적 의미」, 『시조학논총』 17, 233-252쪽; 박애경(2005), 「기녀시에 나타난 내면의식과 개인의 발견」, 『인간연구』 9, 75-98쪽; 김상진(2005), 「기녀시조에 나타난 문학 치료적 효과」, 『한국언어문화』 28, 69-93쪽; 조연숙(2010), 「기녀시조의 전개 양상과 성격」, 『아시아여성연구』 제49권 2호, 218-220쪽.

67명을 묘사한『녹파잡기(綠波雜記)』[4]도 사대부의 소품문(小品文)이다.

조선시대의 기생을 이어 계급적 차별을 받아온 일제강점기 기생은 이제 자유와 평등을 위하여 일어나자는 주장이 생긴다. 이처럼 단순히 넋두리로는 이것이 해결되지 않기에 더욱 사회의 관계를 개선하고자 하는 힘이 필요했다. 조선 전체에는 이미 수천여 명의 기생이 웃음을 팔고 있었다. 그들이 생활고에 쫓겨 그 길을 택하기도 하였고 넘치는 개개인의 '끼'를 분출할 방법을 찾기 위해 선택하였다. 시간이 흐르면서 기생들은 그들만의 문화적인 고유 영역을 확보하고 싶어 했고, 거기에 뜻을 함께한 기생들이 적극적인 사업을 펼치기 시작했다. 그 일환으로 시작된 것이『장한』이라는 잡지의 발행이다.[5] 기생 스스로 자신들의 정체성 혼란을 사회운동으로 극복해보자는 의식적으로 의도된 발간이다.[6] 1927년『장한』에 창작된 시조 작자는 모두 기생이며 정금홍의「시됴」, 매헌 김은희의「가신 님에게」, 방옥매의「그대 그리워」등 3편이 수록되어 있다.

4) 최근 발굴된 평양기생 67명을 묘사한『綠波雜記』도 사대부 韓在洛의 小品文으로 근대의 기생문화와 조선 후기 기생문화의 중간 단계에 위치한 주요 자료이다. 안대희(2006),「평양기생의 인생을 묘사한 小品書 綠波雜記 연구」,『한문학보』14집, 273-308쪽.

5) 신현규(2010),「기생 잡지 '장한(長恨)' 서지고찰」,『근대서지』제1호, 근대서지학회, 241-253쪽.

6)『장한』의 발간은 초반의 의욕을 채우지 못한 인상도 지울 수 없다. 그러나 이러한 담론들이 있었기에 지금의 현대적 여성상으로 그 명맥이 이어지게 되었음을 부인할 수 없다. 신현규(2005),『파란만장한 일제강점기 기생인물생활사; 꽃을 잡고』, 경덕출판사, 264쪽.

2. 일제강점기 권번(券番)기생의 잡지 『장한(長恨)』

권번은 일제강점기에 기생들이 기적(妓籍)을 두었던 조합이다. 검번(檢番) 또는 권반(券班)이라 한다. 권번은 기생을 관리하는 업무대행사로, 등록된 기생을 요청에 따라 요릿집에 보내고 화대(花代)를 수금하는 일을 맡았다. 권번에선 매일 '초일기(草日記)'라는 기생명단을 요릿집에 보내 단골손님이 아닌 사람도 기생을 부를 수 있게 했다. 물론 예약도 가능했다.[7]

기생조합에 대한 최초의 기록은 1909년 4월 1일 한성기생조합소[8]가 함경남도 문천군(文川郡)의 기근을 위로하기 위해 자선 연주회를 연다는 것이었다.[9] 한성권번은 한성기생조합이 1914년에 권번으로 바뀌면서 생겨난 곳이다. 퇴역 관기(官妓)와 그때 급상경하고 있던 남도 지방의 기생들을 포괄하는 집단으로 재구성하면서 기예가 뛰어난 장안의 일류 기생들이 소속해 있었다.[10]

1918년 경상도, 전라도 두 지방 기생을 중심으로 한남권번이 창립되어, 남도에서 기생 수업을 받고 경성 생활을 위해 올라오는 많은 기생들의 보금

---

7) 경성 소재 권번→4대권번 : 漢城券番, 大正券番, 漢南券番, 京和券番 / 평양(箕城券番, 대동권번), 부산권번(동래권번), 인천권번(소성권번, 龍洞券番), 그 밖에 대구권번, 광주권번, 남원권번, 개성권번, 함흥권번, 진주권번 등이 유명하다. 신현규(2007), 「朝鮮美人寶鑑』에 수록된 唱歌 硏究」, 『우리문학연구』 27집.

8) 송방송(2003), 「漢城妓生組合所의 藝術社會史的 照明—大韓帝國 末期를 중심으로」, 『한국학보』 113집, 일지사 참조.

9) 김영희(1999), 「일제시대 기생조합의 춤에 대한 연구—1910년대를 중심으로」, 『무용예술학연구』 제3집, 한국무용예술학회, 53-54쪽.

10) 권도희(2000), 「20세기 초 남도 음악인의 북진」, 『소암권오성박사화갑기념논문집』, 간행위원회, 91-92쪽.

자리가 되었던 것으로 보인다.[11] 이에 반해 대정권번은 다동(茶洞) 기생 조합이 권번으로 결성된 곳으로 평양의 무부기(無夫妓)들을 중심으로 기타 서울과 지방기생을 합하여 만들어졌다. 특히 하규일(河圭一)에 의해 조선정악전습소(朝鮮正樂傳習所)의 여악분교실(女樂分校室)이라는 명분하에 만들어졌기에 주목된다. 하규일의 여악분교실은 안민영(安玟英)과 기녀의 관계와 같은 "가객—기녀"관계의 부분적인 재현으로 볼 수 있기 때문이다.[12] 1894년 갑오개혁의 노비 해방과 관기의 해방은 별개였다.[13] 1895년 이후 궁중 관기는 장악원 직제에 있는 것이 아니라 태의원(太醫院)과 상의사(尙衣司)로 소속되면서 관기 해방 기록에 혼동이 일어났다. 내의원(內醫院)의 의녀(醫女)는 1907년에, 상의사의 침선비(針線婢)도 1907년에 폐지되었다.[14] 따라서 직제상 관기가 폐지된 것은 1907년이다. 그 후 기생조합이 생기고 이어서 권번이 생긴다.[15] 기생들의 활동을 기록한 신문자료를 보면, 기생조합과 권번은 한동안 혼용되어 사용되다가 1920년대 이후에

---

11) 성경린(1997), 「다시 태어나도 아악의 길로 Ⅱ」 『한국음악사학보』 한국음악사학보18집 참조.

12) "19세기 風流房에서 歌客과 妓女는 모두 풍류계 음악의 主體者이며 동시에 享受者였다. 그러나 20세기 가객과 기녀의 관계는 풍류계 음악의 주체자가 아니며 학습장의 스승과 弟子로만 기능하게 되며, 이들의 음악은 일정한 美的 趣向을 공유하는 사람들에게 향수되는 것이 아니라 예술을 살 수 있는 불특정 다수가 享受者가 된다. 따라서 河圭一의 女樂分校室은 명분뿐이었다 할 수 있으며 그나마 명분만으로 이어지는 전통적인 풍류방 마지막이었다." 권도희(2001), 「20세기 기생의 음악사회사적 연구」 『한국음악연구』 29호, 한국국악학회, 327쪽.

13) 신현규(2007), 『기생이야기』 살림지식총서297, 살림, 14-16쪽.

14) 김영희(2006), 「조선 관기의 마지막 무대」 『개화기대중예술의 꽃, 기생』 민속원, 13-21쪽.

15) "일제강점기 기생들의 활동 발판은 권번이었다. 권번이 성립된 것이 1914년 무렵이니 기생들의 전통춤 활동은 권번 이전 기생조합과도 연관이 있다. 일제강점기 기생들에 의한 전통춤의 전승은 券番과의 매개를 통해서 가능할 수 있었다." 성기숙(2001), 「일제강점기 권번과 기생의 전통춤 연구」 한국민속학회 추계학술대회, 발표3, 1-2쪽.

는 권번의 명칭이 우위를 점유한다.

1920~30년대에는 여성 잡지의 발행이 양적으로 두드러지는 시기였다.[16] 그중에서도 기생 잡지『장한(長恨)』과『여성(女聲)』을 들 수 있다.[17] 이 잡지는 유흥업소 요릿집과 카페에 종사했던 직업여성들이 만든 것이기에 남다르다. 1927년 기생 잡지가 2종이나 있었다고 한다.[18] 그중 세상에 알려진 것이 바로『장한』이다.「매일신보」의 신간 소개에 등장하는데, "경성 4권번 기생의 기관지"라 기사화되었다.[19]『장한(長恨)』, 말 그대로 '오래된 한'이라는 뜻이다. 스스로의 신세를 한탄하며 지난 오래 한(恨)에 찌던 기생들의 모습이 머릿속에 생생하게 재연되는 듯한 제목이다.

---

16) 김근수(1999),『한국잡지사연구』, 한국학연구소, 91-107쪽; 최덕교(2004),『한국잡지백년-2』, 현암사; 김수진(2005),「1920-30년대 신여성 담론과 상징의 구성」, 서울대 박사학위논문, 145-146쪽 참조.

17) 서지영(2006),「식민지 시대 기생 연구(3) -기생 잡지『장한(長恨)』을 중심으로-」,『대동문화연구』53집, 성균관대학교 대동문화연구원, 349-350쪽; 서지영(2003),「식민지 시대 카페여급연구 - 여급잡지『女聲』을 중심으로」,『한국여성학』제19권 3호, 한국여성학회 참조.

18) "文藝雜誌 筆頭-農村問題와 少年運動, 아츰에 생겻다 저녁에 업서지는 기생 잡지도 이 가운데 한목들어, 檢閱迅速과 出版界影響 이상은 일반출판물의 경향이거니와 신문지법에 의지한 신문잡지는 일간이 4, 주간이 1, 월간이 6, 합계 11개이며 대구에 일간 1, 평양에 주간 1, 총계가 13가지가 있다하며 잡지는 문예 47, 사상 19, 농촌문제 4, 아동 33, 종교 5, 부인 4, 기타 29 로 총계 42건인바 부인 잡지 중에는 조출석몰의 기생 잡지도 둘이 있다고 하는 바 출판물에 대한 검열은 예전과 같이 까다롭기는 마찬가지이나 도서과에서는 일반의 비난을 올해부터에는 두달 씩 걸리든 것이었으나 지금은 할 수 있는 대로 신속히 검열을 하여줌으로 출판자까지 기일을 닦어 속히 제출하면 검열은 속히 되리라더라.「朝出夕歿의 기생 잡지」,『동아일보』, 1927.5.30, 2면.

19) "長恨(新年創刊號) 京城 四券番 妓生의 機關紙이니 創刊에 제하야(김월선), 지금부터 다시 살자(김계현), 울음이라도 맘껏 울어보자(김은희), 외국인이 본 조선의 妓生, 기생생활의 裏面(김난홍), 長恨에 대하야(박녹주), 溫突夜話(김남수), 人命在天(김도심) 기타 취미만재 정가 40전 발행소 경성 관수동 14의 1 장한사"『매일신보』, 1927.1.15, 2면.

1927년 1월 10일 발간된『장한』[20]은 서해(曙海) 최학송(崔鶴松, 1901~1932)이 편집한 권번기생들의 동인지 형식이었다. 최서해는 초기 프롤레타리아 문학을 대표하는 작가로 알려져 있다. 그의 문학은 계급 착취와 그로 말미암은 갈등에 주목한 것은 사실이지만, 그에 못지않게 민족문제에도 깊은 관심을 기울였다. 봉건적 유물로 배척당하는 타자화의 대상으로서 당시 권번기생에 관심을 두었던 것이다. 가난한 소설가였던 최서해는 이로 인하여 지식인들에게 조롱거리가 되었다.[21] 편집 발행인인 '김보패'[22]도 최서해가 편집을 의뢰한 기생의 중심인물이 아닌가 짐작해 볼 수 있다.[23] 1927년 1월10일에 발간되었고, 발행소는 '장한사'였다. 인쇄소는 한성도서주식회사(1920~1956)로 알려져 있다. 당시 각종 인쇄물을 선명미려(鮮明美麗)하게 인쇄하며 각종 장부와 제본을 신속하고 저렴하게 만들어주어 이름이 높았다. 월간잡지도 직접 발행하여「서울」,「학생계」,「창조」,「학등」등을 내었다고 한다.[24] 책 크기는 23cm, 제1권 제1호(1927년 1월)와 제1권 제2호(1927년 2월)로 명기되어 있다. 본문은 110여 쪽에 달한다. 또한 10쪽 정도

---

20) 연세대 소장본『長恨』1927. 1월호-2월호.

21) "더 지저분한 잡지에까지 손을 대었는데 하다못해 기생들이 하던 잡지에까지 손을 대어 보았다. 다 먹기 위함이었다." 朴祥燁의「感傷의 七月-曙海靈前에」,『매일신보』, 1933. 7.14, 29면.

22) 편집 겸 발행인은 김보패(金寶貝)로 되어 있고, 인쇄인은 노기정(魯基貞), 발행지는 경성이었다.

23) "판권의 정보를 미루어 보면, 정가는 40전이고 3개월 1원10전, 6개월 2원20전, 1년 4원 등 지속적으로 발간할 계획을 가지고 있었다. 이 책 8쪽에는 '지분사광고모집(支分社廣告募集)'이란 사고(社告)가 있다. 지사와 분사를 공개모집한 점으로 미루어 보아도 향후에도 발간할 의도를 밝힌 근거이기도 하다." 신현규(2007),『기생이야기-일제시대의 대중스타』, 살림, 89쪽.

24) 오영식(2009),『해방기간행도서총목록(1945~1950』, 소명출판, 262-263쪽.

의 광고도 기재되어 있다.[25)]

김월선(金月仙)이 『장한』에 쓴 "창간에 제(際)하야"[26)] 글을 보면, 발간 취지는 기생 제도의 폐지에 있다고 명확하다. 『장한』의 발견은 우리가 알고 있었던 기생의 화려한 이면에 어떤 아픔이 있었고, 또 그 설움을 잊기 위해 어떤 노력을 하였는지를 알려준다. 비록 가면을 쓰고 남성들에게 시중을 들어야 하는 처지이지만 과거의 억울함이나 미래에 대한 희망을 서로 나눈다. 이 모습들은 단단하게 여문 한국 여성의 진보적 모습마저 볼 수 있게 한다.

1) 『장한』의 표지에서 엿볼 수 있는 성격

1920년대에는 소위 문화정치 표방으로 많은 잡지와 신문이 쏟아져 나왔다. 1920년대에만 수십 종의 잡지가 발행되었다. 잡지의 표지는 잡지로서

---

25) 반면에 창간호에 비하여 1927년 2월호에는 발간일이 2월 12일이었다는 것 밖에 다른 점은 없다. 이를 미루어 보면, 창간호와 2월은 편집 자체가 거의 같이 만들어졌음을 알 수 있다. 그 후 몇 호가 나왔는지 알 수 없지만 현재 남아 있는 것은 1월, 2월호이다.

26) 김월선, 「창간에 제하야」, 『장한』 창간호, 1927. 1월호, "본래 사람은 다 같은 운명을 타고 낳을 것이오. 다 같은 의무를 가지고 났을 것이다. 그리고 착한 것을 좋아하고 악한 것을 슬퍼하는 것은 사람의 떳떳한 정이다. 그러나 사람들에게는 조석으로 측량하지 못할 화복(禍福)이 있고 하늘에는 시각으로 측량하지 못할 풍우가 있는 것이다. 슬픈 일, 좋은 일을 당하게도 되며 착한 것, 악한 것을 보게도 되는 것이다. 그러나 사람에게는 그만한 변화가 있다고 모든 것을 내버려 둘 수는 없는 것이다. 자신이나 사회이나 불행하며 불리할 줄을 알면 없애버려야 하며 아니 하여야 할 것이다. 이 점에 있어서 조선의 기생은 하루 바삐 없애야 하겠으며 아니해야 하겠다. 그것은 기생 자신에 참담한 말로를 짓게 되며 일반사회에 많은 해독을 끼치는 까닭이다. 될 수만 있으면 기생 자신을 위하여 또는 일반 사회를 위하여 기생이란 부자연한 제도가 어서 폐지되어야 하겠다. 그러나 현재 사회제도가 아직 이것을 허락지 않는 것은 부인하지 못할 사실이니, 그대로 계속하여 있기로 말하면 모든 점에 있어서 향상되고 진보되어야 하겠다. 그리하여 사회에 끼쳐지는 해독이 없도록 자신에 돌아오는 참담을 면하도록 하여야 하겠다. 이와 같은 취지에 있어서 문화시설의 하나이며 항상 진보기관의 하나로 잡지 『장한(長恨)』을 발행하는 것이다."

독자에게 맞닿는 첫인상으로서 잡지의 성격과 의도 등을 함축적으로 드러낸다는 점에서 그 의미가 크다. 『장한』의 표지에 나타난 여인은 프레임의 한쪽에 치우쳐 있으며, 전체적 구도를 볼 때 제3자의 시선에 있다. 이 여인은 심리적으로 자신을 보호할 때 나타나는 웅크린 자세로 앉아있다. 한 손을 턱에 괴고 물끄러미 응시하며 앉아있는 모습은 소외자의 그것과 일치한다. 그 여인은 새장 속에 갇혀있기까지 하다. 이것은 농중조(籠中鳥)의 이미지를 형성한 것이다.[27] '새장에 가두어 두고 기르는 새'처럼 자유 없는 신세를 비유하고 있다. 동시에, 그 둘레로 '동무여 생각하라, 조롱 속의 이 몸을'이라는 말을 넣었다. 기생이라는 신분으로서 사회에 속박된 자신들의 모습을 한 걸음 물러나 제3자의 시선으로 처리하였다. 즉 이 표지는 『장한』의 작자가 곧 기생들 자신이며 『장한』의 제일 첫 번째 독자도 역시 기생들이 될 것임을 감안하여, 그들의 한과 의식촉구의지를 매우 효과적으로 담아내고 있다.[28]

2) 기생 기관지 『장한』의 가치

『장한』은 얼핏 목차를 훑어보더라도 상당히 진보적이라는 생각을 들게 한다. 권번기생들이 일단 모여 동인지를 발간하였다는 것도 주목할 만하다. 단발에 대한 자신의 의견이나 여성의 건강을 도모하는 글이 실린 것을 보면

---

27) 영화 〈농중조〉(1926)는 1926년 6월 19일에 단성사에서 개봉되었다. 당시 감독은 이규설이고, 주연 배우는 복혜숙, 노갑룡, 이규설, 나운규 등으로 여배우 복혜숙의 데뷔작이다. 복혜숙는 그 당시 기생 출신이었다.

28) 신현규(2010), 「기생 잡지 '장한(長恨)' 서지고찰」, 『근대서지』 제1호, 근대서지학회, 241-253쪽.

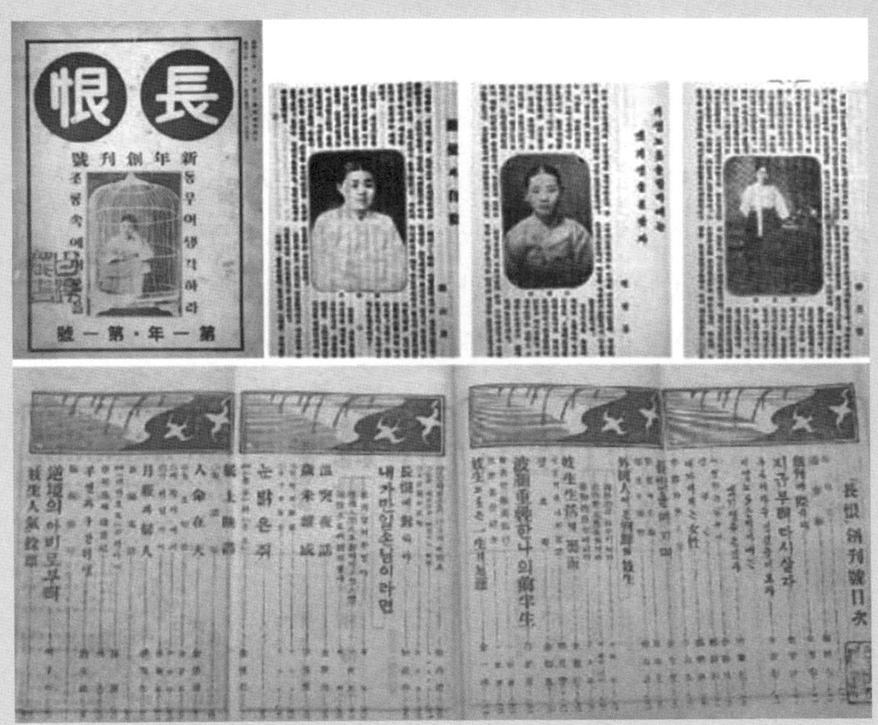

1927년 발간된 기생들의 동인지 『장한』표지(왼쪽부터), 목차(아래) 및 내용의 일부

나름대로 사회에서 여성신장에 한몫을 하였음을 짐작할 수 있다.

그러나 『장한』에 실린 글들을 직접 읽어본다면 처음 가졌던 호기심과 전혀 다른 내용에 실망감을 감출 수 없다. 사회주의 운동에 직접 뛰어들었던 정금죽, 즉 정칠성과 같은 기생들을 제외한 내용들이 『장한』의 내용을 채워졌기 때문이다. 『장한』에 실려 있는 수기 및 애화 내용은 '체념'과 '푸념'의 경향이 강하다. 진보적인 주제를 가지고 글을 쓰지만 그 진보가 자신들에게 악영향이라고 보는 관점은 현시대 우익단체나 수구파들에게 볼 수 있는 성향과 마찬가지다. 대다수 기생들이 문학인들과 연이 닿아 있었음에도 불구하고 그 시대 사회적 분위기에 대한 시각은 트이지 않았던 것이다. 『장한』 창간호는 총 51개의 글로 되어 있다. 기사의 형식을 분류해보면, 기생 필자의 글이 26편이 수록되어 있다. 세부적으로는 논설류 20편, 수필(수기)과 애화 3편, 시 4편, 시조 1편, 동화 1편 등이다. 이 중에서 논설류로 분류할 수 있는 20편은 자기 자신에 대한 비판, 즉 자기 정체성의 불합리성과 사회에 대한 비판을 아울러 가지고 있다.

『장한』 2월호의 목차를 살펴보면 창간호와 유사하다. 이를 미루어보면 거의 원고 수합과 편집을 동시에 이루어져 발간 날짜만 나눈 것이 아닌가 한다. 40여 편의 크고 작은 글들로 구성되어 있다. 기생 필자의 글은 총 26편으로, 논설류 11편, 수필 4편, 시 8편, 시조 2편, 애화 1편 등이 수록되었다. 여기서 몇 가지 창간호에 비해 달라진 것은 시 편수가 많이 늘어나 있다는 점이다. 내용에 있어서도 창간호와 같이 기생의 사회비판적 논조를 지니고 있다. 창간호와 중복되는 기생 집필진은 김은희(金銀姬), 김계현(金季鉉), 김녹주(金綠珠), 전난홍(田蘭紅), 전산옥(全山玉), 김난홍(金蘭紅), 박점홍(朴点紅), 윤옥향(尹玉香), 김계화(金桂花), 김도심(金道

尋), 이월향(李月香) 등이다. 1920년대를 특징짓는 키워드 가운데 빼놓을 수 없는 것이 '사회주의'다. 1920년대 초반 소개되기 시작한 사회주의 사상은 1920년대 중반을 지나면서 1930년대까지 한 시대를 풍미했다. 러시아 볼셰비키 혁명의 성공 이후 세계로 뻗어 나가고 있던 '새로운 사상'이 조선 땅에서도 만개한 것이다. 『장한』 창간호에 수록된 「영춘사(迎春辭)」[29]를 보면 기생 잡지에도 그 영향을 끼쳤다. 물론 이것은 최서해의 편집 경향으로 보인다.

3. 기생 잡지 『장한(長恨)』에 수록된 시조

『장한』에는 古調, 즉 고시조라는 구분으로 5편이 수록되어 있다. 『장한』의 「영춘사(迎春辭)」에 수록된 시조의 작자는 梅花이다. 작품의 출전은 『진본 청구영언(珍本 靑丘永言)』290, 『악학습령(樂學拾零)』 543에 보인다. 이 시조는 「영춘사」에 관련된 이야기를 밝혀 놓았다. 그 덕분에 작품의 의도를 파악하는데 용이하다.

---

29) **"철판에 붉은 피 흐르고 가슴에 심장이 살아 뛰는 사람으로서** 사람의 대접을 받지 못하고 짐승으로 더불어 변하게 되는 때에 어찌 탄식인들 없으며 눈물인들 없으오리마는 탄식과 눈물만으로는 모든 것이 해결되지 못하나니라. 때로 흐르는 도다. 벗이여 한숨을 거두라. 눈물을 씻으라. 눈물과 한숨을 익히고 서서 우리는 우리의 밝은 길을 돌아보는 동시에 우리의 존재를 찾아야 할 것이요. 동시에 우리와 사회와의 관계를 생각하여야 할 것이로다. 만물이 다 자기가 있는지라. 자기가 산 것이니 자기가 없으면 자기는 죽은 것이라. 어찌 우리는 살아 뛰는 자기를 가지고 죽은 자기와 바꾸리오. 벗이여 일어나라. **자유와 평등을 위하여 새해의 새봄맞이를 나가려 하노라**."

梅花화 녯 등걸에 春節이 돌아오니
녜피든 가지에 피염직도 하다마는
春雪이 亂紛紛하니 필동말동 하여라.[30]

위 시조에서 “우리는 봄을 맞을 때마다 이 노래를 생각하게 되나니 이 노래는 구천에 돌아간 평양 친구 매화의 슬픈 바이다.”라 하면서 소개되고 있다. 평양 친구 매화는 당시 기생의 기명(妓名)이면서 시적 화자의 대상이기도 하다. 이 글에서는 매화가 귀여운 청춘의 봉오리로 피지 못하고 차디찬 눈 속에서 시드는 것이 얼마나 아쉽고, 얼마나 애틋한가 한다. 이처럼 고시조의 매화와 평양기생 매화를 감정이입으로 동일시하고 있다. 우리 기생들은 이 노래를 들을 때마다 구천으로 돌아간 친구를 위하여 슬퍼하는 동시에 우리의 서러움을 금치 못한다고 한다. 그것은 이 시조의 매화와 처지를 같이하고 신세를 같이 한 까닭이라고 밝힌다. 그러나 탄식이나 눈물만으로, 혈관에 붉은 피 흐르고 가슴에 심장이 살아 뛰는 사람으로서 사람의 대접을 받지 못하는 처지를 해결되지 못한다. 이를 위해서는 한숨을 거두고 눈물도 씻어, 이것을 이기내자고 이끌어낸다. 그렇게 하기 위해서 우리 기생의 밟은 길을 돌아보는 동시에 우리의 존재를 찾아내자. 더 나아가 우리와 사회와의 관계까지도 고려한다.

이제『장한』에 창작 수록된 첫 번째 시조인 정금홍의「시됴」를 음미해보자. 정금홍은 종로권번기생으로 1931년, 1940년 김추월, 백모란과 함께 방송을 위해 경성방송국에 출연하였다.[31] 1934년 3월 31일에 〈전조선일류명

---

30) 「迎春辭」, 연세대 소장본『長恨1권』, 1927.

31) 『삼천리』 8권 8호,「조선, 한성, 종로 삼권번 기생예도 개평」

창대회(全朝鮮一流名唱大會)〉에서 공연을 할 정도로 명창이었다.[32] 또한 정금홍은 「넷설음」[33]이라는 시를 『장한』 잡지에 지어, 자신의 개인사를 토로한다.

시됴

정금홍

백로야 가마귀검다마라 속이붉긴 일반이라
유두분면 웃지말고 일편단심 보려무나
슬푸다 검은 옷이 일생의 한이로다[34]

이 시조는 「넷설음」의 개인사를 이해하면 작품 감상에 도움을 준다. 천진스러운 어린 금홍은 무슨 죄가 그렇게 중했는지를 한탄하면서 회고한다. 두 눈을 부릅뜨고 이마를 찌푸리고 얼굴을 붉히면서 지긋지긋이 미워한 태도 지금도 오히려 소름이 끼쳤다고 한다. 어머니의 치마를 붙들고 떨어질까 봐

32) 『매일신보』 1934. 4. 1 「來靑閣에 名唱大會 31일밤부터」 "藝劇同友會 주최 전조선일류명창대회는 (중략) 금번 출연가수는 남북대명창대회를 이룰 모양인데 출연자는 아래와 같다 한다. 신해중월, 박옥도, 정금홍, 서도 이진봉, 김옥엽, 백모란, 이진홍, 남도 정정렬, 오태석, 박녹주, 김초향, 신금홍, 전조선일류남녀명창대회 김남수 박초월 주난향"

33) "두눈을 부릅뜨고 이마를 찌푸리고 얼골을 붉히면서 지긋지긋이 미워하든 xx의 태도 지금도 오히려 소름이 끼치노라 면진스러운 어린 나에게 무슨 죄가 그대지 중햇슬가? / 어머니의 치마를 붓들고 안떠러지랴고 둥글며 몸부림치든 넷날 긔억이 새로워지노나 면진스러운 어린 나의게 무슨 죄가 그대지 중햇슬가? / 어머니가 그리워서 흑흑 늣기면 게집의 울음은 요망하다고 꾸지름하든 쇠ㅅ소리가튼 그목성 지금도 오히려 듯는 것 갈고나 면진스러운 어린 나의게 무슨죄가 그대지 중햇슬가? /어머니가 그리워서 몰내 갓다올제 大同江 맑은 물에 수건을 빨엇스니 목욕갓든 핑계는 되엿스나 西山에지는 해를 실음업시 바라보고 하염업시 흘으는 두줄기눈물에 옷깃이 저저 꾸지람당하는 넷설음이 새롭고나 면진스러운 어린 나의게 무슨 죄가 그대지 중햇슬가?" 연세대 소장본 『長恨』 1권, 1927.

34) 연세대 소장본 『長恨』 1권, 1927.

둥글며 몸부림치든 옛날 일까지도 기억해내고 있다. 어머니가 그리워서 흐느끼면 계집의 울음은 요망하다고 꾸짖던 쇳소리 같은 그 목소리를 지금도 오히려 듣는다고 처절하게 흐느낀다. 어머니가 그리워서 대동강 맑은 물에 수건을 빨고 목욕한다는 핑계로 몰래 갔다 올 적이 많았다. 서산(西山)에 지는 해를 시름없이 바라보고 하염없이 흐르는 두 줄기의 눈물에 옷깃이 젖어 꾸지람을 당하면서 설움도 커져갔다. 상흔(傷痕)으로 뼈아픈 기생의 삶은 일생의 한(恨)이 된다.

시적 화자는 까마귀로 보여지는 기생의 모습을, 뭇 사람들이 백로가 되어 검다고 천시하더라도 붉은 가슴 속은 같다고 초장에 풀어놓는다. 이어서 기생의 유두분면(油頭粉面)에 웃지 말고 일편단심을 보는 것이라 대구(對句)가 된다. 종장에서는 기생의 검은 옷이 일생의 한이라 슬프다고 한다. 결국 기생으로서 살아가는 회한(悔恨)을 잘 그려낸 시조 작품이라고 할 수 있다. 이 작품에서는 백로(白鷺)와 까마귀, 유두분면(油頭粉面)과 일편단심(一片丹心) 등의 대립적 이미지를 나타낸다. '검은 옷'은 '유두분면'와 같이 기생의 이미지를 뜻한다. 유두분면(油頭粉面)은 기름 바른 머리와 분을 바른 얼굴로 여인의 화장(化粧)을 이른다. 특히 기생의 화장을 일컫는다.

이러한 작자의 담론은 전통적 기녀시조 창작에 차용한 모습이 돋보인다. 이직(李稷, 1362~1431)의 시조 작품에서 차용한 문구를 아래 같이 잘 드러난다. 이 작품은『진본 청구영언(珍本 靑丘永言)』418과 악학습령(樂學拾零) 716에 보인다.

이직(李稷)

가마귀 검다 ᄒᆞ고 白鷺야 웃지 마라
것치 거믄들 속조차 거믈소냐
것 희고 속 검을손 너 뿐인가 ᄒᆞ노라.

이 시조는 풍자시로 개국공신의 결백성으로서 충절이 강렬하다. 이를 중요한 제재로 까마귀가 등장한다. 이 작품에서 까마귀는 겉은 검을지라도 속은 희고 양심적인 존재로 그려진다. 겉은 희지만 속은 검은색인 표리부동한 백로와 대조되는 대상이다. 기생 정금홍의 시조에서는 "백로야 가마귀 검다마라 속이 붉긴 일반이라"이라 하여 이직의 시조에 초장과 중장을 아울러 이끌어낸다. 충절을 노래한 작품에 비해 정금홍의 시조는 '검은 옷'으로 '기생의 한(恨)'을 비유하면서 노래한다.

반면에 두 번째로 창작 시조「가신 님에게」는 기생 매헌 김은희의 작품으로 문학적 형상화의 양상이 다르다.

가신 님에게

매헌(梅軒) 김은희(金銀姬)

시됴

락동강 건널제와 달밤밥 고요할 때
깁히매즌 그언약을 어나듯 이즈섯소
느진달 달셩밤에 금오강 우러가니
이가삼 맷친눈물 뿌릴곳이 예뿐이라
나인강 이르거던 님께 전하소
창밧게 뿌리는비 소릴랑은 내지마라
구천에 가신님이 이밤에 오시리마

행여나 그인가하야 마음조려 하노라
x
이몸이 죽어가서 령혼이잇다하면
천산만수라도 넘어가서 또 넘어서
님게신 그곳에지 가보고야 말리라
x
갓든봅 도라오니 만물이 새업이라
사람은 어이하야 한번가면 못오는가
그님도 그리하야 못오신가 하노라

1927년 1월 14일 夜[35)]

이 시조에서 형상화된 시간은 달밤 고요할 때인 그믐날이다. 공간은 낙동강이다. 님이 그 강을 건널 때 깊이 맺은 그 언약을 어느 틈엔가 잊는다. 이 시의 화자는 늦은 달성(達城)의 밤에 금오강에서 님이 그리워 밤새워 울러 간다. 이 가슴에 맺힌 눈물을 뿌릴 곳이 여기뿐이라 여긴다. 시적 화자가 있던 강에 이르거든 님에게 전해주고 창밖에 뿌리는 비 소릴랑은 내지 말라 애절하다. 이미 이승을 떠나 저승으로 가신님이 이 밤에 오시면 행여나 님인가 하여 마음을 졸이면서 기다린다.

이 몸이 죽어가서 영혼이 있다 하면 천산만수라도 넘어가서 또 넘어서, 님이 계신 그곳에 가보고야 말리라 간절하다. 그렇지만 갔던 봄이 돌아오니 만물이 다시 살아나고, 사람은 어이하여 한 번 가면 못 오는가 순응한다. 더구나 그 님도 그리하여 못 오신가 아닌가 하면서, 님의 죽음을 예시하기까지 한다. 시조를 창작한 시간은 분명하다. 1927년 1월 14일 저녁이다. 그 님

35) 연세대 소장본『長恨』2권, 1927.

이 '사랑하는 님'일 수도 있지만 시적 화자에 '희망의 님'이기도 하면서 잡지 『장한』의 운명일 수 있다.

매헌 김은희는 1931년 12월 30일 영변에서 '재만동포 구제의 영변 기생연주대회'를 출연할 만큼 사회의식이 있는 기생이었다.[36] 김은희가 지은 또 다른 논설류의 글, "울음이라도 맘껏 울어보자"를 보면 그 사회의식이 뚜렷하다.

"거칠고 험악한 세상에서 잔인한 발길에 여지없이 짓밟히는 가련한 동무들아, 아픈 가슴을 움켜잡고 세상을 얼마나 저주하면서 남다른 운명을 탄식하였는가. 자기의 죄도 아닌 세상의 악풍으로 인연하여 아까운 청춘은 거짓 웃음 속에 보내고, 말로를 눈물로 맺는 우리의 애달픈 신세 옛날부터 오늘까지 앞으로도 끝 날까지 그 얼마나 많을 것인가. 온갖 설움 가진 천대는 우리의 세간이며 고통과 번민은 우리의 역사가 아닌가. 아! 참담한 생활 뼈에 사무치는 한을 어느 곳에 하소연하랴! 오로지 우리는 우리뿐이로다. 세상 모든 것은 우리에게서 떠나고 말았다. 오직 조롱만이 남았을 뿐이로다. 홍안이 이울도록 피가 마를 때까지 이러저리 헤매이다가 알지도 못할 곳에서 참혹한 죽음을 할 것이다. **보라 우리의 선배들은 천추에 원한을 머금고 다시 못 올 길을 스스로 취한 자 그 얼마나 되는가. 세상은 우리에게 기생이라는 이름을 주어 이생감옥에 종신징역을 시킨다.** 앞으로도 뒤로도 한 걸음에 자유를 얻지 못하며 소리 없는 눈물을 뿌릴 뿐이로다. 아! 우리는 어찌하면 울음이나마 마음껏 설움껏 목 놓아 울 수 있을까. 같은 운명에 처한 우리

---

36) 『매일신보』 1931.12.30. 「화류계에 흐르는 동포애의 열성, 영변기생연주회-만주에서 우는 그들을 위하여, 29일, 30일 양일간에」 "〈출연자〉 강추월, 김산홍, 김계화, 김춘심, 장춘길, 조계화, 이연심, 방록주, 박금완, 박일선, 박금화, 한금화, 최옥희, 정선화, 정춘홍, 정금홍, 정금란, 김금주, 이홍도, 조용선, 홍옥란, 강산옥"

동무들아!"[37]

위의 글에서처럼, "보라 우리의 선배들은 천추에 원한을 머금고 다시 못 올 길을 스스로 취한 자 그 얼마나 되는가." 문제의식이 강렬하다. 이어서 "세상은 우리에게 기생이라는 이름을 주어 이생감옥에 종신징역을 시킨다."라는 문구로 비참한 기생의 삶을 '종신징역'으로 대변한다.

일제강점기 아래서 한성권번기생 김은희는 체제에 순응하면서 살 수밖에 없다. 1931년 6월 22일에는 '제6회 시민대운동회'에서 '팡먹는 경주'에서 1등을 하고, 기생 400m 릴레이에서는 우승을 한다. 이어서 기생 200m 달리기에서는 1등을 하고 기생 400m 달리기에서는 4등을 한다.[38] 또한 1932년 4월 8일의 "朝鮮號 獻金納"에서 기부 명단에 버젓이 올라있다.[39] 여기에 흥미로운 기사가 발견된다. 『매일신보』 1933년 6월 21일 기사에는 언론사기를 당한 내용이 나온다. 기사를 보면, 잡지 발행 간판을 빙자한 악덕 기자에게 "축하 광고비라는 구실아래 7원 50전을 사취"까지 당한다.[40] 아마도

---

37) 연세대 소장본『長恨』2권, 1927.

38) 『매일신보』 1931. 6. 22. 「본사 주최 제6회 시민대운동회에서 참가선수의 입상자 명단에」 '팡먹는 경주'에서 1조 1착 김은희(한성) 2착 김선옥(조선) 3착 최산월(조선) 2조 1착 박월선(한성) 2착 전채선(조선) 3착 김월선(한성), '마라톤 경주'(청량리 왕복), 기생 50m 달리기, 제등, 기생 스푼 1회, 기생 스푼 2회, 기생 400m 릴레이(1착 한성권번, 2착 조선권번), 기생 2인 2각, 기생 200m 달리기(2조 1착 김은희, 한성권번), 기생 運瓶 경주, 맹아 경주, 기생 100m 달리기, 기생 400m 달리기(4착 김은희, 한성권번)

39) 『매일신보』 1932. 4. 8. 「조선호 헌금납 국민협회 取扱」 10전 김은희 기부, 당시 '애국 조선호'라는 비행기 헌납을 말한다.

40) 『매일신보』 1933. 6. 21. 「잡지발행간판 걸고 인치긔 기자 발호, 이 따위 가짜 기자를 엄중 단속, 本町署 솔선 대활동」 "최근 부내 각처에는 유명무실의 잡지기자들이 대발호를 하여 축하광고비라하는 명목아래에 거의 협박을 하다싶이 다수한 금액을 편취하는 사실이 비일비재함으로 부내 본정서에서는 그 자들의 행동을 내사하고 있던 중 작19일에는 곡박형사부장

기생 잡지 『장한』을 발간한 경험이 악덕 사이비 기자의 '축하 광고비'같은 술수에 휘말리게 되는 것이 아닌가 한다.

4. 기녀 시조문학의 전통성과 현대성

기녀 시조문학의 전통성에서 황진이의 시조는 빼놓고 논의하기 어렵다. 조선 전기에 활동한 황진이의 시조가 『장한』에서도 소개되고 있다. 『장한』의 김녹주(金綠珠) 「사랑하는 동무여!!」에 수록된 시조의 작자는 유명한 황진이(黃眞伊)다. 작품의 출전은 『진본 청구영언(珍本 靑丘永言)』286, 『악학습령(樂學拾零)』 539에 보인다. 이 작품의 수록된 의미는 일제강점기 기생들에게도 기녀시조의 대표적 작품이기에 주저하지 않는다. 작자의 표시도 명기한다.

古調

黃眞伊

청산리 벽계수야 쉬이감을 자랑 마라
일ㅅ도 창해하면 돌아오기 어려우니
명월이 만공산하니 쉬여간들 어떠리[41]

이 부내 길야정 2정목 (중략) 자칭 군산일보 기자 문양비(30세)는 특히 조선 사람측을 담당하여 부내 조선권번기생 김은희에게 축하 광고비라라는 구실아래 7원 50전을 사취한 것을 비롯하여 수백 원의 달한다는 것이라는 바 앞으로도 동서에서 그러한 악덕기자들을 철저히 중치할 예정이라고 한다."

41) 金綠珠(1927), 「사랑하는 동무여!!」, 연세대 소장본 『長恨』 1권, 58쪽.

이 시조에서 인생의 덧없음을 흐르는 시냇물에 비유한 솜씨는 뛰어나다. '벽계수(碧溪水)'는 종신(宗臣) '벽계수(碧溪守)'를 대유(代喩)하는 것이며, '명월(明月)'은 자신의 기명(妓名) '명월(明月)'을 암유(暗喩)하고 있다.[42] 산골 물은 임으로 비기고 밝은 달은 자기로 하였으나, 그 산골 물은 명월을 버리고 빨리 달아난다. '수이 감을 자랑마라'고 끝없는 원망과 연모가 뒤섞인다. 그러나 한 번 가면 다시 오지 못하니, '쉬어 간들 어떠리'하고 부드럽게 달래본다. 여기서 남자를 흐르는 물에, 공산에 뜬 명월을 기생 황진이로 비유는 뛰어나다. 신분의 계급이 뚜렷한 시기에 기생인 자기를 명월로 비기고, 왕실 종친의 한 사람을 산골물로 비유했다는 것만으로도 돋보이는 작품이다.

기녀시조문학의 전통성에서 연장되는 현대성은 현존하는 기녀 시조에서 찾아야 한다. 바로 일제강점기 시대의 기녀 시조는 정금홍, 김은희, 방옥매 등을 들 수 있다. 당시 기생을 양성하는 평양에 '기생학교'가 있었다. 평양의 기생학교는 평양을 관광하는 사람들이 반드시 들르는 명소 중 하나였다. 일본 관광객은 그곳을 방문하고 상당히 많은 글을 남겼는데, 대부분 평양의 고분이나 유물, 고적지의 풍경 등을 감상하고 일본 국위의 위대함을 느꼈다거나 기생학교를 참관한 것이 인상적이었다는 내용이다. 평양의 기생은 조선의 다른 여성과 비교하여 교육을 받았다는 점에서 우위에 두었다. 실지로 일본인의 기생에 대한 취급은 창녀 이상도 이하도 아니었다. 그러나 일본 관광객에게 유포된 기생에 대한 설명되는 말은 '교양을 갖춘 조선의 유녀(遊女)'였던 것이다. 이처럼 기생을 새로운 제도로 탄생시키고 있었다.[43]

---

42) 박을수(1979), 『시조시화』, 서울, 성문각, 16쪽.

43) 서기재(2003), 「전략으로서의 리얼리티-일본 근대 '여행안내서'를 통하여 본 '평양'」, 『일본

일제강점기 평양기생학교 시조창 수업 장면

확대된 칠판 사진에 적힌 시조

다음의 사진은 평양 기생학교 시조창 시간에 기생수업 장면으로 칠판에 쓰인 시조는『시가요곡(詩歌謠曲)』146 중의 113번째 내용이다. 시조는 노래의 가사다. 시조를 노래로 부르는 방식은 가곡창(歌曲唱)과 시조창(時調唱)으로 나눌 수 있다. 기생은 주로 가곡창을 조선 전기까지 유행하다가, 후에 시조창 중심으로 향유했다.

"춘광(春光)이 구십일에 꽃 볼 날이 몇 날이며
인생(人生)이 백 년인들 소년행락(少年行樂) 몇 날인고
두어라 공화세계(空華世界)니 아니 놀고"

'봄철의 볕이 구십일에 꽃을 볼 수 있는 날이 몇 날이며, 인생이 백 년인들 젊은 시절 재미있게 노는 날이 몇 날이겠느냐. 아! 아무것도 없는 허공에 마치 꽃이 있는 이 세상을 아니 놀 수 있겠느냐'는 요릿집 주흥에서 권주가와 함께 널리 불리던 시조창이었다.[44)]

사진 설명은 "평양에 있는 조선 유일의 기생학교에서 기생의 수업 중"이라 적혀있다. 시조창을 가르치는 스승은 칠판에 시조를 적어 놓고 창을 가르친다. 사진을 유심히 살펴보면, 가곡창이 아니라 시초창이다. 가곡창은 시조 전체를 다 부르고, 시조창은 3장 6구 중 맨 마지막 구는 부르지 않는다. 종장을 다 써놓지 않는 것을 미루어 보면 추측이 가능하다. 사진에서도 악기 반주가 없이 무릎장단만으로도 부를 수 있는 시조창의 장면이다.

또 다른 평양기생학교 사진 중에 시조창 장면이 있다. 사진의 제목은 "교

어문학』16집, 한국일본어문학회, 86-90쪽.

44) 신현규(2005),『파란만장한 일제강점기 기생인물생활사 ;꽃을 잡고』, 경덕출판사, 34쪽.

실(教室)에서 패(唄)의 계고(稽古)"이다. 즉 "교실에서 찬불가(讚佛歌)의 옛일을 자세히 살펴 공부한다"고 표시되어 있다.

국화야 너는 어이 삼월동풍 다 지내고
낙목한천(落木寒天)[45]에 네 홀로 피었는고
아마도 오상고절(傲霜孤節)은 너뿐인가 하노라

이 작품의 출전은 『청구영언(靑丘永言)』에 수록된 이정보(李鼎輔, 1693~1766)[46]의 시조이다. 추운 가을에 홀로 피는 국화를 선비의 높고 곧은 절개에 비유한 교훈적 성격의 시이다. 시적 화자는 국화는 왜 삼월 봄바람이 부는 좋은 계절을 다 보내고, 나뭇잎 지고 하늘이 찬 이 가을에 너 홀로 피어 있느냐고 대구(對句)한다. 모진 서리의 세상 한파에도 굽히지 않고 외롭게 절개를 지키는 것은 너뿐이라고 맺는다. 이처럼 서리가 내린 싸늘한 가을날이지만 홀로 피어 있는 국화를 예찬하면서 굳건한 절개를 노래한다. 결국 모든 꽃들이 다투어 피는 따뜻한 봄을 다 보내고 나뭇잎이 다 떨어져 버린 쓸쓸하고 추운 늦가을에 홀로 핀 국화를 "아마도 오상고절은 너뿐인가 하노라"라고 노래하며 지조 있는 삶에 대한 작자의 신념과 결의를 표현하고 있다. 이 사진에서도 시조의 종장을 써놓지 않았다.

---

45) 나뭇잎이 떨어진 추운 날씨를 말한다.

46) 이정보의 자는 사수(士受), 호는 삼주(三洲)다. 그는 대대로 고위관직이 배출된 명문가에서 태어났다. 공조·이조판서와, 함경감사, 대제학 등 요직을 두루 거쳤다. 음악에 조예가 깊어 악보와 가사를 많이 지었으며, 수많은 남녀 명창들을 배출했다. 만년에는 벼슬에서 물러나 한강변에 정자를 짓고 음악에 전념하는 생을 보냈다. 김수장의 〈해동가요〉에 82수의 시조 작품이 전하며 이중 18수는 사설시조이다.

일제강점기 평양기생학교 시조창 수업 장면

확대된 칠판 사진에 적힌 시조

『장한』 잡지에 세 번째 창작 시조 「그대가 그리워」는 기생 방옥매(方玉梅)의 작품이다.[47] "여러 형님께"[48] 글에서 자신의 생각을 토로하면서 『장한』 잡지의 발간을 생생하게 토로한다. 방옥매는 당시 나이 어린 기생으로 나와 있다. 잡지 『장한』이 발행되었다는 말을 듣고 옷을 입을 사이도 없이 사 가지고 왔다는 것을 보면, 잡지 구독자는 대부분 기생이었다는 사실이다. 방옥매는 『장한』을 읽으면서 웃음보다도 슬픔이 많아지고 슬픔보다도 반가움이 많아 진솔해진다. 그 슬픔은 앞서간 기생의 과거를 생각할 때에 슬프다. 웃음은 이러한 것을 우리 같은 사람이 볼 때에 그 울적함과 적막함을 있고 웃는 것이 아니겠다고 여긴다. 그러면서도 참으로 반갑고 기뻐한다. 아래의 시조는 요릿집에서 손님의 지휘를 받으면서 겪은 체험을 형상화한다.

47) 이외에도 시 "우지 마라요"도 창작하였다. "오- 사랑하는 그대여/서러마러요/부드러운 처녀에/가삼에 검고쓴-/눈물을 흘니지말고요/꿈에드린그-/상아열쇠로 가만히/열어보세요/세상이 모르는 비밀이/가삼속에 잇답니다/오- 그대는 가만이/열어보세요"

48) "아- 사랑하옵시는 여러 형님. 얼마나 그 동안에 골몰하고 바쁘셨습니까? 저는 「장한」이라는 말을 듣고 그 잡지가 어서 낳으면 하고 많이 기다렸습니다. 그리하든 중 장한이라는 책이 발행되었다는 말을 듣고 옷을 입을 사이도 없이 사 가지고 왔습니다. 그리하여 책을 드는 길로 모두 보왔어요. 여러 가지를 볼 때에 웃음보다도 슬픔이 많아지고 슬픔보다도 반가움이 많았습니다. 슬픔은 여러 형님에 과거를 생각할 때에 슬프고, 웃음은 이러한 것을 우리 같은 사람이 볼 때에 그 울적함과 정막함을 있고 웃는 것이 아니겠어요. 참으로 반갑고 기쁩니다. 여러 형님께서 얼마나 애를 쓰셨겠습니까. 이 같은 외로운 동생을 위하여 소식을 듣기 위하여 얼마나 심려하시고 이같이 듣기에도 상쾌한 장한을 만드셨어요. 저는 여러 형님을 뵈올 낯이 없습니다. 많은 여러 형님께 감사를 올리나이다. 앞으로도 더욱 힘을 쓰시어 영원한 장한을 만드심을 바라옵고 알지 못하고 시로 붓을 놓습니다. 1월 15일 옥매로" 연세대 소장본 『長恨』 2권, 1927.

그대가 그리워

방옥매

술이란 취할수록
서름이 적어지고
애인이란 그릴사록
사랑은 깁허간다고
아모나 제격거 보지
못하고는 몰을까하노라.[49)]

손님과 아울러 술에 취할수록 설움이 적어지는 것이 마치 사랑하는 이를 그리워할수록 사랑하는 마음이 깊어진다고 노래한다. 이것을 경험하지 않고서는 모르니 애절하다. 그 시절에 사랑하는 이를 둔 기생은 '귀먹었다'는 은어적 표현으로 주변에게 알려졌다. 이 시조에서 초장 '술이란 취할수록 설움이 적어지고'라는 표현에서 '적을 소(少)'와 중장 "애인이란 그릴사록 사랑은 깊어 간다고"는 표현의 '깊을 심(深)'이 대구(對句)가 되면서 형상화에 탁월하다. 종장에서 '겪어보지 못하고는 모를까 하노라'로 맺고 있다.

이밖에 일제강점기 시대의 기녀 시조로 채금홍의 시조 3편이 소개되어 있다.[50)] 채금홍(蔡錦紅, 1900-1936)에 대한 '취음산인'의 소개는 부정확한 자료에 의지하고 있지 않은가 한다.[51)] 『매일신보』을 확인해보니 신문 연재를 했다는 것은 발견하지 못했다.[52)] 채금홍이 창작한 시조에 대한 자료도 찾지

49) 연세대 소장본『長恨』2권, 1927.

50) 취음산인(1954), 「사상에 산 박명가인 채금홍」, 『지방행정』 3(3), 86-91쪽.

51) 조연숙(2010), 「기녀시조의 전개 양상과 성격」, 『아시아여성연구』 제49권 2호, 218-220쪽.

52) "이런 전화가 있은 후 이틀 만에 매일신보 지면에는 '黨에 生할가 孝에 生할가 斷髮娘 蔡錦紅의 悲話'라는 제목으로 눈물없이는 볼 수 없는 사실소설이 유려한 필치로 묘사되어 25회나 연재되었고 이 기사만의 흥미적 가치로 인하여 평양서는 불과 300부밖에 안 팔리

못했으며 그의 죽음도 사실과 다소 다르게 서술되어 있다.[53] 결정적으로 '취음산인'이 누구인지 알 수 없다는 점이다.

이처럼 기녀 시조문학의 연구에는 자료의 부정확성이 연구의 한계라고 지적된다. 연대불명의 작가가 전체의 절반을 훨씬 넘어서고 있다. 역사적 이해 자체가 거의 불가능하고 연대를 알 수 있는 작자들조차도 거의 모두 조선 전기, 중기에 집중되어 있다. 조선 후기 기녀시조의 역사적 양상은 가늠조차 하기 어려운 형편이다. 텍스트 역시 수록 가집마다 작가의 착종(錯綜) 현상이 심하기 때문이다. 이 상태로는 누구의 작품인지, 누가 몇 수를

는 매일신보가 일약 500부로 증가되었으니 이 일례로만 보아도 채금홍의 명호로서의 가치를 추측할 수 있을 것이다." 취음산인(1954), 「사상에 산 박명가인 채금홍」, 『지방행정』 3(3), 86-91쪽.

53) "휘발유 퍼붓고 자신에 衝火-돈과 사랑에 고민한 탓인가?", 『매일신보』 1936.3.23. 2면 〈평양 前 명기의 말로〉 "[평양]모란봉 위에 춘의가 영롱하야 금수강산에 소생의 기본이 넘처 흐르는 이때 한 많은 세상을 뒤에 두고 끔직스럽게도 옷입은 자기의 몸위에 휘발유를 들붓고 거기에 불을 질러 놓아 산목숨을 태어서 자살하랴고 한 평양의 명기가 있다. 채금홍이라하면 사백여 명 평양기생 중의 수기로서 가무 잘하고 접객에 능하고 마음좋기로 유명하여 그의 기생 생활 20여년에 관서의 남아치고는 그의 이름모르는 사람이 거의 없을 만큼 되었었다. 작년 10월에 돌연 기적에서 이름을 빼이고 평양의 황모씨와 살림을 시작한 이후부터는 화류계에서 일시 소식이 잠잠하더니 그 살림에 조차 세상에 흔히 있는 말썽이부터 황모씨는 그리 재산이 없는 사람이오 채금홍에게는 평원군 순안 사는 모청년 재산가가 황모씨와 살지 말고 자기와 같이 살자고 각금찾어다닌 일이 있어 미묘한 삼각적 관계를 가지고 있었는데 채금홍은 돈보다도 정과 의리를 따르고 채금홍의 모는 어찌하여 돈 많은 순안 청년과 살지 않고 돈 없는 황모와 살며 이런 고생을 하느냐고 각금 의견을 말한 일이 있어 모녀 간의 갈등이 날로 심각하여 가자 채금홍은 차라리 귀지않은 세상을 이저버리고 수일 전 어떤 날밤 채관리 자기집에서 자살을 결의하고 옷 입은 자기 몸위에 휘발유를 들부은 후 성냥을 그어 치마자락에 불을 질러놓아 온몸이 불길에 쌓이었는데 집안 사람이 이상한 소리에 놀라, 채금홍방을 달려가 보니 전신이 불길에 쌓여있는 처참한 광경이라 곧 이불을 들씌워불을 꺼주었다. 그리하여 귀중한 얼굴과 기타 상반신은 보기에도 끔직스러운 중화상을 당하여 목하 남문정 전화 의원에게 입원가료중인데 의식이 전혀 불명 때때로는 발광 증상도 나타내 생사지간을 방황하고 있는 중이라는데 의사의 말을 들으면 어떻게 되면 생명은 건질듯싶다고 하나 원체 중화상이라 폐인은 면하게 되지 못할 모양이라는데 채금홍은 당년 35세이다."

남기고 있는지와 같은 원전의 확정까지도 거의 불가능하다.[54] 기생의 한시도 이 부분에 자유롭지 못하다. 왜냐하면 문집을 남기지 못한 기생의 한시는 대부분 회자되어 전해졌다. 주변 인물을 통해 회자되다가 시화집, 시선집, 야담, 소총 등으로 정착된 작품들은 오늘날까지도 전해졌다.[55]

기녀의 시조문학도 남겨진 작품은 대부분 사대부 남성 편저자의 시선과 담론화의 과정을 거쳐 취사선택된 것이다. 이에 반해 1927년 창간된 기생 잡지 『장한』에 수록된 시조 3편은 작자가 분명하다. 아울러 출전도 명확하다. 일제강점기 3편의 시조는 기녀시조의 전통성을 잇고 현대성을 구현한 작품으로 여길 수 있지 않을까 한다.

---

54) 성기옥(2000), 「기녀시조의 감성특성과 시조사」, 『한국고전여성문학연구』 1, 28쪽.

55) 박영민(2007), 「기생의 한시, 사회적 정체성과 섹슈얼리티의 서사」, 『동방한문학』 33집, 동방한문학회, 169쪽.

일제강점기 기생의 권번시조 연구

- 『조선미인보감』(1918년)과 『가곡보감』(1928년)을 중심으로 -

1. 문제 제기

일제강점기 기생의 권번은 기능 면에서 전통예능 교육의 산실이었다. 각종 공연을 통하여 전통예능 교육의 기능을 담당했기 때문이다. 그 공연의 명목은 '음악무도대회', '기생조합연구회', '고아원 및 학원후원연주회', '이재민구조연주회' 등 다양한 타이틀로 공연되었다. 음악무도대회는 대중적인 연예물과 민속 예능 중심의 공연물에 기생들의 춤이 첨가된 공연이었다. 기생들의 공연에서 가장 비중 있는 연주회가 바로 기생조합연주회였다. 특히 평양 기생학교는 서울 단성사에서 매년 졸업발표회를 통하여 3년 동안 연마해온 각종 기예를 공연하여 인기가 많았다. 평양의 기성권번에 부설된 기생학교는 3년제로 정규 기생학교보다는 '기생양성학교'라는 측면으로 보는 것이 더 정확하다.[1] 권번은 일제강점기에 기생들이 기적(妓籍)을 두었

1) "기생조합연주회는 대개 각 기생조합에서 주최하는 것으로써 조합 내지 권번에서 기생영업을 보다 활성화하기 위해 마련한 것으로, 기생들의 기예 솜씨를 뽐내는 자리이기도 했다. 기생조합연주회는 권번시기에 접어들어 溫習會라는 이름으로 계속 유지되었다. 온습회는 매년 봄과 가을 두 차례에 걸쳐 기생들이 권번에서 갈고 닦은 기예의 실력을 발휘하는 장이었는데, 기

던 조합이다. 검번(檢番) 또는 권반(券班)이라고도 하였다. 권번은 기생을 관리하는 업무대행사로, 등록된 기생을 요청에 따라 요릿집에 보내고 화대(花代)를 수금하는 일을 맡았다. 권번에선 매일 '草日記'라는 기생명단을 요릿집에 보내 단골손님이 아닌 사람도 기생을 부를 수 있게 했다. 물론 예약도 가능했다.[2)]

1918년 경성신문사(京城新聞社)에서 발행한 『조선미인보감(朝鮮美人寶鑑)』은 당시 기생조합, 즉 권번 상황을 잘 반영하고 있는 사진 화보 및 唱歌 자료집이다. 여기에 창작 시조 22수도 포함된다. 『조선미인보감』 발간 이후, 10년 뒤 권번에서 발행된 교과서 『가곡보감(歌曲寶鑑)』은 시조의 향유층, 즉 기생을 대상으로 창작하거나 학습의 대상이 된다는 점에서 함께 논의가 가능하다. 『가곡보감』은 노래의 가사를 모은 가집이기에 음악분야에서의 주로 연구 대상으로 알려져 있다. 수록된 시조 작품에는 악보 표시가 없는데도 불구하고,[3)] 주로 음악적 접근이었다. 『가곡보감(歌曲寶鑑)』[4)]은 가람 이병기 선생의 「조선어문학명저해제(朝鮮語文學名著解題)」(1940)에 수록되어 있는 239종의 중에 하나이다. "一册 活字本 平壤 妓生學校의 教科書. 本書에는 옛날 좋은 雜歌가 많이 실려었다"고 해제가 실려 있다.[5)] 『가곡보감(歌曲寶鑑)』에 수록된 시조작품은 총 276수로, 그중

생들의 합동공개발표회이자 일종의 경연대회의 성격을 띤 행사였다." 성기숙(2001), 「일제강점기 권번과 기생의 전통춤연구」, 『한국민속학회 2001년 추계학술대회』

2) 경성 소재 권번 → 4대권번 : 漢城券番, 大正券番, 漢南券番, 京和券番 / 평양(箕城券番), 부산권번(동래권번), 인천권번(소성권번, 龍洞券番), 그 밖에 대구권번, 광주권번, 남원권번, 개성권번, 함흥권번, 진주권번 등이 유명하다.

3) 다만 「영산회상」에만 장단 박자가 표시된 악보만 실려 있다.

4) 『歌曲寶鑑』는 서울사대본으로 영인본을 출간하였고, 소장처는 국립중앙도서관에서도 확인된다.

5) 李秉岐(1940. 10), 「朝鮮語文學名著解題」, 『文章』 제2권 제8호, 228쪽.

다른 가집에 볼 수 없는 작품은 총 6수다.[6]

『조선미인보감』의 시조 창작자는 미상이지만, 당시 경성신문사의 기자들이었을 것이라는 추측된다. 『가곡보감』은 권번에서 교육용으로 발간된 가집이다. 권번 소속의 기생도 손님과의 풍류에 동석해 시조를 부르고 짓는 재주를 갖추기 위해 시조창을 배워야 했기에 교재, 즉 가집이 필요했다. 그렇다면 일제강점기에 발행된 『조선미인보감』의 창작시조와 『가곡보감』의 시조는 '권번시조'로 설정할 수 있지 않을까? 이에 대해 문제제기를 하고자 한다. '권번 시조'는 일제강점기 기생의 조합을 명명하는 '권번'과 소속 기생을 소개한 시조 22수와 권번에서 발행한 가집의 시조 276수를 말한다. 따라서 이 논문은 1918년에 발간된 『조선미인보감』과 1928년에 발간된 『가곡보감』[7]을 연구 대상으로 하여 수록되거나 창작된 기생의 권번 시조의 특징과 '권번시조' 유형의 설정 가능성을 살펴보고자 한다. 이를 위해 논의의 범위는 일제강점기로 삼았다.

---

6) 심재완(1972), 『校本 歷代時調全書』, 世宗文化社; 심재완(1972), 『詩調의 文獻的研究』, 世宗文化社, 696쪽. 마루 너머 재 너머가니 님에 집 초당 압페 난만화초가 휘넘느러졋네/청학백학은 펄펄날아 매화가지에도 안꼬 님은 나안져 학에경보다/져님은 나안져 학에경 보는 뜻은 날보려고/시조(녀청딜님) 歌鑑 234 /만경창파지수에 일엽션 타고 가는 져 어부야/게잠간 머물너라 말 무러보자 태백강남의 풍월 실너 가넌냐/어부둑핍을 두루치며 행하는 곳은 동명호를/평시조 歌鑑 140 / 무수의 츈풍뎌니이요 가연에 야월한 이로다/인생수 진환이니 노불부소 아니 놀냐/아마도 인간행낙은 소년시련가 하노라 /平羽樂 歌鑑 77 / 젹무인 엄즁문하니 열을이면 멧 삼촌고/제 마음 즐겁거든 남에 실음 생각하리/(종장결루) /우됴 새는긔 歌鑑 20 / 초당지어 구름 덥고 년못 파셔 달 다마 두고/달아레 고기 낙고 구름속의 밧틀 갈라 /문젼의 학 탄 션관이 오락가락/평시조 歌鑑143 / 황혼에 기약 두고 오경잔등 다 진토록/대월 셔상하의 창열고 바라보니 /다만지 불장 화영이 날속인가/평시조 歌鑑130

7) 1928년 箕城卷番에서 발간한 『歌曲寶鑑』은 歌集으로 金龜禧가 저자로 확인된다. 책의 형태사항에서 쪽수는 170쪽이고, 크기는 22cm이다. 현재 소장처는 국립중앙박물관이다.

2. 기생조합, '권번(券番)'의 시조(時調)

1) 『조선미인보감』(1918년)의 창작시조

시조는 원래 사대부의 문학이었는데 조선전기에 이미 기녀가 시조 작가로 참여했다. 사대부가 풍류를 즐기는데 동석해 흥을 돋우어야 하니 시조를 부르고 짓는 재주를 갖추어야만 했다. 사대부가 지은 시조나 가사를 곡조에 올려 부르는 데 그치지 않고 스스로 창작도 할 줄 아는 기녀는 더욱 인기가 있었다. 사대부와 기녀가 주고받는 수작(酬酌), 즉 정분이 나서 사랑을 하다가 헤어지기도 하는 데서 빚어지는 사연을 시조에다 올리곤 했다. 애정시조라고 할 수 있는 것들은 기녀가 시조 작가로 참여하면서 생겨나고 기녀를 찾는 풍류객이 거들어서 작품 수가 많아졌다.[8]

일제강점기에는 그 상황이 바뀌었다. 기생조합이 생겨난 것이다. 기생조합에 대한 최초의 기록은 1909년 4월 1일 한성기생조합소[9]가 함경남도 문천군(文川郡)의 기근을 위로하기 위해 자선 연주회를 연다는 것이었다.[10] 한성권번은 한성기생조합이 1914년에 권번으로 바뀌면서 생겨난 곳으로 퇴역 官妓와 당시 급상경하고 있던 남도 지방의 기생들을 포괄하는 집단으로 재구성하면서 기예가 뛰어난 장안의 일류 기생들이 소속해 있었다.[11] 본

8) 조동일(2005), 『제4판 한국문학통사3』, 지식산업사, 307쪽.

9) 宋芳松(2003), 「漢城妓生組合所의 藝術社會史的 照明—大韓帝國 末期를 중심으로」, 『한국학보』 113집, 일지사 참조.

10) 김영희(1999), 「일제시대 기생조합의 춤에 대한 연구—1910년대를 중심으로」, 『무용예술학연구』 제3집, 한국무용예술학회, 53-54쪽.

11) 권도희(2000), 「20세기 초 남도 음악인의 북진」, 『소암권오성박사화갑기념논문집』, 간행위원

래 한성권번은 별감출신 장계춘(張桂春)이 설립한 광교기생조합에서 출발한 것인데, 유부기(有夫妓)의 경기(京妓) 출신과 남도 출신 기생이 주축이 된 기생조합이다. 1918년 『조선미인보감』을 살펴보면, 한성권번 소속은 총 190명인데, 이 중 서울 출신은 74명, 황해도 4명, 함경도 1명, 평안도 45명, 충청도 1명, 전라도 3명, 경상도 48명, 경기도 10명, 출신지 미확인 4명이며, 서울과 경기 이남의 남도 출신 기생의 수가 도합 136명으로 나타난다.

아래의 작품은 한성권번을 소개하는 시조로, 문답의 전형적인 대구 형식이다.

> 東園花林 中에 무엇무엇 붉엇던고
> 蜀葵花ᄂᆞᆫ 已老ᄒᆞ고 桃李花ᄂᆞᆫ 片時로다[12)]
> 아마도 富貴繁華 氣像은 牧丹花인가 ᄒᆞ노라
>
> 世上事 飜覆ᄒᆞᆷ이 어이 그리 容易ᄒᆞᆫ고
> 碧海가 桑田이오 桑田이 碧海로다[13)]
> 아마도 永久擴張은 漢城劵番인가 하노라[14)]

초장에서 동쪽 정원의 꽃나무로 이루어진 숲 중에 무엇이 붉었는가 하며 물어보니, 접시꽃은 이미 시들었고 복숭아꽃과 자두 꽃만이 잠시 붉다고 한다. 종장에 와서 부귀영화의 기상은 모란꽃이라 맺는다. 이어서 다른 한 편

회, 91-92쪽.

12) 蜀葵花는 접시꽃, 桃李花는 복숭아꽃과 자두 꽃을 아울러 이르는 말이다. 片時는 잠시라는 뜻이다.

13) 飜覆은 이리저리 뒤집힌다는 말이고, 碧海는 뽕나무 밭이 변하여 푸른 바다가 된다는 뜻으로, 세상일의 변천이 심함을 비유적으로 이르는 말이다.

14) 青柳綱太郎(1918), 『朝鮮美人寶鑑』, 朝鮮研究會, (民俗苑 1985년 復刊), 漢城劵番.

의 시조에서는 상전벽해처럼 세상의 일들이 변화가 심하더라도 한성권번은 영원하리라는 기원을 담은 내용이다.[15] 이 시조의 초장은 세상의 일들이 이리저리 뒤집히는 것이 어찌 쉽게 일어난다고 하니, 세상일의 변천이 심하다고 거듭 강조한다. 종장에서는 그래도 세상의 일들 중에 영원히 확장되는 곳은 '한성권번'[16]이라 한다. 茶洞에 있었던 한성권번이 오래도록 번영하고자 하는 의도를 담았다. 이 시조를 창작의도의 관점에서는 직접적인 시적 표현으로 한성권번의 특징과 분위기를 잘 드러낸다. 더구나 牧丹花와 한성권번을 환유하는 표현의 비유 방식이 전통장르인 시조의 전형을 보여준다.[17]

『조선미인보감』[18]은 605명의 수록된 기생들의 기예 부분에 국악[19]과 무

15) 신현규(2007), 「〈朝鮮美人寶鑑〉에 수록된 唱歌 研究」, 『우리문학연구』 21, 우리문학회, 109-137쪽.

16) 한성권번의 가사로 「紅塵曲」(『春眠曲』 一例)이 실려 있는데, 『春眠曲』의 내용은 임을 여의고 괴로워하는 사나이의 심정을 그린 것으로, 다소 퇴폐적이기는 하나 정감이 넘치는 노래이다. 십이가사 중에서도 걸작으로 꼽힌다.

17) 신현규(2011), 「1920년대 기녀 시조문학의 한 양상 연구: 기생 잡지 〈장한(長恨, 1927년)〉에 수록된 시조 중심으로」, 『시조학논총』 제35집, 한국시조학회, 9-38쪽.

18) 크기가 가로 26㎝, 세로 18.5㎝의 46배판이며 총 312쪽으로, 각 권번·조합별 구분하여 605명의 기생 자료가 실려 있다. 체재는 한쪽에 각각 2명씩의 기생 이름과 나이, 사진, 출신지와 현주소, 특기, 그리고 그 기생에 대한 짧은 평가들이 적혀 있다. 童妓의 경우에는 3명씩 수록되어, 총 605명 기녀의 신상 정보가 수록되어 있다. 서문에는 발간의도를 뚜렷하게 밝히고 있다. 서문이 3개가 수록되어 있는데 그 중 편집자가 직접 써놓은 서문을 보면 발간의 취지와 그 목적, 특성 및 靑樓美人의 개념도 잘 나타나 있다.

19) 〈雜歌〉京西雜歌 京城雜歌 南道雜歌 南中雜歌 內地雜歌 西關雜歌 西南雜歌 西道雜歌 〈俚曲·俚謠·俗謠〉 關西俚曲 關中俚曲 南方俚曲 南中俚曲 西道俚謠 西方俗謠 〈창가·俚唱〉 창가 南方俚唱 立唱 坐唱 〈行歌〉 南道行歌 西道行歌 〈樂器〉 伽倻琴 楊琴 長鼓 風琴 玄琴 〈調〉 羽界面 羽調 執拍

용,[20] 그 밖의 특기[21]에 관련된 내용으로 채워져 있다. 창작 시조가 유독 대정권번에만 보인다. 당시 하규일(河圭一) 학감이 운영하던 조선권번의 前身 대정권번에서는 성악으로 여창가곡, 가사, 시조, 남도소리, 서도소리, 경기십이잡가, 잡가 등과 악기로는 가야금, 거문고, 양금, 장구 등을 가르쳤다. 또 춤은 궁중무용과 민속무용을 망라했고 그 밖에 서양댄스, 서화를 배우게 하였다. 기생으로서 갖추어야 할 예능종목은 물론 일반교양까지 포괄하는 다양한 내용으로 짜여 있었다. 이렇게 권번은 전통예능의 전문교육기관으로서의 기능을 톡톡히 해내었다.

아래의 도표는 일본 교토의 하나마찌 시스템을 차용해서 작성한 일제강점기 기생 조합, 권번 시스템을 정리한 것이다.[22]

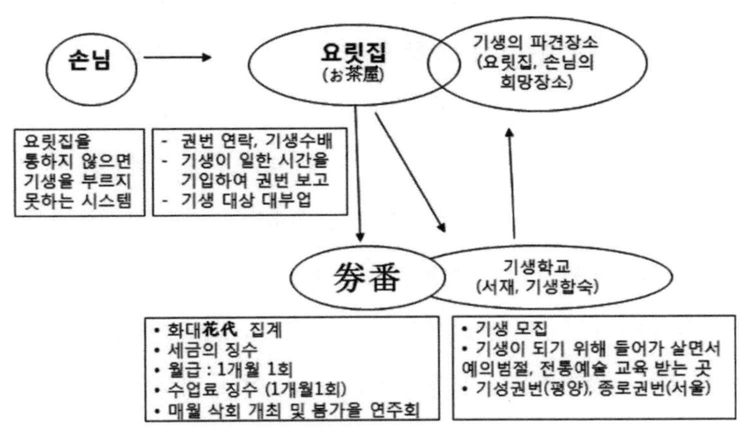

일제강점기 기생 조합, 권번 시스템

20) 劍舞 南舞 南舞바지 南中俗舞(살풀이춤) 內地舞無山香 西洋舞蹈 僧舞 立舞 長衫舞 呈才舞 春鶯舞.

21) 歌詞 京西巨里 國語 墨畵 竝唱散調 三味線 書畵 善圍碁 隸書 風流 漢語 筭術.

22) 김미영(2011), 「일본교토의 하나마찌(花街)에 대해서」, 『근대서지』 4호, 463-472쪽.

조선의 관기제도가 폐지되고 기생들이 서울로 몰려들어 요릿집들은 매일 밤 성시를 이루어 장사 잘되는 것까지는 좋았으나 여기에도 골치 아픈 일이 차차 생겨나기 시작했다. 찾아온 손님이 부르고 싶은 기생의 이름을 대면 일일이 연락해서 불러와야 했고 한 기생을 놓고 신분의 고하가 있는 몇 사람이 서로 불러오라고 으르렁대는 경우가 생겼다. 또한 불려온 기생이 실수를 범하거나 손님이 너무 무례하여 시비가 벌어지는 날에는 요릿집 주인이 일단 책임을 져야 했으니 무척 번거롭고 신경 쓰이는 일이었다. 이와 같은 불편을 덜기 위해 생각해 낸 것이 기생조합이다. 기생들을 한군데 묶어 조합을 만들어 놓으면 연락하기 쉽다. 조합에서 모든 경우에 일어나는 시비에 대한 책임을 진다면 요릿집으로서는 더없이 좋은 것이었기 때문이다. 또 사방에서 모여든 기생들도 그들의 단결된 힘으로 자신의 권익문제를 해결해 나가고 전통예능 학습도 할 수 있게 됐다. 서로의 이해가 같아 조합이 생기게 되었다.[23] 여기에 조합, 즉 권번 시스템은 조선총독부의 유흥관련 세금을 정산하는 데에 용이하였다.

두 번째로 언급되어 있는 대정권번(大正券番)[24]은 다동조합(茶洞組合)이 권번으로 결성된 곳으로 평양의 無夫妓들을 중심으로 기타 서울과 지방기생을 합하여 만들어졌다. 1918년 『조선미인보감』을 살펴보면, 대정권번 인원 전체 181명 가운데 96명이 평안도 출신이며, 경성부 61명, 경상도 18명, 전라도 출신은 4명, 황해도 1명, 출신지 미확인 1명으로, 경기와 평안도, 황해도 출신 기생을 합하면 모두 158명으로, 구성원의 대부분을 차지한

23) 이난향, 明月館(4회) 『남기고 싶은 이야기들』, 중앙일보, 1971. 1. 5. 5면.

24) 대정권번의 소개하는 가사는 「新撰竹枝詞」로 십이가사의 곡목인 『竹枝詞』의 내용과 형식을 차용하여 창작된 것이다.

다. 특히 하규일(河圭一)에 의해 조선정악전습소(朝鮮正樂傳習所)의 여악분교실(女樂分校室)이라는 명분하에 만들어졌기에 주목된다. 하규일의 여악분교실은 안민영과 기녀의 관계와 같은 "가객(歌客)—기녀(妓女)"관계의 부분적인 재현으로 볼 수 있다.[25] 이를 좀더 자세히 들여다보면 대정권번, 즉 조선권번의 예기 중 경성잡가는 주영화(朱永化), 가곡과 조선무용, 그리고 거문고는 하규일, 이도잡가(而道雜歌)는 양서진(楊瑞鎭), 사교댄스는 윤은석(尹恩錫), 양금은 김상순(金相淳) 등이 담당하였다. 한성권번의 경우에는 경성잡가를 주영화, 서도잡가를 유개동(柳開東), 가곡을 장계춘(張桂春), 사교댄스를 김용봉(金用奉), 거문고를 조의수(趙義洙), 양금을 김영배(金榮培) 등으로 구성하였다. 1936년 종로권번은 경성잡가를 오영근(吳榮根), 가곡과 조선무용을 황동순(黃鐘淳), 서도잡가를 김일순(金一順), 사교댄스를 기룡(奇龍), 거문고와 양금을 박성재(朴聖在) 등이 가르쳤다.[26] 대정권번도 茶洞에 있었는데, 앞서 마찬가지로 시조 2수가 소개되어 있다.[27]

菊花야 너는 어이 三春佳節 다 보닉고

25) "19세기 風流房에서 歌客과 妓女는 모두 풍류계 음악의 主體者이며 동시에 享受者였다. 그러나 20세기 가객과 기녀의 관계는 풍류계 음악의 주체자가 아니며 학습장의 스승과 弟子로만 기능하게 되며, 이들의 음악은 일정한 美的 趣向을 공유하는 사람들에게 향수되는 것이 아니라 예술을 살 수 있는 불특정 다수가 享受者가 된다. 따라서 河圭一의 女樂分校室은 명분뿐이었다 할 수 있으며 그나마 명분만으로 이어지는 전통적인 풍류방 마지막이었다 할 수 있다." 권도희(2001), 「20세기 기생의 음악사회사적 연구」, 『한국음악연구』 29호, 한국국악학회, 327쪽.

26) 「名妓榮華史」『삼천리』 제8권 제8호, 1936.8.1.

27) 신현규(2011), 「1920년대 기녀 시조문학의 한 양상 연구: 기생 잡지 〈장한(長恨, 1927년)〉에 수록된 시조 중심으로」, 『시조학논총』 제35집, 한국시조학회, 9-38쪽.

寒露霜風 重陽節에 홀노 滿發 ᄒᆞ얏ᄂᆞᆫ고
아마도 桃李와 짝지음을 부그럼인가ᄒᆞ노라

平地突起ᄂᆞᆫ 靑山의 奇絕處오
中流分派ᄂᆞᆫ 江水의 壯觀處라.
아마도 山之奇絕 水之壯觀은 大正券番인가 ᄒᆞ노다[28)]

위의 시조 내용을 보면, 봄철 석 달의 좋은 시절을 다 보낸 국화는 찬 이슬을 맞은 단풍의 중양절(重陽節)에도 홀로 꽃이 활짝 피었느냐 하니, 이는 복숭아꽃과 자두 꽃과의 짝 지음을 부끄러워서 홀로 피었다고 대답한다. 이어서 평지에 산이 우뚝 솟는 것은 靑山의 기이한 절경이고, 흐르는 냇가의 한 가운데에 여러 갈라진 물길은 강물의 장관이라 감탄하니, 이는 산의 기이한 절경과 강물의 장관은 대정권번이라 하여 뛰어난 경치와 비유하고 있다. 앞서의 시조에서 국화와 '山之奇絕 水之壯觀'과 대유되어 구체적인 이미지로 드러난다.[29)]

세 번째로 수록된 한남권번(漢南券番)도 역시 다동(茶洞)에 있었고, 『조선미인보감』의 사진에는 간판 명칭이 '한남예기조합(漢南藝妓組合)'으로 쓰여 있다. 본래 한남권번은 시곡조합에서 출발하여 이름을 '한남권번'으로 바꾸었다. 1917년 2월에 남도출신 기생들이 만든 권번이다. 1918년에 총 75명의 한남권번 소속 기생 중 서울경기, 강원도 출신 기생 9명을 제외한 나머지가 모두 경상도와 전라도 출신의 기생이었다. 특히 61명의 기생들이 경상도 출신의 기생으로서, 한남권번의 주축을 이루었다. 이처럼 경상

28) 靑柳網太郎(1918), 『朝鮮美人寶鑑』, 朝鮮硏究會, (民俗苑 1985년 復刊), 大正券番.

29) 신현규(2007), 「〈朝鮮美人寶鑑〉에 수록된 唱歌 硏究」, 『우리문학연구』 21, 우리문학회, 109-137쪽.

도, 전라도 두 지방 기생을 중심으로 한남권번[30]이 창립되어서 남도에서 기생 수업을 받고 경성 생활을 위해 올라오는 많은 기생들의 보금자리가 되었던 것으로 보인다.[31] 물론 시조 2수가 수록되어 있다.

珊瑚床 白玉盤에 란만ᄒᆞᆫ손져 ᄭᅩᆺ가지
고흔빗 말근 향기 四時長春 자랑ᄒᆞ니
아마도 그 ᄭᅩᆺ일 홈은 月桂花인가 ᄒᆞ노라

是非ᄂᆞᆫ 둘이 입고 成敗ᄂᆞᆫ 한 가지라
잡은 마음 變치 안코 目的을 到達ᄒᆞ니
알괘라 漢南券番은 南方之强[32]인가 ᄒᆞ노라[33]

위의 시조는 산호(珊瑚)로 된 상(床)과 백옥(白玉)소반에 활짝 핀 꽃가지의 고운 빛과 맑은 향기를 일 년 내내 자랑하지 말라 하면서 그 꽃의 이름은 월계꽃이라고 본 내용이다. 월계꽃은 초여름에서 가을까지 홍색, 백황색 꽃이 방상(房狀) 꽃차례로 계속 피고 열매는 이과(梨果)로 가을에 빨갛게 익어 우리나라 중부, 남부에 많이 분포하는 꽃이다. 이어서 다른 시조를 보면 한남권번은 번영하리라는 내용을 담고 있다. 시비는 둘이 입고 성패는 한 가지이며 잡은 마음은 변하지 않고 목적에 도달하니 이는 한남권번이 인내의 힘으로 사람을 이겨 내는 군자의 용기라고 노래하는 내용이다. 南方

30) 한남권번을 소개하는 가사 「春色詞」는 『黃鷄詞』의 일례로, 『황계사』도 작자와 연대가 未詳인 십이가사의 하나로 『황계사』는 일명 『黃鷄打令』이라고도 한다

31) 성경린(1997), 「다시 태어나도 아악의 길로 Ⅱ」, 『한국음악사학보』 18집.

32) 중국 남쪽 지방 사람들의 强點이라는 뜻으로, 인내의 힘으로 사람을 이겨 내는 군자의 용기를 비유적으로 이르는 말이다.

33) 青柳網太郎(1918), 『朝鮮美人寶鑑』, 朝鮮研究會, (民俗苑 1985년 復刊), 漢南券番.

之强이라 하여 한남권번의 기생들이 대부분 남도에서 출신임을 밝히고 있다. 이는 앞서의 시조에서 월계화(月桂花)와 남방지강(南方之强)을 환유하여 독특한 흥취를 자아낸다.[34)]

네 번째로 수록된 『경화권번(京和券番)』은 경화기생조합에서 생겨났는데 이것은 당시 경무사 신태휴가 주로 3패(牌)들을 중심으로 남부시동에 마련한 것이었다.[35)] 여기서 1패 · 2패는 기생, 3패는 준기생(準妓生)으로 능력에 따라 1패 · 2패로 진급할 수 있고, 3패로 떨어질 수도 있었다. 이는 기생이 왕실이나 관아에 소속했을 때의 개념으로 볼 수 있다. 1패는 관기, 2패는 관기에서 첩이 된 자 혹은 관기에 준한 예능의 소지자, 3패는 사창 등으로 보는 관점은 예능만으로 살 수 없게 된 19세기 말의 새로운 개념이다. 이능화의 『조선해어화사』[36)]에서 기준은 기생과 창기의 차이가 애매하게 된 시기의 개념이다. 이러한 혼란은 일본 제국주의에 의해 왜곡되는데, 1패 · 2패 · 3패의 구분을 '기생단속령'과 '창기단속령'에서는 인정하지 않았다.[37)]

千古絕色楊太眞은 꼿즁에 무숨꼿고
아침이슬져즌가지 죠는 美人彷彿ᄒᆞ니

34) 신현규(2007), 「〈朝鮮美人寶鑑〉에 수록된 唱歌 研究」, 『우리문학연구』 21, 우리문학회, 109-137쪽.

35) 오현화(2004), 「藝壇一百人을 통해 본 1910년대 기생집단의 성격」, 『어문론집』 49호, 민족어문학회, 325쪽.

36) "조선말기의 매음부를 세 등급으로 구분지었는데, 一牌 · 二牌 · 三牌가 그것이다. 왕실이나 관청에 소속된 기생을 一牌라 하고, 二牌는 기생 출신으로 첩이 된 후 밀매음을 하는 慇懃者, 또는 隱君子이고 三牌는 창녀를 이르는 搭仰謀利, 色酒家 등 소위 蝎甫라고 불려진 매춘부가 있었다." 李能和(1968), 『朝鮮解語花史』, 신한서림, 279-288쪽.

37) 신현규(2011), 「1920년대 기녀 시조문학의 한 양상 연구: 기생 잡지 〈장한(長恨, 1927년)〉에 수록된 시조 중심으로」, 『시조학논총』 제35집, 한국시조학회, 9-38쪽.

아마도 明沙十里에 海棠花인가ᄒᆞ노라

幽谷에 져 ᄭᅬᄭᅩ리 喬木으로 올마와셔
喚友ᄒᆞᄂᆞᆫ 고흔소리 俗耳를 針砭ᄒᆞ니
아마도 禽中黃鳥ᄂᆞᆫ 京和券番인가 ᄒᆞ노라[38]

위 시조의 내용은 대구 형식으로 문답의 형태를 취하고 있어, "천고 절색인 양귀비는 꽃 중에 무슨 꽃인가 하니 아침 이슬 젖은 가지 좋은 미인을 방불케 하니, 아마도 명사십리에 해당화(海棠花)인가 하노라"하는 내용이다. 더구나 미인(美人) 양귀비(楊貴妃)를 화초(花草) 양귀비와 해당화로 비유하는 표현이 뛰어나다. 이어서 깊은 산골짜기에 저 꾀꼬리가 큰키나무로 올라와서 벗을 부르는 고운 소리가 풍류를 이해 못하는 속인의 귀에 돌 침 놓으니 아마도 날짐승 가운데 꾀꼬리는 경화권번[39]이라는 내용이다. 앞서 마찬가지로 해당화(海棠花)와 황조(黃鳥)는 정취 있는 경화권번을 비유하는 수사가 돋보인다.[40]

이처럼 경성의 권번 소개가 끝난 후에는 지방 각 권번조합을 소개하는 시조와 가사도 창작되었다. 이들 지방의 권번은 대구조합·금천조합·동래조합·창원조합·광주조합·평양조합·진남포조합·수원조합·개성조합·인천조합·안성조합·연기조합 등을 말한다. 지방 권번조합에는 의외로 진주기생조합이 빠져 있다.

38) 青柳網太郎(1918),『朝鮮美人寶鑑』, 朝鮮研究會,(民俗苑 1985년 復刊), 京和券番.

39) 경화권번을 소개하는 가사「鳥編」은『花編』을 형식과 내용을 취하였는데,『화편』은 여창 가곡 편삭대엽을, 꽃을 내용으로 한 시조를 노래하는 것을 일컫는 말이다.

40) 신현규(2007),「〈朝鮮美人寶鑑〉에 수록된 唱歌 研究」,『우리문학연구』21, 우리문학회, 109-137쪽.

春風이 無私ᄒᆞ야 百花가 다 픠엿다
桃紅 李白 달을 망정 香氣ᄂᆞᆫ 一般이니
나뷔야 놉고 야즌가지를 가려 무ᄉᆞᆷ일가 ᄒᆞ노라

ᄲᅮ리업ᄂᆞᆫ 나무업고 根源업ᄂᆞᆫ 물 업ᄂᆞ니
京城青樓 여러 美人 그 故鄉이 어ᄃᆡ민고
眞實로 ᄲᅮ리와 根源은 各 地方인가 ᄒᆞ노라[41)]

봄바람이 사사롭지 아니하여 온갖 꽃이 다 피었고, 붉은 복숭아꽃과 이태백의 달도 향기가 한 모양이니 나비야 높고 낮은 가지를 가려 무슨 일인가 하노라는 내용이다. 옛 전고(典故)를 인용하여 나비와 꽃의 비유적 표현이 남다르다. 이어서 수록된 시조도 옛 전고(典故)를 인용하여 뿌리 없는 나무 없고 근원 없는 물이 없으니 경성의 청루 여러 미인들의 고향은 어디인가, 진실로 뿌리와 근원은 각 지방의 권번인가 하노라는 내용이다. 결국 경성의 권번기생도 지방의 각 권번조합에서 올라온 이들이기에 '뿌리와 근원'이라는 표현으로 환유된다.[42)]

한성·대정·한남·경화 권번과 지방의 여러 권번은 각각 2수의 시조, 총 10수의 시조를 창작하였다. 이 권번을 소개하는 시조는 문답의 전형적인 대구 형식으로 영원히 번창하리라는 기원을 담고 있다. 또한 모란화(牧丹花), 국화, 월계화(月桂花), 해당화(海棠花), 백화(百花) 등을 권번의 환유 대상으로 하는 표현의 비유 방식이 특징이다. 유독 한성권번의 경우는

41) 青柳網太郎,『朝鮮美人寶鑑』, 朝鮮研究會, (民俗苑 1985년 復刊), 1918.

42) 지방 각 권번조합에 수록된 가사는「三五夜曲」으로『想思別曲』을 본떠서 창작된 것으로,『상사별곡』은 십이가사의 하나로 작자와 연대는 미상이다. 생이별한 남녀 간의 상사의 정을 노래한 내용으로, 출전에 따라 조금씩 다르며『南薰太平歌』에 실려 전한다.

〈표 1〉 권번을 소개하는 시조 일람표

번호	권번	시 조	출신	妓夫	환유대상
1	漢城券番	東園花林 中에 무엇무엇 붉엇던고/蜀葵花ᄂᆞᆫ 已老ᄒᆞ고 桃李花ᄂᆞᆫ 片時로다/아마도 富貴繁華 氣像은 牧丹花인가 ᄒᆞ노라	관기 및 남도	○	牧丹花
2		世上事 飜覆홈이 어이 그리 容易ᄒᆞᆫ고/碧海가 桑田이오 桑田이 碧海로다/아마도 永久擴張은 漢城券番인가 하노라			
3	大正券番	菊花야 너ᄂᆞᆫ 어이 三春佳節 다 보ᄂᆡ고/寒露霜風 重陽節에 홀노 滿發 ᄒᆞ얏ᄂᆞᆫ고/아마도 桃李와 짝지음을 부그럼인가ᄒᆞ노라	평양 서도	-	菊花
4		平地突起ᄂᆞᆫ 靑山의 奇絶處오/中流分派ᄂᆞᆫ 江水의 壯觀處라./아마도 山之奇絶 水之壯觀은 大正券番인가 ᄒᆞ노다			
5	漢南券番	珊瑚床 白玉盤에 란만ᄒᆞᆫ손져 ᄭᅩᆺ가지/고흔빗 말근 향기 四時長春 자랑ᄒᆞ니/아마도 그 ᄭᅩᆺ일 홈은 月桂花인가 ᄒᆞ노라	경상 전라	-	月桂花
6		是非ᄂᆞᆫ 둘이 입고 成敗ᄂᆞᆫ 한 가지라 /잡은 마음 變치 안코 目的을 到達ᄒᆞ니/알괘라 漢南券番은 南方之强인가 ᄒᆞ노라			
7	京和券番	千古絶色楊太眞은 ᄭᅩᆺ즁에 무ᄉᆞᆷᄭᅩᆺ고/아침이슬져즌 가지 죠는 美人彷彿ᄒᆞ니/아마도 明沙十里에 海棠花인가ᄒᆞ노라	3패	-	海棠花
8		幽谷에 져 ᄭᅬᄭᅩ리 喬木으로 올마와셔/喚友ᄒᆞᄂᆞᆫ 고흔소리 俗耳를 針砭ᄒᆞ니/아마도 禽中黃鳥ᄂᆞᆫ 京和券番인가 ᄒᆞ노라			
9	地方券番	春風이 無私ᄒᆞ야 百花가 다 픠엿다 /桃紅 李白 달을 망경 香氣ᄂᆞᆫ 一般이니/나뷔야 놉고 야즌가지를 가려 무ᄉᆞᆷ일가 ᄒᆞ노라	-	-	百花
10		ᄲᅮ리업ᄂᆞᆫ 나무업고 根源업ᄂᆞᆫ 물 업ᄂᆞ니/京城靑樓 여러 美人 그 故鄕이 어듸민고/眞實로 ᄲᅮ리와 根源은 各 地方인가 ᄒᆞ노라			

기부(妓夫), 즉 기둥서방(기생서방)을 두었다. 관기 출신이 많았기에 기부가 있는 기생이 남아있었다. 妓夫는 당시 종8품 벼슬인 액례·별감·승정원 사령·의금부 나장·포교·궁가·외척의 겸인 청지기·무사 등이었다. 조선 후기에 등장하여 후대에 오랫동안 지속된다. 대원군 시절에는 금부나장과 정원사령은 오직 창녀의 서방이 되는 것으로 허락하였을 뿐 관기의 서방이 되는 것을 허락하지 않았다. 기생을 첩으로 삼으려는 자가 있다면 반드시 기부(妓夫)에게 돈을 주고 그 몸을 속량(贖良)해야 한다. 이는 그동안 먹여 살린 비용을 갚는 것으로, 사회적 합의였다.[43)]

2) 『가곡보감』(1928년)의 시조

1928년에 발간된 『가곡보감』의 발행처는 평양부 철관리 50번지의 기성권번(箕城卷番)으로, 본래 편집자가 김봉혁(金鳳爀)으로 되어 있으나 지워져 있다. 가곡이 중심이 되고 모두 81편의 노래가 실려 있다. 제1편 가곡, 제2편 가사, 제3편 시조, 제4편 서도잡가, 제5편 남도잡가, 제6편 경성잡가로 되어 있고, 「영산회상」 아래 15곡의 장단법이 실려 있다. 주로 가곡 가사의 중심이다. 조선 후기 우리의 노래를 잡가로 불리던 시대에 『가곡보감』이라 보인다. 우리의 노래가 희소해지고 또한 그 중요성을 인식한 결과 이루어진 잡가집로, 평양 기성권번의 기생학교에서 기녀들을 가르치는 교재인 셈이다.

저작 겸 발행자 김귀희(金龜禧)은 1901년 중추원(中樞院) 의관(議官)

---

43) 신현규, 『기생 이야기-일제시대의 대중스타』, 살림출판사, 2007.

을 역임[44]하였다. 여러 지역 사회에 활동을 한 것으로 미루어보면, 『가곡보감(歌曲寶鑑)』 발행에도 관여한 듯하다. 추측하건대 기생학교 교장을 겸하게 되어 있는 기성권번의 대표이기에, 저자 김구희가 바로 교장이었다고 볼 수 있지 않을까 한다.

『가곡보감(歌曲寶鑑)』(1928)의 序文을 검토하면, 예전부터 위대한 詩客들에 각종 가곡을 망라한 생각이 미처 이르지 못한 곳을 일깨워 도와주는 중요한 책이라 지적한다. "현행 일체의 正音, 正樂 방식을 수집하여 나침반 역할로 이 『가곡보감』을 발간한 것이다."고 취지가 명확하다. 장래 풍류인사에 오락 기관, 즉 권번에 인도하고자 하고 여러 말을 내놓아 서문을 대신한 셈이다.[45] 발행처와 편자의 서(序)와 가집(歌集)의 내용을 보면, 당시 평양의 권번용(券番用) 겸 일반풍류인사의 실용가곡집으로 발행한 것을 알 수 있다. 국문으로 표기하여 한자를 모르는 사람에게도 읽기 쉽다.

『가곡보감』의 발행처인 기성권번은 그 후 조합제로서 주식제가 되면서 기존 기생들의 저항으로 우여곡절을 겪지만, 결국 주식회사로 바뀌게 된

---

44) 「議政府總務局官報課」 光武四年 六月十二日 火曜 彙報/ "1903년 평양에서 양잠을 사육, 판매하는 蠶桑會社를 운영하였다." ≪訓令照會存案≫ 50책(奎19143), 1903.12.31./ "麴子의 제조 판매하는 麴子製造販賣(合資)에 관여하였다." ≪朝鮮總督府官報≫98, 1910. 12.14. /"1908년 대한협회의 회원명부를 보족, 金龜禧은 支會任員에서 平壤支會의 會長이었다."「대한협회회보」 제1호 1908. 4. 25.「會員名簿」

45) "夫歌曲寶鑑은 自昔及今한 偉人詩客에 各種歌曲을 網羅한 一大補聰之書也라 我朝鮮에 古來로 音樂이 完備하얏스나 及今에 漸漸 衰微하야 歌曲에 長短과 五音八聲에 節次를 不變하야 文明社會에 咀笑를 蹶起케홈에 對하야 不肖은 猥以過言이나 寒心으로 思하는바이라 況新舊變換하고 內外混同時代에 處한 一般風流豪客의 一動一靜에 觸事生弊함이 엇지 常事가 안이리요 此에 鑑한바이 有하야 現行 一切의 正音正樂 方式을 蒐集하야 指南에 針으로 此寶鑑을 發刊하야 將來 風流人士에 娛樂機關을 引導코자하고 數言을 提하야 序文을 代하노라 昭和 三年 三月 二十日 編者 識"

다.[46] 평양의 기성권번(箕城券番)[47]은 부속된 3년 학제의 기생학교를 운영하였다. 대동강 부근에 있었는데 그 부근 일대에 산재해 있는 10여 군데의 대규모 요릿집을 대상으로 번성하였다. 기생을 전문적으로 키우던 평양 기생학교에는 10대 소녀들이 모여 가무음곡을 익히고, 일제 말기 대동강변의 기생 수효는 무려 5, 6백 명에 이르렀다. 이는 조선말 '평양관기학교(平壤官妓學校)'에서 그 흔적을 찾을 수 있다.[48]

당시 3년 동안의 교과 내용은 학년마다 달랐다. 1학년 아이들에게는 우조(羽調), 계면조(界面調) 같은 가곡을 가르쳤다. 평시조, 고조(高調), 사설조(辭說調), 그 밖에 매·란·국·죽 같은 사군자와 한문 운자(韻字)에, 조선어, 산술 등을 학습시켰다.

〈표 2〉 평양 기생학교 교수 과목

학년	과목
1	**가곡**, 서화, 수신, 창가, 조선어, 산술, 국어
2	우조, **시조**, 가사, 조선어, 산술, 음악, 국어, 서화, 수신, 창가, 무용
3	가사, 무용, 잡가, 창가, 일본패, 조선어, 국어, 동서음악, 서화, 수신, 창가

46) 中村資良, 『朝鮮銀行會社組合要錄』(1932년, 1937년, 1939년, 1942년판), 東亞經濟時報社; 김산월, 「고도의 절대명기, 주로 평양기생을 중심삼고」, 『삼천리』 제6권 제7호 1934. 6. 1.

47) "箕城券番(株)은 1930년 9월 23일에 자본금 20,000원으로 설립되었다. 사업목적으로 기생 권번업, 기생 영업자의 구제, 기생 영업자에 대한 금전의 융통, 기생 영업자의 일용품의 용달, 기생 양성 및 기예의 향상 등이었다. 공동대표로는 尹永善, 楊根夏, 梁利鐸 등이고, 이사진 李禧健, 金南鉉, 감사는 李禧愿이다. 본점주소는 평양부 신창리 36이다." 《朝鮮銀行會社組合要錄》(1933년판), 東亞經濟時報社.

48) 德永勳美, 『韓國總攬』, 東京 博文館, 1907.

2학년 때에는 관산융마(關山戎馬)나 백구사(白鷗詞), 황계사(黃鷄詞), 어부사(漁父詞)와 같이 조금 높은 시조에다가 생황, 피리, 양금과 거문고, 젓대 같은 즉 관현악을 가르쳤다. 3년급 때에는 양산도나 방아타령 같은 것은 수준이 낮다고 하여 가르치지 않았으며, 부르는 손님들의 요구로 춤과 함께 승무와 검무를 배웠다. 처음에는 발 떼는 법, 중등 쓰는 법, 몸 놀리는 법에만 약 20일이 걸렸다. 또 신식 댄스는 저 배우고 싶으면 배우게 하였다.

〈표 3〉 1939년 평양 기생학교 3학년 수업시간표

교시	월	화	수	목	금	토
1	國語	국어	作文	會話	詞解	사해
2	書畵	서화	서화	서화	서화	서화
3	**歌曲**	**가곡**	**가곡**	**가곡**	**가곡**	**가곡**
4	內地唄	내지패	내지패	내지패	내지패	회화
5	雜歌	作法	잡가	聲樂	잡가	
6	歌復習	音樂	가복습	작법	가복습	

위의 표는 1939년 당시 평양 기생학교 210명의 제3학년 수업시간표로, 여기에 표시되어 있지 않은 학과로는 1학년의 창가와 무용, 2학년의 시조와 악전이 있다. '기학(妓學)'이라는 하나의 학문이라고 주장할 정도로 다양하였다.[49] 『가곡보감』을 학습하는 사진엽서 장면들에서 보면, 흥미롭게도 『가곡보감』을 교재로 기성권번의 기생학교에서 시조창을 학습하는 사진엽서들이 남아 있다. 또한 『가곡보감』은 기생의 권번에서 '고시조 選集

49) "평양 기생학교에 들어가는 동기는 대체로 하류층 자녀로서 보통학교를 졸업하는 즉시 기생 수업을 받기 시작하며, 기생학교를 졸업하면 권번에 입적되어 손님을 받게 된다. 1937년 기준으로 살펴보면 '기성권번' 총인원은 252명으로, 그 중에서 휴업이 19명, 임시휴업이 26명, 영업 기생은 207명이었다." 『모던일본』, 1939. 6.

(anthology)의 발간'에 의미가 있다. 『가곡보감』은 축적된 고시조 중에서 좋은 작품을 선별한 엔솔로지 중에 풍류 연회석에서 불릴 수 있는 기준을 삼은 셈이다. 물론 가곡 중심의 잡가집이지만 엄연히 276수의 시조를 수록한 가집이기도 하다.[50]

평양기생학교 졸업 후에는 서울이나 신의주, 대구로 진출하고 180여 명의 졸업생 중 70% 정도는 외지로 갔다. 기생학교로 입학하러 오는 학생들은 평양에서도 많았지만 서울이나 황해도, 평안도에서도 많이 왔다. 노래는 박명화(朴明花), 김해사(金海史)라는 두 명기가 가르치고 그림은 수암(守巖) 선생이 가르쳤다.[51] 학기는 3학기제로, 제1학기 4월 1일부터 8월 31일, 제2학기 9월 1일부터 12월 31일, 제3학기 1월 1일부터 3월 31일로 되었다.[52]

『가곡보감』에는 "뎨삼편 시됴" 항목에 시됴(평시조), 딜님(여성딜님;지름시조), 딜님(남성딜님;지름시조), 사설시됴, 파연곡 등으로 나누었다. 앞서 언급한 바와 같이 『가곡보감』의 시조 작품에는 악보 표시가 없고, 「영산회상」은 장단 박자가 표시된 악보만 실려 있다. 잡가편에는 서도잡가로 「산천초목」, 「사거리」, 「중거리」, 「긴방아타령」, 「양산됴」 등이, 남도잡가로 「륙자이」,

50) 신경숙(2012), 「시조문헌 편찬의 역사: 『청구영언』에서 『고시조대전』까지」, 『민족문화연구』 57호, 고려대학교 민족문화연구원, 502쪽.

51) "4년 뒤 1934년, 학생 수가 250명으로 늘어나 교수 과목도 변화가 생겼다. 당시 평양 기생학교의 교수 과목은 아래와 같은데, 의외로 무척 많이 배운다는 것을 알 수 있다. 여기는 모두 보통학교 6학년을 마친 13살 이상 15살까지의 아이들을 받는다. 여기도 여학교 모양으로 학기도, 월사금도 있었다. 월사금은 1학년 한 달 2원, 2학년 2원 50전, 3학년 3원이었다. 입학금은 3원씩 있다." 『삼천리』, 1930.6.

52) "일제강점기에 학교는 보안경찰의 감독 하에 있었다. 일제 황국신민의 맹세를 하고 여자들은 국방부인회원이 되었다. 그런 시대상황에서 술자리의 꽃이 되어 웃음을 파는 기생을 양성하는 학교에서는 바야흐로 기생은 대대로 내려오는 직업부인이므로 이에 필요한 직업교육을 행한다고 설립취지를 설명하였다." 『삼천리』, 1934.5.

「셩쥬푸리」, 「타령」 등이, 경셩잡가로 「로가락」, 「유산가」 등이 확인된다. 가사편에 「어부사」, 「츈면곡」, 「황계사」 등의 12歌詞의 일부 작품도 보인다. 특이하게 갈래 개념이 애매한 정철(鄭澈)의 「장진주사」와, 「관산융마」, 사설시조 두 작품이 가사편에 들어 있다. 시조집으로서보다 오히려 『잡가집(雜歌集)』으로서 의미가 크다고 본다.

시조문헌 가집은 단순히 노래목록집이 아니라 언제든 연창에 활용할 수 있도록 되어 있는 연창대본이다. 그래서 거의 대부분의 가집들은 악곡별 분류체계를 기본 틀로 하고 있다. 이에 가집 편집의 기본 요소들도 크게 '악조, 악곡, 남녀창, 악보'들로 구성되었다. 이 요소들로 이루어진 가집의 편찬체제는 크게 세 단계 변화를 보인다.[53] 그중 19세기 이후 '악곡별 우조/계면조/남창/여창'에 『가곡보감』은 좋은 예가 된다.

3. 권번의 기생을 소개하는 시조

옛 조선의 기생은 궁중 향연에 불리어 '選上妓'가 되는 것을 일생의 소원으로 여겼다. 따라서 그들은 권번의 기생과는 달리 금전과는 멀리 떨어져 깨끗한 기생도의 수양에만 온몸과 정신을 쏟았다. 하지만 권번의 기생들은 돈 많은 사나이들을 사귀지 못하게 되면 그날그날의 생활이 문제였다. 그들은 얼굴을 곱게 단장하고 몸치장을 하여서 뭇 사나이들에게 잘 보여야만 그

53) "18세기 : 악곡별 (수파형 성악보), 18세기말-19세기초 : 악곡별 (우조/계면조) (남창/여창) (수파형 성악보), 19세기 : 악곡별 우조/계면조/남창/여창 (연음표 성악보)" 신경숙(2012), 「시조문헌 편찬의 역사:『청구영언』에서 『고시조대전』까지」, 『민족문화연구』 57호, 고려대학교 민족문화연구원, 477-478쪽.

들의 생활문제가 해결될 수 있었다. 여기에 권번기생에 비애가 있었다.[54]

대정권번은 서도의 평양 중심 기생의 조합이었다. 기생 김춘도는 평양출신으로 당시 25세로 대정권번에 1번수 기생[55]으로, 취체(取締)의 역할을 한 셈이다. 기예(技藝)는 시조와 서도잡가 양금, 쌍채질, 가곡, 현금, 정재18종무, 서양무도, 내지무 등으로 탁월하였다. 13세에 기생되어 당시 13년 동안 기생 생활을 한 경험이 많은 행수기생이었다. 운염(雲鬢), 즉 여자의 귀밑으로 드려진 탐스러운 머리털을 구름에 비유하듯 하고, 앵두나무 입술과 묘한 얼굴, 그리고 양쪽 볼의 복숭아꽃이라 묘사한다. 몸가짐은 봄바람에 흔들리는 붉은 복숭아꽃이라 일컬었다. 영친왕이 가례식(嘉禮式)에 동기(童妓) 몸으로 여러 기예가 탁월하여 뽑혀갔다. 대정권번이 생겨나자 물망에 올라 평의원, 평의장, 그리고 총무로 임명되어 나중에 취체까지 되었다.

大正券番〈金春桃〉

玄都觀裏 桃干樹ㄴ 盡是劉郎去後殘이로다
翠檻朱欄歌舞地에 兎葵燕麥[56]이 무슴일가
至今에 依舊春風面은 네가 홀로[57]

---

54) 『삼천리』 제13권 제12호, 1941.12.1.

55) 대정권번은 곧 우리나라 최초의 규약을 만들었다. 최고 우두머리를 1번수라고 불렀고, 주모선배가 여기에 취임했다. 1번수 밑에 2번수와 3번수가 있었고 그 다음은 나이와 연조에 따라 선후배의 위계질서가 정연했다. 이때 서로 부르는 호칭도 꽤 까다로워 한 살 위면 언니(평양서는 형애)라고 불렀고 두 살 위면 형님, 5년 위 쯤 되면 아주머니라고 불렀다. 이난향(1971), 明月館(5회)『남기고 싶은 이야기들』 중앙일보, 1971. 1. 6. 5면.

56) "새삼과 귀리"『唐書』「劉禹錫傳」

57) 青柳網太郎, 『朝鮮美人寶鑑』, 朝鮮研究會, (民俗苑 1985년 復刊), 1918.

唐나라 劉禹錫이 朗州에 左遷되었다가 후에 용서받아 京師에 돌아와 '玄都觀詩' 한 수를 지었는데, 讒臣이 "이 시는 當路의 諸公을 비방하였다."고 讒訴하여 우석이 또다시 播州에 쫓겨간 고사를 들고 있다. 봄바람에 노래와 춤을 추는 그곳에는 새삼과 귀리가 무슨 일 인가하면서 지금 네가 홀로 봄바람에 고운 얼굴은 변함이 없구나 노래한다. '새삼과 귀리'는 野草와 野麥으로, 가슴 아픈 황량한 정경을 말할 때 쓰는 표현이다. 劉禹錫의 '再遊玄都觀絕句' 해설에 "지금 14년 만에 다시 현도를 거닐어 보니, 옛날 도사가 심었다는 仙桃 나무는 한 그루도 남아 있지 않고, 오직 토규와 연맥만이 봄바람에 고운 얼굴, 흔들리고 있을 따름이었다."라는 구절에서 비롯된 것이다. 김춘도의 妓名과 현도관시의 桃樹를 중의법으로 비유하는 셈이다.

기생 김추월은 대구출신으로 당시 22세로 대정권번에 2번수 기생으로 알려져 있다. 기예는 시조, 서남잡가의 경사거리, 좌창, 입창 등에 능통하였다. 대구에서 생장하여 경성으로 올라와 대정권번에 들어왔다. 큰 키에 눈은 가늘며 윤택하며 흰 살빛은 옥을 깎아내듯 하고, 평소 성격도 진심 가득하며 목소리가 맑고 아름다웠다. 기생 김춘도를 이어서 취체에 올랐다.

大正券番 〈金秋月〉

鶴鳴山上 上峰에 秋月이 놉헛고나
張良의 六孔簫는 八千健兒 울니더니
至今에 너의 三寸短舌은 大丈夫를[58)]

58) 青柳網太郎,『朝鮮美人寶鑑』, 朝鮮研究會,(民俗苑 1985년 復刊), 1918.

중국 한나라 巴蜀의 학명산 꼭대기에 가을 달은 높이 뜨고, 한나라 장량의 퉁소는 항우의 8천 용사를 울리더니 지금은 너의 작은 혀는 대장부를 울린다고 노래한다. 여기서 秋月은 妓名이면서 가을 달로 중의법의 좋은 예가 된다.

기생 오소홍은 평양출신으로 당시 27세로 대정권번에 3번수 기생으로 보인다. 기예는 시조, 서도잡가, 장삼무 등으로 소개되어 있다. 밝은 달 같은 얼굴과 백설의 피부, 옥을 부수는 듯한 목소리, 그리고 작은 체구에 운치가 있어 교제를 잘하여 인기가 많았다. 당대 명기명창으로 알려져 있고 좌창과 입창에는 독보적이었다.

大正券番 〈吳小紅〉

長春之館 太華亭에 부르너니 小紅일다
歌聲은 金鐵鳴이오 言語는 銀河流라
알게라 墻花一任人人折이라 그래 小紅[59)]

이 시조를 보면, 장안의 유명한 요릿집 장춘관의 태화정에 부르니 소홍이니 노랫소리는 단단하게 울리고, 말은 은하수가 흐르는 듯하네. 노류장화(路柳墻花)를 사람마다 꺾어 보니, 소홍이라는 것을 안다는 표현이 돋보인다. 시에서 등장한 요릿집 장춘관(長春館)의 대표는 이종구(李鍾九)였는데, 1918년 5월 24일 명월관이 화재로 소실되자 명월관(明月館)을 인수하여 지금의 피카디리극장 자리에 명월관으로 장춘관의 상호를 바꾸었다. 기생 오소

59) 靑柳網太郎,『朝鮮美人寶鑑』, 朝鮮硏究會, (民俗苑 1985년 復刊), 1918.

홍(吳小紅)에 대한 일화는 지금도 회자된다. 1931년 음력 정월 초하룻날에 손님으로 자신을 찾아온 학생을 호되게 타일러 보낸 일이 있을 정도였다.[60)] 이 일을 두고 당시 사람들은 학생도 가엾지만 기생도 꽤 맹랑하다고 평가하였다. 학생들의 풍기가 문란해져 가던 그 시대에는 생각이 깨어있는 기생의 종아리채라도 아쉬웠던 모양이다.

기생 이난향(李蘭香, 1900~1979)은 평양출신으로 당시 19세이었다. 기예는 노래, 가사, 시조, 경서잡가, 양금, 검무, 승무, 정재48종무, 서양무도, 내지무, 삼미선 등 춤의 몸짓이 절묘하여 유명하였다. 중키에 가는 허리에 외모가 돋보였으며 10세에 교방에 들어와 13세에 권번으로 옮겼으며 총무, 취체 등을 역임하였다. 거의 모든 가무에 능하여 동서양의 춤과 일본의 전통 현악기 샤미센을 다룰 줄도 알아 거기에 맞추어 가무를 할 수 있었던 점은 조선 명기 중에서도 특별한 경우였다.

大正券番 〈李蘭香〉

李花穠艶春風面이오 蘭質輕纖曉雨身이라
歌曲은 牙牙香이오 舞襪은 步步香이로다
아마도 眞蘭眞香은 너뿐인가[61)]

60) '당신이 내 집을 찾아준 것은 고마운 일이나, 보아하니 아직 학생의 몸이요, 또 오늘이 정월 초하룻날이니 조상의 차례도 있을 테고 조부, 형, 친구에게 세배갈 곳도 있겠고 다른 사람들은 초하루라도 학교에 다들 가는데 나 같은 기생집으로 놀러왔으니, 당신은 학교로 치면 규칙을 위반한 학생이고 가정으로 치면 불효한 사람이다. 내가 비록 기생이지만 아마 나이는 당신에 비하면 누이 벌은 되고 내 조카 동생도 당신과 같은 학생이니 학부형벌도 되는 터라 특별히 말하는 것이니 어서 가서 공부나 잘하시오. 만일, 가지 않는다면 나는 기생이란 신분을 떠나 한 학부형으로 또는 누이로서 당신의 종아리를 때리겠다.' 『별건곤』 제41호 1931.7.1 「靑燈凉話」

61) 靑柳網太郎, 『朝鮮美人寶鑑』, 朝鮮硏究會(民俗苑 1985년 復刊), 1918.

봄바람에 고운 얼굴은 자두꽃이 무성하듯 하고, 새벽녘에 내리는 비처럼 몸은 가늘고 가벼우니 난초의 바탕이네. 가곡에는 옹알거리듯 향이 나고 춤추는 버선에서는 걸음걸음마다 향이 나니, 진짜 난초와 향기는 이난향이라고 노래한다. 난향(蘭香)이라는 기명(妓名)과 난초(蘭草)의 향기(香氣)를 중의법으로 비유하여 기존의 시조 형식을 패러디로 형상화한다.

이난향의 본명은 이선비(李仙妃)로 1남 3녀 중의 막내로 태어났으며, 부친이 座首 벼슬이었기 때문에 집안 살림이 넉넉한 편이었다. 그러나 물산 객주업을 하다 실패하자 집안이 기울었고, 오빠와 언니들이 모두 결혼한 후 모친은 그녀를 의지해 살기 위해 12살에 기생양성소라고 볼 수 있는 평양의 이름난 노래서재에 보냈다. 이것이 그녀가 기생으로서 첫발을 딛게 된 동기였다. 13세에 상경하여 다동기생조합 소속의 기생이 되는데, 순종 임금 앞에서 진연(進宴)에 참여한다. 그 후 대정권번이 만들어지고 하규일에 의해 다양한 기예를 연마하게 된다. 1923년 조선물산공진회에서 '사람찾기'라는 여흥 순서의 주인공이 되기도 하였다. 이난향은 1970년 12월~1971년 1월까지 총 21회분 「명월관」이란 제목의 연재물을 『중앙일보-남기고 싶은 이야기』에 게재하여 당시 상황을 회고 형식으로 술회하였다.

『조선미인보감』의 기생을 소개한 시조는 대정권번만을 한정되어 창작되었다. 다른 권번의 경우는 짧은 국문가사, 한시로 소속 기생을 소개한다. 이를 미루어 보면, 권번별로 취재 담당한 경성신문사의 기자들의 향유하던 문학적 선호에 의해 표현 방식이 다르다. 기생을 소개한 시조 12수는 기생 중에 기예(妓藝)의 특기가 바로 '시조'인 명기(名妓)들 중심이다.

또한 『조선미인보감』의 기생을 소개하는 시조는 마치 『춘향가』의 '기생점

〈표 4〉 권번의 기생을 소개하는 시조

번호	성명	시조	나이	출신	특기	당시 직책
1	金春桃	玄都觀裏 桃千樹는 盡是劉郎去後殘이로다/ 翠檻朱欄歌舞地에 兔葵燕麥이 무숨일가 /至今에 依舊春風面은 네가 홀로	25	평양	시조	행수기생
2	金秋月	鶴鳴山上 上峰에 秋月이 놉헛고나/張良의 六孔簫는 八千健兒 울니더니/至今에 너의 三寸短舌은 大丈夫를	22	대구	시조	취체
3	吳小紅	長春之館 太華亭에 부르너니 小紅일다/歌聲은 金鐵鳴이오 言語는 銀河流라/알게라 墻花一任人人折이라 그래 小紅	23	평양	시조	사군자
4	金明玉	山見金剛更無山이오 水見黃河難爲水로다/無窮黃河三千里오 歌盡金剛萬二峰이라/아마도 歌舞界金剛黃河는 金明玉인가	27	평양	시조	일본진출
5	金翠紅	綾羅島萬條柳는 너의 前生이오 錦繡峰爛熳花는 너의 後身이라/너의 歌聲은 大同江 가을은 汪洋하고 너의 性情은 愛蓮堂이 참볏이 따뜻ᄒᆞ도다/아마도 西京千古風流業寃은 金翠紅인가	22	평양	시조	중역
6	李眞紅	李夫人가는 허리 楊太眞고은 태도라/清歌妙舞는 紅拂妓를 兼ᄒᆞ엿구나/알거라 三家의 換化空身이 모여서 李眞紅인가	26	평양	시조	총무
7	李蘭香	李花穠艶春風面이오 蘭質輕纖曉雨身이라/歌曲은 牙牙香이오 舞襪은 步步香이로다/아마도 眞蘭眞香은 너뿐인가	19	평양	시조	취체
8	朱鶴仙	朱唇淺破櫻ᄒᆞ니 一笑直千金이라/鷄中鶴酒中仙은 文章豪傑일넛더니/至今에 舞鶴歌中仙은 너안인가	19	평양	시조	
9	崔蟾紅	山崔嵬 樓崔嵬 樹崔嵬ᄒᆞ니 一輪金蟾 萬種紅愁로다/雲鴻雪兔는 蟾紅之舞蹈오 泣麟悲鳳은 蟾紅之琴歌로다/두어라 蟾難長夜月 紅無十日花이니 절며놀까	28	평양	시조	
10	李桂香	歌舞試場中에 丹桂를 誰先折인고/허리는 垂楊이오 소리는 玉簫로다/아마도 今日探花郎은 李桂香이지	21	평양	시조	총무
11	金眞紅	大同江이 긴다ᄒᆞᆫ들 眞紅의 情만ᄒᆞ랴/鳳凰山이 놉다ᄒᆞᆫ들 眞紅의 恨만ᄒᆞ리/아마도 多情多恨ᄒᆞᆫ 美人은 金眞紅인가	20	평양	시조	명창
12	丁琴竹	慇懃夜雨琴이오 灑落秋山竹이라/鳳凰은 안니오고 白頭吟이 무숨일고 /뉘라셔 司馬長卿을 丈夫라던가	21	대구	시조	총무 / 바둑

고(妓生點考)'[62] 대목을 떠오르게 한다. '기생점고'은 '春香 잡으러 가는 대목'과 같은 희극적(喜劇的)인 노래로, 이도령과 춘향의 '사랑가' 만큼 대중에게 인기가 많다. 기생점고의 형식과 내용이 『조선미인보감』의 기생을 소개하는 부분과 상통하는 면을 지적할 수 있다. 『조선미인보감』은 사실상 요릿집마다에 비치해놓고, 손님이 기생의 프로필을 선택하게끔 제공되는 '草日記'의 자료책자인 셈이다. 미리 예약해야 하는 名妓가 아닌 경우에는 거의 모든 기생이 손님의 호명을 기다린다.

4. '권번시조' 유형에 대한 가능성

앞서 언급한 바와 같이, 『조선미인보감』의 시조 창작자는 미상이지만, 당시 경성신문사의 기자들이었을 것이다. 평양의 기성권번에서 발행된 교과서 『가곡보감』은 시조의 향유층, 즉 기생을 대상으로 창작하거나 학습의 대상이 된다는 점에서 『조선미인보감』과 함께 논의가 가능하다. 『가곡보감』은 수록된 시조 276수 작품에 악보 표시가 없는데도 불구하고 주로 음악적 접근이 중심이었다. 권번 소속의 기생도 손님과의 풍류에 동석해 시조를 부르고 짓는 재주를 갖추기 위해 시조창을 배워야 했기에 교재, 즉 가집이 필요했

62) 『춘향가』 (기생점고대목)(진양조) 행수기생 월선이~ 월선이가 들어온다/월선이라하는 기생은 기생중에는 일향순인데/점고를 마칠 양으로 아장아장 이긋거려서 예~등대나오/점고를 맞더니만 좌보진퇴 물러간다무후동산에 명월이 명월이가 들어온다/몸을정히 단장하고 아장아장 이긋거려서 얘~등대나오/점고를 맞더니만 우보진퇴 물러간다 (중중모리)"조운모우 양대선이, 우선옥이 춘홍이, "사군불견 발월이! 독자유황려 금선이 어주축수에 도홍이 왔느냐/"예, 등대 허였소!"(이하 생략) 최동현·최혜진 저, 『교주본 춘향가1』, 민속원 2005. 참조

다. 그렇다면 일제강점기에 발행된『조선미인보감』의 창작시조 22수와『가곡보감』의 시조 276수는 '권번시조'를 유형 설정이 가능하다고 여겨진다. 또한『조선미인보감』에서 창작된 시조와 더불어 가사를 '권번가사'로 명명할 수 있지 않을까 한다.[63)]

권번시조 중에 권번을 소개하는 창작 시조는 문답의 전형적인 대구 형식으로 영원히 번창하리라는 기원을 담고 있다. 또한 모란화, 국화, 월계화, 해당화, 백화 등과 권번들을 환유하는 표현의 비유 방식이 특징이다. 이 시조는 당시 시가 작가들이 전문적인 문인이 아니라, 일반 지식인들의 작품처럼 비전문적이다. 권번의 기생을 소개하는 창작시조의 특징은 기명(妓名)을 시어(詩語)로 환유하거나 중의적인 비유법을 즐겨 사용한다. 그러면서도 조선 전기에 형성된 시조의 원래 형태들을 최대한 유지하고 일제강점기의 시대적 성격을 상응하는 권번을 소개하는 창작의 시조를 확인했다. 당시 일제강점기 '기독교시조'를 명명하듯이 '권번시조'도 가능하다고 여겨진다.[64)] 이러한 일제강점기 권번시조의 특성을 살피는 연구는 시조문학사와 한국문학사의 보완을 위하여 의미가 있다.

---

63) 총 611수의 가사를 포함하면 일제강점기에서 가사의 풍부한 창작 작품군이 될 것이다. 개화기 가사의 하위 장르인 동학가사, 의병가사, 개화가사, 우국가사, 규방가사 등에서『조선미인보감』의 창작된 가사는 '권번가사'로 설정할 수 있다고 본다.

64) "장정심이 1933년에 낸『주(主)의 승리』, 1939년에 낸『금선(琴線)』에서의 시조는 기독교시조까지 보탠 데 의의가 있다 할지 모르나, 평가할 만한 작품을 찾기 어렵다. 1935년에 나온 김희규의 시조집『님의 심금(心琴)』은 구식의 유행을 따르는 습작 정도의 수준에 머물렀다. 오신혜는 시조시인으로 이병기의 추천을 받고 등장해 시조집『망양정(望洋亭)』을 1940년에 냈는데, 보드랍고 아름다운 느낌을 찾다가 찬송가 비슷한 기독교시조로 기울어졌다." 조동일(1994),『제3판 한국문학통사5』, 지식산업사, 304-305쪽.

기생 「康春紅小傳」 연구

1. 문제 제기

일제강점기 1925년에 발간된 딱지본 소설 李海朝의 『女의 鬼 康明花實記 下』에는 부록으로 기생이야기 「康春紅小傳」, 「李花蓮小傳」 등 2편이 함께 게재되어 있다. 왜 부록에 '小傳' 형식이 있을까? 또한 이 작품의 존재는 어떻게 파악해야 하는가? 이에 대한 문제 제기를 하고자 하는 데 이 글의 목적을 둔다. 「康春紅小傳」의 주인공, 기생 康春紅은 실존 인물이다. 『女의 鬼 康明花實記 下』 부록에 수록되어 있는 「康春紅小傳」은 '小傳' 형식으로 일제강점기 권번기생의 이야기이다.[1]

구활자본, 즉 딱지본은 1923년부터 新文館에서 주로 문고본으로 발행된 값이 싼 소설책들을 말한다. 납활자를 사용한 조판 인쇄는 공정이 매우 빠르고 비용이 저렴하게 들었기 때문에 18, 19세기에 유통되었던 고소설의 방각본 출판과 貰册業에 비해 현저하게 신속하면서도 폭넓은 소설의 보

1) 신현규(2012), 「『女의 鬼 康明花實記 下』(1925) 부록 妓生의 小傳 연구」, 『근대서지』6호.

급·유통을 이루어지게 하였다. 이러한 딱지본으로서 新小說 등이 함께 인쇄 발간되었던 것이다. 신소설은 물론 딱지본 인쇄의 출현과 거의 때를 같이한 개인 창작적인 작품들이니 이런 점이 문학적으로는 고전 소설들과 크게 다른 바가 있는 것이다. 또 이 시기에 새삼 고전 소설의 양식을 취하여 제작한 약간의 작품들이 있었다. 이 때문에 '딱지본'하면 대개 구활판본 고전 소설과 신소설, 이 두 문학의 저작물을 뜻하게 된다.[2)]

'傳'은 사람의 일생을 있었던 사실에 따라서 서술하는 한문학의 한 갈래로서 오랜 내력과 뚜렷한 위치를 갖춘 양식이다.[3)] '전'은 소설과 달리 역사상 가장 비상한 것만을 간명한 언어로 다룬다. 주인공의 행적 중에서 가장 비상했던 사실만이 간명한 문체로 서술되므로 사적이 없거나 비상한 최후가 아니라면, 말년의 모습이나 죽음까지도 생략될 수 있다. 곧 '전'의 구성은 한 인간의 시작부터 끝까지를 서술한 것이 아니라, 전해야 할 사건만 간결한 문체로 다룬 것이다.[4)] '전'이란 어떤 문체의 글인가 하는 문제는 徐師曾

2) 그 딱지본 출간이 가장 번성하던 때를 1915년경부터 1926년경까지로 보면 불과 10년 내외의 동안이었다. 이 딱지본이 나오던 시대는 日帝의 탄압과 수탈이 아주 심한 때였다. 우리나라 문학의 발전상으로나 경제의 사정상으로나 다 같이 비참한 受難의 시기였다. 특히 딱지본의 제작 출판에 있어서는 당시 總督府警務局의 엄격한 검열을 받았었는데 그 가혹한 자국들이 現存 국립중앙도서관본들 속에 보이고 있다. 빈번한 판권의 移動, 합자적 공동 출판, 작품의 縮刷 또는 增面 등 이러한 일련의 사실은 당시 우리나라 출판물에 대한 日帝의 탄압이 얼마나 가혹하였는가를 보여 주는 좋은 증좌가 될 것이다.

3) "이 개연으로서의 허구성은 기록자가 史官이 아닌 문인이나 일반인의 손으로 넘어오면서 국문 표기의 경우에는 '전'을 빙자한 본격적 소설로 비약하기도 하지만, 한문표기의 경우 양식에 따라 정도 차가 있기는 하나 사실성을 유지한 상태에서 허구성을 확대한다. 이때에 '전'은 야담형식과 교차하며 상호보완의 관련을 맺는 것이다." 성기동(1993), 『조선후기야담연구』, 중앙대 박사논문, 64-65쪽.

4) 허경진(1988), 「19세기에 엮어진 세 권의 평민전기집」, 『조선조 후기문학과 실학사상』, 정음사, 317-320쪽.

의『文體明辨』을 통하여 대체로 밝혀질 수 있다. 그 '전'의 품격을 史傳, 家傳, 托傳, 假傳 등의 네 가지로 나누었다. 薛鳳昌의『文體編』에서는 전을 史傳, 家傳, 小傳, 別傳, 外傳 등으로 각각 분류하였다. 여기서 小傳은 체재가 간략한 것을 말한다.[5] 근대 딱지본 소설에서도 이러한 '小傳'의 형식을 취하고 있는 작품을 쉽게 찾을 수 있다. 小傳이라는 명칭 때문에 인물의 일대기 중심으로 짧은 이야기로 이해된다. 즉 사람의 略歷을 簡略하게 적은 傳記인 것이다.

「康春紅小傳」은 1925년 발간된『女의 鬼 康明花實記 下』의 부록으로 실려 있다. 李解觀의『女의 鬼 康明花實記 下』는 1925년(大正 14년) 1월 18일에 발행된 소설이다.[6]『女의 鬼 康明花實記 下』는 강명화 이야기를 다룬 소설 작품의 대부분처럼 딱지본 형태를 취하고 있다. 딱지본의 경우 1920년대부터 영창서관, 회동서관, 신구서림, 세창서관 등을 중심으로 여러 판본으로 출간되었다. 이 가운데 이해조는 상편과 하편으로 나누어 강명화 사건에 얽힌 내막을 소설화한 것이다. 그는 李解觀이라는 필명으로『女의 鬼 康明花傳』과『女의 鬼 康明花實記 下』를 발표하였다. '女의 鬼 康明花實記 上'이라는 표제의 작품은 현재까지 존재하지 않으며,『女의 鬼 康明花傳』의 결말과『女의 鬼 康明花實記 下』서두가 내용상 연결된다.

---

5) "傳은 단순한 전기적 문학이라기보다는 설화나 소설과 병행하면서, 혹은 소설에 선행하면서 史傳·열전 → 고려 중기 이후의 가전체 → 조선조 한문단편 → 박지원의 傳에 이르기까지의 광범위한 시대에 걸쳐 존속된 산문서사문학 양식이라는 것이다." 신현규(1999),「朝鮮王朝實錄 列傳 형식의 卒記 試考」,『어문론집』27집, 중앙어문학회, 271-275쪽.

6) "李解觀는 李海朝(1869~1927)의 필명으로 판권지에도 적확하게 표시되어 있다. 인쇄소는 大東인쇄(주)이며 元賣所는 滙東書館이고, 分賣所는 京鄕各書鋪이다. 이를 보면 출판사는 회동서관으로 볼 수 있다." 신현규(2012),「『女의 鬼 康明花實記 下』(1925) 부록 妓生의 小傳 연구」,『근대서지』6호.

『女의 鬼 康明花傳』은 강명화의 자살과 뒤이은 장병천의 죽음에 관한 내용으로 끝나고, 『女의 鬼 康明花實記 下』는 장병천의 죽음을 둘러싼 소문에 관한 등장인물들의 대화로 시작된다. 이러한 점으로 미루어 두 작품을 상, 하편의 관계로 볼 수 있다.[7]

이해조는 소설 「康春紅小傳」에서 『女의 鬼 康明花實記 下』의 기생 강명화처럼 비극적인 사랑이야기를 찾았다고 추측된다. 「康春紅小傳」은 부록 형태이기에 小傳의 형태로 수록된 셈이다. '小傳'의 형식은 인물의 일대기 중심으로 짧은 이야기이다. 그 분량은 원고지 200자로 80장 내외로 거의 단편소설만큼 짧다. 이 부분에서 딱지본의 짧은 분량이 小傳과 밀접하다고 여겨진다.

2. 「康春紅小傳」의 실존 인물 기생 '康春紅'

「康春紅小傳」에서 주인공 강춘홍은 『조신미인보감』(1918년 발행)에 수록된 대정권번기생으로 사진과 이력이 서술되어 있다. 大正券番은 茶洞組合이 권번으로 결성된 곳으로 평양의 無夫妓들을 중심으로 기타 서울과 지방기생을 합하여 만들어졌다. 기생조합 이전에 19세기 風流房에서 歌客과 妓女는 모두 풍류계 음악의 主體者이며 동시에 享受者였다. 그러나 20세기 가객과 기녀의 관계는 풍류계 음악의 주체자가 아니며 학습장의 스승과 弟子로만 기능하게 되며, 이들의 음악은 일정한 美的 趣向을 공유하

7) 김영애(2011), 「강명화이야기의 소설적 변용」, 『한국문학이론과 비평』 제50집(15권 1호), 한국문학이론과 비평학회, 83쪽.

는 사람들에게 향수되는 것이 아니라 예술을 살 수 있는 불특정 다수가 享受者가 된다. 따라서 河圭一의 女樂分校室은 명분뿐이었다 할 수 있으며 그나마 명분만으로 이어지는 전통적인 풍류방 마지막이었다 할 수 있다.[8] 하규일의 여악분교실은 바로 大正券番의 전신이며, 추후 朝鮮券番이 된다. 그런데 1918년에 발행된『조선미인보감』은 학계의 본격적인 검토 대상이 아니었다. 지금까지『조선미인보감』은 권번기생에 대해 관심을 가질 만한 화보집일 뿐이었으며, 원본 소장은 몇몇 수집가에 의해 한정되어 있었다. 京城新聞社의 사장이었던 아오야나기 고타로(青柳綱太郎)가 발행한『조선미인보감』은 당시 시대 상황을 잘 반영하고 있는 화보 및 唱歌 자료집이다. 체재는 한쪽에 각각 2명씩의 기생 이름과 나이, 사진, 출신지와 현주소, 특기, 그리고 그 기생에 대한 짧은 평가들이 적혀 있다. 童妓의 경우에는 3명씩 수록되어, 총 605명 기녀의 신상 정보가 수록되어 있다.[9]

아래와 같이 수록된 기생들의 妓藝 부분에는 國樂[10]과 舞踊,[11] 그 밖의

---

8) "특히 河圭一에 의해 朝鮮正樂傳習所의 女樂分校室이라는 명분하에 만들어졌기에 주목된다. 하규일의 여악분교실은 안민영과 기녀의 관계와 같은 "歌客—妓女"관계의 부분적인 재현으로 볼 수 있기 때문이다." 권도희(2001),「20세기 기생의 음악사회사적 연구」,『한국음악연구』29호, 한국국악학회, 327쪽.

9) "크기가 가로 26㎝, 세로 18.5㎝의 46배판이며 총 312쪽으로, 각 권번 및 조합별 구분하여 605명의 기생 자료가 실려 있다." 신현규(2007),「조선미인보감에 수록된 창가 연구」,『우리문학연구』21집, 우리문학회, 109-137쪽.

10) 〈雜歌〉京西雜歌 京城雜歌 南道雜歌 南中雜歌 內地雜歌 西關雜歌 西南雜歌 西道雜歌 〈俚曲·俚謠·俗謠〉 關西俚曲 關中俚曲 南方俚曲 南中俚曲 西道俚謠 西方俗謠 〈창가·俚唱〉 창가 南方俚唱 立唱 坐唱 〈行歌〉 南道行歌 西道行歌 〈樂器〉 伽倻琴 楊琴 長鼓 風琴 玄琴 〈調〉 羽界面 羽調 執拍

11) 劍舞 南舞 南舞바지 南中俗舞(살풀이춤) 內地舞無山香 西洋舞蹈 僧舞 立舞 長衫舞 呈才舞 春鶯舞.

特技[12]에 관련된 내용이다.[13]

康春紅　20세
원적　　평안남도 평양부
현재　　경성부 낙원동 288

妓藝
詩調, 西道雜歌, 楊琴, 玄琴, 呈才22種舞, 西洋舞蹈

『조선미인보감』에 수록된 기생 강춘홍의 사진

아침 떠나 저녁까지 길을 가자면
산도 있고 물도 있고 평지잇도다
산과 물을 맛날 졔는 고생무진코
탄탄대로 평지되면 태평무사라

인생일세 고락생화 그와 갈해셔
이내몸이 십여세에 고초 겪을 때
늙은 조모 병든 부친 접제무로라

눈이 캄캄 앞길 아득 두셔없더니
결심하여 가무공부 사오년만에
시조잡가 양금현금 정재춤이며

「康春紅小傳」, 『女의 鬼 康明花實記 下』에 수록된 기생 강춘홍 사진(한도 많고 정도 많은 혼이 그릇 원망바다에 빠지다)

12) 歌詞 京西巨里 國語 墨畫 竝唱散調 三味線 書畵 善圍碁 隷書 風流 漢語 筭術.

13) 신현규(2007), 「조선미인보감에 수록된 창가 연구」, 『우리문학연구』 21집, 우리문학회, 109-137쪽.

풍금맞쳐 서양무도 갑종예기라

미목청수 화용월태 밉지 않아서
기생영업 하루있을 번창해지니
칠십조모 침수범절 근심없도다

生長平壤 時年二十 玉容團團 柳身纖纖 恨烟嚬月 哀猿酸鴻 俯仰今昔 孤身隻影 十四就券 椅踞總務 技能詩調 西謠 玄琴 楊琴 二十二関呈才舞 西洋舞蹈 正是 嬌嬌脉脉一枝花 滿城春雨壓殘紅[14)]

“평양에서 태어나 당년 20세 얼굴은 둥글고 고운 몸매는 가느다랗고 한이 은은한 달빛에 산홍의 슬픈 원숭이처럼 예나지금을 엎드려 세상을 굽어보고, 우러러 하늘을 쳐다보니 외로운 신세 그림자가 한 짝이네 14세 권번에 들어가 총무로 의젓하니 시조와 서도민요, 현금, 양금, 22정재무, 서양무용 등이 능하네. 아리따운 눈빛으로 은근한 정을 나타내는 한 떨기 꽃이니 널리 봄비에 붉은 꽃이 떨어져 쌓이네.”

위와 같이 『조선미인보감』의 창가에서 한문체와 국문체로 이중 구조로 표기되어 있다. 주로 개화기 가사 위주로 기생을 소개하는 창작 창가라 할 수 있다. 특히 개화기 시가, 즉 창가들은 그 시기에 진행된 사회, 문화 변동의 일환인 문체 변동과 깊은 관련이 있다. 조선왕조의 문체는 한문체와 국문체의 이중 구조로 이루어져 있었다.[15)] 강춘홍은 시조, 서도잡가에 능하였고, 양금과 현금에 뛰어난 연주자였다. 더구나 궁중춤인 정재무를 잘 추었

14) 조선연구회(2007), 『조선미인보감』, 민속원 참조.

15) 권오만(1989), 『개화기 詩歌研究』, 새문사, 12-13쪽.

고, 서양춤도 출 줄 알았던 일류 기생이었다. 『조선미인보감』에 수록된 사진과 「康春紅小傳」의 사진은 똑같은 복장에 포즈만 달리한 것으로 미루어 보면 촬영한 시기와 장소가 같지 않을까 한다.

3. 『女의 鬼 康明花實記 下』와 「康春紅小傳」의 서사구조 비교

조선시대 妓生으로 말하면 그 학습이 오직 聲樂으로 時調, 歌詞, 絃樂으로 玄琴, 伽倻琴 또 舞蹈 등에 限하였고, 雜歌나 唱劇調같은 것은 절대 禁物이었으니, 이것이 곧 妓生의 操라는 것[16]이라 하였다.

일제강점기에는 기생들이 妓籍을 두었던 조합으로 권번이 존재하였다. 檢番 또는 券班이라고도 하였는데, 조선시대에 기생을 총괄하던 妓生廳의 후신이라 할 수 있다. 또한 권번은 기생을 관리하는 업무대행사로, 등록된 기생을 요청에 따라 요릿집에 보내고 花代를 수금하는 일을 맡았다. 권번에선 매일 '草日記'라는 기생명단을 요릿집에 보내 단골손님이 아닌 사람도 기생을 부를 수 있게 했다. 물론 예약도 가능했다.[17] 기생조합에 대한 최초의 기록은 1909년 4월 1일 한성기생조합소[18]가 함경남도 文川郡의 기근

---

16) 정노식(1940), 『조선창극사』, 조선일보사, 233쪽.

17) 경성 소재 권번 → 4대권번 : 漢城券番, 大正券番, 漢南券番, 京和券番. 그밖에 평양(箕城券番, 대동권번), 부산권번(동래권번), 인천권번(소성권번, 龍洞券番), 그 밖에 대구권번, 광주권번, 남원권번, 개성권번, 함흥권번, 진주권번 등이 유명하다. 신현규(2005), 『일제강점기기생인물생활사;꽃을잡고』, 경덕출판사 참조.

18) 宋芳松(2003), 「漢城妓生組合所의 藝術社會史的 照明―大韓帝國 末期를 중심으로」, 『한국학보』 113집, 일지사 참조.

을 위로하기 위해 자선 연주회를 연다는 것이었다.[19] 한성권번은 한성기생조합이 1914년에 권번으로 바뀌면서 생겨난 곳으로 퇴역 官妓와 당시 급상경하고 있던 남도 지방의 기생들을 포괄하는 집단으로 재구성하면서 기예가 뛰어난 장안의 일류 기생들이 소속해 있었다.[20]

이해조는『女의 鬼 康明花實記 下』부록「康春紅小傳」에서 기생 강명화처럼 비극적인 사랑이야기를 찾고자 한 것으로 보인다. 이 때문에 小傳의 형태로 수록하고 있다. 앞서 언급한 바와 같이 '小傳'의 형식을 취하고 있기 때문에 인물의 일대기 중심으로 짧은 이야기로 이해된다.「康春紅小傳」의 분량은 30페이지이다. 원고지 200자로 80장 내외로 거의 단편소설만큼 짧다. 딱지본의 짧은 분량이 小傳과 밀접하다.

강춘홍은 앞서 강명화와 장병천의 관계를 연상시킬 만큼 흡사한 조건을 가졌다. 이를 서사구조로 분석하면 다음과 같다.

① 강춘홍은 평양 출신으로 조실부모하여 가난했다.
② 강춘홍은 팔순 할머니를 홀로 모시면서 대정권번기생으로 살아간다.
③ 부잣집 아들 송씨라는 남자를 만나 백년언약을 맺는다.
④ 송씨 집안의 반대로 힘들다.
⑤ 송씨는 강춘홍에게서 빌려 쓴 돈을 갚지도 않고 떠난다.
⑥ 강춘홍은 팔순 할머니의 집 한 칸도 얻지 못하는 것에 더 이상의 희망을 찾지 못한다.

---

19) 김영희(1999),「일제시대 기생조합의 춤에 대한 연구—1910년대를 중심으로」,『무용예술학연구』제3집, 한국무용예술학회, 53-54쪽.

20) 권도희(2000),「20세기 초 남도 음악인의 북진」,『소암권오성박사화갑기념논문집』, 간행위원회, 91-92쪽.

⑦ 강춘홍은 유서를 써놓고 독약으로 자살을 기도한다.

⑧ 송씨 집안에서 비로소 결혼을 허락한다.

⑨ 결국 독약을 몸에 퍼져 세상을 떠난다.

서두 부분을 보면, 강춘홍의 등장을 작가 이해조는 아래와 같이 서술하고 있다.

셕왕ᄉᆞ로 올나가ᄂᆞᆫ 어구에 길좌우로 즐비히 잇ᄂᆞᆫ집은 약물먹으러 오ᄂᆞᆫ 남녀 손님을 응졉ᄒᆞᆫ 려관들이다 그즁심큰길외인편 뎨일큰려관은 봉래여관(蓬萊旅館)이라 ᄒᆞᄂᆞᆫ곳이다 그려관마당이 매오널너 사ᄅᆞᆷ일이백명은 무려히 드러셜만ᄒᆞ다 언의날 장마끗달이 낫갓치 밝은데 그마당안으로 빽빽ᄒᆞ게 사ᄅᆞᆷ들이 느러안졋ᄂᆞᆫ데 ᄒᆞᆫ가온데 셕유통너엇던 궤짝을노코 그우에 나이이십가량쯤 되ᄂᆞᆫ 녀ᄌᆞ가 ᄒᆞᆫ손에 조히를들고 ᄒᆞᆫ손에 붓을들고 꾀고리소리갓흔 음셩으로 청즁을 대ᄒᆞ야 이러ᄒᆞᆫ연셜을 피가끌어 올나오뜻이ᄒᆞᆫ다

"져ᄂᆞᆫ 이셰상에 남ᄌᆞ가못되고 녀ᄌᆞ로 태여낫ᄂᆞᆫ데 녀ᄌᆞ즁에도 귀부인령양이 못되고 뎨일쳔ᄒᆞᆫ 화류계의 기생신분이올시다 기생의 신분으로 쥬져넘게 놉흐신 렬위청즁을 대ᄒᆞ야 무슨말ᄉᆞᆷ을 살오릿가마ᄂᆞᆫ 그윽히 일득지견(一得之見)이 잇ᄉᆞ와 외람ᄒᆞᆷ을무릅쓰고 ᄒᆞᆫ말ᄉᆞᆷ을 드리고져 ᄒᆞᆷ니다"[21]

「康春紅小傳」에서 발단 부분은 소설의 문체를 사용하고 있다. 이 대목은 강춘홍의 이야기에 전체 흐름과는 다소 별개로 떨어져 있는 장면이다. 강춘홍은 석왕사 앞에서 명연설을 한 만한 동기나 행동이 그 후에는 등장하지 않고 흐름도 끊어져 있다. 다만『女의 鬼 康明花傳』의 발단 부분에 첫

21) 李解觀(1925),「康春紅小傳」,『女의 鬼 康明花實記 下』, 회동서관, 23-24쪽.

장면이 바로 석왕사를 무대로 삼고 있기에 마치 「康春紅小傳」의 첫 장면을 일치시키고 있다.

"져ᄂᆞᆫ 이셰상에 남ᄌᆞ가못되고 녀ᄌᆞ로 태여낫ᄂᆞᆫ데 녀ᄌᆞ중에도 귀부인령양이 못되고 뎨일쳔ᄒᆞᆫ 화류계의 기생신분이올시다 기생의 신분으로 쥬져넘게 놉흐신 렬위쳥즁을 대ᄒᆞ야 무슨말ᄉᆞᆷ을 살오릿가마ᄂᆞᆫ 그으히 일득지견(一得之見) 잇ᄉᆞ와 외람ᄒᆞᆷ을무릅쓰고 ᄒᆞᆫ말ᄉᆞᆷ을 드리고져 ᄒᆞᆸ니다 셤셤옥슈로 ᄒᆞᆫ편좌셕을 가르치며 『져긔 느러안져계신 여셧분은 아까 강연ᄒᆞ실때에 다 누구이신지를 아셧실것이올시다 그분의 강연ᄒᆞ시는 말ᄉᆞᆷ을 응당자셰히 들어계시려니와 만리해외에 유학ᄒᆞ시ᄂᆞᆫ즁 하긔방학을 승시ᄒᆞ야 잠시귀국ᄒᆞ신사이에 우리일반동포의 지식이어둠을 근심ᄒᆞ사 괴로온더위의 험ᄒᆞᆫ길을 불고ᄒᆞ시고 각도각군으로 슌회강연을 ᄒᆞ시ᄂᆞᆫ일은 우리일반이 그셩의를 엇의까지감ᄉᆞ히 녁이ᄂᆞᆫ바 마참 이곳에 라ᅵ림ᄒᆞ시자 공교히 큰장마로 교통이 두졀ᄒᆞ야 예뎡ᄒᆞᆫ이외에 여러날을 류련ᄒᆞ신까닥에 박약ᄒᆞᆫ 려비가 떠러진듯ᄒᆞᆸ니다 객디에나셔 려비곳 업스면 무상ᄒᆞᆫ고초가 잇슴은 뎡ᄒᆞᆫᄉᆞ셰가 안이오닛가 그러면 져 여셧분은 우리를 위ᄒᆞ야 원로를 발셥ᄒᆞ시면셔 피를 끌여 지셩으로 슈고를 ᄒᆞ시다가 이러ᄒᆞᆫ곤경에 빠지셧거ᄂᆞᆯ 우리ᄂᆞᆫ 호강시럽게 몸편히 명산대쳔에 노리삼아 와잇스며 그런분의 동졍을 안이ᄒᆞ야 드리면 엇지인류라고 ᄒᆞ겟소 우리ᄂᆞᆫ 행탁의 려비를 기우리어셔라도 우리를위ᄒᆞ야 다니시다 곤욕즁에 계신 여셧분의 행ᄌᆞ를 십분일이라도 보조ᄒᆞᄂᆞᆫ 것이ᄉᆞ톄에 당연ᄒᆞᆫ줄로 생각ᄒᆞ고 당돌히 언단에 올나와 두어마데 진슐ᄒᆞᆸ니다 본언을 기생 강춘홍이온데 약소ᄒᆞᆫ 붓그럼을 무릅쓰고 오원금을 밧침니다."[22]

22) 李解觀(1925), 「康春紅小傳」, 『女의 鬼 康明花實記 下』, 회동서관, 86-87쪽.

작자 이해조는 석왕사에서 연설하는 강춘홍을 서술하면서 기생에 대한 당시 인식을 적확하게 지적하고 있다. 강춘홍은 이 세상에 남자 아닌 여자로 태어나서 귀부인도 못 되고 제일 천한 화류계의 기생 신분이라 소개한다. 그럼에도 불구하고 기생의 신분으로 석왕사에서 청중을 대하여 외람됨을 이겨내어 "저기 늘어 앉아계신 여섯 분은 해외에 유학하던 중 하기방학에 잠시 귀국한 분들로 전국 방방곡곡 순회강연을 하시니 그 성의를 감사히 여겨야 합니다. 마침 이곳에 왔지만 큰 장마로 교통이 두절되어 예상 밖에 여러 날을 머물러 여비가 떨어진 듯하니 이분들을 위하여 일부 여행비를 보조하였으면 합니다. 이에 저는 기생이지만 약소하지만 오 원을 받칩니다." 고 할 정도로 장한 연설을 한다.

본래 셤셤약질도 밤을 낫삼아 노름을 밧아 도라단이노라니 ᄌᆞ연 시톄가 건강치못ᄒᆞ야 여러졔의 약을 지어가지고 셕왕ᄉᆞ로 내려와 약도먹고 약물도 먹으며 얼마가 한양을ᄒᆞ고 잇ᄂᆞᆫ즁 슌회강연ᄒᆞᄂᆞᆫ 유학생들이 큰장마에 교통이 두졀되야 려비곤난 당ᄒᆞᆷ을 보고 그와갓치 아름다온일을 ᄒᆞᆫ것이라[23)]

강춘홍은 본래 병약해서 밤을 낮으로 삼아 노름을 받아 돌아다녀 자연 건강을 잃어 약을 지어서 석왕사로 내려온 것이다. 강춘홍은 요양을 하던 중에 순회 강연하는 유학생들이 큰 장마에 교통이 두절되어 부족한 여비로 곤란함을 당하는 것을 보고 이와 같이 아름다운 일을 하였다. 당시 이러한 아름다운 일을 할 정도로 의식 있는 기생이었다.

---

23) 李解觀(1925),「康春紅小傳」『女의 鬼 康明花實記 下』, 회동서관, 86-87쪽.

모교근쳐에 사ᄂᆞᆫ 엇던부ᄌᆞ의 아ᄃᆞᆯ이 츈홍을보고 마ᄋᆞᆷ을 기우려 차자단이게 되얏다 그쟈의 셩은 숑가인데 자긔부모가 재산을 꽉쥐고 내여쥬지안이ᄒᆞ닛가 제마음대로쓸슈업고 속담과갓치 건등이 달아셔 애만 부등부등쓴다 그위인이 과히불사ᄒᆞ지 안이ᄒᆞ야 여범인동 ᄒᆞᆯ뿐안이라 재산이 넉넉ᄒᆞᆫ집 ᄌᆞ식이닛가 아즉은 옹석이ᄒᆞ야도 후일에ᄂᆞᆫ 남불찌안이케 살자격이어니 십은 츈홍의마ᄋᆞᆷ은 로류장화가 소원이 안이닛가 결십ᄒᆞ고 송씨와 백년가약 맷기를 피ᄎᆞ의론이 되얏다[24)]

송씨는 강춘홍을 보고 마음을 기울여 찾아다니게 되었다. 송씨는 자기 부모가 재산을 꽉 쥐고 내어 주지 않아서 제 마음대로 쓸 수 없었다. 그럼에도 불구하고 강춘홍은 기생이기에 부잣집 아들 송씨라는 남자와 백년언약을 맺는다.

송씨ᄂᆞᆫ 츈홍의조모를 향ᄒᆞ야 빗이얼마나되ᄂᆞᆫ지 제가 다 청장ᄒᆞ야 쥴것이니 츈홍은 ᄌᆞ긔가 데려다가 살님을 ᄒᆞ겟다고 흿떠온 표장을ᄒᆞ니 츈홍의조모ᄂᆞᆫ 년긔가 팔슌로인으로 츈홍을 집행이삼아 의지ᄒᆞ고 잇다가 그말을드르니 가ᄉᆞᆷ이 션뜻ᄒᆞ기ᄂᆞᆫ ᄒᆞ나 춘홍의신분을 생각ᄒᆞᆫ즉 기생이라ᄂᆞᆫ것이때가잇셔 한때 손을 넘기면 졸연히 드러안기 어려온법이라 셔슴지안이ᄒᆞ고 허락ᄒᆞᄂᆞᆫ말이다[25)]

송씨와 백년언약의 조건은 강춘홍의 조모를 책임을 진다고 하였기에, 조모에게 허락을 받는다. 송씨는 춘홍의 조모에게 빚이 얼마나 되는지 제가 다 청산하여 줄 것이라 호언장담을 한다. 다만 춘홍은 자기가 데려다가 살

24) 李解觀(1925),「康春紅小傳」『女의 鬼 康明花實記 下』, 회동서관, 86-87쪽.

25) 李解觀(1925),「康春紅小傳」『女의 鬼 康明花實記 下』, 회동서관, 86-87쪽.

림을 하겠다고 하여 춘홍의 조모는 팔순 노인으로 춘홍을 지팡이 삼아 의지하고 있었으므로 참 서운하였다. 그러나 춘홍의 신분이 기생이기에 때가 있어 한때 기회를 넘기면 다시 만나기가 어렵다는 것을 알아 서슴지 아니하고 허락했던 것이다.

『일쳔ᄉᆞ백원빗이 만치도안이ᄒᆞᆷ이라 손셔가되야셔 그만것이야 두말ᄒᆞᆯ것 잇슴 닛가 당연히 갑하드리지오마는 당신알으시ᄂᆞᆫ바와갓치 내가 충충시하 올시다 아모어룬이시기로 ᄌᆞ식이 기생복첩ᄒᆞ라고 얼ᄂᆞᆫ돈을 쥬실 리가 잇슴 닛가 래일이라도 져ᄉᆞᄅᆞᆷ의 구실을 나와살기로 확뎡이되오면 두어달후에ᄂᆞᆫ 그돈을 다갑ᄒᆞ드리지오 그말을들은 홍의 조모ᄂᆞᆫ ᄉᆞ세가 그러ᄒᆞᆯ뜻ᄒᆞ야 역시 허락ᄒᆞ고 그날로 권반에 보내여 츈홍의 일홈을 기안에 졔거케ᄒᆞ고 다시ᄂᆞᆫ 외인교졔를 안이식이니 츈홍은 두말ᄒᆞᆯ것업시 송씨의 가속이 되얏다 츌가외 인이라니 춘홍이와 송씨사이에 긔위 백년언약을 맷졋스니 친가에잇슬 필요가 업슨즉 별로집을 배치ᄒᆞ고 데려가거나 큰집으로 드러가 한집에셔 아즉지내게ᄒᆞ야 달나ᄂᆞᆫ 춘홍의 청구도잇스려니와 그조모도 지제지삼 말을ᄒᆞ얏다 그조모의 어셔춘홍을 데려가라ᄂᆞᆫ 것은 내용인즉 실상 돈재촉ᄒᆞᄂᆞᆫ것쯤 되얏다 엄부시하에 일푼젼도 제자유로 쓰기어려온 송씨마ᄋᆞᆷ에 굼젼일관은 어룬압헤 감히 게구ᄒᆞ야 볼슈ᄂᆞᆫ업고 위션 졔집으로 춘홍을 데려다노코 차차엇더케 조쳐ᄒᆞᆯ 생각으로 잠시져의어머니의게 속여 말을고ᄒᆞ얏던 것이다[26]

당시 기생을 첩으로 들이는 것을 떼들인다고 하였다. 강춘홍이 갚아야 할 빚은 일천사백원이었다. 이를 송씨는 아직 집안의 재산을 쓸 수 없으니

26) 李解觀(1925),「康春紅小傳」『女의 鬼 康明花實記 下』, 회동서관, 86-87쪽.

우선 내일이라도 살림을 차리고 두어 달 후에는 그 돈을 다 갚아주기로 하였다. 그 말을 믿고 춘홍의 조모는 허락하고 그날로 권번에 보내어 춘홍의 이름을 妓案, 즉 기생호적에 제거하여 송씨의 첩이 되었다. 하지만 송씨는 우선 자기 집으로 춘홍을 데려다놓고 점차 어떻게 조처할 생각으로 잠시 자기 어머니에게 속여 말을 하였던 것이다. 결국 송씨는 약속을 못 지키고 떠나버린다.

『네가 무슨팔ᄌᆞ를 이갓치망칙ᄒᆞ게 타고나셔 어려셔 부모를 여의고 홀로 계신 한머니슬하에셔 자라나 남과갓치 륙례를 갓초아 싀집을 못가고 기생으로츌신을 ᄒᆞ얏스며 기위기생이 되얏스니 이십젼에 가합ᄒᆞᆫ남편을 만나 드러안졋스면 비록 청실행실느리고 귀밋머리를 맛풀지는 못ᄒᆞ얏스나 유ᄌᆞ생녀ᄒᆞ야 자미잇는 셰상살이를 ᄒᆞ야보앗슬터인데 나이 이십세셰가 넘도록죽기보다도 실인 노름바지를 ᄒᆞ다가 쳔신만고ᄒᆞ야 만난ᄉᆞᄅᆞᆷ이라셔 리씨갓치 매몰무졍ᄒᆞ야 도젹이보다 더ᄒᆞᆫ인물 안이면 송씨갓치 무능력쟈로 내몸하나 물에 빠진 것을 건지지못ᄒᆞ는 자격이니 이런긔맥히고 피토ᄒᆞᆯ일이 다시어듸잇나』[27]

기생의 불행한 인생은 강춘홍에게도 서슴없이 다가오게 된다. 무슨 팔자가 기구하게 타고나 어려서 부모를 여의고 할머니 슬하에서 시집도 못 가고 기생이 되었다. 남들과 같이 사랑하는 남편을 만나 자식을 낳고 재미있는 세상살이를 하였을 텐데 스무 살이 넘도록 죽기보다도 싫은 화류생활을 하다가 천신만고 만난 사람이라서 매몰 무정하여 도적보다 더한 인물 아니면

27) 李解觀(1925),「康春紅小傳」,『女의 鬼 康明花實記 下』, 회동서관, 86-87쪽.

송씨 같이 무능력자로 내 몸 하나 물에 빠진 것을 건지지 못하는 자격이니 이런 기가 막히고 피를 토할 일이 다시 어디 있냐고 한탄한다.

이처럼 이해조는『女의 鬼 康明花實記 下』결말 부분에 제3자를 등장시켜 소설에 개입하여 추도회를 연다. 제1위로 강명화를 내세운다. 서술은 간단한 小傳형식으로 강명화의 일대기를 요약한다.[28]

강명화는 평양태생으로 가난한 집에서 태어나 고초를 많이 겪다가 그 부모 때문에 가무를 배워 기생의 길을 걷는다. 17세에 경성으로 올라와 서도 출신들이 모인 대정권번기생이 된다. 그러나 기생놀음이 가족의 생활을 위해 여러 해 동안 지속되면서, 강명화의 마음은 즐겁지 않았다. 마침 눈에 들고 뜻의 맞는 대구 부호의 아들 장병천을 만나 백 년 살기로 언약을 맺는다. 모진 여러 풍파로 손가락을 끊어버리고 단발한 것은 널리 알려졌다. 이처럼 연인과 만난 후로 만고풍상을 모두 겪어가며 그 시아버지 장길상(張吉相, 1874~1936)[29]의 용납함을 얻어 재미있는 가정을 이루기를 기원했다. 그러

---

28) "한녀ᄌᆞ가 연단에 놉히 올나셔더니 긔초ᄒᆞᆫ것을 손에펴들고 망인들의 략력을진술ᄒᆞᆫ다 오늘 츄도회ᄂᆞᆫ 뎌긔걸닌 사진의본신셰사ᄅᆞᆷ을위ᄒᆞ야 열닌것이올시다 뎌사진의뎨일위ᄂᆞᆫ 고강명화씨올시다 명화ᄂᆞᆫ 평양태생으로 빈가에셔 생장ᄒᆞ야 고초를 만히격다가 그부모의지도로 가무를 공부ᄒᆞᆫ후 십칠셰에 경셩으로올나와 대졍권반기생이 되얏습니다 그런데 이사ᄅᆞᆷ의 쥬심은 숑구영신ᄒᆞᄂᆞᆫ것이 온당치 안인바도알지마는 부모동긔의 생활을 위ᄒᆞ야 여러해동안 그마ᄋᆞᆷ의 즐겁지 안인노릇을 ᄒᆞ다가 눈에들고 뜻의 맛는 장병텬씨를맛나 백년살기로 언약을 매젓습니다 즁간풍파로 단지ᄒᆞ고 단발ᄒᆞᆫ 것은 다아실뜻ᄒᆞ오니 고만둡니다마ᄂᆞᆫ 일ᄌᆞ 장씨와 맛ᄂᆞᆫ후로 만고풍상을 모다격거가며 그 부의 용납ᄒᆞᆷ을엇어 자미잇ᄂᆞᆫ가뎡을 이루워 볼까 ᄒᆞ다가 필경은 셩취치못ᄒᆞᆷ에 락망이되야 그매친마ᄋᆞᆷ을 인해풀지 못ᄒᆞ고 온양온졍에셔 신셰ᄌᆞ탄가ᄒᆞᆫ 마듸에 마쥬막길을 떠나갓습니다." 李解觀(1925),「康春紅小傳」『女의 鬼 康明花實記 下』, 회동서관, 86-87쪽.

29) "장길상(張吉相, 1874~1936)은 조선의 문신이며 일제강점기의 사업가이다. 자는 치상(致祥)이고 호는 황재(黃齋)이다. 여헌 장현광의 후손. 형조판서 장석용의 손자이며 관찰사를 지낸 장승원의 아들이다. 장직상, 장택상의 형이다. 대한제국 고종 때 사마에 합격하고 규장각 직각을 역임했다. 장길상과 그의 형제들은 1912년 대구의 일본인 자본가들이 선남상업

나 성취되지 못함에 절망으로 빠져 그 맺힌 마음을 인해 풀지 못하게 되었다. 결국 온양온천에서 신세 자탄가 한 마디에 마지막 길을 떠나갔다.

『女의 鬼 康明花實記 下』 결말 부분에 이어서 추도회를 연다. 제2위로 강춘홍을 내세워 간단한 小傳형식으로 일대기를 아래와 같이 서술한다.

> 뎨이위ᄂᆞᆫ 고강츈홍씨올시다 츈홍은경셩태생이나 그부모ᄂᆞᆫ 평양사ᄅᆞᆷ인고로 남들이반평양집이라ᄒᆞ얏습이다 일즉이 부모가쌍망ᄒᆞ고 그팔십조모의실하에셔 자라낫습니다 그조모가 츈홍을 애지즁지 길너내여 기생에 너엇습니다 셤셤약질이 권반에 단이며 노래부르기츔츄기를 공부ᄒᆞ노라고 병도여러차례낫습니다 원래 총명ᄒᆞᆫ 자품이라 능치안인 것이 업슴으로 언의 노름에 빠진 젹이업셔셔 영업을 잘햇다고 ᄒᆞᆯ만ᄒᆞ얏스나 한사ᄅᆞᆷ이 밧갈고 열사ᄅᆞᆷ이 먹ᄂᆞᆫ것은 ᄌᆞ고로 되지못ᄒᆞᆯ일이라 츈홍혼자 버러드리고 슈다소솔이의식을 ᄒᆞ노라니 ᄌᆞ연재산을 만히 져츅지ᄂᆞᆫ못ᄒᆞ고 근근히 지내갈만ᄒᆞ얏스나 이왕때에 비교ᄒᆞ면 곳부ᄌᆞ살님이라ᄒᆞᆯ만ᄒᆞ얏습니다 나이 이십이넘어 스믈넷이 되닛가 ᄌᆞ기조모와 거졉ᄒᆞᆯ집간이나 아조소유를 만드러쥬고 조촐ᄒᆞᆫ 신분이 되야 보랴고 진력쥬션ᄒᆞ다가 그소망이 물컵흠에 도라가닛가 셰상이 귀치안은 생각이 꼭 맷치어셔 비명에 간 귀신이되고 말앗습니다[30]

은행을 설립할 때 자본을 투자하여 금융자본가가 되었다. 이 무렵 대구의 정재학(鄭在學)이 중심인 된 한국인들이 일반은행인 대구은행을 설립할 때도 자본을 투자하여 대주주가 되었다. 지방의 일반은행 설립에 자본을 투자한 경험으로 1920년 4월 자신들이 소유한 자본을 투자하여 대구에 본사를 둔 경일은행(慶一銀行)을 직접 설립하였다. 이때 경일은행은 자본금 2백만 원, 대주주 250명에 총 4만주의 주식을 발행하였는데, 그 중 장길상이 7,283주를 보유하였다. 1936년에 사망하였으며 장길상의 사후 자본 활동은 장직상이 주관하게 되었다." 인동장씨홈페이지(www.indongjangssi.or.kr) 참조.

30) 李解觀(1925), 「康春紅小傳」, 『女의 鬼 康明花實記 下』, 회동서관, 87-88쪽.

추도회에서 제2위는 강춘홍이었다. 강춘홍은 경성 태생이나 그 부모는 평양 사람으로 남들이 '반평양집'이라 하였다. 조실부모하고 그 팔순 조모의 슬하에서 자라났다. 그 조모가 춘홍을 애지중지 길러내었지만 결국 기생으로 만들었다. 연약한 강춘홍은 권번에 다니며 노래 부르기, 춤추기를 공부하느라 병치레도 많았다. 원래 총명한 자질이기에 능하지 않은 것이 없었다. 어느 기생 놀음에 빠진 적이 없어서 영업을 잘했다. 그러나 한 사람이 밭을 갈고 열 사람이 먹는 것은 자고로 되지 못할 일이다. 춘홍 혼자 벌어서 가족의 衣食을 해결하니 자연히 재산을 많이 저축하지 못하고 근근이 지내게 되었다. 춘홍의 나이가 스물넷이 되니, 조모와 기거할 집을 소유로 만들어주고 조촐한 신분이 되어 보라고 진력으로 주선하였다. 그러나 그 소망이 물거품으로 돌아가니 세상이 귀찮아 생각이 맺혀 비명에 간 귀신이 되고 말았다.

일제강점기에 신문 기사 보도 이후 대정권번기생 강명화(1900~1923)의 비극적인 사랑이야기에 대한 사회적 관심이 집중되었다.[31] 4개월 후에 10월 29일 장병천(1900~1923)의 자살은 당시 대중들에게 스토리텔링이 되면서 더욱 극적 효과를 증폭시키는 결과를 낳았다. 이 때문에 강명화와 장병천의 스토리텔링은 소설과 연극, 영화, 대중가요 등 다양한 장르에서 최근까지 끊임없이 확대되었다. 강명화 이야기가 다양한 장르에서 오랜 기간 동안 지속, 재생산되었다는 사실은 이 한편의 실화에 내재된 대중성을 문화콘텐츠로 확인시켜 준다. 강명화와 장병천의 사랑과 자살을 다룬『동아

---

31) 「康明花의 自殺내막은 매우복잡」(『동아일보』 1923. 6. 15)/「꽃 같은 몸이 생명을 끊기까지」(『동아일보』 1923. 6. 16)/나혜석, 「康明花의 自殺에 對하여」(『동아일보』 1923. 7. 8)「부호의 독자 장병천의 자살」(『동아일보』 1923. 10. 30)

일보』 기사에서만 확인된다. 『조선일보』 기사에서는 장병천의 자살에 대한 기사[32]를 미루어 보면, 情死의 사실관계를 알 수 있다. 이처럼 두 사람의 연애와 情死가 당대의 큰 화젯거리였음을 반영하는 사실이다.

『동아일보』의 당시 기사를 토대로 재구성한 강명화의 생애는 대략 다음과 같다.[33]

① 평양의 가난한 부모에게서 태어남(재자가인).
② 가난으로 인해 기생이 됨(첫 번째 수난).
③ 대구 부호의 이들 장병천과 만나 사랑에 빠짐(자유연애).
④ 신분, 축첩 등의 이유로 병천의 부친 장길상의 반대에 부딪힘(혼사장애, 두 번째 수난).
⑤ 학업을 목적으로 도일(동경 유학), 생활고에 시달림.
⑥ 생활고와 재일 유학생들의 테러를 견디지 못해 귀국(세 번째 수난).
⑦ 계속되는 생활고와 시부모의 박대를 견디지 못하고 자살(1923, 6).
⑧ 뒤이어 장병천도 자살(1923, 10)

---

32) 「張炳天 군 자살」 - 쥐잡는 약을 먹고 "시내 창신동 138번지 부호 張吉相 씨의 장남 병천(22) 군은 어제 오전 3시경에 자기 침방에서 쥐잡는 약을 먹고 고민하는 것을 집안 사람에 발견하고 큰 소동을 일으키는 동시에 즉시 安商浩 의사를 급히 청하여 응급치료를 하다가 약 3시간 후에 총독부 병원에 수용치료하였으나 원래 먹은 중량에 많이 까닭으로 드디어 오늘 오후 3시 30분경에 사망하였는데 자살한 원인은 아직 알 수 없다더라."(조선일보 1923. 10. 30) 「張炳天 군의 葬儀」 - 來18일 칠곡군에 "경일은행 두취 '장길상'씨의 장자 고 장병천군의 유해는 오는 18일 칠곡군 인동면 옥계동 뒤산에 안장한다는데 그의 영구는 17일 오전 9시에 왜관자택에서 발인한다더라."(조선일보 1923. 12. 15)

33) "김영애(2011), 「강명화이야기의 소설적 변용」, 『한국문학이론과 비평』 제50집(15권 1호), 한국문학이론과 비평학회, 86쪽.

일반적으로 한 사건이 발생하면 먼저 기사를 통해 보도되고, 사람들에게 회자되면서 극적 스토리의 이야기로 담론을 형성하게 된다. 즉 '텍스트'란 특정한 한 작가의 생각만으로 구성되는 것이 아니라 이러한 맥락 속에서 구성되는 것이다. 이 맥락을 잘 보여주는 것이 바로 '기생 강명화'의 연애담이다.

『조선미인보감』에 수록된 기생 강명화의 사진

강명화의 죽음이라는 사건은 바로 다음 날 신문기사를 통해 보도되고, 며칠에 걸쳐 당시 대중들에게 회자되며 1920년대 연애 담론의 한 측면을 형성하게 된다. 그리고 이러한 신연애 담론은 소설을 비롯한 다양한 텍스트 양식으로 구현된다. 여기서 주시해야 할 부분은 사건이 텍스트화되어 가면서 점점 미화된 양상으로 나타난다는 점이다.[34]

4. 「康明花傳」와 「康春紅小傳」의 영향 관계 논의

「康春紅小傳」에서 강춘홍의 자살은 사랑하는 님의 배신에 따라 절망을 선택했고 그것은 급기야 목숨을 끊는 결과를 낳았다. 그러나 이러한 기생들

34) 황지영(2011), 「근대 연애 담론의 양식적 변용과 정치적 재생산-강명화 소재 텍스트 양식을 중심으로-」, 『한국문예비평연구』 36집, 510쪽.

의 이야기는 당시 기생의 현실이면서 당면했던 일상적 실화이었다. 일제강점기 기생제도는 봉건적인 잔재로 볼 수 있는 지표 중에 하나가 바로 기생의 높은 문맹률이었다. 기생의 문맹률은 한정된 교육 기회의 박탈에서 출발해서 봉건적인 의식의 심화로 이어졌다. 그 시기의 기생들은 자신들의 정체성에 대한 고민의 흔적을 여기저기에서 드러내고 있다. 꽃다운 나이에 뭇 남성에게 웃음을 파는 시간만큼 적지 않은 수입을 얻을 수 있었지만, 흔들리는 인력거 안에서 새벽녘 집으로 돌아가면서 흘리는 눈물도 그녀들만 갖는 회한이었다.

『每日申報』, 1921년 11월 30일, 04면.
"이 세상을 하직한 대정권번기생 강춘홍"

이해조의 「강춘홍소전」 작품은 강명화 실화를 권선징악이라는 교훈적 틀에 맞추어 재구성한 작품이다. 그는 강명화 이야기의 교훈적, 계몽적 측면을 부각하기 위한 수단으로 허구적 정황을 첨부하여 독자들의 직접적인 각성을 유도한다. 귀신 이야기를 제목과 서두에 배치하여 독자들의 경각심을 불러일으키는 것은 결국 악행을 경계하라는 고유한 목적을 염두에 둔 구성인 셈이다.

이때의 재구성이란 실화가 지닌 골격과 주제를 기본 틀로 하고, 여기에 작가의 상상력을 가미하는 방식으로 이루어지나, 후자의 역할이나 영향력은 극히 미미하다고 할 수 있다. 그만큼 이해조는 실화가 지닌 고유한 이야기 구조를 그대로 차용하여 문학의 계몽적 기능을 최대치로 끌어올리는 데 강명화 이야기를 이용하고 있다. 이는 최찬식의 『康明花傳』을 비롯한 딱지본 소설에서 공통적으로 발견되는 특징이다. 많은 실화 가운데 신소설 작가들이 유독 강명화 이야기에 집중한 이유 또한 그것이 당대 대중들의 기대에 부응할 만한 계몽적 요소를 지녔기 때문이다.[35)]

물론 기생 강명화 만큼의 화젯거리는 아니지만, 실존 인물 강춘홍의 음독자살은 『매일신보』(1921년 11월 30일, 4면)[36)]에 보도가 될 정도로 당시 주요한 기사이었다.[37)]

---

35) "달리 말하자면, 이해조를 비롯한 신소설 작가들에게 강명화 이야기는 독자들의 도덕적 각성을 유도하기에 매우 적절한 소재로 인식 되었던 것이다. 선소설의 대가 이해조, 최찬식은 자신들의 마지막작품 소재를 강명화 이야기로부터 빌어 왔다. 이들은 권선징악이라는 이념의 틀 안에 문학의 대중 계몽적 기능을 담을 수 있는 마지막 제재로 강명화 이야기를 선택했으며, 이후 근대소설에 자신들의 자리를 내어 준다." 김영애(2011), 「강명화이야기의 소설적 변용」, 『한국문학이론과 비평』 제50집(15권 1호), 한국문학이론과 비평학회, 89-90쪽.

36) 「강춘홍의 음독자살-그 못된 양모의 마귀 같은 단련으로 해서 이번에 자살함인가」(『每日申報』, 1921년 11월 30일, 4면)

37) "부내 관철동 11번지에서는 대정권번기생 강춘홍(24세)은 어제 29일 새벽 2시경에 아편을 먹고 자살을 하였다는데 그 죽은 원인은 아직 무삼연고인지 확실히 알 수 없으나 지금까지의 조사한 바에 의하건대 이 기생은 본래 평양 태생으로 두 살에 그 사랑하는 모친을 영결하고 계모슬하에서는 눈물로 세월을 보내던 중 12세에 기안에 착명하여 경성에 자기 조모 崔德和 노파를 따라와서 그 조모와 고모의 양육을 받아가며 살기 싫은 세상을 참아 견디며 보내던 바 부내에 재산가도 유명한 송모와 서로 따뜻한 연애가 깊이 들어 일로써 평생의 인연한 마음을 위로하여 지내다가 결국 백년을 기약하고 살림을 하기 시작하였다. 사정과 인도가 없는 악마와 같은 화류계의 흑막은 다만 무엇이 만능이라는 것 한 가지만 빼앗으려 한다. 그의 친권자는 어찌 하던지 송모의 금전을 맛보고자 하여 춘홍에게 여러 가지의 수단을 다하여 혹은 압박도 주며 혹은 저주도 하였는 바 결국은 이러한 사정으로 인하여 그와 같이 변하지말자고 굳게 맹세하였던 송모의 살림은 그로인하여 결국 와해가 되어서 서로 분립한 후 송모도 역시 춘홍의 따뜻한 연애를 일시일각을 있지 못하고 화가 생기어 밤낮을 불구하고 주색으로 마음을 위로 하던 바 또 어떠한 여자와 서로 연애를 맺어지고 신정이 흠흠한 것을 본 춘홍 가삼? 이 세상에 생겨나서 부모 농생간 자기를 위로하여 줄 사람은 하나도 없고 다만 마음 두고 살아오던 가장의 위로를 받아 근근이 지내오던 차에 다시 기생의 몸이 되어 보

강명화와 장병천의 비극적 사랑이야기는 소설과 연극, 영화, 대중가요 등 다양한 장르에서 최근까지 끊임없이 확대되었다. 강명화 이야기를 다룬 딱지본 소설은 여러 작가들에 의해 5개 이상의 상이한 판본으로 출간되었다.[38] 반면에 「康春紅小傳」은 강명화실기만큼 스토리텔링으로 삼기에는 많이 부족한 이야기이다. 이 때문에 이해조는 이를 '小傳'으로 명명한 이유가 아닐까 한다. '小傳'의 형식은 인물의 일대기 중심으로 짧은 스토리, 즉 딱지본 소설만큼 짧기 때문이다.

'기생'이라는 위치가 어느 시대를 막론하고 신분상으로 미천한 자리매김

기 싫은 뭇 사람의 단련과 하기 싫은 화류계의 생활을 하게 되는 것은 전부 금전으로 인함이라하여 밤낮으로 하여 금전에만 힘을 쓰며 어서 받아 금전을 모와 부모의 압박과 저주를 받지 않고 다시 한번 송모와 백년가약을 맺어보리라 결심하고 있던 차에 이와 같이 송모는 다른 곳에 연애를 옮기였으나 자기는 다시 희망이 없다하고 이 세상을 비관으로 생각하고 죽기로 결심하였던 중에 전날 마침 송을 國一館 요릿집에서 만나 밤이 새도록 같이 놀고 집에 돌아와서 자기 양모한테 마지막으로 "어머님 만수무강하세요. 소녀는 이 세상에 마음과 같이 못한 일이 많이 있사와 불효를 면치 못하다"는 비통한 유서 한 장을 써서 옆에 놓고 아편을 먹었는데 그 이튿날 오청이 지나도록 자리에서 일어나지 아니함으로 집안사람이 들어가서 본즉 무삼 독약을 먹고 고통을 받는 중이라 고로 곧 대동 병원의사를 청하여 주사를 준다 약을 먹이다하여 여러 가지 응급치료를 하였으나 춘홍은 이미 죽기로 결심하고 입을 굳이 물고 약도 먹지 아니하며 주사도 맞지 아니하랴고 야단을 하였다하는 것을 강제로 수술을 하였으나 효력을 얻지 못하고 어제 새벽 2시에 세상을 불쌍하게 영결하였는 바 아편의 출처와 죽은 원인에 대하여는 아직도 여러 가지 사정이 많이 있는 모양이라더라." 「강춘홍의 음독자살-그 못된 양모의 마귀 같은 단련으로 해서 이번에 자살함인가」(『每日申報』, 1921년 11월 30일, 4면)

38) "소설 작품 가운데 박준표 저작 겸 발행의 『絕世美人 康明花설음』(1925)과 강의영 저작 겸 발행의 『絕世美人 康明花傳』(1935)은 판본과 내용이 모두 동일하다. 박준표나 강의영은 출판업자로 명성이 있던 이들로, 실제로 이들이 작품을 직접 창작한 것으로 보는 데는 무리가 따른다. 박준표의 『絕世美人 康明花설음』과 최찬식의 『康明花傳』, 이해조의 『女의 鬼 康明花傳』은 모두 같은 해에 출간되었으나 상이한 내용과 판본의 작품들이다. 저자와 발행 연도를 알 수 없는 세창서관 발행 『康明花의 哀史』는 박준표, 강의영의 작품과 연수는 같고 내용은 다른 작품이다. 또한 『美人의 情死』(1954)는 1972년 대구 향민사에서 발행한 『康明花의 죽엄』과 동일작이다." 김영애(2011), 「강명화이야기의 소설적 변용」, 『한국문학이론과 비평』 제50집(15권 1호), 한국문학이론과 비평학회, 86쪽.

을 당해 왔음은 부인할 수 없는 사실이다. 물론 기생 개개인이 재능이나 출중한 외모를 지니고 있는지, 당대를 놀라게 할 만한 스캔들을 만들었는지의 여부에 따라 이른바 잘 나가는 기생과 그렇지 못한 기생으로 갈리는 운명이 지워짐 또한 피할 수 없었다.

제3부

권번기생의
문화 콘텐츠 연구

기생 '백운선'을 콘텐츠로 한 스토리텔링의 가능성 고찰

- 『매일신보』에 연재된 「백운선의 비밀」을 중심으로 -

1. 머리말

오늘날 스토리텔링(storytelling)이란 용어가 보편화되고 있다. 서사(敍事), 이야기, 스토리, 담론이란 말들이 있는 마당에 '이야기하기'란 현재 진행형의 개념이 등장하게 된 이유는 무엇일까? 그 가장 큰 이유는 시대적 배경, 특히 정보통신의 발달로 매체가 변화하는 현실에 있다.[1] 여기에 대중사회의 관심을 끄는 문화 코드(Code) 중에 하나로 '기생'을 빼놓을 수 없다. 누구나 잘 알고 있다고 생각하는 대상이 '기생'이지만 우리는 제대로 알고 있을까? 그저 전해 들었을 뿐 확인할 수 없는 이야기가 전부일 수도 있다.

여러 문화원형 중에서 디지털 콘텐츠의 대상으로 '기생'은 특히 매력적이다. 특유의 팜므 파탈의 이미지와 함께 이중적인 삶의 굴곡이 잘 드러나 있

1) "예를 들어 스토리와 서술을 구분하여 예술적인 서사가 인과 관계가 있는, 잘 짜여진 이야기라고 정의하는데 디지털 스토리텔링은 그러한 설명 방식에 들어맞지 않는다." 최혜실(2002), 「게임의 서사구조」, 『현대소설연구』, 한국현대소설학회.

는 극적 대상이기 때문이다. 기생은 문화콘텐츠로서 다른 콘텐츠와의 상호 연관성 관점에서 이것보다 뛰어난 대상이 없을 정도이다. 더구나 일제강점기의 근대적 기생, 즉 권번기생들은 대부분 인생 자체가 극적인 내러티브를 담고 있어 다양한 시나리오로 재구성하기에 유리하다. 우선 기본적으로 신문, 잡지 자료가 많이 남아 있고 관련 인터뷰도 적지 않게 남아있다. 기생 이야기는 미모나 재주가 뛰어나지만 사회적 천대 때문에 일반인과의 사랑이 이루어질 수 없는 애환을 지닌다. 또한 기생들과 관련이 깊은 주변 인물의 삶 자체도 역시 굴곡이 심한 점 등에서 극적 구성을 보인다.

문화원형과 스토리텔링의 결합은 경제적인 부가가치 창출뿐만 아니라 국가 브랜드 가치 제고에도 기여할 수 있다. 특히 역사적 인물을 재조명하는 스토리텔링 개발은 '원 라이프 멀티 스토리'라는 관점에서 지속적으로 이어져야 한다. 그 논의 대상으로 삼은 「백운선(白雲仙)의 비밀(秘密)」은 『매일신보』 1919년 7월 16일에서부터 8월 2일까지 15회에 걸쳐 연재된 실기 형식의 글이다. 『매일신보』는 1904년 7월 18일 영국인 배설(裵說, Ernes Thomas Bethell)이 창간한 『대한매일신보(大韓每日申報)』를 일제가 사들여 국권침탈 직후인 1910년 8월 30일부터 '대한' 두 자를 떼고 『매일신보』로 개제한 것이다. 1920년 초까지의 무단정치 기간에는 『매일신보』가 유일한 한국어 일간지였으므로, 이 신문에 이인직(李仁稙) · 조중환(趙重桓) · 이해조(李海朝) · 이상협(李相協) 등이 신소설 또는 번안소설을 발표하였다. 이광수(李光洙)가 처녀작 『무정(無情)』, 『개척자(開拓者)』를 발표하기도 하였다. 따라서 『매일신보』는 일제가 한국을 통치하기 시작한 날부터 광복되던 날까지 중단된 일 없이 발간된 단 하나의 한국어신문이다.

백운선의 본명은 백순향(白純鄕)[2]으로 1900년(明治 33년) 3월 17일 평양에서 태어났다.[3] 1968년에 음반을 낸 기록이 있기 때문에 대략 70세 이상의 장수를 누린 것 같다. 당대의 명기(名妓)로 나이를 먹을수록 그 노래, 그 춤은 조금도 변할 줄 몰라 그 인기는 오랫동안 사라지지 않았다고 한다. 백운선은 대정권번의 전신이었던 '다동기생 조합' 때부터 소속 권번의 기생이었다가, 1923년에 조선권번으로 옮겼다. 그래서 '만년명기(萬年名妓)'이라는 별명으로 불리어 왔다. 근대 기생인 백운선을 스토리텔링하기 위해 연재된 글에서 진행되는 여러 글감에 상황을 다양한 다른 자료로 보완하면서 원 라이프 멀티 스토리를 시도하고자 한다.

2. 문화 원형사업 '조선 기녀 문화 디지털'

지금의 한국콘텐츠진흥원이었던 한국문화콘텐츠진흥원(KOCCA)에서 2003년 '조선시대 기녀 문화 디지털 문화원형'을 공모하여 유명 기녀들의 외모, 패션 스타일, 성격 등을 디지털 콘텐츠화하였다. 이 자료들은 영화, 드라마, 애니메이션, 게임 등에서 살아 움직이는 기녀와 기녀문화를 재현하는 데 널리 활용되었다.[4] 40여 권 문헌과 50여 곳 유적지를 분석 복원하였

---

2) 일제강점기에 『배따라기』와 『項壯舞』를 춘 조선 기생 白雲仙은 지금도 칠순의 나이로 살아있다는 기사가 남아있다. 『선데이서울』 68년 9/29 제1권 제2호.

3) 穀明, 「白雲仙」, 『동명』 제27호. 1923. 3. 4

4) 2년간 조선왕조실록, 삼국유사, 악학궤범, 청구영언(조선 기녀들의 시조 수록) 등 40여 권의 문헌, 그리고 논개 유적지인 경남 진주시 촉석루 등 전국 50여 곳의 기녀 관련 유적지 답사, 또한 주사거배(酒肆擧盃 · 신윤복), 기녀도(妓女圖 · 윤운홍) 등 조선시대 회화 속 기녀 모습

KOCCA의 기생 캐릭터

KOCCA의 기생 복식

다. 기녀 문화원형은 문헌, 회화 등 각종 자료를 통해 역사 속 유명 기녀들의 외모, 패션 스타일, 성격 등을 디지털에 담은 것이다.

이 중 황진이, 매창, 논개, 홍랑, 경춘, 계월향 등 대표적인 기녀 10여 명은 '아바타' 캐릭터로 만들었고 주요 기녀 관련 설화의 경우 시나리오화해 애니메이션과 동영상으로 제작했다.[5] 특히 나라를 위해 목숨을 아끼지 않았던 진주 기생 논개의 '충의', 그리운 이를 위해 천 리 길을 마다 않고 달려왔던 남방의 호남 기생 강아의 '사랑', 죽음으로 신의를 지킨 강원 영월 기생 경춘의 '절개' 등 각 기생이 가진 독특한 '정신'을, 그와 관련된 '내러티브'와 함께 캐릭터 외형에 반영하는 데 초점[6]을 맞췄다.

등을 분석해 기녀 350명을 총정리 했다.

5) 그 당시 기녀들의 모든 정보가 들어간 기녀정보 및 사진으로 보는 기녀생활상 등이 디지털화돼 각종 미디어에서의 활용도를 높였다.

6) 역시 조선시대 여인의 각종 신체 부위별 장신구 200여 점을 3D그래픽으로 복원한 '한국의 전통 장신구-산업적 활용을 위한 라이브러리'를 개발했다.

이듬해 2004년 한국콘텐츠진흥원에서 '우리문화원형의 디지털 콘텐츠화 사업'으로 '근대 기생의 문화와 예술에 대한 디지털콘텐츠 개발'[7]이라는 과제가 공모되었다. 이것은 기생 및 기생의 생활, 관련 역사와 제도, 유명 조합과 권번 등을 고증을 바탕으로 정확하게 소재화하여 산업적 활용도가 높은 디지털 콘텐츠로 개발[8]이 목적이었다.

그 과제의 범위는 기생의 역사, 제도, 교육, 유명 조합과 권번, 유명 기생의 삶과 예술, 기생의 생활 등이었으며 시청각적 자료로 개발하고자 하였다. 주요 원천 자료로는 매일신보, 경성일보 등 신문류를 들 수 있다.[9] 또한

---

7) 개발명 : 한국문화콘텐츠진흥원 2003년 2차 과제 – 〈조선시대 기녀문화의 디지털콘텐츠 개발〉
개발기간 : 2003년 11월~2004년 8월
개발내용 : 조선시대 기녀 관련 1월의 체계적 구축과 대표적 기녀 캐릭터 개발 및 애니메이션 제작
개발명 : 우리문화원형의 디지털 콘텐츠화 사업–〈근대 기생의 문화와 예술에 대한 디지털콘텐츠 개발〉
개발기간 : 2004년 10월~2005년 11월
홈페이지 : http://kisaeng.culturecontent.com/

8) 주요 개발 내용은 다음과 같다.
① 기생의 역사와 제도는 관기와 기생, 조합시대 이전의 기생의 사회화, 조합제도, 권번, 요리점, 조합과 권번의 取締規則, 기생과 신청(神廳, 또는 才人廳) 관계, 유명 조합과 권번의 종류와 변천사 등 역사적 변천과 제도를 체계적으로 정리하는데 두었다. 그 밖에 관련 원천자료 수집과 체계적 분류, 정리 또한 각 분류별 관련 시각자료를 함께 제공하여 이해를 돕는 개발 내용에 두었다. ② 기생의 교육은 기생학교의 교사들, 기생학교들, 교과과정, 기생의 사회적 진출과 관련 내용의 텍스트 정리 및 관련 이미지(2D, 3D) 제공하는데 두었다. ③ 기생의 예술은 기생 예술의 종류 및 유형에 대한 정리와 예술 활동에 대한 정리 및 시청각적 접근을 통한 멀티미디어적 콘텐츠 개발, 그리고 이들이 취입한 음향자료 디지털화 제공(악보, 음향 등)하는데 두었다. ④ 기생의 생활과 관련된 콘텐츠 개발(텍스트, 2D, 3D, 제원 등)은 기생의 일상, 권번과 요리점의 일상, 그리고 관련 내용 설명 및 주요 공간 복원, 기생의 모습(의복, 머리 모양 등) 등으로 나누어 말할 수 있다.

9) 그밖에 원천 자료 현황은 다음과 같다. 箕城 妓生學校 規則 등 1차 자료, 朝鮮風俗葉書 등의 그림엽서류, 明月館 案內 등 요리점 안내서, 朝鮮博覽會 報告書 등의 보고서, 京城府史 등의 부사와 지리서, 朝鮮美人寶鑑 등의 기생관련 서적, 『三千里』, 『朝光』 등의 잡지류,

유성기(SP) 음반류도 여기에 해당된다.

기생정보	기생소개	권번별			
기생생활	평양기생학교	명월관	디지털기생	사회진출현황	
기성기생명부및사진	기성기생명부	기성기생사진첩	풍속엽서	리플렛	조선박람회
콘텐츠검색	문서검색	이미지검색	SP음반검색		
용어사전	용어사전				
사이트맵	사이트맵				
콘텐츠몰	캐릭터	장신구	3D		

근대 기생의 문화와 예술에 대한 디지털콘텐츠 개발 결과 사이트 맵(http://kisaeng.culturecontent.com/)

대분류는 기생 정보, 기생 생활, 기성 기생 명부 및 사진, 콘텐츠 검색, 용어사전, 사이트 맵, 콘텐츠 몰 등으로 나누어 있다. 그러나 스토리텔링이라고 할 만한 콘텐츠는 전무하다. 더구나 콘텐츠 검색에서 문서, 이미지, 유성기(SP) 음반 검색은 디지털 기생 항목과 맞물려 미완성의 콘텐츠로 보인다.

멀티미디어 환경 속에서 쌍방향성은 하이퍼텍스트와 함께 주요한 특징이다. 이러한 다양한 매체 환경에서 기생을 콘텐츠로 한 스토리텔링은 「백운선의 비밀」을 하나의 '원 라이프 멀티 스토리텔링' 콘텐츠로 볼 수 있다. 그렇기 때문에 멀티미디어 환경에 따라 변해야 할 부분이 멀티미디어 스토

SP음반류 등을 들 수 있다. 문화관광부·한국콘텐츠진흥원(2004), 『사업안내서』 2004년 우리 문화원형의 디지털 콘텐츠화 사업 – "경제살리기" 2004 추가경정예산 사업– 27쪽.

리텔링, 즉 디지털 스토리텔링에 대한 이해이다.

스토리텔링이란 이야기성 · 현장성 · 상호작용성이 강화된 오늘날의 '이야기'라고 할 수 있다. 문학에서는 '이야기'와 '이야기하기'가 구별된다. 이에 비해 디지털 스토리텔링이라는 용어에는 '이야기'만이 아니라 '이야기하기'의 행위성이 포함되어 있다.[10] 기존의 이야기하기, 즉 구연(口演)이 이야기를 전달하는 방법에 초점을 두어 사람들 앞에서 감정을 살려 생동감 있게 이야기를 들려주는 것을 의미한다. '이야기'와 '이야기하는 방식' 자체를 다 포괄하는 디지털 스토리텔링은 더 이상 선형의 서사가 아니며 '이야기하기' 이상의 강력한 메시지를 동반하고 있다. 디지털 기술의 발전은 이야기의 형식뿐만 아니라 전달 방법의 변화를 초래한 것'[11]이다.

기생 백운선의 스토리텔링은 여기에 적합하다. 문화콘텐츠가 외형적으로는 이미지와 영상으로 전달되게 마련이다. 하지만 그것은 단순한 이미지와 영상이 아닌 이야기를 지닌 이미지와 영상이라는 점에서 이야기는 문화콘텐츠의 생명력의 원천이다. 문화콘텐츠에서 시나리오 내지는 스토리텔링의 중요성이 강조되고 있는 것은 이러한 맥락에서이다.[12] 더구나 이야기, 즉 서사(敍事, narrative)는 인간의 문화 · 예술 행위에 있어서 가장 영향력 있고, 다양한 분야에서 작동하는 기제로 인정받아 왔다. 이른바 '스토리텔링'은 서사 문학 양식에서만 존재하는 것이 아니라, 다양한 문학 · 예술 장

10) 조혜란(2004), 「다매체 환경 속에서의 고소설 연구 전략」, 『고소설연구』17집, 『한국고소설학회, 52-54쪽.

11) 김은정·김미정(2003), 「인터랙티브 스토리텔링을 적용한 교육용 멀티미디어 콘텐츠에 관한 연구」, 『HCI』.

12) 김기덕·신광철(2006), 「문화·콘텐츠·인문학」, 『문화콘텐츠입문』, 인문콘텐츠학회, 북코리아, 21쪽.

르에서, 심지어 비문학적 기술물, 상업적 광고물이나 영상 매체로 전달되는 수많은 텍스트에서도 가능하다. 이 같은 현상의 원인은 인간과 이야기의 관계,[13] 곧 인간에게 있어서 이야기의 의미와 기능에서 찾을 수 있다. 컨버전스 시대가 되면서 지금까지 다른 영역으로 치부되었던 각 장르를 관통하는 공통 요소를 도출하여 영역의 개별적 발전이 전체에 시너지 효과를 주는 방안 마련이 시급해졌다.[14] 하나의 콘텐츠가 여러 매체의 콘텐츠로 변주되면서 문화 상품을 양산하는 문화콘텐츠 산업의 특징[15]을 보여 준다. 원 라이프 멀티 스토리는 역사적 인물을 재조명하는 스토리텔링 개발의 한 방법이다. 여기에 기생 「백운선의 비밀」을 통해서 백운선의 원 라이프 멀티 스토리의 가능성을 검토하고자 한다.

---

13) 오세정(2006), 「이야기와 문화콘텐츠」, 『시학과 언어학』 제11호, 178쪽.

14) "문화콘텐츠는 텍스트 콘텐츠(출판 · 신문 · 잡지 · 출판문화), 디지털 이전의 비텍스트 콘텐츠(공예품 · 미술품 · 공연), 시청각 콘텐츠(방송 · 영상 · 광고 · 영화 · 비디오 · 음반), 디지털 콘텐츠(애니메이션 · 게임 · 디지털 · 모바일), 이들 장르의 원활한 소통과 교섭은 부가가치 창출에 핵심이라 할 수 있다. 그런데 이러한 소통을 가능하게 하는 한 예는 스토리텔링을 들 수 있다. 스토리텔링이란 문학 · 만화 · 애니메이션 · 영화 · 게임 · 광고 · 디자인 · 홈쇼핑 · 테마파크 · 스포츠 등의 이야기 장르를 아우르는 상위 범주라 할 수 있다. 상위와 하위, 각각의 이야기 장르들은 서로 미학적 영향 관계 속에 있다." 최혜실(2007), 『문화산업과 스토리텔링』, 다홀미디어, 10-20쪽 참고. 스토리텔링의 OSMU 방식 - 최혜실(2006), 『문화콘텐츠 스토리텔링을 만나다』, 삼성경제연구소, 105쪽.

15) 한국의 문화콘텐츠 중 OSMU가 가장 고르고 다양하게 된 작품이 〈아기공룡 둘리〉라고 한다. 만화에서 시작되어 광고, 장남감, TV애니메이션, 둘리박물관, 둘리거리, 둘리미용실 등을 말한다. 최혜실(2007) 참조.

3. 기생 '백운선'을 콘텐츠로 한 스토리텔링

1) 「백운선의 비밀」의 스토리텔링 가능성

스토리텔링이란 문학 · 만화 · 애니메이션 · 영화 · 게임 · 광고 · 디자인 · 홈쇼핑 · 테마파크 · 스포츠 등의 이야기 장르를 아우르는 상위 범주라 할 수 있다. 상위와 하위, 각각의 이야기 장르들은 서로 미학적 영향 관계 속에 있다. 여기서 스토리텔링은 서사 형식의 원형질로 존재한다. 따라서 각각의 장르들은 스토리텔링이란 공통점을 지니면서도 매체의 특성 때문에 형식상의 차이를 띠게 된다.[16] 예를 들어 이야기가 종이 매체에서 표현될 경우 문학이 되고, 영상 매체에서 표현될 경우 영화가 되며, 디지털 매체에서 표현될 경우 게임 등 디지털 서사가 된다.

스토리텔링 OSMU(One Source Multi Use)[17]에 의거하면, 백운선의 비밀은 (구술적)이야기이며 문학, 만화, 애니메이션, 영화, 하이퍼텍스트문학, 컴퓨터게임, 광고, 디자인, 홈쇼핑, 테마파크, 스포츠 등과의 상호교섭

---

16) "근ᄅᆡ 기ᄉᆡᆼ들이 엇젼 목 인지 지나방면을 향ᄒᆞ고 도쥬ᄒᆞᄂᆞᆫ 자가 만흔 모양인ᄃᆡ 지나간 ᄉᆞ월 즁에ᄂᆞᆫ 한남권반 기ᄉᆡᆼ으로 잇던 玄桂玉이가 지나방면을 목 ᄒᆞ고 도쥬키 위ᄒᆞ야 남의 돈 수쳔원을 엇어가지고 그 아오 기ᄉᆡᆼ과 함ᄭᅴ 봉텬방면으로 도망ᄒᆞᆫ지 얼마 못되야 지나간 오월 이십오일 다동권반 기ᄉᆡᆼ으로 화류계에 일흠잇던 白雲仙이도 역시 그 목 으로 남의게 엇은 빗과 쏘 ᄌᆞ긔가 뎌금ᄒᆞ얏던 돈팔ᄇᆡᆨ 원 기타 이쳔여 원 가량이나 가지고 도주ᄒᆞᆯ 졔 동권반 기ᄉᆡᆼ 란향, 란옥의 두 기ᄉᆡᆼᄭᆞ지 다리고 봉텬방면으로 도망ᄒᆞᆫ 형젹이 잇셧스나 오히려 ᄌᆞ셰히 알 수 업더니 그 후의 주에셔 붓친 운션의 편지가 다동권반으로 온고로 그졔야 지나방면으로 간 것이 의심업셔셔 운션의 모ᄂᆞᆫ 뜻밧게 이 일을 당ᄒᆞ고 긔가 막혀 긔어코 ᄎᆞ져오겟다고 려비를 변통ᄒᆞ야 가지고 려힝권ᄭᆞ지 엇어노왓ᄂᆞᆫᄃᆡ 과연 운션의 일힝은 이번 려힝 취톄의 관계로 무ᄉᆞ히 갓ᄂᆞᆫ지도 몰을 일이라더라."「支那가ᄂᆞᆫ 妓生들—벌셔 다섯명이 도쥬」,『매일신보』, 1919. 6. 2.

17) 최혜실(2003),『디지털시대의 영상문화』, 소명출판, 11-76쪽.

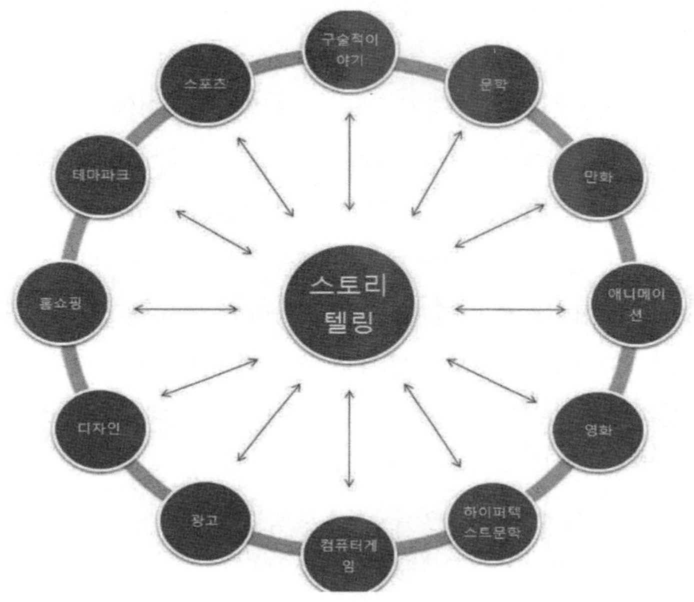

스토리텔링 OSMU 도표

으로 스토리텔링을 설명할 수 있다.

디지털 매체 서술 방식으로 컨버전을 하기 위한 여러 멀티미디어의 구현이 전제되어야 한다. 이를 위해 매체장르는 실사 재연을 하는 것이 적절하다. 이야기 장르는 전형적인 모친과 연인 K와의 갈등 구조의 멜로가 된다. 연재된 서술 방식을 보면 순차 구성이 중심이다.

1. 열세 살의 동기(童妓)로 평양에서 서울로 올라와 다동 기생조합 기생이 된다.
2. 평양의 모친을 불러와 다동 근처에 살림집을 차려 기생 영업을 본격적으로 한다.

3. 지식과 열렬한 애정을 가진 호남자를 구하고자 하나, 모친의 과욕으로 힘들어진다.
4. K의 애정에 대한 그 심리 상태가 다정(多情)인가, 무정(無情)인가?
5. 명월관 삼방에서 다시 만난 K와 삼 년간 끊겼던 정(情)을 이어질까?
6. K와 끊으랴 끊을 수 없는 애정은 물거품 같은 그 정(情)이다.
7. 세상은 얼음세상, 적막한 기생의 생활은 처량한 단장곡이다.
8. 요리점에 가도 K가 궁금해서 잠시 못 보아도 답답하다.
9. K와 같이 살 욕심으로 천 원 주고 기생 생활에서 뛰어나왔다.
10. 천 원 돈을 K와 헛되이 쓰다가 모친에게 발각되었다.
11. 쓸쓸히 내리는 봄비는 운선의 슬픈 눈물이다.
12. 병에 힘들어진 운선은 아직도 K를 못 잊는다.
13. K와 연애에 미친 운선은 눈물로 지새운다.
14. 운선은 작년 정월에 도망하다가 붙잡혀 감금을 당하였다.
15. 운선의 신세는 눈물과 한숨으로 고통스럽게 중국 상해에 홀로 남겨져 있다.

백운선의 외모와 성격은 글쓴이에 의해 전형화된다. "운선은 원래 똑똑하고 예쁜 얼굴에 재미난 특성이 가득하여 한번 만났다가 그 후 두 번째는 만났을 때는 그렇게 다정하고 재미있기는 처음 볼 일이라고 세상에 풍류남자 중에는 평판이 자자하였던 터이다. 지금에 기생 중에는 다정다감하기는 백운선이 하나뿐인 듯하다"고 묘사한다.

운선의 모친과 운선의 연인 K씨와의 갈등은 「백운선의 비밀」에 중요한 스토리의 중심 개념이다. 또한 이난향은 비중 있는 조연이라고 할 수 있다. 운선은 평양에서 처음으로 경성에 도착해서 미리 자리 잡고 있던 이난향의

집에 의지하게 된다. 특히 동향인 이난향이 따뜻한 정을 받아 가며 경성에 적응한다. 그러면서 운선도 언젠가는 난향이처럼 성숙한 기생이 되어 행복하게 어머니를 데리고 기생 영업을 하겠다고 결심한다. 이야기 장르는 전형적인 모친과 연인 K와의 갈등 구조의 멜로가 된다. 구성은 에피소드 분절적 진행 구조를 가지고 있고 등장인물의 갈등 관계에 따라 비극적 결말이다. 운선은 난향을 자신의 롤 모델로 삼았던 것이다. 등장인물은 다음과 같이 등장인물 관계도를 그릴 수 있다.

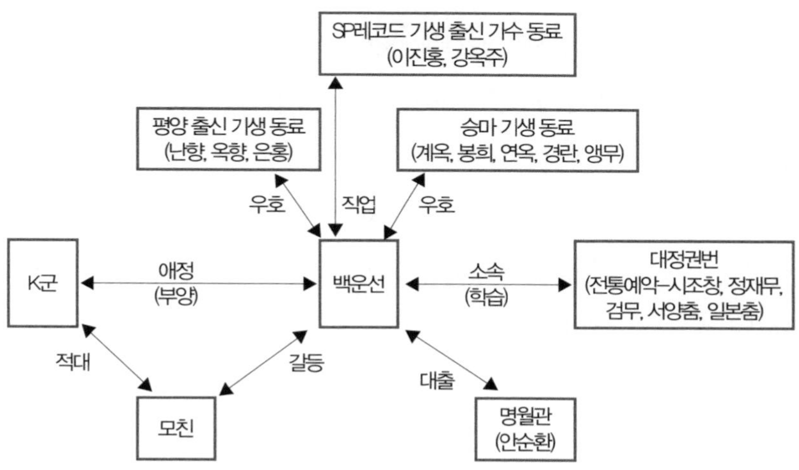

시대적 배경은 일제강점기의 1911년~1919년으로 그 당시 기생에 대한 사회적 관점이 드러난다. 기생 생활은 비참함을 여실히 보여주는 설명으로 향후 인물에 대한 정보를 알려주고 있다. 「백운선의 비밀」의 글쓴이는 이 세상에 한 번 나와 고해를 벗어나지 못하고 비참한 생활로 구차히 살아가는 존재가 기생이라고 전제한다. 특히 기생은 설움의 탄식으로 한세상을 헛되게 보내는 것이다. 기생이라 하는 것은 한편으로 생각하면 오직 사나이의

완롱물에 지나지 않는다 한다. 이를 도리어 이 세상 사회 모든 사람의 적막한 생애를 도와 잠시 안락한 재미를 주고 가게 된 일종 천부의 의무덕이라고도 억측할 만하다[18]고 지적한다.

기생은 가을 달 봄바람에 누구에게나 온갖 비위를 맞추어가며 거짓 웃음으로 험악한 생활을 한다. 그런데 그녀들이 품은 비애와 꼭꼭 쌓은 그 회포를 위안하여 줄자가 없다는 것이다. 그 생활은 오늘의 기생 영업이라고 단정한다. 그런데 수백 명 기생 중에 부모를 잘못 만나 장래 신세를 그르치는 자가 가장 많다고 여긴다. 아무리 세상 사람의 모든 희롱을 받아 가며 온갖 조소를 받는 기생일지라도 인간의 생로병사에 벗어날 수 없다. 더구나 세상만사가 부운과 같이 격심한 변화에는 더욱이 힘든 것이 기생의 큰 고통이었다.

「백운선의 비밀」에서 공간은 경성 중심으로 과거의 공간으로 평양, 그리고 현재의 공간으로 상해로 옮겨가고 있다. 스토리텔링에서 있어서 이러한 공간은 우리의 일상적 경험세계를 만들어내는 수많은 구조와 물체들로 이루어진 실재적(實在的) 현장이다. 또한 우리의 일상적 경험세계라는 의미

18) "가을달 봄바람에 댱삼리ᄉᆞ로 더부러 온갖 비위를 맛츄어가며 일빈일소로 물결위의 험악ᄒᆞᆫ ᄉᆡᆼ활을 ᄒᆞᆫ들 어늬 누가 그 품은 비ᄋᆡ와 ᄭᅩᆨᄭᅩᆨ싸은 그 회포를 위안ᄒᆞ여 쥴 자—어ᄃᆡ 잇스리요. 아—리업ᄂᆞᆫ ᄉᆡᆼ활은 오날의 기ᄉᆡᆼ 영업인가 ᄉᆡᆼ각ᄒᆞᆫ다. 그런ᄃᆡ 수ᄇᆡᆨ명 기ᄉᆡᆼ 즁에 부모를 잘못 맛나 장ᄅᆡ 신셰를 그릇트리ᄂᆞᆫ 쟈가 아마 수를 혜여도 불가승수일지라. 셰월이 사람ᄯᅡ라 안한ᄒᆞ지 안이ᄒᆞ며 조화가 사람ᄯᅡ라 무심ᄒᆞ지 안은 것은 ᄋᆞᄂᆞᆫ지 몰으ᄂᆞᆫ지, 텬하의 걱졍이란 것은 무심한 것보다 더 큰것이 업도다. 아모리 셰샹 사람의 모든 희롱을 밧아가며 온갖 됴소를 밧ᄂᆞᆫ 기ᄉᆡᆼ일지라도 사람이란 것은 ○아셔 늙고 병드러 쥭ᄂᆞᆫ 것의 륜○이 무궁ᄒᆞ며 모든 물건의 변화이 쉬이지 안어셔 셰샹 만ᄉᆞ가 부운과 갓치 됴셕시시로 격심한 변화에ᄂᆞᆫ 더욱이 이샹스러온 기ᄉᆡᆼ 영업자의 큰 고통이다. 아—졔군이여 오날날 기ᄉᆡᆼ에 ᄃᆡᄒᆞ야 가히 써 동졍을 더져 줄 만ᄒᆞᆫ 것인가. 동졍ᄒᆞᆯ 뎜이 아조 업다ᄒᆞ여도 족ᄒᆞᆯ만ᄒᆞᆫ 것인가."「白雲仙의 秘密(一)」, 『매일신보』1919. 7. 16 ③

에서 공간은 단순히 실체로서만 존재하는 것이 아니라, 관계적 양상으로 존재한다. 개인과 공간과의 관계, 공간을 매개로 한 개인과 개인과의 관계, 그리고 그것들이 총합적으로 만들어내는 공간의 집단적 의미가 결국은 우리의 일상적 경험 세계를 구성한다는 의미에서 그렇다.[19] 「백운선의 비밀」 이야기는 그 진행의 특징을 '에피소드 분절적 진행'이라 볼 수 있다.

2) 원 라이프 멀티 스토리의 주인공, 명기(名妓) 백운선

① 전통예악인 '백운선' 스토리텔링 요소

1918년에 경성신문사의 사장이었던 아오야나기 고타로[靑柳綱太郎]가 발행한 『조선미인보감(朝鮮美人寶鑑)』은 신구서점 주인이었던 지상욱이 편찬하였다. 그 시대 상황을 잘 반영하고 있는 화보 및 창가(唱歌) 자료집이다.[20] 서문에서 발간의도를 뚜렷하게 밝히고 있다. 서문이 3개가 수록되어 있는데 그중 편집자가 직접 써놓은 서문을 보면 발간의 취지와 그 목적, 특성 및 청루미인의 개념도 잘 나타나 있다.[21] 서문에는 먼저 어떠한 책인가를 밝히고 있는데, "朝鮮 全道 미인의 사진과 妓藝와 履歷을 수집하고 조

19) 정경운(2006), 「서사공간의 문화 기호 읽기와 스토리텔링 전략 I」, 『현대문학이론』, 『현대문학이론학회』, 273쪽.

20) 크기가 가로 26㎝, 세로 18.5㎝의 46배판이며 총 312쪽으로, 각 권번·조합별 구분하여 605명의 기생 자료가 실려 있다. 체재는 한쪽에 각각 2명씩의 기생 이름과 나이, 사진, 출신지와 현주소, 특기, 그리고 그 기생에 대한 짧은 평가들이 적혀 있다. 童妓의 경우에는 3명씩 수록되어, 총 605명 기녀의 신상 정보가 수록되어 있다. 신현규(2007), 「朝鮮美人寶鑑」에 수록된 唱歌 硏究」, 『우리문학연구』 27집, 111-117쪽.

21) "미인보감은 무슴 칙이뇨 죠션젼도 미인의 ᄉᆞ진과 기예와 이력을 슈집ᄒᆞ고 죠션 언문과 한문으로 져슐ᄒᆞᆫ 칙이니라." 靑柳綱太郎(1918), 『조선미인보감』, 朝鮮硏究會, 序文, 1면(民俗苑 1985년 復刻).

선 언문과 한문으로 저술한 책이다"하여 발간의 성격이 분명하다.[22] 즉 사진과 기예, 그리고 이력을 수집해서 우리말과 한문으로 저술한 책이라고 규정짓고 있다. 또한 그 취지도 밝혀져 있어 일제강점기 조선의 사회모습을 읽을 수 있다.

대정권번과 조선권번의 스승이었던 하규일[23] 학감에게 총애를 가장 많이 받은 명기(名妓) 중에 백운선이 으뜸이었다고 한다. 『조선미인보감』(1918)에 실려 있는 대정권번(大正券番) 기생 백운선의 신상 정보는 다음과 같다.

白雲仙(19세)
원적 평안남도 평양부
현주소 경성부 관철동 102
技藝 歌詞, 詩調, 西道雜歌, 劍舞, 僧舞, 呈才42種舞, 西洋舞蹈, 內地舞

"生長平壤 時年十九 方正消日 雅容可拘 皓齒玉脣 細腰鳶輕 性驕於鸝 聲雅於笛 頰笑動人 情恨滿懷 十三就券 屢層重任 技能歌, 謠, 劍舞, 僧舞, 四十二呈才舞 內地舞 西洋舞蹈 正是 巫山十二峰頭雲 超度三生作舞仙"

---

22) 신현규(2007), 「朝鮮美人寶鑑」에 수록된 唱歌 硏究」, 『우리문학연구』 27집, 111-117쪽.

23) 河圭一(1867~1937)은 본관이 晉州, 자는 聖韶, 호는 琴下이다. 서울 출생. 서당에 다니며 한문을 수학하고 崔壽甫·朴孝寬에게 가곡을 사사하여 일가를 이루었다. 창은 목소리보다 노력으로 개발하였으며 무용에도 조예가 깊었다. 중년 이후 출사하여 漢城府少尹 겸 한성재판소 판사를 거쳐 1909년(융희3) 內藏院 文敎整理委員과 全南督刷官, 1910년 鎭安 군수 등을 지냈다. 1911년에는 正樂傳習所 학감과 동 女分敎室長이 되고 1926년 雅樂部 가곡강사로 가곡의 전통을 전수하였다. 저서로 『樂人必携』가 있다.

모란봉하 잘아나서 니히십삼에 반천리을 와서보니 놀기죠토다

호걸남ᄌ 멋쟁이ᄂᆞᆫ 나를보고서 신혼표탕 혼을살와 침을삼키고

강산루대 명승디에 나를마져셔 오음륙률 가진풍류 논일젹에오

이내얼골 어엽버서 칭찬들인가 이내가무 특별나서 칭찬들인가

칭찬싸여 산곳되면 여러길이라 모기갓치 약ᄒᆞᆫ내몸 엇지질거나

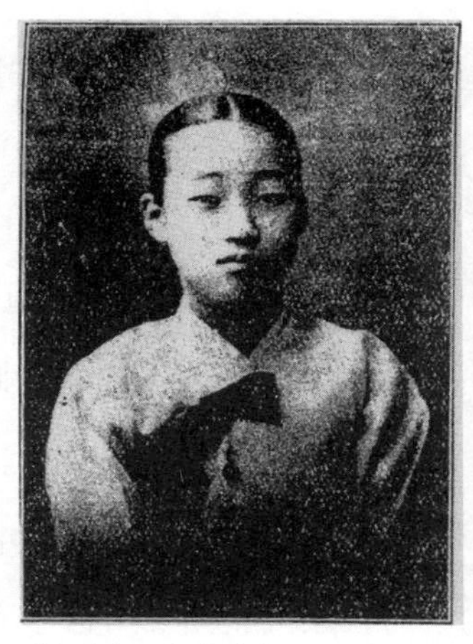
백운선의 19세 때 사진
1918년 『조선미인보감』

운선은 평양에서 생장했다. 1918년 방년 19세, 어여쁜 얼굴에 붉은 입술과 고른 치아, 솔개처럼 가는 허리, 제비같이 날렵하다고 소개한다. 그리고 목소리는 좋은 피리소리 같고 정한이 가득 찬 회한으로 괴로운 웃음에 사람의 마음을 움직이게 했다. 운선은 13세에 권번에 들어가서 차츰 실력을 쌓아, 가요와 검무, 그리고 승무에도 능하게 되었다. 더구나 42정재 춤과 일본춤, 서양무도(댄스)도 능하였다. 운선이 춤을 추는 모습은 무산(巫山) 12봉우리에 낀 구름에서 전생, 현생, 후생에 죽은 자의 영혼으로 하여금 지옥의 여러 고난에서 벗어나게 하는 춤이라는 극찬을 받았다.

『조선미인보감』에는 4구체 국문가사도 함께 기술되어 있다. 운선은 평양 모란봉에서 자라나, 나이 13세에 경성에 와 보니, 호걸남자 멋쟁이가 자신을 보고 혼을 사르며 침을 삼킨다고 하였다. “강산 누대의 명승지에 나를 맞아, 오음육률을 가진 풍류를 노닐 적이네, 내 얼굴이 어여뻐서 칭찬들인가, 내 가무가 특별나서 칭찬들인가, 칭찬이 산처럼 쌓이면 길은 여러 갈래라,

모기같이 약한 내 몸으로 어찌 짊어질까.” 이처럼 노래한다. 백운선은 15살 되었을 때인 1915년 7월에 처음으로『매일신보』신문 기사에 소개된다.

> 無夫妓 빅운션은 쟝교엇던 실업가의 ᄉ위집에 ᄉ흘밤을 비밀히 갓든 결과로 紙貨 십 원에 쇼위 쳬를 밧앗다나요. 그 남ᄌ는 아마 최가라지.[24]

이 기사 내용은 백운선이 기생으로서 머리를 올린 이야기가 신문기사로 나온 듯하다. 무부기란 주로 평양기생 출신 기생들로 기생서방을 두지 않았던 이들을 말한다. 반면에 유부기(有夫妓)는 한성기생조합 즉, 한성권번 출신 기생들로 궁중의 관기라 할 수 있다. 유부기의 기생서방은 종8품 벼슬인 액례·별감·승정원 사령·의금부 나장·포교·궁가·외척의 겸인 청지기·무사 등이 등장하여 후대에 오랫동안 지속된다. 대원군 시절에는 금부나장과 정원사령은 오직 창녀의 서방이 되는 것으로 허락하였을 뿐 관기의 서방이 되는 것을 허락하지 않았다.[25] 기적(妓籍)에 오른 동기(童妓)가 기생으로 되기 위해 통과의례로 머리를 올리는 과정을 거친다.

권번은 일제강점기에 기생들이 기적(妓籍)을 두었던 조합이다. 검번(檢番) 또는 권반(券班)이라고도 하였는데, 조선시대에 기생을 총괄하던 기생청(妓生廳)의 후신이라 할 수 있다. 또한 권번은 기생을 관리하는 업무대행사로, 등록된 기생을 요청에 따라 요릿집에 보내고 화대(花代)를 수금하는 일을 맡았다. 권번에선 매일 ‘초일기(草日記)’라는 기생명단을 요릿집에 보내 단골손님이 아닌 사람도 기생을 부를 수 있게 했다. 물론 예약도 가

24) 人力車夫,「독자긔별」,『매일신보』, 1915. 7. 15.

25) 신현규(2007),『기생이야기』, 살림지식총서297, 살림, 7-8쪽.

능했다.[26] 기생조합에 대한 최초의 기록은 1909년 4월 1일 한성기생조합소[27]가 함경남도 문천군(文川郡)의 기근을 위로하기 위해 자선 연주회를 연다는 것이었다.[28] 한성권번은 한성기생조합이 1914년에 권번으로 바뀌면서 생겨난 곳으로 퇴역 관기(官妓)와 그때 급상경하고 있던 남도 지방의 기생들을 포괄하는 집단으로 재구성하면서 기예가 뛰어난 장안의 일류 기생들이 소속해 있었다.[29] 1918년 경상도, 전라도 두 지방 기생을 중심으로 한남권번이 창립되어, 남도에서 기생 수업을 받고 경성 생활을 위해 올라오는 많은 기생들의 보금자리가 되었던 것으로 보인다.[30] 이에 반해 대정권번은 다동(茶洞) 기생 조합이 권번으로 결성된 곳으로 평양의 무부기(無夫妓)들을 중심으로 기타 서울과 지방기생을 합하여 만들어졌다. 특히 하규일(河圭一)에 의해 조선정악전습소(朝鮮正樂傳習所)의 여악분교실(女樂分校室)이라는 명분하에 만들어졌기에 주목된다. 하규일의 여악분교실은 안민영과 기녀의 관계와 같은 "가객—기녀"관계의 부분적인 재현으로

---

26) 경성 소재 권번 → 4대권번 : 漢城券番, 大正券番, 漢南券番, 京和券番 / 평양(箕城券番, 대동권번), 부산권번(동래권번), 인천권번(소성권번, 龍洞券番), 그 밖에 대구권번, 광주권번, 남원권번, 개성권번, 함흥권번, 진주권번 등이 유명하다. 신현규(2007), 「朝鮮美人寶鑑」에 수록된 唱歌 硏究」, 『우리문학연구』 27집.

27) 宋芳松(2003), 「漢城妓生組合所의 藝術社會史的 照明—大韓帝國 末期를 중심으로」, 『한국학보』 113집, 일지사 참조.

28) 김영희(1999), 「일제시대 기생조합의 춤에 대한 연구—1910년대를 중심으로」, 『무용예술학연구』 제3집, 한국무용예술학회, 53-54면.

29) 권도희(2000), 「20세기 초 남도 음악인의 북진」, 『소암권오성박사화갑기념논문집』, 간행위원회, 91-92면.

30) 성경린(1997), 「다시 태어나도 아악의 길로 Ⅱ」, 『한국음악사학보』, 한국음악사학보18집 참조.

볼 수 있기 때문이다.[31] 평양출신 기생 백운선의 스토리텔링은 실기(實記)를 바탕으로 영화의 시나리오, 그리고 캐릭터 대상으로 이처럼 손색이 없다. 구체적으로 전통 예악으로는 가사(歌詞)와 시조창(時調唱), 서도잡가(西道雜歌) 등에 능하였기에 다양한 캐릭터로 표현된다. 더구나 춤으로는 검무(劍舞), 승무(僧舞), 정재무(呈才舞), 서양무도(西洋舞蹈), 일본 춤까지도 잘 추었기에 시나리오와 스토리텔링의 여러 볼거리를 위한 장치는 풍성하다.

② 승마하는 기생 백운선의 스토리텔링 요소

1894년 갑오개혁의 노비 해방과 관기의 해방은 별개였다.[32] 1895년 이후 궁중 관기는 장악원 직제에 있는 것이 아니라 태의원(太醫院)과 상의사(尙衣司)로 소속되면서 관기 해방 기록에 혼동이 일어났다. 내의원(內醫院)의 의녀(醫女)는 1907년에, 상의사의 침선비(針線婢)도 1907년에 폐지되었다.[33] 따라서 직제상 관기가 폐지된 것은 1907년이다. 그 후 기생조합이 생기고 이어서 권번이 생긴다.

일제강점기 기생들의 활동 발판은 권번이었다. 권번이 성립된 것이 1914

---

31) "19세기 風流房에서 歌客과 妓女는 모두 풍류계 음악의 主體者이며 동시에 享受者였다. 그러나 20세기 가객과 기녀의 관계는 풍류계 음악의 주체자가 아니며 학습장의 스승과 弟子로만 기능하게 되며, 이들의 음악은 일정한 美的 趣向을 공유하는 사람들에게 향수되는 것이 아니라 예술을 살 수 있는 불특정 다수가 享受者가 된다. 따라서 河圭一의 女樂分校室은 명분뿐이었다 할 수 있으며 그나마 명분만으로 이어지는 전통적인 풍류방 마지막이었다 할 수 있다." 권도희(2001), 「20세기 기생의 음악사회사적 연구」, 『한국음악연구』 29호, 한국국악학회, 327면.

32) 신현규(2007), 『기생이야기』, 살림지식총서297, 살림, 14-16쪽.

33) 김영희(2006), 「조선 관기의 마지막 무대」, 『개화기대중예술의 꽃, 기생』, 민속원, 13-21쪽.

년 무렵이니 기생들의 전통춤 활동은 권번 이전 기생조합과도 연관이 있다. 1905년 궁내부 제도개편의 일환으로 조선조 궁중정재를 담당하던 여악 제도가 폐지되자 1908년경 여악에 소속됐던 관기들은 뿔뿔이 흩어지게 되었다. 방황하던 기생들이 일본 경시청을 통해 하달된 기생조합 내지 예기조합(藝妓組合)에서 권번이라는 명칭으로 전환된 것은 1914년경에 이르러서였다.[34] 기생들의 활동을 기록한 신문자료를 보면, 기생조합과 권번은 한동안 혼용되어 사용되다가 1920년대 이후에는 권번의 명칭이 우위를 점유한다. 그런데 우리나라 근대 승마의 역사에서 기생 출신의 여성들은 '여성 최초'의 서구식 승마를 했다는 타이틀을 얻게 된다.

한국의 승마는 고대사회에서부터 시작되었다. 즉 농경 및 교통수송수단으로 이용되는 한편 전쟁에서는 꼭 필요한 전쟁수행수단으로 발달되었다. 조선 후기에는 러시아로부터 좋은 말이 들어오고 현대식 마구(馬具)가 수입됨으로써 서구식 승마가 도입되었다. 그 후 일제강점기에는 1934년에 비로소 현대시설을 갖춘 승마구락부가 일본인에 의해 처음 설립되었다.

오날날 기ᄉᆡᆼ이 말타고 단이ᄂᆞᆫ 것은 온탕치도 안을 ᄲᅮᆫ외라 풍긔 취태상 관계가 젹지 안은즉 이 뒤부터ᄂᆞᆫ 일졀 말타기를 업ᄉᆡ라고 셜유ᄒᆞᆫ 결과 기ᄉᆡᆼ 등은 다시ᄂᆞᆫ 타지 안겟다ᄂᆞᆫ 셔약을 ᄒᆞ고 경찰셔 관ᄂᆡ 다동기ᄉᆡᆼ 白雲仙과

34) "일제강점기 기생들에 의한 전통춤의 전승은 券番과의 매개를 통해서 가능할 수 있었다. 권번과 기생에 대한 연구는 사료와 현장이라는 두 가지 방법론을 통해 접근해 볼 수 있다. 이는 상호 보완의 의미가 있다. 일제강점기 권번과 기생의 활동 내역을 엿볼 수 있는 사료로는 『조선미인보감』과 『매일신보』의 〈예단일백인〉, 그리고 그 밖의 기생들의 연예활동을 기록한 신문기사를 들 수 있다. 다음은 권번과 기생에 관한 현장 자료로는 원로예인들이 회고하는 구전 내용을 들 수 있다." 성기숙(2001), 「일제강점기 권번과 기생의 전통춤 연구」, 한국민속학회 추계학술대회, 발표3, 1-2면.

광교기ᄉᆡᆼ의 鳳嬉, 姸玉이와 신창기ᄉᆡᆼ의 瓊蘭, 鸚鵡 등도 말을 타ᄂᆞᆫ 고로 본뎡경찰셔에셔 이십이일 각 조합의 ᄃᆡ표쟈를 불너다가 다시ᄂᆞᆫ 타지 못ᄒᆞ도록 셜유ᄒᆞ야 보ᄂᆡ엿다더라.[35]

1918년 다동기생 즉, 대정권번기생 백운선은 말을 타지 못하도록 한 당시 신문기사를 찾아볼 수 있다. 이처럼 승마와 관련된 기생의 스토리텔링 디지털화가 가능하다.

기생이 서구 근대식 승마를 한 것은 온당하지도 않고 풍기에 추태가 있기에 경찰서에서 금지를 하게 된다. 더구나 해당 기생들에게 서약서를 받고 기생조합 대표자에게도 경고를 할 정도 사회적 문제가 일어난다. 그 후 언론에 백운선의 스캔들이 자주 기사화되었다. 물론 1920년 다동조합, 대정권번기생 백운선은 경성 고아구제회를 방문하고 60원을 기부한 『매일신보』[36] 신문 기사 내용을 볼 수 있는 것처럼 늘 문제만 일으키는 것은 아니었다. 반면에 1926년 조선권번기생 백운선은 불미스러운 일로 경찰서에 취조를 받는다. 『중외일보』 1926년 12월 24일자 기사 내용[37]은 부호 임종상(林

35) 「妓生 騎馬 禁止—경찰셔에셔 금지ᄒᆞᆫ다」, 『매일신보』, 1918. 3. 27.

36) "금슈강산 모란봉의 특이ᄒᆞᆫ 경긔를 담쏙바더 가지고 그 몸을 화류계에 더져가지고 됴션 뎨일가ᄂᆞᆫ 도회 경셩 텬디에 올나와셔 츄월춘풍에 다졍다한ᄒᆞᆫ 셰월을 보ᄂᆡ며 됴션의 명기로 통쳔ᄒᆞᆫ 다동죠합 기ᄉᆡᆼ 白雲仙이ᄂᆞᆫ 일젼에 산하갓치 지즁ᄒᆞᆫ 졍이 들은 졍랑을 작별ᄒᆞ고 고양사ᄂᆞᆫ 엇던 남ᄌᆞ를 ᄯᅡ러셔 귀치안코 진져리 나ᄂᆞᆫ 화류게를 하직ᄒᆞ고 살님을 들어갓다ᄂᆞᆫ 말ᄭᆞ지 뎐ᄒᆞ엿스나 그것은 젼혀 오뎐이며 여젼히 노름에 불니워 다닌다 ᄒᆞᄂᆞᆫᄃᆡ 원ᄅᆡ부터 인졍만코 싹싹ᄒᆞ고 의리가 잇ᄂᆞᆫ ᄇᆡᆨ운션이ᄂᆞᆫ 경셩의 무의무가ᄒᆞᆫ 고아를 구제ᄒᆞ랴ᄂᆞᆫ 고아원이 창립되여 간다ᄂᆞᆫ 말을 듯고 곳 감심되야 운션은 경셩 고아구졔회를 방문ᄒᆞ고 일금 륙십 원을 긔부ᄒᆞ엿다ᄒᆞ니 기ᄉᆡᆼ의 몸으로 이와갓흔 ᄯᅳ거운 동졍을 경셩 고아들에 쥬기ᄂᆞᆫ 기ᄉᆡᆼ게에 ᄇᆡᆨ운션이로 호사가 되겟더라." 「화류계소식-ᄇᆡᆨ운션의 일」, 『매일신보』, 1920. 3. 24.

37) 「부호의 친제가 만여 원 사기로 서대문 경찰서에 잡혀, 엄중 취조를 받고 있다. 백운선 따르

宗相) 씨의 아우 임인상(林仁相)(20)와의 스캔들로 결국 사기횡령으로 연루되는 사건이다.

③ 레코드 SP 음반 가수 백운선의 스토리텔링 요소

일제강점기 근대적 발명품 중에 유성기는 라디오만큼 널리 보급되었다. SP축음기와 SP판으로 이루어진 유성기는 손잡이로 태엽을 감고 바늘을 판 위에 올리면 바늘 위쪽에 있는 소리통이 울리는 구조이다. SP는 연주시간이 25cm판 한쪽 면이 약 3분간, 30cm판 한쪽 면이 약 5분간이다. 이 때문에 유성기판의 한 면에는 대개 1곡 정도의 노래가 수록되어 있다. 유성기를 소유했던 사람의 집에는 축음기 소리를 듣고자 많은 사람들이 몰려와 인기를 독차지했다.[38] 백운선은 일제강점기에 유성기(SP) 음반, 광복 후에는 LP 음반을 낸 적이 있는 명기였다. 기생의 유성기 음반을 취입한 것은 도월색이 최초였고, 대중가요에서는 평양 기생 출신이었던 왕수복이 최초라고 할 수 있다.[39]

a. **일본콜럼비아음반**

서도잡가 영변가(上)(下) - 백운선 장고(지용구)[40]

던 임인상」『중외일보』 1926. 12. 24.;「방탕아의 최후 만 원을 사기 차용, 범인 임인상은 서대문서에 배후엔 명기 백운선」『조선일보』 1926. 12. 24.

38) 에밀 페르리너가 1887년에 그 때까지의 원관(圓管) 레코드 대신으로 발명한 평원반 레코드에서 비롯된다. 초기에는 회전수가 회사에 따라 78회전·80회전 등 여러 가지가 있었으나 전기취입이 시작된 1925년 무렵에는 78회전으로 통일되었다. 331/3회전·45회전이 일반화됨에 따라 1961년 이후 SP는 만들어지지 않고 있다.

39) 신현규(2006), 『평양기생왕수복』, 경덕, 55쪽.

40) 40023-A(20745) 西道雜歌 寧邊歌(녕변가)(上) - 白雲仙 長鼓 池龍九 / 40023-

서도잡가는 황해도·평안도지방에서 불리는 잡가로, 세마치장단이 기본이고, 사설에 따라 4박·5박·6박을 섞어 불규칙장단을 적당히 치는 것이 많다. 가락은 대개 수심가조(調)에 가깝다. 대표적으로 여기에 해당되는 잡가가 바로『영변가(寧邊歌)』라 할 수 있다.

b. 빅타 유성기원반

서도소리 선집(1) 영변가 : **백운선**(1928년 녹음) 5. 영변가(6:26)
6. 관산융마(3:18)

서도소리 선집(3) 경기민요개성난봉가(박연폭포) : (1928년 녹음)

평양시(平壤詩) 관산융마	독창 **백운선**[41]
개성잡가 박연폭포가	독창 **백운선**
	대금(김계선)
	장고(박춘재)[42]
경조(京調) 무당노래가락(上)(下)	독창 **백운선**
	대금(김계선)
	장고(박춘재)[43]
평양잡가 상하 창영변가(上)(下)	독창 **백운선**
	장고(박춘재)[44]
잡가 영변가(上)(下)	**백운선**

B(20476) 西道雜歌 寧邊歌(녕변가)(下) - 白雲仙 長鼓 池龍九.

41) Victor 49013-A 平壤詩 關山戎馬(관산융마) 獨唱白雲仙.

42) Victor 49013-B 開城雜歌 朴淵瀑布박연폭포가 獨唱白雲仙 大琴金桂善 長鼓朴春載.

43) Victor49052-A京調 巫女遊歌무당노래가락(上) 獨唱白雲仙 大琴金桂善 長鼓朴春載 / Victor49052-B京調 巫女遊歌무당노래가락(下) 獨唱白雲仙 大琴金桂善 長鼓朴春載.

44) Victor 49019-A 平壤雜歌 上下唱寧邊歌상하창영변가(上) 獨唱白雲仙 長鼓朴春載 / Victor 49019-B 平壤雜歌 上下唱寧邊歌상하창영변가(下) 獨唱白雲仙 長鼓朴春載.

장고(박춘재)[45]

서도잡가 중에서도 관산융마(關山戎馬)는 조선 정조 때의 시인 신광수(申光洙)가 지은 과거 때 쓰는 시체(詩體)인 공령시(功令詩), 즉 『등악양루탄관산융마(登岳陽樓歎關山戎馬)』[46]를 자유리듬에 얹어 부른 노래이다. 느리고 꿋꿋한 선율로 서도잡가 중에서도 기품 있는 곡으로 손꼽힌다. 공령시는 중국 당나라 때의 시인 두보(杜甫)가 표랑생활을 하다 만년에 악양루에 올라 탄식한 것을 읊은 시로 두보의 글귀가 많이 인용되어 있다. 그 사설(辭說)은 "秋江이 寂寞魚龍冷하니 人在西風仲宣樓를 梅花萬國聽暮笛이요, 桃竹殘年隨白鷗를 烏蠻落照倚檻恨은 直北兵塵何日休오…"이다.

c. 오아시스

서도잡가 영변가(上)(下) 창 백운선 반주 오아시스 한양악단(韓洋樂團)[47]

d. 시대(時代)레코드사

대감(大監)노리 이진홍·백운선(1960년대 녹음, 1971년 7월 10일 제작.)

e. 홈런레코드사

대감(大監)노리 KOREAN DAEKAMNORI 창(唱) 이진홍(李眞紅)

---

45) Victor KJ-1244(XVE02014) 雜歌 寧邊歌(上) 白雲仙 長鼓朴春載 / Victor KJ-1244(XVE02015) 雜歌 寧邊歌(下) 白雲仙 長鼓朴春載.

46) 한재락(2007), 이가원 역, 『녹파잡기(개성 한량이 만난 평양 기생 66인의 풍류와 사랑)』, 김영사, 101쪽.

47) Oasis 5575 西道雜歌 寧邊歌(上) 唱 백운선 伴奏오아시스韓洋樂團 / Oasis 5576 西道雜歌 寧邊歌(下) 唱 백운선 伴奏오아시스韓洋樂團.

· 백운선(白雲仙)(1970년 녹음, 1970년 3월 10일 제작.)

f. 대도(大都)레코드사

흥겨운 민요 만담 걸작집–장소팔 대 고춘자 폭소 대전 – 3.삼층밥 이구려 창(唱) : 이진홍 · 백운선

g. 시대레코드사 · 유니버어살레코드사

강옥주 · 백운선 회심곡(悔心曲)(1968년 녹음, 1968년 10월 25일 초판 제작, 1960년대 재판 제작.)

h. 아세아레코오드사 발매, 성음(成音) 제작소 제작

가락 찾아 삼천리(三千里) VOL.2 10집 1면 1.대감노리(18:00) – 창 : 이진홍 · 백운선(1960년대 후반 녹음, 1968년 10월 30일 제작)

이처럼 백운선은 평양 출생의 기생으로 경성화류계에서 이름이 높은 명기이면서, 레코드 가수로서의 인기를 차지하고 있는 기생이었다.[48] 이름을 참 지었다고 권번에서도 많이 알려졌다. 소리 잘하고 인물이 뛰어나고 한동안 장안 호협남아를 숱하게 울렸다. 더구나 거문고는 탁문군(卓文君)만큼 잘하였다. 백운선을 잊어버리지 못한 중로(中老)들이 때로 사랑방에서 탄식하는 소리가 들렸을 정도였다. 백운선 이후에 현계옥(玄桂玉), 정금죽(丁琴竹), 강향란(姜香蘭) 등이 뒤를 이었다. 기생의 유성기(SP) 음반 가수로의 진출은 그 자체가 스토리텔링에서 기생 콘텐츠의 전형성을 담보한다.

48) "좌중에 계신 손님들이 모두 일어나 정중하게 대접하는 것을 보고 이상하게 생각했는데 이 분이 바로 육당 최남선 선생이라는 것을 알고 나는 깜짝 놀랐다. 육당 선생께서는 별로 말씀이 없었으나 백운선의 영변가를 좋아하셨고, 음성은 쉿소리였다. 내가 육당 선생의 처음 본 인상을 「복덕방목침」같다고 손님들에게 말했더니 그 후 이 말은 육당 선생님의 별명처럼 돼 버렸다." 이난향, 「남기고 싶은 이야기–명월관」, 『중앙일보』, 1971.

4. 마무리

우리나라의 문화원형 중에서 디지털 콘텐츠의 대상으로서 '기생'은 매력적이다. 특유의 팜므 파탈의 이미지와 함께 이중적인 삶의 굴곡이 잘 드러나 있는 극적 대상이기 때문이다. 기생은 문화콘텐츠로서 다른 콘텐츠와의 상호 연관성 관점에서 이것보다 뛰어난 대상이 없을 정도이다. 더구나 일제강점기의 근대적 기생, 즉 권번기생들은 대부분 인생 자체가 극적인 내러티브를 담고 있어 다양한 시나리오로 재구성하기에 유리하다. 우선 기본적으로 신문, 잡지 자료가 많이 남아 있고 관련 인터뷰도 아직까지는 남아있다.

기생 이야기는 미모나 재주가 뛰어나지만 사회적 천대 때문에 일반인과의 사랑이 이루어질 수 없는 애환을 지닌다. 또한 기생들과 관련이 깊은 주변 인물의 삶 자체도 역시 굴곡이 심한 점 등에서 극적 구성을 가진다. 특히 역사적 인물을 재조명하는 스토리텔링 개발은 '원 라이프 멀티 스토리'라는 관점에서 지속적으로 이어져야 한다. 그 논의 대상으로 삼은 「백운선(白雲仙)의 비밀(秘密)」은 『매일신보』 1919년 7월 16일에서부터 8월 2일까지 15회에 걸쳐 연재된 실기 형식의 글이다. 근대 기생인 백운선을 스토리텔링하기 위해 연재된 글에서 진행되는 여러 글감과 상황을 다양한 다른 자료로 보완하면서 원 라이프 멀티 스토리의 가능성을 시도하였다. 연재된 서술 방식을 보면 순차 구성이 중심이다. 디지털 매체 서술 방식으로 전환을 하기 위한 여러 멀티미디어의 구현이 전제되어야 한다. 이를 위해 매체장르는 실사 재연을 하는 것이 적절하다. 기생 '백운선'을 콘텐츠로 한 스토리텔링은 앞으로도 지속적 연구가 필요하다.

#『内外珍談集』(1915년)에 나타난 평양 노래서재[歌齋] 탐방기

1. 서지 정보

『내외진담집(内外珍談集)』은 1915년(大正4년)에 발간된 일본어로 된 단행본이다. 저자는 鏡陽学人 編으로 출판사는 정헌사(靖献社)이며, 총 256쪽이면서 19cm이다.[1] 소장처는 일본 국회도서관이다. 저자에 대한 기록은 거의 찾을 수 없고, 확인되지 않는다. 다만 출판사는 1910년대에 책을 출간한 기록만 있다.[2] 제목에 나타내는 것처럼 '내외진담

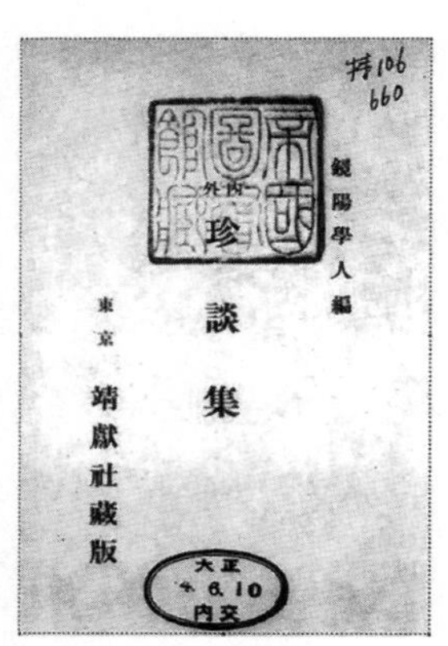

『내외진담집(内外珍談集)』 앞표지

1) 일본국회도서관 소장 Microform / Online/Digital ; 256쪽 ; 19cm.

2) '靖献社' 출판사에 대한 발간 정보는 아래와 같이 1910년대 기록만 남아있다고 보인다.
『智嚢 : 新訳』 馮夢竜 輯, 島内柏堂 訳, 東京, 靖献社, 1913.
『谷干城遺稿 上』 島内登志衛 編, 東京, 靖献社, 1912.

大正四年六月五日印刷
大正四年六月八日發行
▲正價五拾錢▼

不許複製
内外珍談集

編者 鐵腸學人
發行者 島内丑
印刷者 高嶺榮太郎
印刷所 靖獻社印刷所

發行所 東京市麴町區土手三番町三一 振替東京九六四八 靖獻社
大賣捌 東京市神田區表神保町 振替東京二七〇 東京堂

『내외진담집(内外珍談集)』 판권지

(内外珍談)'은 일본 내외의 진귀하고 기이한 이야기로, 이를 모은 책이 『내외진담집(内外珍談集)』이다. 목차를 보면 흥미롭게도 '평양 기생학교'에 대해 진담(珍談), 즉 진귀하고 기이하게 보고 그 내용을 담았다.

1930년대 일제강점기 '평양 기생학교' 탐방기는 『삼천리』 잡지에 의해 널리 알려져 있다. 특히 1930년 7월 「西道一色이 모힌 平壤妓生學校」[3], 1934년 5월 「平壤妓生學校求景, 西都 平壤의 花柳淸調」[4] 제목으로 발간된 '평양 기생학교' 탐방기는 당시의 모습을 알 수 있는 중요한 문헌 기록들이다. 특히 1915년 이른 시기에 『내외진담집(内外珍談集)』 '평양 기생학교'는 옛 모습 '노래서재[歌齋]' 내용을 알 수 있는 희귀 자료로 판단된다.

본래 '가재(歌齋)'는 가객(歌客)과 금객(琴客)이 시와 시조를 읊는 서재라는 뜻이지만 평양에는 주로 정가(正歌), 즉 가곡(歌曲), 가사(歌詞), 시조(時調) 등을 노래하는 서재이었다. 한양에 있었던 1760년(영조36)에는 김수장(金壽長)을 중심으로 형성된 가객(歌客)들의 모임이던 '노가재(老歌齋)'와 비견된다.

일제강점기에 조선을 방문하는 관광단이 가장 보고 싶어 하는 것 중의 하나가 기생이었다. 당시 '조선색 농후한 전통적 미를 가진 기생'을 볼 수 있는 곳은 평양 기생학교뿐이라고 해도 과언이 아니었다. 사실 평양 기생학교는

3) 『삼천리』 제7호, 草士, 1930.7.1, 「西道一色이 모힌 平壤妓生學校」

4) 『삼천리』 제6권 제5호, 1934.5.1, 「平壤妓生學校求景, 西都 平壤의 花柳淸調」

1930년대 본래 명칭이 '평양 기성권번(箕城券番) 기생양성소'인데 3년 학제로 운영되었다. 대동강 부근에 있었고 그 부근 일대에 산재해 있는 10여 군데의 대규모 요릿집을 대상으로 운영하였다. 수양버들이 축 늘어진 연광정에서 서쪽으로 돌아 한참 가노라면 채관리가 나오고 그곳에 평양 기성권번의 부설 기생학교가 구름 속 반달 모양으로 자리한다. 정문에 발을 들여놓으면 시조와 수심가 가락이 장구에 맞추어 하늘 공중 둥둥 높이 울려 나오고 연지와 분과 동백기름 냄새가 마취약같이 사람의 코를 찌를 정도였다.[5)]

기생양성소라고 볼 수 있는 평양의 이름난 노래서재가 적지 않게 있었다. 노래서재에서 가무를 배우면 기적(妓籍), 즉 기생 호적에 올라가는 것이다. 노래서재에서는 '경소용(京所用)', 즉 '서울에서 쓸모 있는 몸'이란 뜻으로 평양이 아닌 경성으로 보낼 기생이라 하여 구분하여 가르쳤다.[6)]

2. 목차

『내외진담집(内外珍談集)』은 총 60개 국내외의 진귀하고 기이한 이야기를 모았다. 60개마다 별도의 내용으로 이루어졌다. 그중에서도 46번째의 진귀하고 기이한 이야기가 바로 **'平壌の妓生學校'**로 앞뒤의 이야기와 거의 상관없는 개별적 내용이다.

5) 신현규, 『기생 이야기-일제시대의 대중스타』, 살림출판사, 2007

6) 신현규, 『기생, 조선을 사로잡다』, 어문학사, 2010

『내외진담집(内外珍談集)』의 60개 이야기 중에 조선과 관련된 내용은 3개로 파악된다. 제목으로만 검토해보면 8번째 怖しい朝鮮怪談, 31번째 三韓踊と鯨行列, 46번째 平壤の妓生學校 등으로 확인할 수 있다. 추후 검토를 통해서 조선과 관련된 것을 보완토록 할 예정이다.

3. '平壤の妓生學校' 내용 및 번역 소개

평양의 기생학교[7)]

조선의 평안남도는 미인의 산지로 알려져 있다. 특히 평양은 기생의 본고장으로 유명하다. 기생의 본고장인 평양에는 기생을 양성하는 특별한 학교가 있다. 일본에서도 유곽에는 뇨코바(女紅場)라고 하는 예창기(藝娼妓)에게 학예를 가르치는 곳은 있지만, 이미 숙련된 예창기(藝娼妓)에게 보습적(補習的)인 교육을 실시하는 데 지나지 않는다. 어릴 때부터 교육해서 숙련된 예기(藝妓)를 양성하는 진묘하고 기발한 학교는 아직 없었다.

아무튼 기생학교 방문은 방문을 쉽게 승낙하지 않은 학교이다. 평양에 온 관광객은 이 학교의 참관을 희망하기 바란다. 예상외로 평양에 재류하는 일본인은 소문으로만 알고 있을 뿐 실제로 어디에 학교가 있는지 몰랐기에 언제나 생각만으로 끝났다. 어느 날 일본통의 한국인 안(安) 서방과 함께 탐색하러 나섰다.

"일체 일본인은 기생학교, 기생학교 말하지만, 학교가 있을 턱이 없지요. 어떤 기생을 양성하는 곳이라면 좋겠지요."

"그래도 기생학교라고 하지 않을까요?"

"아니, 기생학교라고 하지 않지요. 그런 곳을 조선에서는 노래서재[歌斎][8)]라고 하지요."

---

7) 『내외진담집(内外珍談集)』 목차 46, 平壤の妓生學校, 192쪽.

8) 평양에 있던 '노래 서재'를 말한다.

1900년대 관기(官妓) 학교 기생 사진

평양 노래서재의 기생 사진들

"그 노래서재가 보고 싶네요."

이런 대화를 하면서 관찰도(觀察道)의 동남쪽에 있는 '대흥면 1리'라고 하는 곳에 오게 되었다. 물론 큰길부터 돌아서 굴곡 있는 좁은 길로 들어가는 마을이었다. 간판을 보니 "기생조합소(妓生組合所)"라 씌어있는 간판이 걸려있었다.

안(安) 서방은 "이곳이 노래서재다." 라 하였다. 대문은 잠겨 있었지만, 안쪽 정원에 홍(紅), 자(紫), 녹(綠), 황(黃), 여러 색의 치마저고리를 입은 아름다운 여인들이 웃는 모습들을 보았다. 우리의 시선을 보고는 놀라며 어찌할 바를 몰라[9], 내실(內室)로 깊이 숨어버렸다. 그녀들이 바로 기생학교의 생도이었다.

'기생조합소'의 구조는 계단도 없는 보통 민가(民家)이었다. 물론 학교식의 건물도 아니었다. 안(安) 서방을 통해서 명함을 주고 노래서재의 주인에게 면회를 청하였다. 안내받은 곳은 기생학교에 자그마한 교실의 온돌방이었다. 좌우 벽 위에는 『경운제(景雲斎)』라고 편각해서 "客有親疎俱握手酒無賢聖捻濡唇"[10]라고 의미 있을 것 같은 연구(聯句)가 붙여져 있었다.

윗자리에 앉으니 주인이 공손하게 명함을 주었다. "전주사(前主事) 이달화(李達華)". 예전에 관리인이었지만, 지금은 노래가재의 주인이라고 했다. 둘러보니 한 편에 육십이 넘은 할머니가 툇마루에 앉아있었다. 이를 마

9) 주장낭패(周章狼狽)는 놀랍고 곤란해서 어찌할 바를 모르는 것을 말한다.

10) 「冬夕闲咏」 宋 陆游 "柳眼梅须漏泄春, 江南又见物华新。终年幽兴遗身世, 半夜孤吟怆鬼神。客有疏亲俱握手, 酒无贤圣总濡唇。放翁自命君无笑, 家世从来是散人"

주 보던 진한 진홍색, 홍색, 녹황색, 갈색, 보라색 등의 치마저고리를 입은 소녀 일곱 명이 아주 신기한 듯 이쪽을 바라보고 있었다.

안(安) 서방의 통역으로, 그 할머니는 이 노래서재의 스승으로 올해 오십육 세이며, 반백 머리에 주름이 새겨진 얼굴이지만 삼십 년 전에는 계연선(桂蓮仙) 기생으로 꽤 이름있었다고 나중에 알게 되었다. 여전히 옛 모습이 남아있는 듯하였다. 일곱 명의 생도는 모두 열 살 이하의 어린아이로 매일 계연선 스승의 지휘로 창가(唱歌), 주악(奏樂)을 배운다고 한다. 옛날의 방탕아(放蕩兒)이었지만, 이젠 노인이 되어 유흥의 재미를 잊지 못해 각자의 특기의 악기를 가르치러 오는 스승들이 많다고 한다. 실내에 긴 담뱃대에 담배를 피우면서 태평스럽게 앉아있었던 네댓 명의 남성이 그들이었다. 방 구석구석에는 오현금(五絃琴), 거문고, 호궁(胡弓), 작은 피리, 장구, 북 종류가 난잡하게 어지럽혀져 있었다. 생도 중에서 제일 나이가 많은 진홍(眞紅)은 15세, 장차 피는 꽃봉오리처럼 모습도 아름다웠다. 가장 나이가 적은 이가 은희(銀姬)라는 11세, 쌍꺼풀에 빈틈없는 완벽한 모습의 입매가 자연스러운 미소를 띠었다. 그 외에 모두 12, 13세 나이에 미인도 있고 미인이 아닌 사람도 있었다.

생도는 15, 6세까지 기생으로서의 소양을 부여받고 처음으로 노래서재를 떠나 기생으로서 세상에 나가게 된다고 한다. 본인 능력에 따라 경성에 올라가 훌륭한 관기가 되고 정3품의 귀한 지위도 받을 수 있었다. 그리고 평양에 있어도 예전부터 명기(名妓)로 알려진 기생도 적지 않다. 특히 계월향(桂月香)과 같은 죽은 후, 사당(祠堂)이 세워져서 그 명성을 300년 후까지 남겼다고 한다.

주인에게 계월향의 경력을 말해주었으면 했기에 재촉하였다. 그는 긴 담뱃대를 자리 잡고 조용히 말하였다. 사실 임진왜란을 관계한 비극적 이야기다. 비극적인 기생의 최후는 지난 300년 전 임진왜란 시대의 이야기로 상세하게 의열사비문(義烈祠碑文)에 알려져 있다. 단편적 담화보다도 비문 쪽이 확실하기 때문에 그것을 의역해서 보면 다음과 같다.

토요토미 히데요시가 군사를 크게 일으켜 조선을 정벌할 때 좌군(左軍)의 선봉 고니시 유키나가는 평양을 점령했다. 그때 행장의 부장, 유리키 제와에게 선봉 제일의 공을 인정하여 포로 포획에 대한 포상을 주었다. 그 포로 중에는 만록(萬綠) 총중(叢中)의 홍일점(紅一點) 뛰어난 미인이 있었다. 계월향(桂月香)은 스물아홉의 기생으로 복숭아꽃과 자두꽃이 가지런히 가다듬듯 농염한 자태가 황홀할 정도였다. 왜장은 한눈에 그 자색을 훌륭하다고 여겨 사랑하였다. 전쟁의 시름을 쓸어내려 진중하면서 애정을 쏟아부었다. 계월향은 어제까지 세상을 주연행락(酒宴行樂)의 화류계로만 생각하고 있던 것도 꿈처럼 지나가고, 이제는 조선 사람이 증오하는 왜노(倭奴) 때문에 전쟁터 한복판에서 마치 삶은 생선처럼, 새장에 갇힌 새처럼, 속박되어 벗어나려고 해도 벗어날 수 없었다. 죽으려고 해도 죽을 수 없을 정도이었다. 비경에 잠겼지만, 오히려 적을 속이고 원수(怨讎)로 갚을 생각을 했다. 어느 날 계월향은 성루(城樓)에 서서 두견새의 울음소리에 슬픔 소리로 짜내서 "형님아, 우리 형님아"로 불렀다. 그 슬픔의 소리를 듣고 분발한 이가 바로 성루 아래에 조선의 장수, 유명한 양의공(襄毅公) 김경서(金景瑞)[11]이었다. 계월

11) 金景瑞(1564-1624년)는 본관은 김해(金海). 초명은 김응서(金應瑞), 자는 성보(聖甫), 용강에서 살았다. 일찍이 무과에 급제, 1588년(선조 21) 감찰(監察)이 되었으나 집안이 미천한 탓으로 파직되었다가, 1592년 임진왜란이 일어나자 다시 기용되었다. 그해 8월 조방장(助防將)으로 평양 공략에 나섰으며, 싸움에서 여러 차례 공을 세워 평안도방어사에 승진되었다. 1593년 1월 명나라 이여송(李如松)의 원군과 함께 평양성 탈환에 공을 세운 뒤, 전라도

향은 기쁨이 극에 달해 눈물을 글썽이었다. 김경서를 향해 "씩씩한 그대요. 불쌍한 첩을 왜군으로부터 구해주기를" 말하였다. 이에 김경서의 마음을 움직이게 하여 스스로 계월향의 오라버니라고 칭하고 성안으로 들어갔다. 왜장이 심야에 숙면할 때를 노렸다. 왜장의 목을 베어 왼쪽에 들고, 오른쪽에 미인의 손을 잡고, 성문을 나가려고 했다. 허나 순식간에 적병들에게 포위되어 진퇴양난에 빠져 계월향에게 향해 "이상한 인연으로 몸을 구하려 했지만 뜻대로 되지 않았구나, 인정을 모르는 것이 비슷하지만 생명을 우리에게 주었다"고 하였다. 결국 계월향은 처음부터 죽을 각오를 하였기에 비장한 최후를 이루었다. 그래서 김경서는 홀로 성벽을 넘어 군영에 도착하였다. 그 후도 많은 전공을 세웠다고 하였다.

계월향의 소설적 전기에 비창(悲愴)한 정(情)을 일으킬 때, 기생학교에서는 그날에도 노래가 불리여 지고 있었다. 예컨대 가야금, 호궁, 피리, 장구를 가지고 장단을 맞추면 일곱 명의 생도는 일렬이 되어 스승의 영(令)을 기다렸다. 머지않아 스승으로부터 영이 떨어지면, 일곱 명의 소녀는 붉고 아름다운 입술을 움직여 노래한다. 노래의 대체적 의미는 다음과 같다.

산에 번창한 나무, 그 나무를 잘라 배를 만들고, 그 배에 기생과 술을 쌓아

병마절도사가 되어 도원수 권율(權慄)의 지시로 남원 등지에서 날뛰는 토적을 소탕하였다. 1595년 경상우도병마절도사가 되었을 때, 선조가 임진왜란이 일어난 지 이틀 만에 동래부에서 장렬하게 전사한 송상현(宋象賢)의 관을 적진에서 찾아오라고 하자 그 집 사람을 시켜 일을 성사시켰다. 또한, 이홍발(李弘發)을 부산에 잠입시켜 적의 정황을 살피게 하고, 일본 간첩 요시라[要時羅]를 매수해 정보를 수집하기도 하였다. 1597년 도원수 권율로부터 의령의 남산성(南山城)을 수비하라는 명을 받았지만 불복해 강등되었다. 그 뒤 1603년 충청도병마절도사로 군졸을 학대하고 녹훈(祿勳)에 부정이 있어 파직되었다가, 1604년 전공을 인정받아 포도대장 겸 도정(捕盜大將兼都正)이 되었다. 시호는 양의(襄毅)이다.

1928년 평양 기성권번 기생양성소

> 대동강의 부벽루에 띄워 절경을 상(床)으로 삼으며 즐거움에 술잔을 주고받는구나.

아직 많은 기생의 노래는 알지 못하지만, 경성에서 자주 듣는 노래는 유행하는 속요로 알아보면 비천한 내용이지만, 당시 들은 생도의 노래는 아득한 고상한 곳이 있어서 매우 재미있게 들었다.

주인의 친절을 기뻐하고 약간의 사례금을 두고 이별을 고하였다. 일곱 명의 생도는 창문에 기대어 웃으면서 교태스러운 미소를 떠올리며 "안녕히 가세요."라고 언제까지나 배웅하고 있었다고 전해 들었다.

4. 내용 분석 및 의의

'노래서재'는 1924년 평양 기생학교[12]가 설립되기 이전에 평양에 있었던 기생 교육 시설이었다. 당시 경성에도 기생학교를 설립하고자 한 기록들이 많이 남아 있다.[13] 평양지역은 다른 지역에 비해 독립적인 기생 기예 교육의 전통이 있어서, 노래서재·가무학교·기생서재(書齋)·기생학교 등에서 기생에게 음악과 노래를 교육시키고 있었다.

1915년 평양에 있었던 기생학교는 4개로 알려져 있고, 학생 수는 54명이었다.[14] 신창리(新倉里) 23번지 김은혜학교(金恩惠學校) 10명, 신창리 27번지 김해사학교(金海史學校) 7명, 신창리 59번지 박명하학교(朴明河學校) 27명, 신창리 김인호학교(金仁鎬學校) 10명 등이 있었다.[15] 1917년 무렵 평양 소재 세 곳의 기생 교육 시설을 통합하여 평양음악강습소(平壤音樂講習所)가 설립되었고, 평양 기성권번 학예부와 기성기생양성소로 이어졌다. 『내외진담집(內外珍談集)』의 '平壤の妓生學校'에서 방문한 곳은 '대흥면 1리'로 신창리를 말한다.[16] 그곳 노래서재는 신창리 27번지

---

12) 기성(箕城)권번은 1924년에 설립되었고 1932년9월23일에는 주식회사로 전환하였다. 대표자는 윤영선, 주소지는 평양 신창리36 이었다. 中村資良, 『朝鮮銀行會社組合要錄』(1932년, 1937년, 1939년, 1942년판), 東亞經濟時報社.

13) 「京城妓生學校 正式으로 許可 樂園偵에 校舍新築」 『每日申報』 1937. 7. 31.

14) 『연표로 보는 현대사』, 281쪽.

15) 「지방통신: 평안남도: 妓生學校 근황(평양)」 『每日申報』 1915. 2. 5.

16) "1896년에 평안도 평양부 인흥부 대흥부를 개편하여 평안남도 평양부에 신설했던 면이 대흥면이다. 16개 동을 관할하였는데, 1910년대 초에 대흥면 전체를 상수리, 상수구리, 설암리, 창전리, 경상리, 경제리, 신창리, 기림리 등 8개 리로 병합 개편하여 평안남도 평양부에 직속시키고 면을 폐지하였다." 국가지식포털 북한지역정보넷 http://www.cybernk.net/

'김해사 노래서재'로 추정된다. 기생 수가 7명이었고 진홍(眞紅) 기생이 있었다는 사실로 미루어 추정될 수 있다.

『내외진담집(內外珍談集)』의 '平壤の妓生學校'는 저자의 이방인 시각으로 노래서재, 즉 가재(歌齋)를 이해하기에 다소 무리가 있어 보인다. '기생학교'와 '노래서재'의 구분을 제대로 이해하지 못하고 보이는 현상만을 서술한 셈이다. 『내외진담집(內外珍談集)』의 '平壤の妓生學校' 내용은 예전에 노래서재, 즉 가재(歌齋)의 존재를 알려준 자료이기에 의의가 있다. 또한 기생의 음악과 춤을 매개로 활동함으로써 단절된 위기에 있었던 여악(女樂)과 전통예술을 비롯한 민속음악을 교육하고 전승한 공로가 있다는 사실을 재확인하게 되었다.

『柳京の話』에 수록된 최초의 '미스 조선' 妓生 圖版 연구

1. 『柳京の話』 觀光資料(1938년) 서지 내용

『柳京の話』 觀光資料는 1938년(소화13년) 평양관광협회에서 발간된 평양의 관광 안내서다. 소장처는 일본 국립국회도서관이며, 총 50쪽으로 크기는 가로 10cm, 세로 19cm이며, 가격은 '정가금(定價金)'이라고 해서 '정하여 놓은 값의 돈'으로 20전이다.

유경(柳京)은 버드나무가 무성했던 평양에 별칭이며, 평양은 역사상 왕조에 따라 그 이름도 왕검성(王儉城)·기성(箕城)·낙랑(樂浪)·서경(西京)·호경(鎬京)·유경(柳京) 등으로 많았다.

일제강점기에도 평양 여행은 인기였다. 지식인들은 고구려의 향수를 간직하고, 기독교와 서양 문물을 먼저 받아들인 개화된 도시라는 평양의 매력에 끌렸다. 일본은 낙랑군의 옛터이고 청일전쟁 승전지라는 타율성을 부각시키기 위해 평양 관광을 부추겼다. 막 개통된 경의선은 근대의 표상이 된 철도 여행을 자극했다. 박은식, 최남선, 이광수, 양주동은 여행기를 통해 평

『柳京の話』 표지

昭和十三年八月十三日印刷
昭和十三年八月二十日發行
【定價金貳拾錢】
發行所 平壤府廳內務課內 平壤觀光協會
印刷人 平壤府泉町四番地 脇坂武兵衛
印刷所 平壤府泉町四番地 合資會社 脇坂印刷所

『柳京の話』 판권지

양의 과거와 미래를 그려냈다.[1)]

당시 일본이 조선여행 안내서를 통해 '신내지'화된 조선을 묘사하는 방식은 크게 두 가지였는데, 그것은 '전근대적인' 조선과 일본에 의해 '근대화된' 조선이었다.[2)] 신내지(新內地)를 어떻게 소개하느냐에 따라서 그곳으로 향할 여행자, 데카세기(出稼ぎ), 이주자들의 마음들을 움직일 수 있기 때문이다. 그렇기 때문에 1910년 이후 신내지를 소개하는 책자들이 수없이 출판되었다. 기행문의 형태로 기차시각표 역 안내를 중심으로 한 여행안내서의 형태로 또한 단체 수학여행을 통한 여행보고서 등의 각종 형태로 신내지는 소개되었다.[3)] '경성(京城)'에 비해 '평양'의『柳京の話』관광자료는 다소 다른 양상이다. 조선의 역사를 평양 중심으로 설명하면서 과거의 유적에 모습을 보여주고 있다. 부록에는 평양 기생이야기가 중심으로 서술되어 본래 의도한 바가 '평양'의 관광자료보다는 '평양'의 기생 소개 자료로 보일 정도다. 무려 도판 사진 31명의 평양 기생을 수록한 부록이 차라리 본문이 아닐까 한다. 물론 본문 도판에 편집되어 나온 기생 朴雪中月, 盧明花 등을 추가하면 총 33명이나 된다. 그 기생의 도판 사진 중에 1940년 〈모던일본〉 잡지사에서 개최한 '미스 조선'으로 당선된 '박온실(朴溫實)'이 나온다. '박온실'이 기생이었다는 증거 사진이 처음 등장한 자료인 셈이다.

---

1) "옛날 평양에는 버드나무가 많았다. 주민의 성격이 강하고 사나워 버드나무를 심어 부드럽게 했다는 것이다. 그래서 평양을 류경(柳京)이라고도 한다. 류경호텔과 류경 정주영체육관, 버드나무 거리 등에 흔적이 남아 있다." 조운찬, 「역사도시, 평양의 가능성」, 『경향신문』 2018.09.20.

2) 전수연, 「근대관광을 통해 드러난 일본의 제국주의 – 1900년대 이후 일본의 조선관광과 여행안내서를 중심으로」, 『美術史學報』 제35집, 미술사학연구회, 2010, 326쪽.

3) 서기재, 「일본근대『여행안내서』를 통해서 본 조선과 조선관광」, 『일본어문학』 제13집, 2002, 91쪽.

2. 목차 및 내용 분석

目次

卷頭言은 平壤觀光協會 朴寅秀의 인사말이다. 내용은 일제를 찬양하는 만주사변의 비상시국이기에 일본 중심으로 대아시아(大亞細亞) 건설을 하자는 것이다.

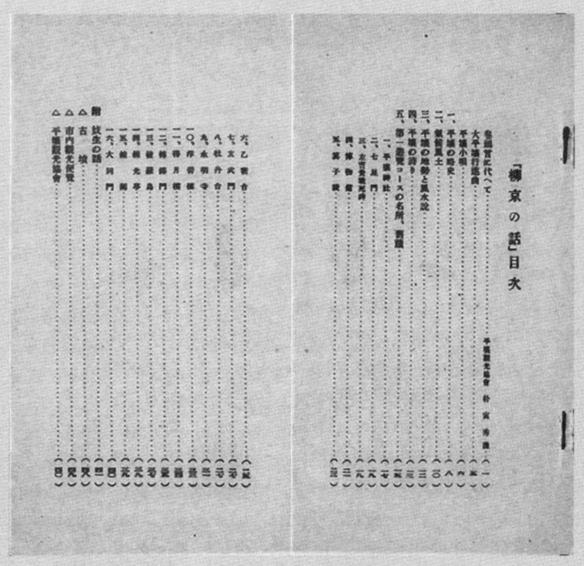

「柳京の話」目次

平壌観光協会 朴寅秀 撰

『柳京の話』 목차

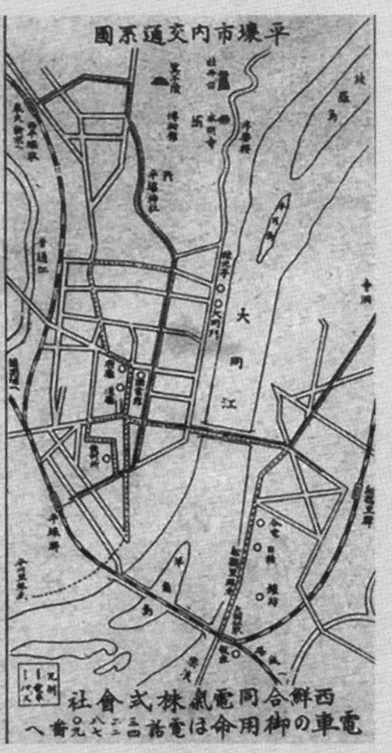

『柳京の話』의 平壤市內交通系圖

『柳京の話』의 第一遊覽 코스의 名所, 舊蹟

『柳京の話』의 平壤博物館 기념 스탬프 欄

이어서 大平壤行進曲[4] 및 平壤小唄[5]가 차례로 소개되고, 平壤의 略史와 氣候風土, 平壤의 地勢에 대한 風水說, 平壤의 자랑이 서술된다.

특히 '평양의 자랑'에서 평양의 명소는 直感的 연상되는 대상으로 모란대, 기생, 평양밤, 평양고기 등을 내세운다.

평양시내교통계도에 第一遊覽 코스의 名所는 平壤神社 - 七星門 - 左寶貴戰死碑 - 博物舘 - 箕子陵 - 乙密台 - 玄武門 - 牡丹台 - 永明寺 - 浮碧樓 - 得月樓 - 轉錦門 - 綾羅島 - 練光亭 - 鐘閣 - 大同門 등의 순서로 소개되었다. 제1유람 코스의 명소마다 기념 스탬프 란을 만들어 거쳐 가도록 하였다. 부록으로 妓生의 이야기가 있는데 조선의 역사에서부터 평양기생학교의 기생을 중심으로 설명한다. 수십 명의 기생의 사진에 게재하는데 그 순서가 바로 1937년 하반기 높은 순위라고 밝혀 있다.

기생 韓晶玉, 林陽春, 曺眞實, 趙仙女, 車成實, 金福相, 李一枝花, 金碧桃, 安明玉, 李素紅, 車陵波, 金蓮月, 李鶴逢, 王成淑, 韓蘭珠, 崔初月, 崔明珠, 金玉心, 洪桃花, 玄錦女, 韓惠淑, 李貞姫, 李錦花 등의 23명을 순위대로 나열하였다.

흥미로운 것은 '新妓披露'라고 해서 '새로운 기생을 널리 알리는' 소개의 사진이 게재되어 있다. 기생 金明梧, 崔春心, 韓蓮實, 金春子, 朴溫實, 崔順紅, 金花仙, 楊春實 등의 8명을 소개한다. 여기서 기생 '朴溫實'이 바로 미스 조선이다.

부록에는 그 외에 古墳, 市内觀光便覽, 平壤觀光協會 등이 수록되었

---

4) 西元詩圖雄詩, 西條八十補詩에 中山晉平의 曲이다.

5) 西條八十詩에 中山晉平의 曲이다.

다. 古墳은 낙랑고분, 강서고분, 진지동고분 등이 소개한다. 시내관광 편람은 시내의 승용차 요금과 여관의 숙박료, 조선요리 가격, 기생의 부르는 방법, 기념사진의 촬영 가격 등이 서술되어 있다.

3. 수록된 기생 도판에 대하여

일제강점기 관광 안내서는 조선명물을 첫째 금강산, 둘째 기생, 셋째 인삼 등을 인용하고 재생산하여 확대시킨다.

『柳京の話』의 得月樓 '石塔과 妓生' 盧明花

일본은 1906년 러일전쟁에서 승리한 다음 해, 만주와 조선을 시찰하는 단체관광단을 최초로 조직했다. 이 시기 일본은 제국주의 국가로 부상한 국가의 위상을 국민들에게 전달하고자 하였는데, 이것이 바로 관광이라는 '보는' 경험을 통해서 실천되었던 것이다. 일본 국민들은 식민지를 시찰하는 것을 통해서 국가에 대한 자부심과 '미개한' 조선에 대한 지배의 정당성을 훈육 받았다. 당시 일본을 비롯해 조선총독부에서 발행한 여행안내서에는 이러한 일본의 욕망이 잘 드러나 있다. 조선을 바라보는 일본 관광객들의 시선과 여행 안내서를 이해하기 위해서 일본이 제국주의 국가로 팽창하면서 관광의 주체로

『柳京の話』의 '놀잇배와 기생 박설중월'

변모한 과정을 살펴볼 필요가 있다. 이러한 과정은 일본이 근대화와 제국주의를 실현하는 와중에 내재화된 서구의 오리엔탈리즘으로 설명할 수 있을 것이다. 또한 조선총독부에서 발행한 여행안내서의 분석은 일본의 제국주의 이데올로기가 어떻게 시각화되었는지를 확인하는 중요한 자료가 될 것이다.[6]

뱃놀이는 선유(船遊)·주유(舟遊)라고도 한다. 예로부터 선비들은 배를 강에 띄우고 연안의 아름다운 경치를 감상하면서 흥이 나면 시를 짓거나 소리를 했다. 그리고 물고기를 낚아 회를 치거나 찌개를 끓이고 술을 마시는 등 풍류를 즐겼다.

특히 조선조에는 외국의 사신들을 맞이해 한강에 배를 띄우고 시회(詩會)를 열어 환영연을 베푸는 일이 많았다. 1450년(세종 32)에도 중국 명나라 사신들에게 뱃놀이로 환영연을 베풀었다는 기록이 남아 있다. 그리고 이 기록 가운데 그때의 뱃놀이 광경이 자세하게 실려 있다.

배 모습에 대해서, "배는 세 척을 연결하였고 가운데에 작은 지붕을 만들어 덮었다"고 기록하고 있다.

1930년대에도 평양 기성권번의 기생들과 함께 놀이하는 데 가장 즐겨 사용됐던 것이 뱃놀이였다. 놀잇배 수백 척이 대동강에 두둥실 떠 있다가 손님과 기생이 오르면 모란봉 아래 능라도 주변 등지로 뱃놀이를 시작하였다. 기생들

『柳京の話』의 平壤妓生學校 도판

6) 전수연(2010), 「근대관광을 통해 드러난 일본의 제국주의-1900년대 이후 일본의 조선관광과 여행안내서를 중심으로-」『美術史學報』 제35집, 미술사학연구회, 313-314쪽.

이 창을 시작하면 흥취는 절정에 이른다.

평양 기생이 다른 기생들보다 특별히 정조관념이 강한 것은 아니었다. 하지만 단골손님이나 평양손님과는 결코 관계를 맺지 않는다는 원칙이 있었던 듯싶다. 이는 늘 다니는 손님과 관계를 맺어놓으면 곧 소문이 나게 되어 있고, 그렇게 되면 자연히 다른 손님들이 외면하기 때문이었다.[7)]

1930년대 일제강점기에 우리나라를 방문하는 관광단이 가장 보고 싶어하는 것 중의 하나가 기생이었다. 당시 '조선색 농후한 전통적 미를 가진 기생'을 볼 수 있는 곳은 평양 기생학교뿐이라고 해도 과언이 아니었다. 일본인들까지도 아름다운 평양 기생의 공연을 보기 위해 '기생학교'를 관광 일정에 꼭 포함시키기도 하였다. 따라서 평양의 관광안내서에는 평양이 조선 제일의 미인 산지라 홍보되었고, 전 조선의 유명한 기생의 배출처로서 단연 '평양 기생학교'가 꼽혔다. 이에 대한 사진과 설명이 거의 빠짐없이 소개되어 있을 정도다. 물론 사진엽서는 기생학교의 양성과정에 주목하여 기생들이 수업하는 장면들을 중심으로 만들어졌다. 정규기생학교가 아니라 기생을 양성하는 학교라는 데에 관심의 초점이 맞추어지고 있었다. 현재 가장 많이 남아 있는 사진엽서가 바로 평양 기생학교를 찍은 사진들이다.

평양 기생학교의 학생이 3년 동안의 업을 마치고는 평양, 서울, 대구, 의주 등지로 흩어져 가서 평양 기생의 성가(聲價)를 올렸다. 그리고 기생학교가 평양의 한 명물이 되었다. 상해, 남경 등지에서 오는 서양 사람이나 도쿄, 오사카 등지에서 오는 일본 사람이나 서울 기타 각처로부터 구경 오는 귀한 손님들이 그칠 새가 없이 구경하러 찾아왔었다.[8)]

---

7) 신현규, 『기생, 조선을 사로잡다』, 어문학사, 286-287쪽.

8) 〈평양 기생학교 구경, 서도 평양의 화류 청조〉, 〈삼천리〉 제6권 제5호, 1934년 5월 1일.

『柳京の話』의 기생 사진은 1937년 하반기 高順位 한정옥, 임양춘

『柳京の話』의 기생 조진실, 조선아, 차성실 도판

『柳京の話』의 기생 김복상, 김벽도, 이일지화, 안명옥 도판

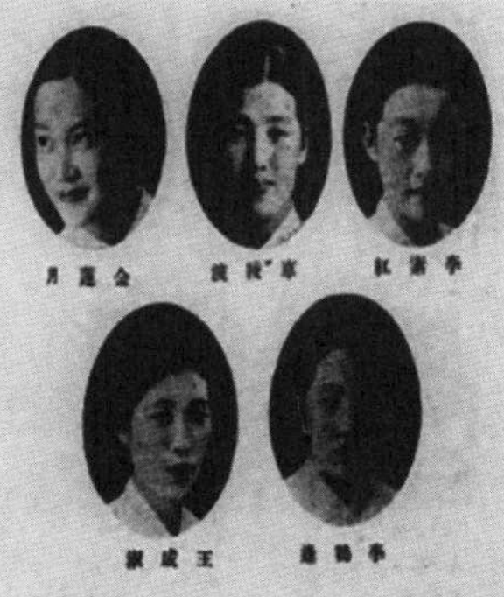

『柳京の話』의 기생 이소홍, 차능파, 김연월, 이학봉, 왕성숙 도판

평양의 기성권번(箕城券番)은 부속된 3년 학제의 기생학교를 운영하였다. '평양 기생학교'는 본래 명칭이 '평양 기성권번 기생양성소'이며, 일제 침략기의 엽서에는 조선 유일의 기생학교라고 소개되어 있다. 연 60명이 입학하였고, 3년제로 총 180~200명 정도이며, 향후 210명까지 늘어났다.

1930년을 기준으로 평양 기성 기생 양성소 직원은 소장 1명, 학과 교사 1명, 가무 교사 1명, 잡가 교사 1명, 음악 교사 1명, 서화 교사 1명, 일본창 교사 1명, 사무원 1~2명 등이었다.

입학금은 2원이고, 학비는 1학년(1개월 단위) 2원, 2학년(1개월 단위) 2원 50전, 3학년(1개월 단위) 3원이었다. 또한 학기는 1년에 3학기로 1학기(4월 1일~8월 31일), 2학기(9월 1일~12월 31일), 3학기(1월 1일~3월 31일)로 구분되며, 매년 3월에 학기말 시험을 통과해야 되었다.[9)]

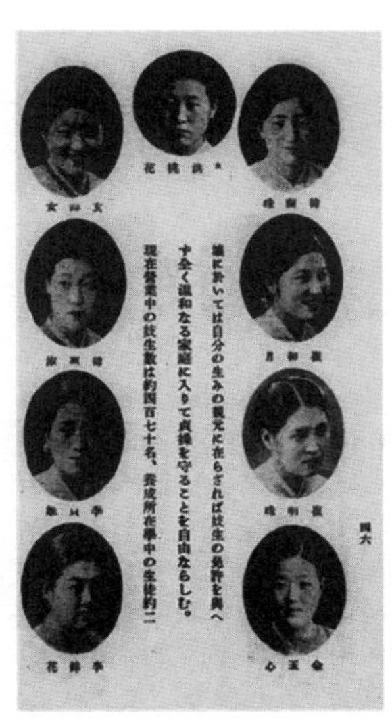

『柳京の話』의 기생 한란주, 최초월, 최명주, 김옥심, 홍도화, 현금녀, 한혜숙, 이정희, 이금화 도판

1937년 당시 평양 기생은 국내외를 통해 명성을 떨쳤는데도, 실제로 화대는 서울에 비해 상대적으로 저렴했으며 시간당 50전이었다. 쌀 한 가마에 20원 하던 시절인데 5원 정도면 3, 4명이 실컷 즐길 수 있었으니 유흥객에게는 그만이었다.

평양의 기성권번은 대동강 부근에 있었는데 그 부근 일대에 산재해 있는 10여 군데

9) 초사, 〈서도 일색이 모힌 평양 기생학교〉, 〈삼천리〉 7호, 1930년 7월 1일.

의 대규모 요릿집을 영업 대상으로 삼았다.

기생을 전문적으로 키우던 평양 기생학교에는 10대 소녀들이 모여 가무 음곡을 익혔다. 1940년대 대동강변의 기생 수효는 무려 5, 6백 명에 이르렀다. 이는 조선말 1900년 '평양 관기학교 平壤官妓學校' 에서 그 흔적을 찾을 수 있다.[10)]

그전부터 기생 양성소라고 볼 수 있는 평양의 이름난 노래서재가 있었다. 노래서재에서 가무를 배우면 기적 妓籍, 즉 기생 호적에 올라가는 것이다. 노래서재에서는 '경소용 京所用', 즉 서울에서 쓸모 있는 몸'이란 뜻으로 평양이 아닌 경성으로 보낼 기생이라 하여 구분하여 가르쳤다.

『柳京の話』의 기생 김명오, 최춘심, 한연실, 김춘자, 박온실, 최순홍, 김화선, 양춘실 도판

1937년 기준으로 살펴보면, '기성권번' 총 인원은 252명으로, 그중에서 휴업이 19명, 임시휴업이 26명, 영업 기생은 207명이었다. 당시 하룻밤에 한 번 불리는 이가 66명, 두 번 불리는 이가 47명, 세 번 이상 불리는 이가 21명, 한 번도 못 불리는 이가 71명이나 되었다는 기록이 재미있다.

당시 기생학교의 무용은 검무와 승무로 상당히 유명하였다. 하지만 1930년대 후반부터 손님들 사이에 고전적인 취향이 엷어져 가자 명목만으로 가르쳤다. 일본의 춤도 있었다. 하지만 그보다 더 즐거운 것은 레

---

10) 德永勳美(1907), 『한국총람』, 동경 박문관.

뷰식 춤과 사교댄스였다. 기생들로서는 가장 관심인 서비스 방법, 남자 손님을 다루는 방법은 '예의범절'과 '회화' 시간에서 배웠다. 걷는 법, 앉는 법에서부터 인사법, 술 따르는 법, 표정 짓는 법, 배웅하는 법 등에 이르기까지 연회좌석에서의 일거수일투족에 대해서 자세히 가르쳤고, 무엇보다 수라간의 손님 접대 방법을 구분해서 상세하게 강의하였다.

그러나 물론 이 정도의 기법만으로 기생의 임무를 잘 수행해 낼 리는 없지만 타고난 소질이 있기 때문에 문제없었다. 그렇지만 확실히 기생들은 남자의 마음을 끄는 기술에 관한 한 한 가지를 가르치면, 열 가지를 아는 타고난 무언가 있었다.

게다가 기생들 주위에는 뛰어난 선배 기생들이 항상 모범을 보이고 있었다. 학교는 권번사무소와 한 지붕 아래에 있었으며, 대기실에서는 언니들이 관능적인 에로 이야기로 대화의 꽃을 피웠다.

집에 돌아오면 집이 기생거리에 있었던 만큼 그들 자신의 언니들이 기생이 아니어도 주변 여기저기서 듣고 뒷이야기들을 전해줄 수 있었다. 이와 같이 기생들은 겉과 속이 있고, 진실과 거짓도 있는 기생다운 기생으로 성장해 나갔다고 한다.[11]

4. 미스조선 '기생 박온실'

여성을 상품화하는 미스코리아선발대회를 비판하며 만든 안티미스코리

11) 한재덕(1939), 〈기생학교에서는 무엇을 가르칠까?〉, 『모던일본』 10권 조선판, 모던일본사.

아페스티벌이 열리고 있다. 더구나 미스코리아 선발대회가 지상파 무대에서 사라진 지 오래되었다. 이제는 케이블TV에서나 볼 수 있을 정도이다. 미스코리아 선발대회는 지난 1972년부터 지상파를 통해 생중계됐으나 2002년부터 방송사를 한 곳도 잡지 못해, 케이블 텔레비전이나 인터넷에서만 내보낸다.

지난 1957년 5월 19일 한국일보사의 주관하에 제1회 미스코리아선발대회 행사가 시작된 이후, 올해로 62회째를 맞는 미스코리아 선발대회의 역사는 1940년 〈모던일본〉 조선판 주최 미스조선 〈박온실〉에서 찾아야 된다. 당시 〈미스 조선〉은 일본과 조선에서 동시에 사진으로만 심사가 이루어졌다. 〈미스 조선〉에게 수여되는 상패는 '은제 컵 미스 조선상'이었다. 물론 조선 의상도 화신(和信), 기네보의 후원으로 기증받았다고 한다.

〈미스 조선_박온실〉

주소 ; 평양부 모란대 오마키차야
나이 ; 1921년생(당시 19세)
신장 ; 157cm
체중 ; 45kg
추천 ; 구보(久保虹城)씨

기생 박온실이 '미스 조선'으로 선정된 사진

〈미스 조선〉에 이어 〈준 미스 조선〉으로 정온녀, 이순진, 김영애 등이 선발되었다고 한다. 〈미스 조선 박온실〉의 심사평은 참

이채롭다.[12)]

- 안석영(安夕影), "박온실 양은 촬영기술이 다소 실물을 망친 듯하지만 조선의 여인으로서 손색없는 아름다움을 지니고 있다고 생각한다. 조선의 하늘처럼 언제나 청명한 기분, 전통적인 미소를 지니고 있다. 단 귀가 좀 걸리지만…"
- 모리 이와오(森岩雄), "박온실 양은 조선의 옛 도자기와 같은 아름다움. 미스조선으로는 조선의 전통적인 아름다움을 구현하고 있는 박온실 양이 적합하다고 생각한다."
- 기쿠치 간(菊池寬), "나는 박온실을 미스 조선에 추천한다. 조선의 고전미라고 할 수 있는 청초한 아름다움이 좋다."
- 구메 마사오(久米正雄). "전체적으로 청초하고, 연분홍빛 느낌이 물씬 나는 박온실을 추천한다. 눈썹과 눈썹 사이가 넓은 것이 오히려 포용력이 있고 누구에게나 호감을 줄 것 같은 이미지라 좋다."
- 이하라 우사부로(伊原宇三郎), "'미스 조선' 후보의 아리따운 사진이 도착하던 날, 조선에 있는 듯한 기분으로 사진을 몇 번이고 보았는데 상당히 고민한 끝에 박온실 씨에게 최고점을 드리기로 결심했다. 조선의 미인들 중에는 내지인에게는 찾아볼 수 없는 고운 피부와 기품이 넘치는 분이 있는데 이 박온실 씨도 사진으로는 좀 엿보기 어렵기는 하지만 선천적으로 그런 기질을 지닌 분인 것 같고 누구나가 단단히 묶으려고 하는 가슴의 리본을 여유 있게 묶고 있는 데에서도 온화한 성품이 느껴진다. 머리 모양도 인위적이지 않고 자연스러운 면에 호의가 느껴진다."

12) 「미스조선심사평」,『모던일본』 제11권 제9호 조선판, 모던일본사, 1940, 320쪽.

1957년 첫 대회보다 17년 전에 직접 대면 심사는 아니지만, 사진으로 엄연하게 〈미스 조선〉을 뽑았다. 더구나 당시는 남북한을 포함하고 일본에 사는 조선 여성도 참여했으니 명실공히 지금의 〈미스 통일한국〉인 셈이다.

그 후 1972년에 처음 미스코리아 선발대회가 생중계되었다. 지상파의 붙박이 프로그램 가운데 하나였다. 거의 30년 동안 방송사를 바꿔가며 한 해도 거르지 않고 전파를 탔다. '한국 최고의 미인을 뽑는 잔치'라는 선전에 걸맞게 방송사들은 독점중계권을 따기 위해 치열한 경쟁을 벌이기도 했다. 그러나 2001년 대회를 끝으로 상황이 달라졌다. "공중파가 여성의 상품화를 조장한다"는 비판이 제기되면서 방송사들의 입지가 좁아졌다. 미스코리아 선발대회의 형식과 내용이 고리타분한 것도 방송사들의 입맛을 끌지 못했다.

미스코리아 선발대회가 이처럼 지상파의 홀대를 받게 된 데는 여성단체의 힘이 컸다. "여성을 상품화한다"는 이유로 지상파의 중계방송을 반대해 온 여성단체들은 1999년부터 '안티미스코리아 선발대회'까지 개최하며 방송사를 압박했다. 정치권에서도 "공공의 재산인 지상파를 미스코리아 중계에 쓰는 것은 옳지 않다"는 지적이 잇따랐다.

『柳京の話』에 수록된 기생들의 도판 사진 중에 '미스 조선' 대회의 우승자였던 '박온실(朴溫實)'이 기생이었다는 증거 사진이 처음 등장한 자료로 새삼 새롭다.

『주간 아사히(週刊朝日)』(1934년)에 게재된 기생 왕수복 기사 연구

1. 『주간 아사히(週刊朝日)』(1934년)에 등장한 대중스타 기생 왕수복

기생 왕수복 데뷔(1933년) 사진

오늘날 '근대(近代)'라는 말은 널리 사용되고 있고, 여러 곳에서 논의되는 말이기도 하다. 하지만 아직 그 개념 규정이나 내용에 관해서는 일치된 견해가 없다. '전근대적인 상태로부터 근대적인 상태로 이행하는 과정' 또는 '후진적 상태에서 선진적 상태로 발전해 가는 과정'이라는 근대화의 정의는 보편적 개념으로 받아들일 수 있다. 특히 근대화의 척도 중에 '대중매체의 광범위한 보급'은 보편적인 근대화의 개념과 구분되는 봉건 사회에서 자본주의 사회로의 이행이라는 근대화 개념을 확인할 수 있는 좋은 예이다.

이 글에서는 일제강점기에 평양 기생 출신에서 대중스타로 변신한 왕수복(王壽福, 1917~2003)의 등장에 주목하고자 한다. 왕수복이 태어난 시기는 3·1운동에 위협을 느낀 일제가 종래의 무단정치 대신 표면상으로는 문화정치를 표방하던 때였다. 일제는 서둘러 관제를 고치고 조선어 신문의 발행을 허가하는 등 타협적 형태의 정치를 펴는 듯하였으나, 내면으로는 민족 상층부를 회유하고 민족분열 통치를 강화하였다. 동아일보, 조선일보, 시대일보 등 우리말 신문 간행이 바로 이러한 문화정치의 산물이다. 이런 시대적 배경의 영향으로 왕수복은 12세에 평양 기성권번의 기생학교에 입학하고 졸업 후에 레코드 대중가수로 진출하기 위한 준비를 한다. 이어 왕수복은 콜롬비아에서 폴리돌레코드로 소속을 바꾸면서 '유행가의 여왕'으로 등장한다.[1)]

이와 관련해 여기에 특기할만한 문헌 기록을 발견하였다. 바로 일제강점기 주간지『주간 아사히(週刊朝日)』(1934년)[2)] 11월 4일(일요일 발행)에 기생 왕수복 기사가 게재되어 있다. 주간 아사히(일본어: 週刊朝日 しゅうかんあさひ)는 1922년 2월 25일 창간한 대중들을 위한 정보지로써 일본의 주간 시사·대중잡지이다.[3)] 창간 당시에는 순간지(旬刊誌), 즉 10일마

1) 신현규(2007),『기생이야기 - 일제시대 대중스타』, 살림출판사, 36-37쪽.

2) 『주간 아사히(週刊朝日)』(1934년) 원본 자료는 박민일 선생님의 소장본으로 연구에 큰 도움을 받았기에 감사의 말씀을 밝힌다.

3) 아사히 신문사에서 지금은 매주 화요일에 발매하고 있으며. 1977년 일본ABC협회 등록했고, 2009년 기준으로 발행 부수는 319,562부이다.
(http://ja.wikipedia.org/wiki/%E9%80%B1%E5%88%8A%E6%9C%9D%E6%97%A5

다 한 번씩 나오는 잡지로서 5, 15, 25일 발행하였고, 이름도 『순간 아사히』였다. 한 달 과월로 『선데이 마이니치』도 발행하였으며, 4월 2일부터는 주간화(週間化)되었고, 이름도 『주간 아사히』로 변경하였다.[4)]

기생 왕수복의 기사가 게재된 『주간 아사히』는 1934년 11월 4일에 발간된 11월 증대호(增大號)이다. 크기는 타블로이드판이고 발행처는 오사카 아사히, 발행 겸 편집 겸 인쇄인은 大道弘雄, 발매소는 東京朝日新聞社/大阪朝日新聞社, 정가는 12전(錢)이며,[5)] 총 44면이다.

이 잡지는 선정적인 이야기, 유명인 가십, 야쿠자에 대한 이야기, 음란 에로틱 내용이나 주제와 기사, 연예인과 스캔들에 집중하는 경향이 있다. 독자의 약 90%는 기혼자이면서 남성 회사원이다.[6)] 이 때문에 주간지의 독자인 일본인 남성의 시각은 조선 기생에 대한 선정성으로 해석할 수 있다. 어느 매체와는 다르게 조선 기생에 대한 기사가 의외로 많이 확인된다.[7)]

2015.05.12. 20:59)

4) 당시는 46배판, 36쪽, 정가 10전이었다.

5) 1940년부터 신규격인 B5판 사이즈가 되었다. 전쟁으로 용지가 모자라기 전까지는 35만 부 정도가 발행되었다. 종전 직후에는 24면, 발행부수는 용지배당으로 3만5천 부, 여기다 암거래로 입수한 종이까지 합쳐 9만5천 부가 되었다.

6) 주간지 이외의 잡지가 주로 정규적인 서점을 통해 반포되는 데 비해, 주간지는 가두나 지하철 좌판을 주요 경로로 하고 있으며, 정기독자보다도 임시적 독자에 의존한다. 따라서 발매당일 또는 다음날의 판매 실적이 척도가 된다.

7) 이 부분에 대한 『주간 아사히(週刊朝日)』의 관련 자료는 추후 소개하고자 글을 준비 중이다.

2. 『주간 아사히(週刊朝日)』(1934년)에 게재된 기생 왕수복 기사

왕수복은 건장한 몸집과 같이 목소리도 우렁차고 기운 좋고 세차게 나왔다. 특히 평양 예기학교, 즉 기생학교를 졸업한 만큼 그 성대의 넘김에는 과연 감탄하지 않을 수 없을 정도였다.[8] 본 성대가 아니라 순전히 만들어 내는 성대이면서도 일반대중에게 열광적 대환영을 받아 「고도의 정한」은 조선 최고의 유행가가 되었다. 레코드 판매도 조선 레코드 계에 있어서 최고를 기록했다. 왕수복이 평양 기생으로 세상을 놀라게 하는 대가수가 되자 콜롬비아·빅타 등 각 레코드 회사의 가수쟁탈전은 평양 기생들을 싸고 전개되는 양상을 띠었다.

다음과 같이 일제강점기 주간지 『주간 아사히(週刊朝日)』 1934년 11월 4일(일요일 발행) 연재 기획 「도시의 제 일인자」 평양의 권(卷) 기사 속에 기생 왕수복 기사가 32~33면에 걸쳐 게재되어 있다. 부제에서도 나와 있듯이 "명려(明麗)! 조선 원반계의 달러박스 기생", 즉 왕수복의 기사 내용을 제목만 보고도 알 수 있도록 극명하게 요약한다.

『주간 아사히(週刊朝日)』 1934년 11월호(11월 4일 발간) 33면 왕수복 기사 내용을 번역하면 다음과 같다.

미모(美貌)에 미성(美聲)까지 – 왕수복

대동강의 '왕류(旺流)'에서 자란 평양색의 진수는 뭐라 해도 평양기생이다. 이곳에 방문하는 모든 여행자들이 한 번은 그 요염한 자태를 접하고 여행

---

8) 王平, 「歌手를 엇더케 發見하엿든나」, 『삼천리』 제8권 제11호, 1936. 11. 1. 184-188쪽.

『주간 아사히(週刊朝日)』 1934년 11월호(11월 4일 발간) 앞 표지

『주간 아사히(週刊朝日)』 1934년 11월호(11월 4일 발간) 뒷 표지

『주간 아사히(週刊朝日)』 1934년 11월호(11월 4일 발간) 33면 왕수복 기사 및 사진

『주간 아사히(週刊朝日)』 1934년 11월호(11월 4일 발간) 32면 왕수복 기사와 함께 수록된 일본 게이샤 츠타코(つた子) 기사와 사진

週刊朝日　34

市(まち)の一人者

ビユイツクで ゴ登廰

海軍通の日蓮信者

明麗！ 朝鮮囲盤界のドル箱妓生

平壌の巻

『주간 아사히(週刊朝日)』 1934년 11월호(11월 4일 발간)
왕수복 기사의 타이틀 「도시의 제 일인자」 32면

의 근심을 위로받는다. 청초한 근대색채의 조선한복, 순백의 해당화를 가볍게 슬쩍 걸친 짧은 상의에 새빨간 꽃송이, 부드러운 허리 – ①평양기방의 기생 260명 중에 제일로 꼽혔던 사람은 누가 뭐래도 소프라노 가수 왕수복이다.

②올해 18세로 미모와 미성에는 정평이 나 있고, ③현재 '폴리도르'라는 회사의 전속가수로서 조선유행 가단의 떠오르는 샛별이라고 평을 받았다. 그녀는 ④단지 조선노래만 잘하는 것뿐만 아니라 일본노래도 몹시 잘한다. 그녀가 기생으로 데뷔한 것은 겨우 5년 전으로 평양기생학교를 나오니 그 자리에서 인정받아, 어떤 축음기 가게의 소개로 조선민요 '망향곡(望鄕曲)' 외에 세 곡을 콜롬비아 레코드사에서 취입한 것이 처음 세상에 나오기 시작한 것으로, 그 이후 엄청난 인기를 떨치며 소화7년(1932년) 폴리돌 레코드사의 전속가수가 되었다.

그 이후에는 임영창 씨 작사 〈청춘한(靑春恨)〉, 〈오늘부터 움직이는 화원에 꿈과 같이 엮인 사랑의 새로운 땅…〉을 발표, ⑤팔리면 팔릴수록 조선에서 조선레코드계의 돈줄을 맡게 되며 3회, 이어서 ⑥JODK에는 지난해 7월과 올해 1월 2회에 걸쳐 〈아리랑 속요〉와 〈눈의 사막〉을 공연하고 ⑦현재 조선유행가 세계를 풍미, 많은 청년이 애창하는 데 그치지 않고 〈고도(孤島)의 정한(情恨)〉을 방송하면서부터 그녀의 이름은 단연 일본 최고가 되었다. = 사진은 왕수복 씨

(밑줄은 필자에 의한 표시)

기사 내용의 제목에서 왕수복의 경우는 "미모(美貌)에 미성(美聲)까지", 반면에 평양검(平壤檢)[9] 일본 게이샤 츠타코(つた子)의 경우는 "말술의 아름다운 기녀", 즉 "두주(斗酒)의 미기(美妓)"로 소개되었다. 왕수복

9) '평양검(平壤檢)'에서 '검(檢)'은 '검번(檢番)'을 말하며, '권번(券番)'과는 같은 말이다.

기사 내용에서 "대동강의 '왕류(旺流)'에서 자란 평양색의 진수는 뭐라 해도 평양기생이다. 이곳에 방문하는 모든 여행자들이 한 번은 그 요염한 자태를 접하고 여행의 근심을 위로받는다." 표현은 당시 일제강점기 관광 안내서처럼 조선명물을 첫째 금강산, 둘째 기생, 셋째 인삼 등이라고 인용한다. 결국 『주간 아사히(週刊朝日)』에 기생 이미지를 수록하는 것을 미루어 보면, 조선이라는 '타자'에 대한 일본의 제국주의 이데올로기가 표상된 이미지로 파악된다.[10] 물론 일본의 게이샤도 포함되는 셈이다. 이어서 "청초한 근대색채의 조선한복, 순백의 해당화를 가볍게 슬쩍 걸친 짧은 상의에 새빨간 꽃송이, 부드러운 허리" 등으로 조선 기생을 묘사한다. 이를 보면 일제강점기의 기생 이미지는 조선 남성뿐만 아니라 일본 남성의 성적 소비 욕망을 충족시켰던 대상이었다.

왕수복의 평양기생학교 졸업(1930) 사진이 수록된 『기성(箕城)기생사진첩』(1938)

①평양기방의 기생 260명 중에 제일로 꼽혔던 사람. 왕수복이 입학한 평양 기성권번 기생양성소, 즉 평양 기생학교는 평양 연광정 근처 채관리(釵貫里)[11]의 한복판에 벽돌로 지어진 이층 건물이었다. 그 안에서 성악이나 가곡, 가사 수업을 받고 가야금, 거문고, 양금, 피리, 풍금, 무용, 미술 등의 10여 개 학과를 더 배웠다. 그중에서 전공을 정하여 3년 만에 성숙한 기생을 키워내

10) 신현규(2014), 「'大京城案內'(1929)에 나타난 기생 이미지 연구」, 『근대서지』 10호, 근대서지학회.

11) 草士, 「西道一色이 모힌 平壤妓生學校」, 『삼천리 제7호』 1930. 7. 1.

는 이를테면 '기생종합예술학교'라고 할 수 있다.[12] 왕수복은 1931년에 평양 기성권번 기생학교를 수석으로 졸업하고, 이듬해 서선명창대회(西鮮名唱大會)에 참가할 정도로 뛰어났다. 레코드 가수로 대성공을 한 왕수복 덕택에 당시 레코드 가수 중에서 그 거의를 평양 출신의 기생들이 많이 차지하고 있었다. 왕수복을 비롯하여 선우일선, 최연연, 김연월, 한정옥, 김복희, 최명주 등을 꼽을 수 있다. 이들의 전부가 현재 기성권번의 기생이다. 레코드 계를 평양기생들이 리드하는 것만 사실일 것이다. 두말할 것도 없이 이들이 상당한 인기를 끌고 있고 또 그렇기 때문으로, 점점 그들의 수도 늘어간다고 볼 수 있다. 이를 시작한 이가 바로 왕수복이었다.

②올해 18세로 미모와 미성에는 정평이 나 있다. 이에 대한 주변 자료가 많이 남아 있다. 당시 작곡자가 상상한 이상으로 묘하게 꺾어 넘기면서 가늘게 뽑아 대성공을 이루었다. 왕수복은 건장한 몸집과 같이 목소리도 우렁차게 기운 좋게 세차게 나왔다고 한다. 왕수복의 독특한 가창실력을 두고 한때는 '설레는 바다'라는 비유로 언론의 찬사를 받기도 했다.[13]

『동아일보』 1933년 10월 2일자 폴리돌 레코드 광고에서의 왕수복 노래 「고도의 정한」, 「인생의 봄」

③현재 '폴리도르'라는 회사의 전속가수. 당시 폴리돌 레코드 회사는 설립 후 처음으로 최고 매상고를 올렸고 왕수복의 이름은 레코드판과 더불어 전국의 방방곡곡에 널리 알려졌다. 「고도의 정한」은 칠석날

12) 「平壤妓生學校求景, 西都 平壤의 花柳淸調」『삼천리』 제6권 제5호, 1934. 5. 1.

13) 장영철(1998), 『조선음악명인전(1)』 왕수복, 평양, 윤이상음악연구소, 346-347쪽.

에 떠나는 님을 애타게 기다리는 바닷가 여인의 애끓는 심정을 담은 이 노래는 순정의 사랑도 눈물로 헤어져야 하였던 당시 일제강점기 수난의 시대가 배어 있는 연정 비가(悲歌)이었다. 왕수복의 청아한 목소리와 독특한 발성으로 형상된 이 노래는 레코드와 함께 삽시간에 전국에 퍼져 가면서 망국의 한(恨)이 맺힌 겨레의 설움을 달래 주었다. 특히 4분의 3박자로 애절하게 흐르는 이 노래는 당대 여성들의 마음속에 서렸던 보편적인 비감을 나타냈다고 할 수 있다. 그 시기 망국의 설움 속에서도 생활은 있었고 남녀 간에 맺어지는 사랑도 있기 마련이었다. 그러나 우리 민족을 둘러싼 사회적 환경 탓에 송죽같이 맺어졌던 사랑도 눈물로 헤어져야만 하였으나, 「칠석날」이 1930년대 초에 널리 불려진 것은 어쩔 수 없는 시대상의 반영이었다. 이 노래를 불러보노라면 칠석날에 떠나간 님을 안타까이 기다리는 섬마을 여인의 심정이 느껴진다. 멀리 바닷가 저쪽에서 돌아오는 배가 행여나 님이 탄 배가 아닐까 하여 마음 졸이며 기다렸건만, 사공의 노랫소리만 들려올 뿐 떠나간 그 님은 소식이 없어 파도 소리에 쓸쓸한 마음을 달래보는 섬마을 여인의 심정을 소박하게 담고 있다.[14)]

당시 폴리돌 문예부장 왕평(王平)이 잡지에 인터뷰한 내용을 보면, 다음과 같다.

"폴리돌에서 일을 보고 있던 나는 동경서부터 왕수복의 미성(美聲)이 괜찮게 생각되어 돌아오는 기차에서 그를 붙들고 설명시켜 종시(終是) 평양까지 와서 하차하여 일주일 동안 행방을 감추었지요. 그때 알아보니 왕수복은 아직 아무 데와도 구체적 관계를 맺지 않은 자유로운 몸이었습니다. 그래서

14) 최창호(2000), 『민족수난기의 대중가요사』, 일월서각, 78-79쪽.

일주일 동안에 왕수복과 폴리돌 회사사이에 정식으로 계약을 맺어놓았지요. 자아 계약을 맺기는 했으나 어쨌던 콜럼비아 회사에서 취입한 것보다 나아야 하겠는데 그래서 상당히 고심한 결과 작곡을 전기현 씨에게 부탁해서 처음으로 세상에 내놓은 것이 저 '고도의 정한'입니다. 그때 내지반(內地盤)으로 「島の娘」이 한창 유행하고 있는데 어딘가 이 「島の娘」에 비슷한 데도 있고 그리고 그것을 왕수복의 고운 목소리로 길게 뽑아 넘기는데 인기가 있었답니다. 그때 여가수로는 조선에서 왕수복이 제일인자였습니다."[15]

④단지 조선노래만 잘하는 것뿐 아니라 일본노래도 몹시 잘한다. 이에 대한 내용은 두 달 후에 1935년 1월 3일자 『매일신보』에서 왕수복에 대한 특집 기사가 이어서 소개된다.[16]

"일본 가요(歌謠)가 유창하여 해외 내객의 이목을 놀라게 한 관계로 이미 그 이름이 동경, 오사카 등지에까지 떨치게 되어 '미스 오-상'이라는 칭호를 듣게 되었다. 그는 현역이 기생인 처지라 그가 취입한 레코드 한 번만 들은 사람이면 호기심에 한 번씩은 으레 불러 보게 되고 한번 대하면 그 균형된 체격과 명랑한 웃음에 취하고 말아 화류계에서도 총 인기를 끌고 있는 터이다. 가수로 기생으로 두 편에 모두 혜성과 같이 빛나는 이름을 날리고 있는 그는

15) 「레코드계의 내막을 듣는 좌담회」 『조광』 1939년 3월호, 314-323쪽.

16) "얼굴과 목소리가 아울러 고흔 왕수복 양 - 금수강산의 아름다운 풍경을 자랑하는 평양이 그의 출생지인 관계인지 모란꽃 같이 탐스럽고 고흔 얼굴에 꾀꼬리 소리 같이 어여쁜 노래를 듣는 사람은 누구이나 감탄하지 아니 할 수 없을 것이다. 레코드에서 흘러나오는 노래 - '고도의 정한' 아러둘거 '내일 가세요' 등의 애련한 노래를 취입하여 수많은 팬들을 울리고 웃긴 지도 여러 차례이다. 현재 포리도두 전속가수로 아름다운 이름을 떨치고 있다. 양은 불행인지 다행인지 화류계에 몸을 던져 평양 기성권번에 기적을 두고 있으며 매일 밤마다 홍등녹주에 수많은 유야랑으로 더불어 벗을 삼고 있는 생활을 하게 된 관계로 눈물젖은 술잔 속에서 읊어 나오는 한 많은 노래의 특징이 있다." 1935년 1월 3일자 『매일신보』

꽃다운 나이 금년 19세밖에 못된지라 앞날의 희망도 크거니와 일반의 촉망도 많은 터이다."[17]

「고도의 정한」은 당시 일본 노래 「섬아가씨(島の娘)」를 참조하였다. 이 노래는 1933년 8월에 작사 長田幹彦, 작곡 佐々木俊一, 가수 小唄勝太郎가 부른 히트곡이다. 그 후에 勝太郎이 부르고 영화화되면서 대단한 인기를 끌었다.

⑤팔리면 팔릴수록 조선에서 조선레코드계의 돈줄을 맡게 된다. 이에 대해 부연 설명할 부분이 있다. 일제강점기 1935년을 전후해서 레코드는 공전(空前)의 붐을 일으켜 창가·유행가·동요와 더불어 양악도 처음으로 출반되었다. 당시 레코드 가수가 될 자격의 여러 조건이었던 성색(聲色)이 고와야 할 것, 청각(聽覺)이 예민하고 두뇌가 명석하여야 할 것, 기술이 좋고 광범위로 노래를 부를 수 있어야 할 것, 발음이 명확하여야 할 것, 대담(大

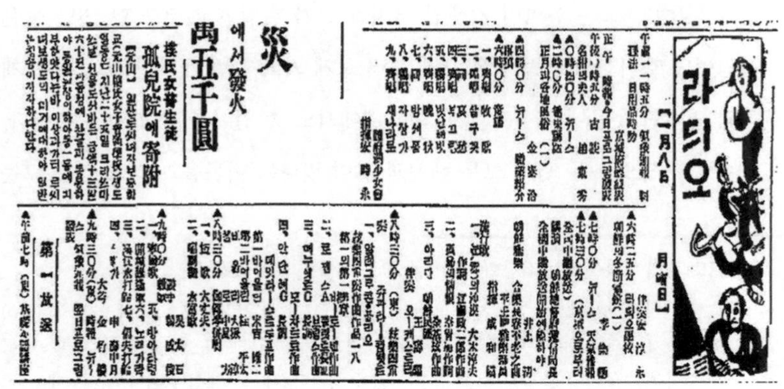

라듸오

【一月八日 月曜日】

에서發火

萬五千圓

孤兒院에寄附

왕수복의 라디오 방송 소개 『조선중앙일보』 1934. 1. 8.

17) 「流行歌手 王壽福孃 : 「포리도루」 專屬」, 『매일신보』 1935. 1. 3.

膽)하여야 할 것, 인격이 좋아야 할 것[18] 등이 있어야 한다. 이러한 조건에서 기생 왕수복은 거의 완벽하다고 할 수 있다. 어릴 때부터 남다른 청각이 예민하였고, 기생학교에서 우등으로 졸업할 정도로 지능도 뛰어났다. 더구나 폭넓은 음폭을 구사할 수 있도록 체계적인 서도민요를 부르고, 성격도 대담하고 서글서글하여 적들이 없었다.

⑥JODK에는 지난해 7월과 올해 1월 2회에 걸쳐 〈아리랑 속요〉와 〈눈의 사막〉을 공연하다. 1934년 1월 8일에는 이왕직아악부(李王職雅樂部)의 아악연주와 경성방송국 오케스트라의 반주로 왕수복(王壽福)의 노래가 일본에 처음으로 중계 방송되었으며, 이후 창·민요·동화 및 한국의 역사와 풍속 등이 일본에 중계 방송되었다. 유일한 방송이었던 라디오 경성방송국은 1934년 1월 8일부터 정기적으로 JODK의 호출부호를 사용하여 일본에 한국어 제2방송을 중계하였다. 이 중계방송에는 아악연주를 비롯하여 한국의 지리, 민속을 소개하는 강연과 실황방송, 민요 및 유행가요, 어린이들의 창가 등이 방송되었다. 특히 1934년 1월 8일에는 이왕직아악부(李王職雅樂部)의 아악연주와 경성방송국 오케스트라의 반주로 나의 노래가 일본에 처음으로 중계방송되었다. 그때 부른 유행가는 「눈의 사막」, 「고도의 정한」, 「아리랑 조선민요」 등이었다. 이후 창·민요·동화 및 한국의 역사와 풍속 등이 일본에 중계 방송된 것이다.

⑦현재 조선유행가 세계를 풍미, 많은 청년이 애창한다. 그 노래가 왕수복의 대히트곡은 이운방(李雲芳)의 작사, 전기현(全基玹) 작곡의 「고도(孤島)의 정한(情恨)」이다. 「고도의 정한」은 조선유행가 중에 가장 많이 유

18) 구원회(1939), 「유행가수 지망자에게 보내는 글」, 『조광』 5월호, 310-313쪽.

행되었으며 판매 매수도 조선 레코드 계에 있어서 최고 기록을 지었다.

당시 1935년 「삼천리」 잡지사에서 레코드 '가수인기투표'를 개시하게 된다. 비상한 관심을 받아 가두의 음악애호가 대중으로부터 투표가 답지하여 과연 며칠 만에 1만 표를 돌파하는 기세를 보였다. 이에 투표를 끝내고 그 결선투표의 결과를 공표하였고, 아울러 더욱 추첨 결과도 추후 발표하고 기념음악회도 개최하였다(총계 10,130표). 마치 '10대 가수'와 같은 시스템이다. 남녀 가수가 5명씩, 인기투표로 선정되고 여기에 레코드 인기가수이어야 하는 조건이 절묘하게 맞아떨어져 있다.[19] 그 무렵 젊은이들이 모이는 자리에는 어김없이 인기가수 투표 이야기가 나왔고 사회적으로도 알 만한 하이칼라 신사가 모인 자리에서는 왕수복의 이야기는 화제가 되었다. 덕분에 레코드 회사에서도 레코드판이 불티나게 팔려나갔음은 말할 나위도 없

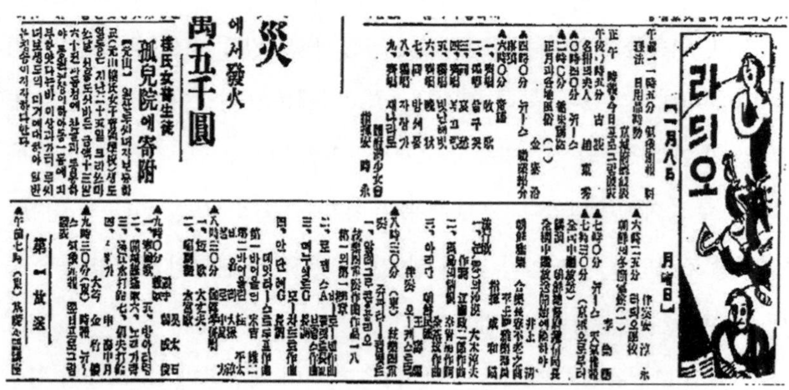
萬五千圓

孤兒院에 寄附

라디오

一月八日 月曜日

第一放送

1935년 「삼천리」 잡지사 주최의 레코드 '가수인기투표' 결선발표

19) "여가수입선 5명; 총 투표매수 4,243표 / 제1위 왕수복(王壽福) (포리돌 레코드) 1,903표 / 제2위 선우일선(鮮于一扇) (포리돌 레코드) 1,166표 / 제3위 이난영(李蘭影) (오케 레코드) 873표 / 제4위 전옥(全玉) (포리돌 레코드) 387표 / 제5위 김복희(金福姬) (빅타 레코드) 348표" 신현규(2015), 『일제강점기 권번기생연구』, 북페리타, 38-39쪽.

었다. 왕수복은 월 800원 이상의 고수익을 올리는 인기가수임이 분명했다. 당시 인기가수의 특별출연은 회당 15원이었고 하루 1회 공연에 10원, 2회 공연일 때는 회당 출연료가 5원을 받았던 것을 따져보면 그 수입은 그야말로 대단한 수준이었다. 그 외에도 왕수복의 주요 수입원은 대략 전속료, 레코드 취입료, 지방연주 수당, 광고 출연 등이었는데 이렇듯 활동 분야가 넓어졌다. 당시 왕수복은 화려하고 당당하고 똑똑할뿐더러 탁월한 노래실력까지 갖춘 시대의 스타였다. 세인들이 뭐라 하던 시대를 잘 만난 영리하고 재능 있는 가수이고 또 기생이기도 하였다.[20)]

왕수복이 첫 전성기로 '10대 가수'의 여왕이 된 1930년대를 중요한 전환점으로 볼 수 있다. 봉건적 잔재의 전근대 표상이었던 '기생'이 근대의 표상으로 일컬어지는 대중문화의 '대중스타'로 바뀌어가는 과정은 바로 근대 사회로의 변화 모습이다. 레코드 축음기의 보급은 대중매체의 광범위한 보급으로 그 레코드 가요의 주축 팬은 기생들이었다. 기생들은 레코드에서 배운 노래를 술자리에서 불러 유행에 일조하였기에 레코드회사에서 보면 큰 고객이었고 이에 따라 판매 전략이 세워지기도 하였다. 결국 대중문화를 이끌어가는 한 축이 바로 전근대 표상이었던 기생이었기에, 기생 출신이었던 왕수복, 선우일선, 김복희 등 3명이 1935년 발표한『삼천리』잡지 10대 가수 순위에서 5명의 여자 가수 중에 1위, 2위, 5위를 차지하며 대중 유행가의 여왕으로 부상하게 되었던 것은 어쩌면 당연한 일이었다.

---

20) 신현규(2014),『기생, 푸르디푸른 꿈을 꾸다 – 일제강점기 기생의 이야기』, 북페리타, 173-174쪽.

3. 기생 출신 왕수복의 대중음악사의 의미

한국음악사에서 매우 중요한 1930년대가 열리고 있었다. 근대음악의 발전과정에서는 그 시대가 새로운 대중음악을 등장시킨 하나의 전환기였고 그 중요한 획을 그은 이가 평양 출신 기생 왕수복이었다. 왕수복의 등장은 급격한 사회변동에 따라 생성된 새로운 대중음악에 그 시대를 앞 시대와 구분 짓도록 만든 전환기적 사건이었다. 바로 지금의 대중가요의 뿌리에 해당하는 유행가·신민요·신가요·유행소곡 등과 같은 새로운 갈래의 노래들이 이 시기에 작사자와 작곡가들에 의해서 창작됐다는 사실 때문이다. 새로운 노래문화의 창작자들이 출현했다는 사실은 음악사적 관점에서 보면 일제강점기 이전에는 없었던 명백한 증거물이라는 점에서 커다란 의미를 지닌다. 이러한 흐름 속에서 1930년대 본격적으로 작곡가에 의해 새로 등장한 '신민요(新民謠)'는 성악의 갈래로 일제강점기 전통 민요와 유행가의 중간 다리 역할을 맡았던 전환기적 시대 산물이라고 볼 수 있다.[21]

신민요의 등장은 근대의 단초를 제공한다. 왜냐하면 근대화는 전통적 사회에 내재된 전통적인 바탕 위에서 외재적인 요소를 가지고 변질 또는 변형시키는 과정을 보여주기 때문이다. 신민요는 전통적인 문화에 외래적인 문화가 더해진 문화적 종합화라고 보아야 한다. 이처럼 레코드 산업의 등장은

21) "왕수복은 일제강점기 권번 출신의 인기 가수로 신민요뿐만 아니라, 그 당시의 유행가나 신가요와 같은 새 노래들을 부르게 된다. 1930년대 후반 권번 출신이 아닌 신진남녀가수의 등장 이전까지 작사자와 작곡가에 의해서 창작된 유행가와 신가요의 가수로서도 활약함으로써, 일제강점기 가요사의 전환기적 임무를 수행했다고 보아도 무방할 듯 싶다. 왜냐하면 이들의 뒤를 이어 등장한 권번 출신이 아닌 신진 남녀가수들이 주로 유행가와 유행소곡 또는 신가요의 가수로 데뷔했기 때문이다." 송방송(2002), 「한국근대음악사의 한 양상」-유성기 음반의 신민요를 중심으로-, 『음악학』 9집, 한국음악학학회, 325-421쪽.

새로운 수요를 창출할 뿐 아니라, 새로운 가수의 등장을 예고하기도 했다. 그것은 기존의 서양음악가나 전통음악가와 달리, 새로운 수요에 적극적으로 응대할 수 있는 유행가 가수를 의미하는 것이었다. 1928년에서 1936년 사이에 콜럼비아, 빅타, 오케이, 태평, 폴리돌, 리갈, 시에론 등 각 레코드사들은 음반 제작에 기생 출신의 여가수들을 잇달아 참여케 함으로써 1930년대 중반 레코드음악의 황금기를 장식했다. 그 중심에 왕수복이 있었다.

제4부

권번기생의
근대 서지 연구

『여(女)의 귀(鬼) 강명화실기(康明花實記) 下』(1925) 부록 기생의 소전(小傳) 연구

1. 『여의 귀 강명화실기 하』(1925)의 서지적 고찰

李解觀의 『女의 鬼 康明花實記 下』는 1925년(大正 14년) 1월 18일에 발행된 소설이다. 李解觀는 李海朝(1869~1927)[1]의 필명으로 판권지에도 적확하게 표시되어 있다. 인쇄소는 大東인쇄(주)이며 元賣所는 滙東書館이고, 分賣所는 京鄕各書鋪이다. 이를 보면 출판사는 회동

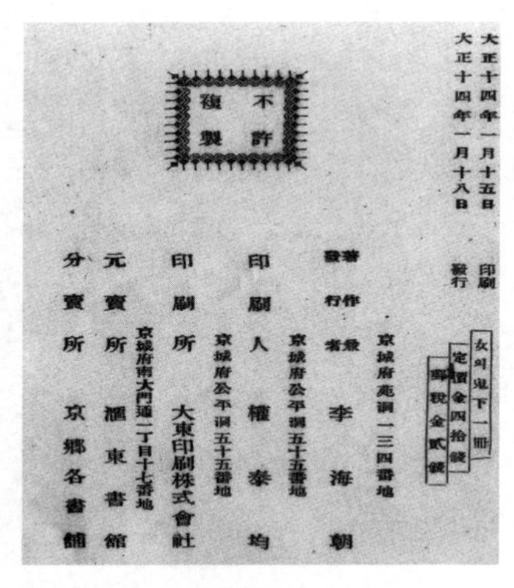
不許複製

大正十四年一月十五日 印刷
大正十四年一月十八日 發行

女의鬼下一冊
定價金四拾錢
郵稅金貳錢

著作兼發行者 京城府苑洞一三四番地 李海朝
印刷人 京城府公平洞五十五番地 權泰均
印刷所 京城府公平洞五十五番地 大東印刷株式會社
元賣所 京城府南大門通二丁目十七番地 滙東書館
分賣所 京鄕各書舖

『女의 鬼 康明花實記 下』(1925) 판권지

1) 이해조의 호는 열재(悅齋), 이열재(怡悅齋), 동농(東濃). 필명으로는 선음자(善飮子), 하관생(遐觀生), 석춘자(惜春子), 신안생(神眼生), 해관자(解觀子), 우산거사(牛山居士) 등으로 알려져 있다.

서관으로 볼 수 있다.

또한『女의 鬼 康明花實記 下』는 강명화 이야기를 다룬 소설 작품의 대부분처럼 딱지본 형태를 취하고 있다. 딱지본의 경우 1920년대부터 영창서관, 회동서관, 신구서림, 세창서관 등을 중심으로 여러 판본으로 출간되었다. 이 가운데 이해조는 상편과 하편으로 나누어 강명화 사건에 얽힌 내막을 소설화한 것이다. 그는 李解觀이라는 필명으로『女의 鬼 康明花傳』과『女의 鬼 康明花實記 下』를 발표하였다. '女의 鬼 康明花實記 上'이라는 표제의 작품은 현재까지 존재하지 않으며,『女의 鬼 康明花傳』의 결말과『女의 鬼 康明花實記 下』서두가 내용상 연결된다.『女의 鬼 康明花傳』은 강명화의 자살과 뒤이은 장병천의 죽음에 관한 내용으로 끝나고,『女의 鬼 康明花實記 下』는 장병천의 죽음을 둘러싼 소문에 관한 등장인물들의 대화로 시작된다. 이러한 점으로 미루어 두 작품을 상, 하편의 관계로 볼 수 있다.[2)]

2) "이해조는『女의 鬼 康明花傳』의 머리말에서 적악(積惡)을 경계하고 선행을 권장하는 요지의 창작 의도를 밝히고 있다. 그는 귀신이 존재한다는 것을 전제로, 남에게 해악을 끼친 사람은 반드시 귀신의 보복을 당하므로 죄를 시급히 뉘우치고 회개할 것을 강조한다. 권선징악(勸善懲惡)이라는 주제를 창작 의도로 명시하고 있다는 점, '전(傳)'의 형식을 취하고 있다는 점 등을 토대로 할 때 이해조의 작품은 다분히 고소설적 면모를 지닌다. 작품 초반 원귀 강명화가 등장하여 자신의 기구한 인생을 하소연하는데, 그 내용의 대부분을 생전에 비천한 신분(기생)이라는 이유로 자신을 며느리로 인정하지 않았던 시부모에 대한 원망으로 채우고 있다. 그녀는 일부종사(一夫從事)를 핵심으로 하여 자신의 부덕(婦德)을 강조하고, 부모에 대한 지극한 효성을 드러내는 것으로 신세한탄을 마무리하고 있다. 타고난 팔자가 기구하여 비록 기생이 되었으나, 자신은 금전에 대한 욕심도 없고 행실이 음란하지도 않다는 점을 강조하면서 상대적으로 자신에 대한 시부모의 박대와 무정함을 부각시킨다. 강명화의 하소연은 표면적으로 자신을 박대한 시부모에 대한 원망을 담고 있지만, 그 이면에는 신분 상승에 대한 욕망과 그 좌절에 대한 절망이 고스란히 녹아 있다. 그러한 심리가 단적으로 표출된 것이 지신의 시후 처리에 대해 원망하는 대목이다." 김영애(2011),「강명화이야기의 소설적 변용」,『한국문학이론과 비평』제50집(15권 1호), 한국문학이론과 비평학회, 83쪽.

2. 기생 강명화를 소재로 한 문화콘텐츠

일제강점기에 신문 기사 보도 이후 대정권번기생 강명화(1900~1923)의 비극적인 사랑 이야기에 대한 사회적 관심이 집중되었다.[3] 4개월 후에 10월 29일 장병천(1900~1923)의 자살은 당시 대중들에게 스토리텔링이 되면서 더욱 극적 효과를 증폭시키는 결과를 낳았다. 이 때문에 강명화와 장병천의 스토리텔링은 소설과 연극, 영화, 대중가요 등 다양한 장르에서 최근까지 끊임없이 확대되었다. 강명화 이야기가 다양한 장르에서 오랜 기간 동안 지속, 재생산되었다는 사실은 이 한편의 실화에 내재된 대중성을 문화콘텐츠로 확인시켜 준다. 강명화와 장병천의 사랑과 자살을 다룬 『동아일보』 기사에서만 확인된다. 『조선일보』 기사에서는 장병천의 자살에 대한 기사[4]를 미루어 보면, 情死의 사실관계를 알 수 있다.

『康明花의 哀死』, 세창서관(연도불명) 표지사진

3) 「康明花의 自殺내막은 매우복잡」(『동아일보』 1923. 6. 15)/「꽃 같은 몸이 생명을 끊기까지」(『동아일보』 1923. 6. 16)/나혜석, 「康明花의 自殺에 對하여」(『동아일보』 1923. 7. 8)「부호의 독자 장병천의 자살」(『동아일보』 1923. 10. 30)

4) 「張炳天 군 자살」 - 쥐잡는 약을 먹고 "시내 창신동 138번지 부호 張吉相 씨의 장남 병천(22) 군은 어제 오전 3시경에 자기 침방에서 쥐잡는 약을 먹고 고민하는 것을 집안 사람에 발

이처럼 두 사람의 연애와 情死가 당대의 큰 화젯거리였음을 반영하는 사실이다. 강명화 이야기를 소설화한 작품으로 확인되는 것은 다음과 같다.[5)]

『강명화 실기』(1924)
『강명화전』(1925)
『康明花傳』, 동화당서점(1945).

이해조, 『女의 鬼 康明花傳』, 회동서관(1925) 표지 사진

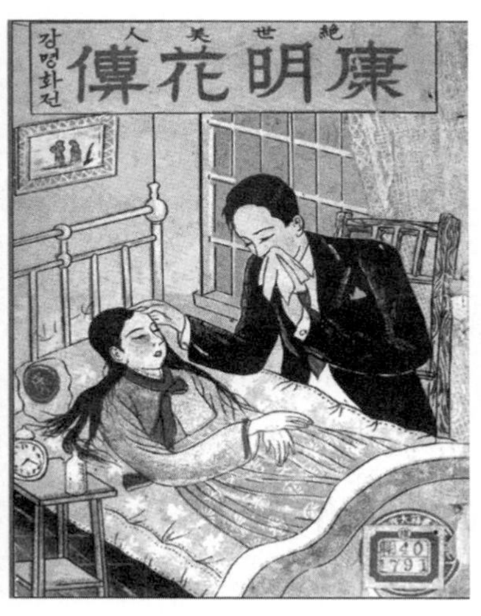

강의영 저작 겸 발행의 『絶世美人 康明花傳』 (1935) 표지 사진

견하고 큰 소동을 일으키는 동시에 즉시 安商浩 의사를 급히 청하여 응급치료를 하다가 약 3시간 후에 총독부 병원에 수용치료하였으나 원래 먹은 중량에 많이 까닭으로 드디어 오늘 오후 3시 30분경에 사망하였는데 자살한 원인은 아직 알 수 없다더라."(『조선일보』 1923. 10. 30) 「張炳天 군의 葬儀」 - 來18일 칠곡군에 "경일은행 두취 '장길상'씨의 장자 고 장병천군의 유해는 오는 18일 칠곡군 인동면 옥계동 뒤산에 안장한다는데 그의 영구는 17일 오전 9시에 왜관자택에서 발인한다더라."(『조선일보』 1923. 12. 15)

5) 김중순(2012), 「근대화의 담지자 기생 Ⅱ -대구지역 문화 콘텐츠로서의 가능성」, 『한국학논집』 제47집, 341쪽; 김영애(2011), 「강명화이야기의 소설적 변용」, 『한국문학이론과 비평』제50집(15권 1호), 한국문학이론과 비평학회, 86쪽 등을 검토해서 정리하였음을 밝힌다.

『康明花의 哀史』, 세창서관(연도 불명).

『康明花의 哀死』, 세창서관(연도불명).

『강명화의 죽음』(1964)

『康明花의 죽엄』, 향민사(1972)

이해조, 『女의 鬼 康明花傳』, 회동서관(1925 ;1927)

이해조, 『女의 鬼 康明花實記 下』, 회동서관(1925;1926)

박준표 저작 겸 발행, 『絕世美人 康明花설음』, 영창서관·한흥서림(1925).

최찬식, 『康明花傳』, 신구서림(1925).

현진건, 「새빨안 웃음」, 〈개벽〉 1925.11

현진건, 『赤道』, 〈동아일보〉 1933. 12.20-1934.6.17.

강의영 저작 겸 발행, 『絕世美人 康明花傳』, 영창서관(1935).

김인성·강준형 저작 겸 발행, 『美人의 情死』, 발행소 불명(1954).

소설 작품 가운데 박준표 저작 겸 발행의 『絕世美人 康明花설음』(1925)과 강의영 저작 겸 발행의 『絕世美人 康明花傳』(1935)은 판본과 내용이 모두 동일하다. 박준표나 강의영은 출판업자로 명성이 있던 이들로, 실제로 이들이 작품을 직접 창작한 것으로 보는 데는 무리가 따른다. 박준표의 『絕世美人 康明花설음』과 최찬식의 『康明花傳』, 이해조의 『女의 鬼 康明花傳』은 모두 같은 해에 출간되었으나 상이한 내용과 판본의 작품들이다. 저자와 발행연도를 알 수 없는 세창서관 발행 『康明花의 哀史』는 박준표, 강의영의 작품과 연수는 같고 내용은 다른 작품이다. 또한 『美人의 情死』(1954)는 1972년 대구 향민사에서 발행한 『康明花의 죽엄』과 동일작이다. 거칠게 보아도 강명화 이야기를 다룬 딱지본은 여러 작가들에 의해

5개 이상의 상이한 판본으로 출간되었다.[6)]

그밖에 강명화 이야기를 다룬 것들은 다음과 같다.

신문기사

「康明花의 自殺내막은 매우복잡」(『동아일보』 1923. 6. 15)

「꽃 같은 몸이 생명을 끊기까지」(『동아일보』 1923. 6. 16)

「부호의 독자 장병천의 자살」(『동아일보』 1923. 10. 30)

나혜석, 「康明花의 自殺에 對하여」(『동아일보』 1923. 7. 8)

「지하의 愛(애)의 巢(소) 찾은 절세의 미기 강명화」 (『동아일보』 1936. 4. 24)

잡지기사

"죽음으로 정절한 기생", 『개벽』 제37호, 1923. 7. 1 「一瞥」

靑衣處士, 「美人薄命哀史 -사랑은 길고 인생은 짤다든 강병화」, 『삼천리』, 1935. 8

영화

「悲戀의 曲」(하야카와 고슈감독, 김조성, 문영옥 출연. 동아문화협회, 1924)

「康明花」(윤석주 각색, 강대진 감독, 윤정희 신성일 출연. 1967)

「康明花」(조혼파 작사, 백영호 작곡, 이미자 노래, 1967)

대중가요

「康明花歌」(우영식 노래, 1927)

---

6) 『동아일보』의 당시 기사를 토대로 재구성한 강명화의 생애는 대략 다음과 같다. "평양의 가난한 부모에게서 태어남(재자가인). 가난으로 인해 기생이 됨(첫 번째 수난). 대구 부호의 이들 장병천과 만나 사랑에 빠짐(자유연애). 신분, 축첩 등의 이유로 병천의 부친 장길상의 반대에 부딪힘(혼사장애, 두번째 수난). 학업울 목적으로 도일(동경 유학), 생활고에 시달림. 생활고와 재일 유학생들의 테러를 견디지 못해 귀국(세 번째 수난). 계속되는 생활고와 시부모의 박대를 견디지 못하고 자살(1923, 6). 뒤이어 장병천도 자살(1923, 10)" 김영애(2011), 「강명화 이야기의 소설적 변용」, 『한국문학이론과 비평』 제50집(15권 1호), 한국문학이론과 비평학회, 86쪽.

일반적으로 한 사건이 발생하면 먼저 기사를 통해 보도되고, 사람들에게 회자되면서 담론을 형성하게 된다. 이러한 담론은 '텍스트'로 귀착된다.[7] 즉 '텍스트'란 특정한 한 작가의 생각만으로 구성되는 것이 아니라 이러한 맥락 속에서 구성되는 것이다. 이 맥락을 잘 보여주는 것이 바로 '기생 강명화'의 연애담이다. 강명화의 죽음이라는 사건은 바로 다음 날 신문기사를 통해 보도되고, 며칠에 걸쳐 당시 대중들에게 회자되며 1920년대 연애 담론의 한 측면을 형성하게 된다. 그리고 이러한 신연애 담론은 소설을 비롯한 다양한 텍스트 양식으로 구현된다. 여기서 주시해야 할 부분은 사건이 텍스트화되어 가면서 점점 미화된 양상으로 나타난다는 점이다.[8]

이해조의 작품은 강명화 실화를 권선징악이라는 교훈적 틀에 맞추어 재구성한 작풍이다. 그는 강명화 이야기의 교훈적, 계몽적 측면을 부각하기 위한 수단으로 허구적 정황을 첨부하여 독자들의 직접적인 각성을 유도한다. 귀신 이야기를 제목과 서두에 배치하여 독자들의 경각심을 불러일으키는 것은 결국 악행을 경계하라는 고유한 목적을 염두에 둔 구성인 셈이다.

이때의 재구성이란 실화가 지닌 골격과 주제를 기본 틀로 하고, 여기에 작가의 상상력을 가미하는 방식으로 이루어지나, 후자의 역할이나 영향력은 극히 미미하다고 할 수 있다. 그만큼 이해조는 실화가 지닌 고유한 이야기 구조를 그대로 차용하여 문학의 계몽적 기능을 최대치로 끌어올리는 데 강명화 이야기를 이용하고 있다. 이는 최찬식의 『康明花傳』을 비롯한 딱지본 소설에서 공통적으로 발견되는 특징이다. 많은 실화 가운데 신소설 작가

7) 이승윤(2005), 「한국 근대 역사소설의 형성과 전개」, 연세대 박사논문 참조.

8) 황지영(2011), 「근대 연애 담론의 양식적 변용과 정치적 재생산-강명화 소재 텍스트 양식을 중심으로-」, 『한국문예비평연구』 36집, 510쪽.

『女의 鬼 康明花實記 下』에 수록된 강명화 사진으로 "고음은 일대에 끊어지고 원망은 구원에서 사무치다"라는 문구가 쓰여 있다.

들이 유독 강명화 이야기에 집중한 이유 또한 그것이 당대 대중들의 기대에 부응할 만한 계몽적 요소를 지녔기 때문이다.[9)]

이해조는 『女의 鬼 康明花實記 下』 결말 부분에 제3자를 등장시켜 소설에 개입하여 추도회를 연다. 제1위로 강명화를 내세운다. 서술은 간단한 小傳형식으로 강명화의 일대기를 아래와 같이 요약한다.

> 한녀ᄌᆞ가 연단에 놉히 올나셔더니 긔초ᄒᆞᆫ것을 손에펴들고 망인들의 략력을진술ᄒᆞᆫ다
>
> 오ᄂᆞᆯ츄도회ᄂᆞᆫ 뎌긔걸닌 사진의본신셰사ᄅᆞᆷ을위ᄒᆞ야 열닌것이올시다 뎌사진의뎨일위ᄂᆞᆫ 고강명화씨올시다 명화ᄂᆞᆫ 평양태생으로 빈가에셔 생장ᄒᆞ야 고초를 만히격다가 그부모의지도로 가무를 공부ᄒᆞᆫ후 십칠세에 경셩으로 올나와 대경권반기생이 되얏슴니다 그런데 이사ᄅᆞᆷ의 쥬심은 숑구영신ᄒᆞᄂᆞᆫ 것이 온당치 안인바도알지마는 부모동긔의 생활을 위ᄒᆞ야 여러해동안 그마ᄋᆞᆷ의 즐겁지 안인노릇을 ᄒᆞ다가 눈에들고 뜻의 맛는 장병텬씨를맛나 백년살기로 언약을 매젓슴니다 즁간풍파로 단지ᄒᆞ고 단발ᄒᆞᆫ 것은 다아실뜻ᄒᆞ오니 고만둠니다마ᄂᆞᆫ 일ᄌᆞ장씨와 맛ᄂᆞᆫ후로 만고풍상을 모다격거가며 그싀부의 용납ᄒᆞᆷ을엇어 자미잇ᄂᆞᆫ가뎡을 이루워볼까 ᄒᆞ다가 필경은 셩취치못ᄒᆞᆷ에 락망이되야 그매친마ᄋᆞᆷ을 인해풀지 못ᄒᆞ고 온양온졍에셔 신셰ᄌᆞ탄가ᄒᆞᆫ 마듸

9) "달리 말하자면, 이해조를 비롯한 신소설 작가들에게 강명화 이야기는 독자들의 도덕적 각성을 유도하기에 매우 적절한 소재로 인식 되었던 것이다. 선소설의 대가 이해조, 최찬식은 자신들의 마지막작품 소재를 강명화 이야기로부터 빌어 왔다. 이들은 권선징악이라는 이념의 틀 안에 문학의 대중 계몽적 기능을 담을 수 있는 마지막 제재로 강명화 이야기를 선택했으며, 이후 근대소설에 자신들의 자리를 내어 준다." 김영애(2011), 「강명화이야기의 소설적 변용」, 『한국문학이론과 비평』 제50집(15권 1호), 한국문학이론과 비평학회, 89-90쪽.

에 마쥬막길을 떠나갓슴니다[10]

강명화는 평양태생으로 가난한 집에서 태어나 고초를 많이 겪다가 그 부모 때문에 가무를 배워 기생의 길을 걷는다. 17세에 경성으로 올라와 서도 출신들이 모인 대정권번기생이 된다. 그러나 기생놀음이 가족의 생활을 위해 여러 해 동안 지속되면서, 강명화의 마음은 즐겁지 않았다. 마침 눈에 들고 뜻의 맞는 대구 부호의 아들 장병천을 만나 백 년 살기로 언약을 맺는다. 모진 여러 풍파로 손가락을 끊어버리고 단발한 것은 널리 알려졌다. 이처럼 연인과 만난 후로 만고풍상을 모두 겪어가며 그 시아버지 장길상(張吉相, 1874~1936)[11]의 용납함을 얻어 재미있는 가정을 이루기를 기원했다. 그러나 성취되지 못함에 절망으로 빠져 그 맺힌 마음을 인해 풀지 못하게 되었다. 결국 온양온천에서 신세 자탄가 한 마디에 마지막 길을 떠나갔다.

10) 李解觀(1925), 『女의 鬼 康明花實記 下』, 회동서관, 86-87쪽.

11) "장길상(張吉相, 1874년~1936년)은 조선의 문신이며 일제강점기의 사업가이다. 자는 치상(致祥)이고 호는 황재(黃齋)이다. 여헌 장현광의 후손. 형조판서 장석용의 손자이며 관찰사를 지낸 장승원의 아들이다. 장직상, 장택상의 형이다. 대한제국 고종 때 사마에 합격하고 규장각 직각을 역임했다. 장길상과 그의 형제들은 1912년 대구의 일본인 자본가들이 선남상업은행을 설립할 때 자본을 투자하여 금융자본가가 되었다. 이 무렵 대구의 정재학(鄭在學)이 중심인 된 한국인들이 일반은행인 대구은행을 설립할 때도 자본을 투자하여 대주주가 되었다. 지방의 일반은행 설립에 자본을 투자한 경험으로 1920년 4월 자신들이 소유한 자본을 투자하여 대구에 본사를 둔 경일은행(慶一銀行)을 직접 설립하였다. 이때 경일은행은 자본금 2백만 원, 대주주 250명에 총 4만주의 주식을 발행하였는데, 그 중 장길상이 7,283주를 보유하였다. 1936년에 사망하였으며 장길상의 사후 자본 활동은 장직상이 주관하게 되었다." 인동장씨 홈페이지(www.indongjangssi.or.kr) 참조.

3. 『여의 귀 강명화실기 하(1925)』 부록 「강춘홍소전(康春紅小傳)」과 「이화련소전(李花蓮小傳)」 고찰

구활자본, 즉 딱지본은 1923년부터 新文館에서 주로 문고본으로 발행된 값이 싼 소설책들을 말한다. 납활자를 사용한 조판 인쇄는 공정이 매우 빠르고 비용이 저렴하게 들었기 때문에 18, 19세기에 유통되었던 고소설의 방각본 출판과 貰冊業에 비해 현저하게 신속하면서도 폭넓은 소설의 보급·유통을 이루어지게 하였다. 이러한 딱지본으로서 新小說 등이 함께 인쇄 발간되었던 것이다. 신소설은 물론 딱지본 인쇄의 출현과 거의 때를 같이한 개인 창작적인 작품들이니 이런 점이 문학적으로는 고전 소설들과 크게 다른 바가 있는 것이다. 또 이 시기에 새삼 고전 소설의 양식을 취하여 제작한 약간의 작품들이 있었다. 이 때문에 '딱지본'하면 대개 구활판본 고전 소설과 신소설, 이 두 문학의 저작물을 뜻하게 된다.[12]

'傳'은 사람의 일생을 있었던 사실에 따라서 서술하는 한문학의 한 갈래로서 오랜 내력과 뚜렷한 위치를 갖춘 양식이다. 기본 특징은 바뀌지 않은 채 계속 새로운 작품을 보태다가, 한문학이 밀려나자 국문 전기로 이어졌다. 이처럼 서사문학에서 '傳'은 가전체에서부터 고소설에 이르기까지 넓은 의미로 사용된 명칭이다. 본래 '傳'이란 史蹟을 기재하여 후세에 전하는 것

---

12) 그 딱지본 출간이 가장 번성하던 때를 1915년경부터 1926년경까지로 보면 불과 10년 내외의 동안이었다. 이 딱지본이 나오던 시대는 日帝의 탄압과 수탈이 아주 심한 때였다. 우리나라 문학의 발전상으로나 경제의 사정상으로나 다 같이 비참한 受難의 시기였다. 특히 딱지본의 제작 출판에 있어서는 당시 總督府警務局의 엄격한 검열을 받았었는데 그 가혹한 자국들이 現存 국립중앙도서관본들 속에 보이고 있다. 빈번한 판권의 移動, 합자적 공동 출판, 작품의 縮刷 또는 增面 등 이러한 일련의 사실은 당시 우리나라 출판물에 대한 日帝의 탄압이 얼마나 가혹하였는가를 보여 주는 좋은 증좌가 될 것이다.

이다. 사마천이 『史記』를 지어 列傳을 창시하여 한 사람의 始終을 기록한 것으로부터 '전'은 비롯되었다. 후세의 史家들이 이를 이어받았다. 즉 '전'은 史傳體로 시작된 것이다. 여기서 '전'은 정확한 전달을 목적으로 하는 기록임에도 불구하고 언젠간 허구로 일탈할 수 있는 가능성을 내장한 양식이었다.[13]

'전'은 소설과 달리 역사상 가장 비상한 것만을 간명한 언어로 다룬다. 주인공의 행적 중에서 가장 비상했던 사실만이 간명한 문체로 서술되므로 사적이 없거나 비상한 최후가 아니라면, 말년의 모습이나 죽음까지도 생략될 수 있다. 곧 '전'의 구성은 한 인간의 시작부터 끝까지를 서술한 것이 아니라, 전해야 할 사건만 간결한 문체로 다룬 것이다.[14] '전'은 서사문학인 소설과는 오랫동안 공존하면서 밀접한 관련을 가지기는 했어도 서로 포괄하지는 않았다. 사실 여부에 구애받지 않고 작품에서 특별히 설정한 긴장과 대결에 관심을 모으도록 하는 소설은 뒤늦게 나타나 어렵게 정착되는 과정에서 '전'이 이미 확보하고 있는 공신력을 이용하고자 했다. 실제로 '전'이면서 소설인 작품도 있었지만, 그렇다고 해서 '전'의 전통과 소설의 진로가 뒤섞인 것은 아니다.[15] 서사문학이라는 같은 범주에 속하는 소설이 '전'과 맺는 상관관계를 살피기 위하여 초기 '전'의 서사적 특징으로 밝혀진 것 중 일

13) "이 개연으로서의 허구성은 기록자가 史官이 아닌 문인이나 일반인의 손으로 넘어오면서 국문 표기의 경우에는 '전'을 빙자한 본격적 소설로 비약하기도 하지만, 한문표기의 경우 양식에 따라 정도 차가 있기는 하나 사실성을 유지한 상태에서 허구성을 확대한다. 이때에 '전'은 야담형식과 교차하며 상호보완의 관련을 맺는 것이다." 성기동(1993), 『조선후기야담연구』, 중앙대 박사논문, 64-65쪽.

14) 허경진(1988), 「19세기에 엮어진 세 권의 평민전기집」, 『조선조 후기문학과 실학사상』, 정음사, 317-320쪽.

15) 김명호(1983), 「연암문학과 史記」, 『이조후기 한문학의 재조명』, 창작과 비평사, 48-49쪽.

대기적 서사방법이 후대의 '전'이나 소설에 수용되는 양상을 살펴볼 수가 있다.[16] 따라서 '전'과 소설 양식의 비교를 통하여 서사문학이라는 같은 범주에 속하는 양자가 맺는 상관관계에 대하여도 살펴나감으로써 고전과 현대를 꿰뚫는 서사문학 전통의 흐름을 밝히는 일에 보탬이 될 수 있어야 할 것이다.

'전'이란 어떤 문체의 글인가 하는 문제는 徐師曾의『文體明辨』을 통하여 대체로 밝혀질 수 있다. 그 '전'의 품격을 史傳, 家傳, 托傳, 假傳 등의 네 가지로 나누었다. 薛鳳昌의『文體編』에서는 전을 史傳, 家傳, 小傳, 別傳, 外傳 등으로 각각 분류하였다. 여기서 小傳은 체재가 간략한 것을 말한다.[17] 근대 딱지본 소설에서도 이러한 '小傳'의 형식을 취하고 있는 작품을 쉽게 찾을 수 있다. 小傳이라는 명칭 때문에 인물의 일대기 중심으로 짧은 이야기로 이해된다. 즉 사람의 略歷을 簡略하게 적은 傳記인 것이다.

이해조는『女의 鬼 康明花實記 下』부록「康春紅小傳」에서 기생 강명화처럼 비극적인 사랑이야기를 찾고자 한 것으로 보인다. 이 때문에 小傳의 형태로 수록하고 있다.[18] '小傳'의 형식을 취하고 있기 때문에 인물의 일

16) 주명희(1985),「'傳'의 양식적 특징과 소설로의 수용 양상」, 서울대 박사논문, 164-165쪽.

17) "傳은 단순한 전기적 문학이라기보다는 설화나 소설과 병행하면서, 혹은 소설에 선행하면서 史傳·열전 → 고려 중기 이후의 가전체 → 조선조 한문단편 → 박지원의 傳에 이르기까지의 광범위한 시대에 걸쳐 존속된 산문서사문학 양식이라는 것이다." 신현규(1999),「朝鮮王朝實錄 列傳 형식의 卒記 試考」,『어문론집』27집, 중앙어문학회, 271-275쪽.

18) '傳'이란 史蹟을 기재하여 후세에 전하는 것이다. 사마천이『사기』를 지어 열전을 창시하여 한 사람의 始終을 기록한 것으로부터 '전'은 비롯되었다. 후세의 史家들이 이를 이어받았다. 즉 '전'은 史傳體로 시작된 것이다. '傳'이란 어떤 문체의 글인가 하는 문제는 徐師曾의『文體明辨』을 통하여 대체로 밝혀질 수 있다. 그 '전'의 품격을 史傳, 家傳, 托傳, 假傳 등의 네 가지로 나누었다. 薛鳳昌의『文體編』에서는 전을 사전, 가전, 小傳, 別傳, 外傳 등으로

대기 중심으로 짧은 스토리로 이해된다. 「康春紅小傳」의 분량은 30페이지이다. 원고지 200자로 80장 내외로 거의 단편소설만큼 짧다.

강춘홍은 앞서 강명화와 장병천의 관계를 연상시킬 만큼 흡사한 조건을 가졌다. 강춘홍은 팔순 할머니를 홀로 모시면서 대정권번기생으로 살아간다. 부잣집 아들 송모씨라는 남자를 만나 백년언약을 맺는다. 집안의 반대로 결국 유서를 써놓고 자살을 하게 된다. 그러나 장병천만큼 애절한 사랑이야기가 아니라, 송모씨라는 연인은 집안의 반대와 강춘홍에게서 빌려 쓴 돈을 갚지도 않고 떠나는 박절한 사람이다. 강춘홍은 팔순 할머니의 집 한 칸도 얻지 못하는 것에 더 이상의 희망을 찾지 못해 세상을 등지게 된다.

서두 부분을 보면, 강춘홍의 등장을 작가 이해조는 아래와 같이 서술하고 있다.

> 셕왕ᄉᆞ로 올나가ᄂᆞᆫ 어구에 길좌우로 즐비히 잇ᄂᆞᆫ집은 약물먹으러 오ᄂᆞᆫ 남녀 손님을 응졉ᄒᆞᆫ 려관들이다 그즁심큰길외인편 뎨일큰려관은 봉래여관(蓬萊旅館)이라 ᄒᆞᄂᆞᆫ곳이다 그려관마당이 매오널너 사ᄅᆞᆷ일이백 명은 무려히 드러셜만ᄒᆞ다 언의날 장마끗달이 낫갓치 밝은데 그마당안으로 빽빽ᄒᆞ게 사ᄅᆞᆷ들이 느러안졋ᄂᆞᆫ데 ᄒᆞᆫ가온데 셕유통너엇던 궤짝을노코 그우에 나이이십가량쯤 되ᄂᆞᆫ 녀ᄌᆞ가 ᄒᆞᆫ손에 조히를들고 ᄒᆞᆫ손에 붓을들고 꾀고리소리갓흔 음셩으로 청즁을 대ᄒᆞ야 이러ᄒᆞᆫ연셜을 피가끌어 올나오뜻이ᄒᆞᆫ다
>
> "져ᄂᆞᆫ 이셰상에 남ᄌᆞ가못되고 녀ᄌᆞ로 태여낫ᄂᆞᆫ데 녀ᄌᆞ즁에도 귀부인령양이 못되고 뎨일쳔ᄒᆞᆫ 화류계의 기생신분이올시다 기생의 신분으로 쥬져넘

각각 분류하였다. 여기서 소전은 체재가 간략한 것을 말한다. 신현규(1999), 「朝鮮王朝實錄 列傳 형식의 卒記 試考」, 『어문론집』 27집, 중앙어문학회, 271쪽.

게 놉흐신 렬위청즁을 대ᄒᆞ야 무슨말ᄉᆞᆷ을 살오릿가마ᄂᆞᆫ 그윽히 일득지견(一得之見)이 잇ᄉᆞ와 외람ᄒᆞᆷ을무릅쓰고 ᄒᆞᆫ말ᄉᆞᆷ을 드리고져 ᄒᆞᆷ니다"[19]

「康春紅小傳」에서 발단 부분은 소설의 문체를 사용하고 있다. 이 대목은 강춘홍의 이야기에 전체 흐름과는 다소 별개로 떨어져 있는 장면이다. 강춘홍은 석왕사 앞에서 명연설을 한 만한 동기나 행동이 그 후에는 등장하지 않고 흐름도 끊어져 있다. 다만 『女의 鬼 康明花傳』의 발단 부분에 첫 장면이 바로 석왕사를 무대로 삼고 있기에 마치 「康春紅小傳」의 첫 장면을 일치시키고 있다.

앞서 언급된 것처럼 『女의 鬼 康明花實記 下』 결말 부분에 추도회를 연다. 제2위로 강춘홍을 내세워 간단한 小傳형식으로 일대기를 아래와 같이 서술한다.

뎨이위ᄂᆞᆫ 고강츈홍씨올시다 츈홍은경셩태생이나 그부모ᄂᆞᆫ 평양사ᄅᆞᆷ인고로 남들이반평양집이라ᄒᆞ얏슴이다 일즉이 부모가쌍망ᄒᆞ고 그팔십조모의 실하에셔 자라낫슴니다 그조모가 츈홍을 애지즁지 길너내여 기생에 너엇슴니다 셤셤약질이 권반에 단이며 노래부르기츔츄기를 공부ᄒᆞ노라고 병도여러차례낫슴니다 원래 총명ᄒᆞᆫ 자품이라 능치안인 것이 업슴으로 언의 노름에 빠진 젹이업셔셔 영업을 잘햇다고 ᄒᆞᆯ만ᄒᆞ얏스나 한사ᄅᆞᆷ이 밧갈고 열사ᄅᆞᆷ이 먹ᄂᆞᆫ것은 ᄌᆞ고로 되지못ᄒᆞᆯ일이라 츈홍혼자 버러드리고 슈다소솔이의식을 ᄒᆞ노라니 ᄌᆞ연재산을 만히 져축지ᄂᆞᆫ못ᄒᆞ고 근근히 지내갈만ᄒᆞ얏스나 이왕때에 비교ᄒᆞ면 곳부ᄌᆞ살님이라ᄒᆞᆯ만ᄒᆞ얏슴니다 나이 이십이넘어 스믈넷이 되닛가 ᄌᆞ기조모와 거졉ᄒᆞᆯ집간이나 아조소유를 만드러쥬고 조촐ᄒᆞᆫ 신분이

19) 李解觀(1925), 『女의 鬼 康明花實記 下』, 회동서관, 23-24쪽.

『女의 鬼 康明花實記 下』에 수록된 강춘홍 사진으로 "한도 많고 정도 많은 혼이 그롯 원망 바다에 빠지다"는 문구가 쓰여 있다.

『조선미인보감』(1918년)에 수록된 강춘홍의 사진

되야 보랴고 진력쥬션ᄒᆞ다가 그소망이 물컵흠에 도라가닛가 셰상이 귀치안은 생각이 꼭 맷치어셔 비명에 간 귀신이되고 말앗습니다[20]

추도회에서 제2위는 강춘홍이었다. 강춘홍은 경성 태생이나 그 부모는 평양 사람으로 남들이 '반평양집'이라 하였다. 조실부모하고 그 팔순 조모의 슬하에서 자라났다. 그 조모가 춘홍을 애지중지 길러내었지만 결국 기생으로 만들었다. 연약한 강춘홍은 권번에 다니며 노래 부르기, 춤추기를 공부하느라 병치레도 많았다. 원래 총명한 자질이기에 능하지 않은 것이 없었다. 어느 기생 놀음에 빠진 적이 없어서 영업을 잘했다. 그러나 한 사람이 밭을 갈고 열 사람이 먹는 것은 자고로 되지 못할 일이다. 춘홍 혼자 벌어서 가족의 衣食을 해결하니 자연히 재산을 많이 저축하지 못하고 근근이 지내게 되었다. 춘홍의 나이가 스물넷이 되니, 조모와 기거할 집을 소유로 만들어주고 조촐한 신분이 되어 보라고 진력으로 주선하였다. 그러나 그 소망이 물거품으로 돌아가니 세상이 귀찮아 생각이 맺혀 비명에 간 귀신이 되고 말았다.

「康春紅小傳」에서 주인공 강춘홍은 『조신미인보감』에 수록된 기생으로 사진과 이력이 서술되어 있다. 그런데 1918년에 발행된 『조선미인보감』은 학계의 본격적인 검토 대상이 아니었다. 지금까지 『조선미인보감』은 권번 기생에 대해 관심을 가질 만한 화보집일 뿐이었으며, 원본 소장은 몇몇 수집가에 의해 한정되어 있다. 京城新聞社의 사장이었던 아오야나기 고타로(靑柳網太郎)가 발행한 『조선미인보감』은 당시 시대 상황을 잘 반영하

20) 李解觀(1925), 『女의 鬼 康明花實記 下』, 회동서관, 87-88쪽.

고 있는 화보 및 唱歌 자료집이다. 크기가 가로 26㎝, 세로 18.5㎝의 46배판이며 총 312쪽으로, 각 권번·조합별 구분하여 605명의 기생 자료가 실려 있다. 체재는 한쪽에 각각 2명씩의 기생 이름과 나이, 사진, 출신지와 현주소, 특기, 그리고 그 기생에 대한 짧은 평가들이 적혀 있다. 童妓의 경우에는 3명씩 수록되어, 총 605명 기녀의 신상 정보가 수록되어 있다.[21]

康春紅 20세
원적 평안남도 평양부
현재 경성부 낙원동 288

技藝
詩調, 西道雜歌, 楊琴, 玄琴, 呈才22種舞, 西洋舞蹈

아침 떠나 저녁까지 길을 가자면
산도 있고 물도 있고 평지잇도다
산과 물을 맛날 제는 고생무진코
탄탄대로 평지되면 태평무사라

인생일세 고락생화 그와 같해셔
이내몸이 십여세에 고초 겪을 때
늙은 조모 병든 부친 접제무로라

눈이 캄캄 앞길 아득 두셔없더니
결심하여 가무공부 사오년만에
시조잡가 양금현금 정재춤이며

21) 신현규(2007), 「조선미인보감에 수록된 창가 연구」, 『우리문학연구』 21집, 우리문학회, 109-137쪽.

풍금맞쳐 서양무도 갑종예기라

미목청수 화용월태 밉지 않아서
기생영업 하루있을 번창해지니
칠십조모 침수범절 근심없도다

生長平壤 時年二十 玉容團團 柳身纖纖 恨烟嚬月 哀猿酸鴻 俯仰今昔 孤身隻影 十四就券 椅踞總務 技能詩調 西謠 玄琴 楊琴 二十二闋 呈才舞 西洋舞蹈 正是 嬌嬌脉脉一枝花 滿城春雨壓殘紅[22]

"평양에서 태어나 당년 20세 얼굴은 둥글고 고운 몸매는 가느다랗고 한이 은은한 달빛에 산홍의 슬픈 원숭이처럼 예나지금을 엎드려 세상을 굽어보고, 우러러 하늘을 쳐다보니 외로운 신세 그림자가 한 짝이네 14세 권번에 들어가 충무로 의젓하니 시조와 서도민요, 현금, 양금, 22정재무, 서양무용 등이 능하네. 아리따운 눈빛으로 은근한 정을 나타내는 한 떨기 꽃이니 널리 봄비에 붉은 꽃이 떨어져 쌓이네."

위와 같이 『조선미인보감』의 창가에서 한문체와 국문체로 이중 구조로 표기되어 있다. 주로 개화기 가사 위주로 기생을 소개하는 창작 창가이라 할 수 있다. 특히 개화기 시가, 즉 창가들은 그 시기에 진행된 사회, 문화 변동의 일환인 문체 변동과 깊은 관련을 가진다. 조선왕조의 문체는 한문체와 국문체의 이중 구조로 이루어져 있었다.

강춘홍은 시조, 서도잡가에 능하였고, 양금과 현금에 뛰어난 연주자였다. 더구나 궁중춤인 정재무를 잘 추었고, 서양춤도 출 줄 알았던 일류 기생

22) 조선연구회(2007), 『조선미인보감』, 민속원. 참조.

이었다. 『조선미인보감』에 수록된 사진과 「康春紅小傳」의 사진은 똑같은 복장에 포즈만 달리한 것으로 미루어 보면 촬영한 시기와 장소가 같지 않을까 한다.

강춘홍은 앞서 강명화와 장병천의 관계를 연상시킬 만큼 흡사한 조건을 가졌다. 이를 서사구조로 분석하면 다음과 같다.

① 강춘홍은 평양 출신으로 조실부모하여 가난했다.
② 강춘홍은 팔순 할머니를 홀로 모시면서 대정권번기생으로 살아간다.
③ 부잣집 아들 송씨라는 남자를 만나 백년언약을 맺는다.
④ 송씨 집안의 반대로 힘들다.
⑤ 송씨는 강춘홍에게서 빌려 쓴 돈을 갚지도 않고 떠난다.
⑥ 강춘홍은 팔순 할머니의 집 한 칸도 얻지 못하는 것에 더 이상의 희망을 찾지 못한다.
⑦ 강춘홍은 유서를 써놓고 독약으로 자살을 기도한다.
⑧ 송씨 집안에서 비로소 결혼을 허락한다.
⑨ 결국 독약을 몸에 퍼져 세상을 떠난다.

"져ᄂᆞᆫ 이셰상에 남ᄌᆞ가못되고 녀ᄌᆞ로 태여낫ᄂᆞᆫ데 녀ᄌᆞ중에도 귀부인령양이 못되고 뎨일쳔ᄒᆞᆫ 화류계의 기생신분이올시다 기생의 신분으로 쥬져넘게 놉흐신 텰위쳥즁을 대ᄒᆞ야 무슨말ᄉᆞᆷ을 살오릿가마ᄂᆞᆫ 그윽히 일득지견(一得之見) 잇ᄉᆞ와 외람ᄒᆞᆷ을무릅쓰고 ᄒᆞᆫ말ᄉᆞᆷ을 드리고져 ᄒᆞᆷ니다 셤셤옥슈로 ᄒᆞᆫ편좌셕을 가르치며『져긔 느러안져계신 여섯분은 아까 강연ᄒᆞ실때에다 누구이신지를 아셧실것이올시다 그분의 강연ᄒᆞ시는 말ᄉᆞᆷ을 응당자셰히 들어계시려니와 만리해외에 유학ᄒᆞ시ᄂᆞᆫ즁 하긔방학을 승시ᄒᆞ야 잠시귀국

ᄒᆞ신사이에 우리일반동포의 지식이어둠을 근심ᄒᆞ사 괴로온더위의 험ᄒᆞᆫ길을 불고ᄒᆞ시고 각도각군으로 슌회강연을 ᄒᆞ시ᄂᆞᆫ일은 우리일반이 그셩의를 엇의까지감ᄉᆞ히 녁이ᄂᆞᆫ바 마참 이곳에 ᄅᆡ림ᄒᆞ시자 공교히 큰장마로 교통이 두졀ᄒᆞ야 예뎡ᄒᆞᆫ이외에 여러날을 류련ᄒᆞ신까닥에 박약ᄒᆞᆫ 려비가 떠러진듯ᄒᆞᆸ니다 객디에나셔 려비곳 업스면 무상ᄒᆞᆫ고초가 잇슴은 뎡ᄒᆞᆫᄉᆞ셰가 안이오닛가 그러면 져 여섯분은 우리를 위ᄒᆞ야 원로를 발셥ᄒᆞ시면셔 피를 끌여 지셩으로 슈고를 ᄒᆞ시다가 이러ᄒᆞᆫ곤경에 빠지셧거ᄂᆞᆯ 우리ᄂᆞᆫ 호강시럽게 몸편히 명산대쳔에 노리삼아 와잇스며 그런분의 동졍을 안이ᄒᆞ야 드리면 엇지인류라고 ᄒᆞ겟소 우리ᄂᆞᆫ 행탁의 려비를 기우리어셔라도 우리를위ᄒᆞ야 다니시다 곤욕즁에 계신 여셧분의 행ᄌᆞ를 십분일이라도 보조ᄒᆞᄂᆞᆫ 것이 ᄉᆞ톄에 당연ᄒᆞᆫ줄로 생각ᄒᆞ고 당돌히 언단에 올나와 두어마데 진슐ᄒᆞᆸ니다 본언을 기생 강춘홍이온데 약소ᄒᆞᆫ 붓그럼을 무릅쓰고 오원금을 밧침니다."[23)]

『每日申報』, 1921년 11월 30일, 04면. "이 세상을 하직한 대정권번기생 강춘홍"

작자 이해조는 석왕사에서 연설하는 강춘홍을 서술하면서 기생에 대한 당시 인식을 적확하게 지적하고 있다. 강춘홍은 이 세상에 남자 아닌 여자

23) 李解觀(1925), 「康春紅小傳」 『女의 鬼 康明花實記 下』, 회동서관, 86-87쪽.

로 태어나서 귀부인도 못 되고 제일 천한 화류계의 기생 신분이라 소개한다. 그럼에도 불구하고 기생의 신분으로 석왕사에서 청중을 대하여 외람됨을 이겨내어 "저기 늘어 앉아계신 여섯 분은 해외에 유학하던 중 하기방학에 잠시 귀국한 분들로 전국 방방곡곡 순회강연을 하시니 그 성의를 감사히 여겨야 합니다. 마침 이곳에 왔지만 큰 장마로 교통이 두절되어 예상 밖에 여러 날을 머물러 여비가 떨어진 듯하니 이분들을 위하여 일부 여행비를 보조하였으면 합니다. 이에 저는 기생이지만 약소하지만 오 원을 받칩니다." 고 할 정도로 장한 연설을 한다.

본래 셤셤약질도 밤을 낫삼아 노름을 밧아 도라단이노라니 ᄌᆞ연 시톄가 건강치못ᄒᆞ야 여러졔의 약을 지어가지고 셕왕ᄉᆞ로 내려와 약도먹고 약물도 먹으며 얼마가 한양을ᄒᆞ고 잇는즁 슌회강연ᄒᆞ는 유학생들이 큰장마에 교통이 두졀되야 려비곤난 당ᄒᆞᆷ을 보고 그와갓치 아름다온일을 ᄒᆞᆫ것이라[24]

강춘홍은 본래 병약해서 밤을 낮으로 삼아 노름을 받아 돌아다녀 자연 건강을 잃어 약을 지어가지고 석왕사로 내려온 것이다. 강춘홍은 요양을 하던 중에 순회 강연하는 유학생들이 큰 장마에 교통이 두절되어 부족한 여비로 곤란함을 당하는 것을 보고 이와 같이 아름다운 일을 하였다. 당시 이러한 아름다운 일을 할 정도로 의식 있는 기생이었다.

모교근쳐에 사는 엇던부ᄌᆞ의 아ᄃᆞᆯ이 츈홍을보고 마ᄋᆞᆷ을 기우려 차자단

24) 李解觀(1925),「康春紅小傳」『女의 鬼 康明花實記 下』, 회동서관, 86-87쪽.

이게 되얏다 그쟈의 셩은 숑가인데 자긔부모가 재산을 꽉쥐고 내여쥬지안이ᄒᆞ닛가 졔마음대로쓸슈업고 속담과갓치 건등이 달아셔 애만 부등부등쓴다 그위인이 과히불사ᄒᆞ지 안이ᄒᆞ야 여범인동 ᄒᆞᆯ뿐안이라 재산이 넉넉ᄒᆞᆫ집 ᄌᆞ식이닛가 아즉은 옹석이ᄒᆞ야도 후일에ᄂᆞᆫ 남불찌안이케 살자격이어니 십은 츈홍의마ᄋᆞᆷ은 로류장화가 소원이 안이닛가 결십ᄒᆞ고 송씨와 백년가약 맺기를 피ᄎᆞ의론이 되얏다[25]

송씨는 강춘홍을 보고 마음을 기울여 찾아다니게 되었다. 송씨는 자기부모가 재산을 꽉 쥐고 내어 주지 않아서 제 마음대로 쓸 수 없었다. 그럼에도 불구하고 강춘홍은 기생이기에 부잣집 아들 송씨라는 남자와 백년언약을 맺는다.

송씨ᄂᆞᆫ 츈홍의조모를 향ᄒᆞ야 빗이얼마나되ᄂᆞᆫ지 제가 다 쳥장ᄒᆞ야 쥴것이니 츈홍은 ᄌᆞ긔가 데려다가 살님을 ᄒᆞ겟다고 훳떠온 표장을ᄒᆞ니 츈홍의조모ᄂᆞᆫ 년긔가 팔슌로인으로 츈홍을 집행이삼아 의지ᄒᆞ고 잇다가 그말을드르니 가ᄉᆞᆷ이 셔뜻ᄒᆞ기ᄂᆞᆫᄒᆞ나 춘홍의신분을 생각ᄒᆞᆫ즉 기생이라ᄂᆞᆫ것이때가잇셔 한때 손을 넘기면 졸연히 드러안기 어려온법이라 셔슴지안이ᄒᆞ고 허락ᄒᆞᄂᆞᆫ말이다[26]

송씨와 백년언약의 조건은 강춘홍의 조모를 책임을 진다고 하였기에, 조모에게 허락을 받는다. 송씨는 춘홍의 조모에게 빚이 얼마나 되는지 제가 다 청산하여 줄 것이라 호언장담을 한다. 다만 춘홍은 자기가 데려다가 살

25) 李解觀(1925), 「康春紅小傳」 『女의 鬼 康明花實記 下』, 회동서관, 86-87쪽.

26) 李解觀(1925), 「康春紅小傳」 『女의 鬼 康明花實記 下』, 회동서관, 86-87쪽.

림을 하겠다고 하여 춘홍의 조모는 팔순 노인으로 춘홍을 지팡이 삼아 의지하고 있었으므로 참 서운하였다. 그러나 춘홍의 신분이 기생이기에 때가 있어 한때 기회를 넘기면 다시 만나기가 어렵다는 것을 알아 서슴지 아니하고 허락했던 것이다.

『일쳔ᄉ백원빗이 만치도안이흠이라 손셔가되야셔 그만것이야 두말홀것 잇슴 닛가 당연히 갑하드리지오마는 당신알으시ᄂᆞᆫ바와갓치 내가 충충시하올시다 아모어룬이시기로 ᄌᆞ식이 기생복쳡ᄒᆞ라고 얼ᄂᆞᆫ돈을 쥬실 리가 잇슴닛가 래일이라도 져ᄉᆞ름의 구실을 나와살기로 확뎡이되오면 두어달후에ᄂᆞᆫ 그돈을 다갑ᄒᆞ드리지오 그말을들은 홍의 조모ᄂᆞᆫ ᄉᆞ셰가 그러홀뜻ᄒᆞ야 역시 허락ᄒᆞ고 그날로 권반에 보내여 츈홍의 일홈을 기안에 졔거케ᄒᆞ고 다시ᄂᆞᆫ 외인교졔를 안이식이니 츈홍은 두말홀것업시 송씨의 가속이 되얏다 츌가외인이라니 춘홍이와 송씨사이에 긔위 백년언약을 맷졋스니 친가에잇슬 필요가 업슨즉 별로집을 배치ᄒᆞ고 데려가거나 큰집으로 드러가 한집에셔 아즉지내게ᄒᆞ야 달나ᄂᆞᆫ 춘홍의 청구도잇스려니와 그조모도 지제지삼 말을ᄒᆞ얏다 그조모의 어셔춘홍을 데려가라ᄂᆞᆫ 것은 내용인즉 실상 돈재촉ᄒᆞᄂᆞᆫ것쯤 되얏다 엄부시하에 일푼젼도 제자유로 쓰기어려온 송씨마음에 굼젼일관은 어룬압헤 감히 게구ᄒᆞ야 볼슈ᄂᆞᆫ업고 위션 제집으로 춘홍을 데려다노코 차차엇더케 조쳐홀 생각으로 잠시져의어머니의게 속여 말을고ᄒᆞ얏던 것이다[27]

당시 기생을 첩으로 들이는 것을 떼들인다고 하였다. 강춘홍이 갚아야 할 빚은 일천사백 원이었다. 이를 송씨는 아직 집안의 재산을 쓸 수 없으니

---

27) 李解觀(1925), 「康春紅小傳」, 『女의 鬼 康明花實記 下』, 회동서관, 86-87쪽.

우선 내일이라도 살림을 차리고 두어 달 후에는 그 돈을 다 갚아주기로 하였다. 그 말을 믿고 춘홍의 조모는 허락하고 그날로 권번에 보내어 춘홍의 이름을 妓案, 즉 기생호적에 제거하여 송씨의 첩이 되었다. 하지만 송씨는 우선 자기 집으로 춘홍을 데려다놓고 점차 어떻게 조처할 생각으로 잠시 자기 어머니에게 속여 말을 하였던 것이다. 결국 송씨는 약속을 못 지키고 떠나버린다.

『네가 무슨팔ᄌᆞ를 이갓치망칙ᄒᆞ게 타고나셔 어려셔 부모를 여의고 홀로 계신 한머니슬하에셔 자라나 남과갓치 륙톄ᄅᆞᆯ 갓초아 싀집을 못가고 기생으로츌신을 ᄒᆞ얏스며 기위기생이 되얏스니 이십젼에 가합ᄒᆞᆫ남편을 만나 드러안졋스면 비록 쳥실행실느리고 귀밋머리를 맛풀지ᄂᆞᆫ 못ᄒᆞ얏스나 유ᄌᆞ생녀ᄒᆞ야 자미잇ᄂᆞᆫ 셰상살이를 ᄒᆞ야보앗슬터인데 나이 이십세셰가 넘도록죽기보다도 실인 노름바지를 ᄒᆞ다가 쳔신만고ᄒᆞ야 만난ᄉᆞᄅᆞᆷ이라셔 리씨갓치 매몰무졍ᄒᆞ야 도쳑이보다 더ᄒᆞᆫ인물 안이면 송씨갓치 무능력쟈로 내몸하나 물에 빠진 것을 건지지못ᄒᆞᄂᆞᆫ 자격이니 이런긔맥히고 피토ᄒᆞᆯ일이 다시어듸잇나』[28]

기생의 불행한 인생은 강춘홍에게도 서슴없이 다가오게 된다. 무슨 팔자가 기구하게 타고나 어려서 부모를 여의고 할머니 슬하에서 시집도 못 가고 기생이 되었다. 남들과 같이 사랑하는 남편을 만나 자식을 낳고 재미있는 세상살이를 하였을 텐데 스무 살이 넘도록 죽기보다도 싫은 화류생활을 하

28) 李解觀(1925), 「康春紅小傳」, 『女의 鬼 康明花實記 下』, 회동서관, 86-87쪽.

다가 천신만고 만난 사람이라서 매몰 무정하여 도적보다 더한 인물 아니면 송씨 같이 무능력자로 내 몸 하나 물에 빠진 것을 건지지 못하는 자격이니 이런 기가 막히고 피를 토할 일이 다시 어디 있냐고 한탄한다.

이처럼 이해조는『女의 鬼 康明花實記 下』결말 부분에 제3자를 등장시켜 소설에 개입하여 추도회를 연다. 제1위로 강명화를 내세운다. 서술은 간단한 小傳형식으로 강명화의 일대기를 요약한다.[29)]

일제강점기에 신문 기사 보도 이후 대정권번기생 강명화(1900~1923)의 비극적인 사랑이야기에 대한 사회적 관심이 집중되었다.[30)] 4개월 후에 10월 29일 장병천(1900~1923)의 자살은 당시 대중들에게 스토리텔링이 되면서 더욱 극적 효과를 증폭시키는 결과를 낳았다. 이 때문에 강명화와 장병천의 스토리텔링은 소설과 연극, 영화, 대중가요 등 다양한 장르에서 최근까지 끊임없이 확대되었다. 강명화 이야기가 다양한 장르에서 오랜 기간 동안 지속, 재생산되었다는 사실은 이 한편의 실화에 내재된 대중성을

---

29) "한녀ᄌᆞ가 연단에 놉히 올나셔더니 긔초ᄒᆞᆫ것을 손에펴들고 망인들의 략력을진슐ᄒᆞᆫ다 오ᄂᆞᆯ 츄도회ᄂᆞᆫ 뎌긔걸닌 사진의본신셰사ᄅᆞᆷ을위ᄒᆞ야 열닌것이올시다 뎌사진의뎨일위ᄂᆞᆫ 고강명화씨올시다 명화ᄂᆞᆫ 평양태생으로 빈가에셔 생장ᄒᆞ야 고초를 만히격다가 그부모의지도로 가무를 공부ᄒᆞᆫ후 십칠셰에 경셩으로올나와 대졍권반기생이 되얏습니다 그런데 이사ᄅᆞᆷ의 쥬심은 숑구영신ᄒᆞᄂᆞᆫ것이 온당치 안인바도알지마는 부모동긔의 생활을 위ᄒᆞ야 여러해동안 그마ᄋᆞᆷ의 즐겁지 안인노릇을 ᄒᆞ다가 눈에들고 뜻의 맛는 장병텬씨를맛나 백년살기로 언약을 매젓습니다 즁간풍파로 단지ᄒᆞ고 단발ᄒᆞᆫ 것은 다아실뜻ᄒᆞ오니 고만둠니다마ᄂᆞᆫ 일ᄌᆞ 장씨와 맛ᄂᆞᆫ후로 만고풍상을 모다격거가며 그 부의 용납ᄒᆞᆷ을엇어 자미잇ᄂᆞᆫ가뎡을 이루워 볼까 ᄒᆞ다가 필경은 셩취치못ᄒᆞᆷ에 락망이되야 그매친마ᄋᆞᆷ을 인해풀지 못ᄒᆞ고 온양온졍에셔 신셰ᄌᆞ탄가ᄒᆞᆫ 마듸에 마쥬막길을 떠나갓습니다." 李解觀(1925),「康春紅小傳」『女의 鬼 康明花實記 下』, 회동서관, 86-87쪽.

30) 「康明花의 自殺내막은 매우복잡」(『동아일보』1923. 6. 15);「꽃 같은 몸이 생명을 끊기까지」(『동아일보』1923. 6. 16); 나혜석,「康明花의 自殺에 對하여」(『동아일보』1923. 7. 8);「부호의 독자 장병천의 자살」(『동아일보』, 1923. 10. 30)

『조선미인보감』에 수록된 기생 강명화의 사진

문화콘텐츠로 확인시켜 준다. 강명화와 장병천의 사랑과 자살을 다룬 『동아일보』 기사에서만 확인된다. 『조선일보』 기사에서는 장병천의 자살에 대한 기사[31]를 미루어 보면, 情死의 사실관계를 알 수 있다. 이처럼 두 사람의 연애와 情死가 당대의 큰 화젯거리였음을 반영하는 사실이다.

『동아일보』의 당시 기사를 토대로 재구성한 강명화의 생애는 대략 다음과 같다.[32]

> **① 평양의 가난한 부모에게서 태어남(재자가인).**
> **② 가난으로 인해 기생이 됨(첫 번째 수난).**
> **③ 대구 부호의 이들 장병천과 만나 사랑에 빠짐(자유연애).**
> **④ 신분, 축첩 등의 이유로 병천의 부친 장길상의 반대에 부딪힘(혼사장애, 두 번째 수난).**
> **⑤ 학업을 목적으로 도일(동경 유학), 생활고에 시달림.**
> **⑥ 생활고와 재일 유학생들의 테러를 견디지 못해 귀국(세 번째 수난).**
> **⑦ 계속되는 생활고와 시부모의 박대를 견디지 못하고 자살(1923, 6).**
> **⑧ 뒤이어 장병천도 자살(1923, 10)**

31) 「張炳天 군 자살」 - 쥐잡는 약을 먹고 "시내 창신동 138번지 부호 張吉相 씨의 장남 병천(22) 군은 어제 오전 3시경에 자기 침방에서 쥐잡는 약을 먹고 고민하는 것을 집안 사람에 발견하고 큰 소동을 일으키는 동시에 즉시 安商浩 의사를 급히 청하여 응급치료를 하다가 약 3시간 후에 총독부 병원에 수용치료하였으나 원래 먹은 중량에 많이 까닭으로 드디어 오늘 오후 3시 30분경에 사망하였는데 자살한 원인은 아직 알 수 없다더라."(조선일보 1923. 10. 30) 「張炳天 군의 葬儀」 - 來18일 칠곡군에 "경일은행 두취 '장길상'씨의 장자 고 장병천군의 유해는 오는 18일 칠곡군 인동면 옥계동 뒤산에 안장한다는데 그의 영구는 17일 오전 9시에 왜관자택에서 발인한다더라."(조선일보 1923. 12. 15)

32) 김영애(2011), 「강명화이야기의 소설적 변용」, 『한국문학이론과 비평』 제50집(15권 1호), 한국문학이론과 비평학회, 86쪽.

일반적으로 한 사건이 발생하면 먼저 기사를 통해 보도되고, 사람들에게 회자되면서 극적 스토리의 이야기로 담론을 형성하게 된다. 즉 '텍스트'란 특정한 한 작가의 생각만으로 구성되는 것이 아니라 이러한 맥락 속에서 구성되는 것이다. 이 맥락을 잘 보여주는 것이 바로 '기생 강명화'의 연애담이다.

강명화의 죽음이라는 사건은 바로 다음 날 신문기사를 통해 보도되고, 며칠에 걸쳐 당시 대중들에게 회자되며 1920년대 연애 담론의 한 측면을 형성하게 된다. 그리고 이러한 신연애 담론은 소설을 비롯한 다양한 텍스트 양식으로 구현된다. 여기서 주시해야 할 부분은 사건이 텍스트화되어 가면서 점점 미화된 양상으로 나타난다는 점이다.[33]

물론 기생 강명화 만큼의 화젯거리는 아니지만, 실존 인물 강춘홍의 음독자살은 『매일신보』(1921년 11월 30일, 4면)[34]에 보도가 될 정도로 당시 주요한 기사이었다.[35]

---

33) 황지영(2011), 「근대 연애 담론의 양식적 변용과 정치적 재생산-강명화 소재 텍스트 양식을 중심으로-」, 『한국문예비평연구』 36집, 510쪽.

34) 「강춘홍의 음독자살-그 못된 양모의 마귀 같은 단련으로 해서 이번에 자살함인가」(『每日申報』, 1921년 11월 30일, 4면)

35) "부내 관철동 11번지에서는 대정권번기생 강춘홍(24세)은 어제 29일 새벽 2시경에 아편을 먹고 자살을 하였다는데 그 죽은 원인은 아직 무삼연고인지 확실히 알 수 없으나 지금까지의 조사한 바에 의하건대 이 기생은 본래 평양 태생으로 두 살에 그 사랑하는 모친을 영결하고 계모 슬하에서는 눈물로 세월을 보내던 중 12세에 기안에 착명하여 경성에 자기 조모 崔德和 노파를 따라와서 그 조모와 고모의 양육을 받아 가며 살기 싫은 세상을 참아 견디며 보내던바 부내에 재산가도 유명한 송모와 서로 따뜻한 연애가 깊이 들어 일로써 평생의 인연한 마음을 위로하여 지내다가 결국 백 년을 기약하고 살림을 하기 시작하였다. 사정과 인도가 없는 악마와 같은 화류계의 흑막은 다만 무엇이 만능이라는 것 한 가지만 빼앗으려 한다. 그의 친권자는 어찌하던지 송모의 금전을 맛보고자 하여 춘홍에게 여러 가지의 수단을 다하여 혹은 압박도 주며 혹은 저주도 하였는바 결국은 이러한 사정으로 인하여 그와 같이 변하지 말자고 굳게 맹세하였던 송모의 살림은 그로 인하여 결국 와해가 되어서 서로 분립한 후

강명화와 장병천의 비극적 사랑이야기는 소설과 연극, 영화, 대중가요 등 다양한 장르에서 최근까지 끊임없이 확대되었다. 강명화 이야기를 다룬 딱지본 소설은 여러 작가들에 의해 5개 이상의 상이한 판본으로 출간되었다.[36] 반면에 「康春紅小傳」은 강명화실기만큼 스토리텔링으로 삼기에는 많이 부족한 이야기이다. 이 때문에 이해조는 이를 '小傳'으로 명명한 이유

송모도 역시 춘홍의 따뜻한 연애를 일시일각을 있지 못하고 화가 생기어 밤낮을 불구하고 주색으로 마음을 위로하던 바 또 어떠한 여자와 서로 연애를 맺어지고 신정이 흡흡한 것을 본 춘홍 가삼? 이 세상에 생겨나서 부모 농생간 자기를 위로하여 줄 사람은 하나도 없고 다만 마음 두고 살아오던 가장의 위로를 받아 근근이 지내오던 차에 다시 기생의 몸이 되어 보기 싫은 뭇 사람의 단련과 하기 싫은 화류계의 생활을 하게 되는 것은 전부 금전으로 인함이라 하여 밤낮으로 하여 금전에만 힘을 쓰며 어서 받아 금전을 모와 부모의 압박과 저주를 받지 않고 다시 한번 송모와 백년가약을 맺어보리라 결심하고 있던 차에 이와 같이 송모는 다른 곳에 연애를 옮기였으나 자기는 다시 희망이 없다 하고 이 세상을 비관으로 생각하고 죽기로 결심하였던 중에 전날 마침 송을 國一館 요릿집에서 만나 밤이 새도록 같이 놀고 집에 돌아와서 자기 양모한테 마지막으로 "어머님 만수무강하세요. 소녀는 이 세상에 마음과 같이 못 한 일이 많이 있사와 불효를 면치 못하다"는 비통한 유서 한 장을 써서 옆에 놓고 아편을 먹었는데 그 이튿날 오청이 지나도록 자리에서 일어나지 아니함으로 집안사람이 들어가서 본즉 무삼 독약을 먹고 고통을 받는 중이라 고로 곧 대동 병원의사를 청하여 주사를 준다 약을 먹이다 하여 여러 가지 응급치료를 하였으나 춘홍은 이미 죽기로 결심하고 입을 굳이 물고 약도 먹지 아니하며 주사도 맞지 아니하고 야단을 하였다 하는 것을 강제로 수술을 하였으나 효력을 얻지 못하고 어제 새벽 2시에 세상을 불쌍하게 영결하였는바 아편의 출처와 죽은 원인에 대하여는 아직도 여러 가지 사정이 많이 있는 모양이라더라." 「강춘홍의 음독자살-그 못된 양모의 마귀 같은 단련으로 해서 이번에 자살함인가」(『每日申報』, 1921년 11월 30일, 4면)

36) "소설 작품 가운데 박준표 저작 겸 발행의 『絕世美人 康明花설음』(1925)과 강의영 저작 겸 발행의 『絕世美人 康明花傳』(1935)은 판본과 내용이 모두 동일하다. 박준표나 강의영은 출판업자로 명성이 있던 이들로, 실제로 이들이 작품을 직접 창작한 것으로 보는 데는 무리가 따른다. 박준표의 『絕世美人 康明花설음』과 최찬식의 『康明花傳』, 이해조의 『女의 鬼 康明花傳』은 모두 같은 해에 출간되었으나 상이한 내용과 판본의 작품들이다. 저자와 발행 연도를 알 수 없는 세창서관 발행 『康明花의 哀史』는 박준표, 강의영의 작품과 연수는 같고 내용은 다른 작품이다. 또한 『美人의 情死』(1954)는 1972년 대구 향민사에서 발행한 『康明花의 죽엄』과 동일작이다." 김영애(2011), 「강명화이야기의 소설적 변용」, 『한국문학이론과 비평』 제50집(15권1호), 한국문학이론과 비평학회, 86쪽.

『女의 鬼 康明花實記 下』에 수록된 이화연 사진으로 "원한이 뼈까지 사무쳐 죽어 눈을 감지 못한다"는 문구가 쓰여 있다.

가 아닐까 한다. '小傳'의 형식은 인물의 일대기 중심으로 짧은 스토리, 즉 딱지본 소설만큼 짧기 때문이다.

'기생'이라는 위치가 어느 시대를 막론하고 신분상으로 미천한 자리매김을 당해 왔음은 부인할 수 없는 사실이다. 물론 기생 개개인이 재능이나 출중한 외모를 지니고 있는지, 당대를 놀라게 할 만한 스캔들을 만들었는지의 여부에 따라 이른바 잘 나가는 기생과 그렇지 못한 기생으로 갈리는 운명이 지워짐 또한 피할 수 없었다.

「李花蓮小傳」도 '小傳'의 형식을 취하고 있기 때문에 인물의 일대기 중심으로 짧은 스토리로 이해된다. 분량은 35페이지이고, 원고지 200자로 90장 내외로 거의 단편소설만큼 짧다.

앞서 언급된 것처럼『女의 鬼 康明花實記 下』결말 부분에 추도회의 제3위로 이화연을 내세워 간단한 小傳형식으로 일대기를 아래와 같이 서술한다.

> 뎨삼위ᄂᆞᆫ리화연씨올시다 화연은 경셩태생으로 기생될쳐디가 안이어ᄂᆞᆯ 그어머니 잘못맛난탓으로 백옥이 진토에 못쳣습니다 특별히 총명영오ᄒᆞᆯ것은업스나 집심이 견확ᄒᆞᆫ고로 근간히공부를ᄒᆞ야가무를 갓초잘ᄒᆞᆫ 칭찬을드럿고 근일풍조를 따라셔활도 불폐풍우ᄒᆞ고 배와셔매오쟐쏜다고 ᄒᆞ얏습니다 그러나 가ᄉᆞᆷ속에 억굴 ᄒᆞᆫ근심이 싸여셔 얼골에 별로화평ᄒᆞᆫ긔색을 띄워보지 안이ᄒᆞᆷ은 그부친을 생리별ᄒᆞ야 실하에 뫼셔보지못ᄒᆞᆫ 연구올시다 평생의깁흔한이 부녀 간은 정이 끈여짐이라 한갈갓치결심ᄒᆞ기를 자격잇ᄂᆞᆫ 남편을 만나 쳔ᄒᆞᆫ 영업을 면ᄒᆞ고 그어머니생활비나 엇어쥬어 멀즉이셔로 떠나살며 그

부친의 용납을 엇어 끈친텬륜을 다시잇ᄂᆞᆫ 동시에 화락ᄒᆞᆫ 생활을 ᄒᆞ야보랴고 무진신고 ᄒᆞ다가 만ᄂᆞᆫ다ᄂᆞᆫ남ᄌᆞ가 뜻이글은 것이 안이라 재산이 넉넉지못ᄒᆞᆫ 탓으로그어머니의 생활비를 쥬지못ᄒᆞ니 가의만ᄉᆞ가 의해라 엇지ᄒᆞᆯ슈업ᄂᆞᆫ 곤경에 떠러져차라리죽어 모르ᄂᆞᆫ것이 상책이라ᄂᆞᆫ결심을 풀지 못ᄒᆞ야 길게 자ᄂᆞᆫ 손을 짓고 말앗슴니다[37]

추모회의 제3위는 이화연이다. 화연은 경성 태생으로 본래 기생될 처지가 아니었다. 그 모친을 잘못 만난 탓으로 백옥이 진토에 빠졌다. 특별히 총명 영오할 것은 없으나 집념이 굳건하여 근간히 공부를 하여 가무를 갖춰 잘한다는 칭찬을 들었다. 당시 풍조를 따라 활도 배워서 매우 잘 쏘았다. 그러나 가슴속에 얼굴 한 근심이 쌓여 얼굴에 별로 화평한 기색을 띄워 보지 않는 것은 그 부친을 생이별하여 슬하에 모시지 못했기 때문이었다.

화연은 평생의 깊은 한 맺음이 부녀간의 정이 끊어짐이었다. 한결같이 결심하기를 자격 있는 남편을 만나 천한 영업을 면하고자 하였다. 화연은 모친의 생활비나 얻어주어 멀리 서로 떠나 살기를 바랐다. 그리고 부친의 용납을 얻어 끊어진 천륜을 다시 있는 동시에 화목한 생활을 꿈꾸었다. 무진 고생을 하다가 만난 남자가 뜻이 그릇 것이 아니라 재산이 넉넉지 못한 탓으로 그 모친의 생활비를 주지 못하였다. 만사가 여의치 않아 어찌할 수 없는 곤경에 떨어져 차라리 죽어 모르는 것이 상책이라는 결심을 하게 된다. 이로 인해 생명을 놓게 된다.

37) 李解觀(1925),『女의 鬼 康明花實記 下』, 회동서관, 88-89쪽.

4. 기생 「강춘홍소전」과 「이화련소전」의 의미

이해조의 『女의 鬼 康明花傳(1925)』의 결말과 『女의 鬼 康明花實記 下(1925)』 발단이 내용상 연결되기 때문에 두 작품을 상, 하편의 관계로 볼 수 있다. 강명화와 장병천의 비극적 사랑이야기는 소설과 연극, 영화, 대중가요 등 다양한 장르에서 최근까지 끊임없이 확대되었다. 반면에 「康春紅小傳」과 「李花蓮小傳」은 강명화실기만큼 스토리텔링으로 삼기에는 많이 부족한 이야기이다. 이 때문에 이해조는 이를 '小傳'으로 명명한 이유가 아닐까 한다. '小傳'의 형식은 인물의 일대기 중심으로 짧은 스토리, 즉 단편소설만큼 짧기 때문이다.

「康春紅小傳」에서 강춘홍의 자살은 사랑하는 님의 배신에 따라 절망을 선택했고 그것은 급기야 목숨을 끊는 결과를 낳았다. 「李花蓮小傳」에서 이화연은 불우한 과거와 모진 모친과의 갈등에 힘겨워 이승에서의 인연을 스스로 놓고 말았다. 그러나 이러한 기생들의 이야기는 당시 기생의 현실이면서 당면했던 일상적 실화이었다. 일제강점기 기생제도는 봉건적인 잔재로 볼 수 있는 지표 중에 하나가 바로 기생의 높은 문맹률이었다. 이러한 기생의 문맹률은 한정된 교육 기회의 박탈에서 출발해서 봉건적인 의식의 심화로 이어졌다. 그 시기의 기생들은 자신들의 정체성에 대한 고민의 흔적을 여기저기에서 드러내고 있다. 꽃다운 나이에 뭇 남성에게 웃음을 파는 시간만큼 적지 않은 수입을 얻을 수 있었지만, 흔들리는 인력거 안에서 새벽녘 집으로 돌아가면서 흘리는 눈물도 그녀들만 갖는 회한이었다.

'기생'이라는 위치가 어느 시대를 막론하고 신분상으로 미천한 자리매김을 당해 왔음은 부인할 수 없는 사실이다. 물론 기생 개개인이 재능이나 출중한 외모를 지니고 있는지, 당대를 놀라게 할 만한 스캔들을 만들었는지의 여부에 따라 이른바 잘 나가는 기생과 그렇지 못한 기생으로 갈리는 운명이 지워짐 또한 피할 수 없었다.

권번기생 잡지 『장한(長恨)』 서지 고찰

1. 서지 정보

1920~30년대에는 여성 잡지의 발행이 양적으로 두드러지는 시기였다.[1] 그중에서도 기생 잡지 『장한(長恨)』과 『여성(女聲)』을 들 수 있다.[2] 이 잡지는 유흥업소 요릿집과 카페에 종사했던 직업여성들이 만든 것이기에 남다르다. 더구나 1927년 기생 잡지가 2종이나 있었다고 한다.[3] 그중에 한 종만 지금까지 세상에 알려진 것이 바로 『장한』이다. 「매일신보」의 신간 소개에 등장하는데, "경성 4권번 기생의 기관지"라 기사화되었다.[4]

---

1) 김근수(1999), 『한국잡지사연구』, 한국학연구소, 91-107쪽; 최덕교(2004), 『한국잡지백년-2』, 현암사; 김수진(2005), 「1920-30년대 신여성 담론과 상징의 구성」, 서울대 박사학위논문, 145-146쪽 참조.

2) 서지영(2006), 「식민지 시대 기생 연구(3) -기생 잡지 『장한(長恨)』을 중심으로-」, 『대동문화연구』 53집, 성균관대학교 대동문화연구원, 349-350쪽; 서지영(2003), 「식민지 시대 카페여급연구 - 여급잡지 『女聲』을 중심으로」, 『한국여성학』 제19권 3호, 한국여성학회 참조.

3) 「朝出夕歿의 기생 잡지」, 『동아일보』, 1927. 5. 30.

4) 「신간소개」, 「매일신보」, 1937. 1. 15.

1927년 1월 10일 발간된 『장한』[5]은 당시 경성에 있었던 권번기생들이 만든 잡지이다. 서해(曙海) 최학송(崔鶴松, 1901.1.21.~1932.7.9)이 편집한 권번기생들의 동인지 형식이었다. 최서해는 초기 프롤레타리아 문학을 대표하는 작가로 알려져 있다. 그의 문학은 계급 착취와 그로 말미암은 갈등에 주목한 것은 사실이지만, 그에 못지않게 민족문제에도 깊은 관심을 기울였다. 봉건적 유물로 배척당하는 타자화의 대상으로서 당시 권번기생에 관심을 두었던 것이다. 하지만 가난한 소설가였던 최서해는 이로 인하여 지식인들에게 조롱거리가 되었다. "더 지저분한 잡지에까지 손을 대었는데 하다못해 기생들이 하던 잡지에까지 손을 대어 보았다. 다 먹기 위함이었다."[6]

판권의 정보를 미루어 보면, 정가는 40전이고 3개월 1원 10전, 6개월 2원 20전, 1년 4원 등 지속적으로 발간할 계획을 가지고 있었다. 더구나 이 책 8쪽에는 '지분사광고모집(支分社廣告募集)'이란 사고(社告)가 있다. 지사와 분사를 공개모집한 점으로 미루어 보아도 향후에도 발간할 의도를 밝힌 근거이기도 하다.[7] 1927년 1월10일에 발간되었고, 발행소는 '장한사'였다. 인쇄소는 한성도서주식회사(1920~1956)로 알려져 있다. 당시 각종 인쇄물을 선명미려(鮮明美麗)하게 인쇄하며 각종 장부와 제본을 신속하고 저렴하게 만들어주어 이름이 높았다. 더구나 월간잡지도 직접 발행하여 「서울」, 「학생계」, 「창조」, 「학등」 등을 내었다고 한다.[8] 『장한』은 월간지로 발간되었는데 현재 확인된 것은 1927년 1월, 2월호가 남아 있다. 편집 겸 발행

5) 연세대 소장본 『長恨』 1927. 1월호-2월호.

6) 朴祥燁의 「感傷의 七月-曙海靈前에」, 『매일신보』, 1933. 7.14, 29면.

7) 신현규(2007), 『기생이야기-일제시대의 대중스타』, 살림, 89쪽.

8) 오영식(2009), 『해방기간행도서총목록(1945~1950)』, 소명출판, 262-263쪽.

인은 김보패(金寶貝)로 되어 있고, 인쇄인은 노기정(魯基貞), 발행지는 경성이었다.

책 크기는 23cm, 제1권 제1호(1927년 1월)와 제1권 제2호(1927년 2월)로 명기되어 있다. 본문은 110여 쪽에 달한다. 또한 10쪽 정도의 광고도 기재되어 있다.

반면에 창간호에 비하여 1927년 2월호에는 발간일이 2월 12일이었다는 것밖에 다른 점은 없다. 이를 미루어 보면, 창간호와 2월은 편집 자체가 거의 같이 만들어졌음을 알 수 있다. 그 후 몇 호가 나왔는지 알 수 없지만 현재 남아 있는 것은 1월, 2월호이다.

현재 1월, 2월호 두 권은 연세대학교 중앙도서관 국학 자료실에 소장되어 있다. 물론 그 밖에 개인 소장자가 가지고 있는 것까지 포함하면 어느 정도일지는 짐작하기 어렵다. 편집 발행인인 '김보패'도 최서해가 편집을 의뢰한 기생의 중심인물이 아닌가 짐작해 볼 수 있다.

2.『장한』의 특성

『장한(長恨)』, 말 그대로 '오랜 한'이라는 뜻이다. 스스로의 신세를 한탄하며 지난 오래 한(恨)에 찌던 기생들의 모습이 머릿속에 생생하게 재연되는 듯한 제목이다. 김월선(金月仙)이 『장한』에 쓴 "창간에 제(際)하야"[9] 글을 보면 다음과 같다.

9) 김월선, 「창간에 제하야」, 『장한』 창간호, 1927. 1월호.

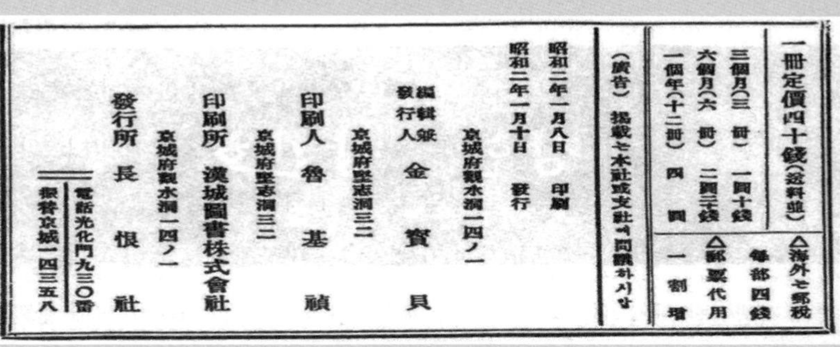

一冊定價四十錢(送料並)
三個月(三　冊)　一圓十錢
六個月(六　冊)　二圓三十錢
一個年(十二冊)　四　圓
△海外는郵稅　每部四錢
△郵票代用　一割增
(廣告)　揭載는本社或支社에問議하시압
昭和二年一月八日　印刷
昭和二年一月十日　發行
京城府觀水洞一四ノ一
編輯兼發行人　金　寶　貝
京城府堅志洞三二
印刷人　魯　基　禎
京城府堅志洞三二
印刷所　漢城圖書株式會社
京城府觀水洞一四ノ一
發行所　長　恨　社
電話光化門九三〇番
振替京城一四三五八

1927년 『장한』 창간호 판권

一冊定價四十錢(送料並)
三個月(三　冊)　一圓十錢
六個月(六　冊)　二圓三十錢
一個年(十二冊)　四　圓
△海外는郵稅　每部四錢
△郵票代用　一割增
(廣告)　揭載는本社或支社에問議하시압
昭和二年二月十一日　印刷
昭和二年二月十二日　發行
京城府觀水洞一四ノ一
編輯兼發行人　金　寶　貝
京城府堅志洞三二
印刷人　魯　基　禎
京城府堅志洞三二
印刷所　漢城圖書株式會社
京城府觀水洞一四ノ一
發行所　長　恨　社
電話光化門九三〇番
振替京城一四三五八

1927년 『장한』 2월호 판권

"본래 사람은 다 같은 운명을 타고 낳을 것이오. 다 같은 의무를 가지고 났을 것이다. 그리고 착한 것을 좋아하고 악한 것을 슬퍼하는 것은 사람의 떳떳한 정이다. 그러나 사람들에게는 조석으로 측량하지 못할 화복(禍福)이 있고 하늘에는 시각으로 측량하지 못할 풍우가 있는 것이다. 슬픈 일, 좋은 일을 당하게도 되며 착한 것, 악한 것을 보게도 되는 것이다. 그러나 사람에게는 그만한 변화가 있다고 모든 것을 내버려 둘 수는 없는 것이다. 자신이나 사회이나 불행하며 불리할 줄을 알면 없애 버려야 하며 아니 하여야 할 것이다. 이 점에 있어서 조선의 기생은 하루바삐 없애야 하겠으며 아니해야 하겠다. 그것은 기생 자신에 참담한 말로를 짓게 되며 일반사회에 많은 해독을 끼치는 까닭이다. 될 수만 있으면 기생 자신을 위하여 또는 일반 사회를 위하여 기생이란 부자연한 제도가 어서 폐지되어야 하겠다. 그러나 현재 사회제도가 아직 이것을 허락지 않는 것은 부인하지 못할 사실이니, 그대로 계속하여 있기로 말하면 모든 점에 있어서 향상되고 진보되어야 하겠다. 그리하여 사회에 끼쳐지는 해독이 없도록 자신에 돌아오는 참담을 면하도록 하여야 하겠다. 이와 같은 취지에 있어서 문화시설의 하나이며 항상 진보기관의 하나로 잡지『장한(長恨)』을 발행하는 것이다."

본문에 언급된 것처럼 발간 취지는 사회제도는 향상되고 진보되어야 하는데, 기생 제도의 폐지에 있다고 밝힌다. 또한『장한』발간은 진보기관 잡지라고 지적한다.

『장한』의 발견은 우리가 알고 있었던 기생의 화려한 이면에 어떤 아픔이 있었고, 또 그 설움을 잊기 위해 어떤 노력을 하였는지를 알려준다. 비록 가면을 쓰고 남성들에게 시중을 들어야 하는 처지이지만 과거의 억울함이나 미래에 대한 희망을 서로 나누는 모습들은 단단하게 여문 한국 여성의 진보적 모습마저 볼 수 있게 한다.

1) 『장한』의 표지에서 엿볼 수 있는 성격

1920년대에는 소위 문화정치 표방으로 많은 잡지와 신문이 쏟아져 나왔다. 1920년대에만 수십 종의 잡지가 발행되었다. 잡지의 표지는 잡지로서 독자에게 맞닿는 첫인상으로서 잡지의 성격과 의도 등을 함축적으로 드러낸다는 점에서 그 의미가 크다. 다음은 1923년에 창간된 여성잡지 『신여성』의 1932년 표지와 『장한』의 1927년 1월, 2월호 표지이다.

1927년 『장한』 창간호 표지

1927년 『장한』 2월호 표지

2) 『장한』에 담긴 기생의 고민들

① 삶의 회한과 비극적 인생 회고의 장(場)으로써의 『장한』

– 김은희의 "울음이라도 맘껏 울어보자"

– 이월향의 "눈물겨운 나의 애화"

– 백홍황의 "파란중첩한 나의 전반생"

– 전산옥의 "초로같은 인생"

기생은 조선 후기 사회에서 여성이라는 이름의 사회적 약자 중의 약자로 존재하였다. 때문에 그들만의 한을 풀어놓을 수 있고, 같은 처지에 놓인 서로를 동정하고 위로할 수 있는 공간으로 『장한』을 활용하였다. 김은희의 "울음이라도 맘껏 울어보자"라는 글에는 " 세상은 우리에게 기생이라는 이름을 주어 이생감옥에 종신징역을 시킨다. / 아! 우리는 어찌하면 울음이나마 마음껏 목 놓아 울 수 있을까. 같은 운명에 처한 우리 동무들아!", "아! 참담한 생활 뼈에 사무치는 한을 어느 곳에 하소연하랴! 오로지 우리는 우리뿐이로다. / 우리나 서로서로 동정하자, 그리하여 피차 위로하고 같이 울자"라며 『장한』이 같은 처지에 놓인 기생들의 통신기관으로서 발간되었음을 밝히고 있다.

또한 이월향의 "눈물겨운 나의 애화"라는 글은 자신이 기생이 된 연유와 괴로움을 자서전의 형태로 고백하고 있다. 이 글을 보면 당시의 기생들이 어떤 과정으로 기생이 되었는지 발견할 수 있다. 그녀는 "열두 살 먹던 해에 어떤 사람에게 꾀임을 받아 악마 굴혈로 끌려가게 되었습니다"라고 밝혀 10대 초반의 여자아이들을 모집해서 기생으로 넘기는 조직이 있었음을 알 수 있고, 또한 "그 함정을 벗어나려고 해도 벗어날 수 없는 경우가 되었으니,

그것은 양육비라는 것이기 때문입니다/ 그 뒤에는 사법감금을 당하다시피 일거일동을 마음대로 못하게 합디다"라고 하여 이미 그때 옛 기생 제도가 무너지고 현재처럼 양육비라는 명목으로 가두어두는 조직적 장치가 있었다는 사실을 알 수 있다.

백홍황의 "파란중첩한 나의 전반생"도 개인의 인생 전반 이야기를 자서전처럼 써 내려간 글로써 아버지의 비단가게 장사가 실패하고 가산이 기울자 집안에 보탬이 되기 위해 기생이 되었다고 밝혀, 당시 경제적 이유로 기생이 되었던 많은 여성들의 모습을 추정해볼 수 있게 한다.

전산옥의 "초로같은 인생"에서는 단순히 신세한탄에서 그치지 않는다. 그녀는 글에서 " 아! 우리같이 불쌍하고 측은한 인생이 이 세상에 또 어디 있을까 보냐?"라고 원통해 하면서도, "다만 한숨만 지우고 탄식만 할 것은 아니라 암흑한 속에서 광명을 찾고 불행한 속에서 행복을 찾아보자"라고 다짐하고 "사람답게 살려는 질실하게 살려는 마음만 굳이 먹고 끊임없이 노력만 한다면 어느 때 새로이 따뜻한 봄이 다시 우리에게 올지도 모르는 것이다"라고 희망을 불어넣고 있다.

② 사회비판과 현실인식을 통한 권익 주장의 장으로써의 '『장한』'

– 계산월의 "기생과 희생"

– 김일련의 "기생노릇은 일생의 액운"

계산월의 "기생과 희생"이라는 글에는 기생이 받는 사회적 천대에 대하여 밝혔다. 계산월은 "기생이 된 백 명 중에 자기의 마음이 올곧지 못하여 기생이 된 사람이 그 몇이나 될 것인가"라고 하며 "대다수는 그의 늙은 어버

이를 위하여, 혹은 나이 어린 그의 동기를 위하여" 화류계에 몸을 던지는 것이니, "그 눈물 속에 귀중한 희생의 정신이 잠겨있는 것이다."라고 기생의 입장을 대변하였다. 여기에서 그치는 것이 아니다. 그녀는 "전혀 자기를 죽이고 전혀 자기의 행복을 돌아보지 않고 남만 위해서 산다는 것은 진정한 의미의 희생이라 할 수 없고"라고 말하며 희생의 정도 문제에 대해서는 주의해야 할 것이라고 주장하였다. 글의 마지막에 그녀는 희생은 아름다운 것이지만 자신의 몸을 함부로 희생하지 말라고 조언하며 기생들의 처지를 동정하고, 자신들에게 자부심을 가지고 현명한 기생이 되기를 촉구하고 있다. "희생은 인생생활에 가장 아름다운 것이다. 그러나 잘못하면 아름다운 그것이 오히려 불미한 것이 되기 쉬운 것이니 남의 희생이 되기 전에 먼저 자기의 처지와 행복을 회고하여 신중히 또한 냉정히 생각한 연후에 결정하는 것이 좋을 것이다."

이러한 태도는 김일련의 "기생노릇은 일생의 액운"이라는 글에도 잘 나타난다. "기생 자신으로나 일반 사회로나 어서 바삐 폐지되어야 하겠다. 그리하여 비참한 말로를 짓지 말고 남과 같이 사는 사람이 되어야 하겠다"라고 하며 기생이 사회적으로 얼마나 비참한 대우를 받고 있는지 토로하며 이를 벗어나야겠다고 주장한다. 그러나 여기서 그녀의 주장은 기생제도를 당장 철폐하자는 극단론으로 치닫지는 않는다. 그녀는 곧이어 기생폐지론은 "현 사회제도하에서는 매우 어려운 문제"라고 말하며 그 근본 문제가 해결되지 못한다면 지엽문제라도 해결되어야 한다고 밝힌다. "이 점에 있어서 현하 일반 기생들은 그 자각과 반성이 시급한 것이다."라는 계산월의 주장은 곧 기생의 이미지가 창기로 타락하고 관기와 예기로서의 명성을 유지하지 못하는 것에 대한 해결책으로써 일반 기생들의 반성을 촉구하는 것이다.

③ **반성과 토론의 장으로써의 『장한』**

- 엄산월의 "단발과 자살"
- 오므브의 "기생과 단발"
- ㅎㅈㅋ의 "여자의 단발"
- "외국인이 본 조선의 기생"(조선적인 기생이 되라, 고상한 품격을 가지라, 예술적 기생이 되라)
- 전난홍의 "기생 노릇할 바에는 녯기생을 본밧자"

『장한』에는 단발에 관한 글이 여러 편 실려, 당시 기생들이 단발에 관해서 얼마나 많은 관심을 가졌는지 알 수 있다. 그러나 여기에 실린 글들은 단발에 대해서 찬성하는 글이 아니라 단발에 대해서 반대하는 의견이 주를 이루고 있다. 엄산월의 "단발과 자살"이라는 글에서는 "자살이나 단발은 그 순간의 착각으로 인하여 일어나는 현상" , "단발을 꼭 해야겠다라는 생각과 자살을 꼭 해야겠다는 결심을 한 그 순간만 지나놓고 보면은 십중팔구는 단발할 생각도 자살하라 생각도 다 없어지는 것이다"라고 말해 단발을 경솔하고 순간적인 행동이라고 주장하였다. 오므브의 "기생과 단발"에서도 비슷한 의견이 나온다. "우리나라 여자는 본시 머리털로 하여금 여자의 생명으로 알아왔으며/ 더욱이 기생은 제일 사람의 눈에 아름다웁게 보이는 것이 가장 중요한 일인데 단발을 하여 아름다운 태도를 없게 한다함은 아무리 생각하여도 재미없는 일"이라고 주장한다. ㅎㅈㅋ 의 "여자의 단발"이라는 글에서도 마찬가지로 " 머리털로써 여성미의 한 큰 조건을 삼는 조선여인으로서는 어지간히 신중히 생각하지 않치 못할 일이라고 생각한다."라고 하여 비슷한 의견을 보인다.

그런데 여기에서 생각해보면 알 수 있듯이, 기생이 당시의 신문물을 받아들이고 이끌어 가는 데 주역이라고 할 수 있을 정도였음에도 이 『장한』에 실린 단발에 관한 글들에는 보수적인 태도가 나타난다. 이러한 이중적인 모습은 무엇을 의미하는 것일까. 그것은 당시 기생들이 처했던 환경에서 찾아볼 수 있다. 앞에서 살펴보았듯이 기생들은 당시의 사회 현실에 대해서 인식하고 있었고 따라서 기생제도가 없어지는 것을 바라나, 자체가 없어지는 것은 불가능해보이니 기생의 문화와 권익을 향상하자는 내용을 『장한』에 밝혔다. 그러나 이들이 정말로 기생이 없어지기를 바랐다기보다는 '창기'의 의미로 전락해버린 소외된 기생이 없어지길 바랐던 것으로 해석할 수 있다. '참다운 기생', 즉 예기로서의 기생이 없어지기를 바란 것은 아니라는 사실을 엿볼 수 있다. 이러한 태도는 『장한』에 실은 "외국인이 본 조선의 기생"에서도 잘 나타난다. 소제목을 살펴보면 '조선적인 기생이 되라, 고상한 품격을 가지라, 예술적 기생이 되라' 등 일제통치 이후로 창기로 전락해버린 기생의 모습이 아니라, 그 이전의 예기(관기)로서의 모습을 추구하였음을 알 수 있다. 이것이 당대의 다른 여성잡지가 지닌 그것과는 다르게 『장한』이 기생들의 잡지임으로써 가진 특징이다.

④ 건강 관리를 위한 정보의 장으로써의 『장한』

– 연구생의 "월경과 부인", "여자의 건강과 월경"

– 조동흠의 "부인과 구강위생"

"월경과 부인", "여자의 건강과 월경"에서는 월경 때의 여자들의 심리상태와 신체상으로 나타나는 증상들을 밝혀놓아 그러한 것들이 월경으로 인하여 일어나는 현상이므로 본인을 포함하여 주위 사람들의 이해를 구한다는 근대적인 시선이 엿보인다. “부인과 구강위생”이라는 글에서도 마찬가지로, 행복을 위해서는 건강이 우선적으로 전제되어야 함을 밝히고 그중에서도 조선에서는 아직까지 잘 알려지지 않은 구강위생에 대해서 알리고 있다.

다만 『장한』에 실린 건강관리에 관한 글들이 일제 식민통치하의 위생담론, 즉 신체, 그중에서도 특히 여성의 신체를 병의 근원으로 파악한 것은 어쩔 수 없이 아쉬운 점이다.

⑤ 예술적 재능 발산과 공유의 장으로써의 ‘『장한』’

- 박점홍의 “석왕사에서” (창작 시)
- “지상영화- 젊은 여자의 일생”(영화 소개)
- 김계화의 “흥부와 놀부”(동화)
- 가운의 “당명황과 양귀비”(소설)
- 녹행의 “데아보로의 이야기”(가곡)
- 일기자의 “세계명작 소개-투게르네프의 연기(烟氣)”

『장한』은 기생들의 예술적 끼와 재능을 담는 데에도 많은 페이지를 할애함으로써 종합 교양지로서의 외형을 형성하는 데에도 노력했다. 박점홍의 “석왕사에서”라는 시를 비롯하여 동서양의 고전과 “젊은 여자의 일생”이라는 영화 소개까지 장르에 국한하지 않은 문화 공유를 추구하였다.

위와 같이 5가지로 『장한』의 내용을 분류해 보았다. 당시 일반 여성지와 『장한』의 사회비판적 내용에서부터 기생의 인권에 대한 내용 등을 비교해 보면 『장한』이 갖는 의미를 더 확연히 알 수 있을 것이다.

3) 잡지 『장한』의 목차

『장한』은 얼핏 목차를 훑어보더라도 상당히 진보적이라는 생각을 들게 한다. 권번기생들이 일단 모여 동인지를 발간하였다는 것도 주목할 점인데 단발에 대한 자신의 의견이나 여성의 건강을 도모하는 글이 실린 것을 보면 나름대로 사회에서 여성신장에 한몫을 하였음을 짐작할 수 있다.

그러나 『장한』에 실린 글들을 직접 읽어본다면 처음 가졌던 호기심과 전혀 다른 내용에 실망감을 감출 수 없다. 사회주의 운동에 직접 뛰어들었던 정금죽, 즉 정칠성과 같은 기생들을 제외한 나머지들이 『장한』의 내용을 채웠을 것이다. 『장한』에 실려 있는 수기 및 애화 내용은 '체념'과 '푸념'의 경향이 강하다. 진보적인 주제를 가지고 글을 쓰지만 그 진보가 자신들에게 악영향이라고 보는 관점은 현시대 우익단체나 수구파들에게 볼 수 있는 성향과 마찬가지다. 대다수 기생들이 문학인들과 연이 닿아 있었음에도 불구하고 그 시대 사회적 분위기에 대한 시각은 트이지 않았던 것이다. 우선, 『장한』 창간호의 목차는 아래와 같다.

『장한』 창간호 제1년 제1호 목차

초로(草露) 가튼 인생 　전산옥(全山玉)

『장한(長恨)』을 마지며 　배죽엽(裵竹葉)

단발(斷髮)과 자살(自殺) 　엄산월(嚴山月)

기생(妓生)과 희생(犧牲) 　계산월(桂山月)

외국인이 본 조선의 기생

조선적(朝鮮的)의 기생이 되라 　기무라이치로(木村一郎)

고상한 품격(品格)을 가지라 　D.Y. 번츠

예술적(藝術的) 기생이 되라 　왕대명(王大名)

기생 생활의 이면(裏面) 　김난홍(金蘭紅)

눈물겨운 나의 애화(哀話) 　이월향(李月香)

첫소리 　김채봉(金彩鳳)

파란중첩(波瀾重疊)한 나의 전반생(前半生) 　백홍황(白紅黃)

진기(珍奇)한 이혼재판(離婚裁判) 　일기자(一記者)

세계명작(世界名作) 소개(紹介) 　일기자(一記者)

기생노릇은 일생의 액운(厄運) 　김일련(金一蓮)

장한이란 말이 마음에 백혀요 　박점홍(朴点紅)

세계 제일 미남자 「발렌티노」의 사(死)

『장한(長恨)』에 대하야 　박녹주(朴綠珠)

내가 만일 손님이라면 차별(差別)업시 하겟다 　홍도(紅桃)

보통인간(普通人間)으로 대하야 주엇스면 일기생(一妓生)

진정(眞情)으로써 대하겟다 　비취(翡翠)

온돌야화(溫突夜話) 　김남수(金南洙)

세말잡감(世末雜感) 　윤옥향(尹玉香)

기생과 단발(斷髮) 　ㅎㅈㅋ

여자와 단발(斷髮) 　ㅎㅈㅋ

눈 밝은 쥐

동화 '놀부와 흥부' 　김계화(金桂花)

지상영화(紙上映畵)

소화집(笑話集)

인명재천(人命在天)	김도심(金道尋)
눈 오는 밤	김채봉(金彩鳳)
석왕사에서	박점홍(朴点紅)
가선님이여	전난홍(田蘭紅)
월경(月經)과 부인(婦人)	연구생(硏究生)
무선전화(無線電話)	
가곡「데아보로 이야기」	녹행(綠鶯)
당명황(唐明皇)과 양귀비(楊貴妃)	가운
부인과 구강위생	조동흠(趙東欽)
편집여언(編輯餘言)	
역경(逆境)의 아비로부터	패배자
「기생인기(妓生人氣)」투표(投票)	

『장한』 창간호는 총 51개의 글로 되어 있다. 기사의 형식을 분류해보면, 기생 필자의 글이 26편이 수록되어 있다. 세부적으로는 논설류 20편, 수필(수기)과 애화 3편, 시 5편, 동화 1편 등이다. 이 중에서 논설류로 분류할 수 있는 20편은 자기 자신에 대한 비판, 즉 자기 정체성의 불합리성과 사회에 대한 비판을 아울러 가지고 있다. 『장한』 2월호의 목차는 다음과 같다.

『장한』 2월호 제1년 제2호 목차

스러지는 청춘(靑春)	누자(淚子)
만자천홍(萬紫千紅) 기생도 사람다운 생활	김계현(金季鉉)
가신 님에게	매헌(梅軒) 김은희(金銀姬)
나의 생애(生涯)에 비초여 동지제매(同志諸妹)의게 소(訴)함	김녹주(金綠珠)
기생(妓生)도 노동자(勞動者)다	전난홍(田蘭紅)
밤중	

인(人)의 일생(一生)은 고통(苦痛)의 역사(歷史) 고죽(孤竹)
나는 기생 전산옥(全山玉)
기구한 몸 이금홍(李錦紅)
신생활 경영에 대한 우리의 자각과 결심 오홍월(吳虹月)
우숨거리 리진순
여자계(女子界)에 서광(曙光)인 장한(長恨) 잡지 창간에 대하야
계월헌(桂月軒)
기생 생활 이면(裏面)(이(二)) 김난홍(金蘭紅)
구천에 사모치는 우리의 한 김남수(金南洙)
화류계에 다니는 모든 남성들에게 원함 배화월(裵花月)
앵도 김금홍(金錦紅)
멀리 계신 어머님에게 박점홍(朴点紅)
우수운 이애기 리진순
참담(慘憺)한 압길 김설옥(金雪玉)
예기의 립장과 자각 윤옥향(尹玉香)
저주바든 이몸 옥향
감동과 친애 김계화(金桂花)
여러 형님께 방옥매(方玉梅)
창간호(創刊號)를 본 나의 늣김 김도심(金道尋)
월광(月光) 김도심(金道尋)
사랑으로 죄악에 박금옥(朴錦玉)
소화편편(笑話片片) 리진순
나의 서름 신영월(申暎月)
님이여! 오라 박경화(朴瓊花)
수상편언(隨想片言)(33句) 패부자
눈 밝은 쥐 첨구생(尖口生)
당명황(唐明皇)과 양귀비(楊貴妃)(二) 가운
비파행(琵琶行)의역(意譯) 화산인
영화소설(映畵小說) 매암이의 노래(禁無斷撮映)

『장한』 2월호의 목차를 살펴보면 앞서 창간호와 유사하다. 이를 미루어 보면 거의 원고 수합과 편집을 동시에 이루어져 발간 일만 나눈 것이 아닌가 한다. 40여 편의 크고 작은 글들로 구성되어 있다. 기생 필자의 글은 총 26편으로, 논설류 11편, 수필 4편, 시 10편, 애화 1편 등이 수록되었다. 여기서 몇 가지 창간호에 비해 달라진 것은 시 편수가 많이 늘어나 있다는 점이다. 내용에 있어서도 창간호와 같이 기생의 사회비판적 논조를 지니고 있다. 창간호와 2월호와 중복되는 기생 집필진은 김은희(金銀姬), 김계현(金季鉉), 김녹주(金綠珠), 전난홍(田蘭紅), 전산옥(全山玉), 김난홍(金蘭紅), 박점홍(朴点紅), 윤옥향(尹玉香), 김계화(金桂花), 김도심(金道尋), 이월향(李月香) 등이다.

3. 잡지 『장한』의 가치

이 두 잡지의 표지에서부터 차이를 발견할 수 있다. 우선 『신여성』의 경우 잡지가 지향하는 바와 같이, 치마저고리를 입고 양장을 하고서 무언가를 골똘히 생각하고 있는 듯한 당대의 전형적인 『신여성』의 모습을 한 여인이 표지의 프레임 안을 가득 채우고 있다. 특히 1932년 1월부터 10월까지는 이렇게 강렬한 바탕색에 전면을 채우는 여자 얼굴 중심의 표지가 두드러진다.

그러나 이와 『장한』의 표지를 비교해보면 큰 차이가 나타난다. 『장한』의 표지에 나타난 여인은 프레임의 한쪽에 치우쳐 있으며, 전체적 구도를 볼 때 제3자의 시선에 있음을 알 수 있다. 이 여인은 심리적으로 자신을 보호할 때 나타나는 웅크린 자세로 앉아있으며, 한 손을 턱에 괴고 물끄러미 응시하며 앉아있는 모습은 소외자의 그것과 일치한다. 더구나 그 여인은 새장 속에 갇혀있기까지 하다.

『장한』의 표지는 이 새장 속에 갇혀 앉아있는 여인의 모습을 표지에 실어 보여줌과 동시에, 그 둘레로 '동무여 생각하라, 조롱 속의 이 몸을'이라는 말을 넣고 기생이라는 신분으로서 사회에 속박된 자신들의 모습을 한 걸음 물러나 제3자의 시선으로 보도록 처리하였다. 즉 이 표지는 『장한』의 작자가 곧 기생들 자신이며 『장한』의 제일 첫 번째 독자도 역시 기생들이 될 것임을 감안하여, 그들의 한과 의식촉구의지를 매우 효과적으로 담아내고 있다.

『장한』은 얼핏 목차를 훑어보면 상당히 진보적이라는 생각을 들게 한다. 이분들이 일단 모여 동인지를 발간하였다는 것도 주목할 점인데 단발에 대한 자신의 의견이나 여성의 건강을 도모하는 글이 실린 것을 보면 나름대로 사회에서 여성신장에 한몫을 했구나 하는 모습이 보인다.

그러나 『장한』에 실린 글들을 직접 읽어본다면 처음 가졌던 호기심과 전혀 다른 내용에 실망감을 감출 수 없다. 사회주의 운동에 직접 뛰어들었던 정칠성과 같은 분들을 제외한 나머지들이 『장한』의 내용을 채웠을 것이다. 직접 현장에 가보지 않으면 영영 모른다는 말이 실감 나는 것은 왜일까.

『장한』에 실려 있는 글들은 모두 '체념'과 '푸념'이다. 진보적인 주제를 가지고 글을 쓰지만 그 진보가 자신들에게 악영향이라고 보는 관점은 현시대 우익단체나 수구파들에게 볼 수 있는 성향이나 마찬가지이다. 특히 위에서 언급한 장발에 관한 글이 그렇다. 대다수 기생들이 문학인들과 연이 닿았던 것임에도 불구하고 그 시대 사회적 분위기에 대한 시각이 트이지 않았던 것이라 생각된다.

그럼 우리는 그 시대 출간되었던 잡지 『신여성』과 『장한』을 토대로 모던 걸과 기생이 얼마나 다른 시각을 가지고 있었는지 다뤄보겠다.

① 사회주의 성향

1920년대를 특징짓는 키워드 가운데 빼놓을 수 없는 것이 '사회주의'다. 1920년대 초반 소개되기 시작한 사회주의 사상은 1920년대 중반을 지나면서 1930년대까지 한 시대를 풍미했다. 러시아 볼셰비키 혁명의 성공 이후 세계로 뻗어 나가고 있던 '새로운 사상'이 조선 땅에서도 만개한 것이다. "지식인이라면 사회주의자가 되라", "현대인은 사회주의 서적을 읽어야 한다"는 등 사회주의 서적의 광고 문구가 버젓이 신문 잡지에 실리는 시대였다.

특히 그 시대에 많은 부녀자들에게 콜론타이의 저서 『赤戀(붉은 연애)』 등이 큰 인기를 끌면서 남녀관계(당시 용어로 "성적 관계")와 여성문제에 대한 시각이 열리게 된다. 여성의 사회적 지위, 연애와 결혼문제 등이 계급주의의 시각으로 새롭게 변모하고 있는 것이다. 이들이 연애 문제를 계급적 시각으로 새로이 바라보면서 정말 고민이 되었던 것은 바로 그런 부분이었을 것이다. 새로운 연애란 어떠해야 하는가 하는 점. 그래서 이들은 '연애를 개조하자'고 목소리를 높여놓고도 결국 '연애란 이렇게 해야 한다'라고 설득

하지도 못하고 '연애하지 말지어다'라고 외치지도 못했다. 이 해결점을 찾고자 많은 『신여성』이 사회주의의 책을 읽었고 해답을 찾고자 노력했던 점이 엿보인다.

"질투가 그렇게 외적으로 죄상의 범인만 될 뿐 아니라 내적으로 정신의 이상을 일으키며 내 한 몸만 망치는 것이 아니라 자손에게까지 좋지 못한 영향을 주게 되는 것입니다."[10] 『장한』에는 사랑에 빠진 여성의 덧없는 질투를 부질없는 것이라 깨우치게 하는 연애관이 실린다. 『신여성』이 보여주는 연애의 계급이나 사회에서 차지하는 여성의 애정감정에 대한 중요성과는 거리가 멀다고 볼 수 있다. 『장한』에 보이는 연애관은 다분히 자기 고백적이며 감수성에 치중한 시각이 대다수이다. 그러므로 그 시대 기생들만이 진보적인 시각을 가졌고 유행에 선봉이었다 하는 것은 소수의 진짜 진보적 성향을 가진 기생에게만 해당되는 것이다. 그런 시각만으로 대다수의 기생을 한데로 뭉뚱그려 미화시키는 것은 잘못된 시각이다.

그러나 역시 어떤 시각이 옳았냐는 해석은 미지수이다. 변증법적으로 살펴보면 현대 사회가 그 시대 『신여성』이 그려놓은 여성상이 그려놓은 지향성이 지금까지 반영되는 것을 보면 당연히 『신여성』이 좋은 잡지였다고 할 수 있을지 모르겠다. 하지만 생각해보자. 『장한』이 제시한 자기 고백적 글이나 여성에게 고하는 감정의 절제와 같은 수필이 없었다면 2, 30년대 여성들을 연구하는데 얼마나 편협한 시각을 갖게 될 것인가. 각 계층의 문화란 그들이 만들어내고 그들이 공유하는 정신세계가 있음을 존중해 주어야할 보이지 않는 자존심이다.

10) 朴錦玉(1927), 사랑으로 죄악에, 『長恨』 제2호, 54-58쪽.

② 페미니즘 성향

"조기월경, 무월경, 월경과다, 월경곤난 등이 있는데 이 가운데 서조긔월경이라는 것은 일즉이 나는 것으로 아직 그 원인은 자세히 알려지지 안엇스나 그년령에 비교하야 생식디의 발육이 조치못한 소녀들에게 만습니다. 이런소녀들은 란소에 부스럼이 잇는것을 만히 보게됩니다."[11] 『장한』에서 보여지는 페미니즘적 관점은 『신여성』과 매우 차이가 있다. 어느 쪽이 진짜 페미니즘적이다, 진보적이다 내세울 거리와는 다르다. 현재 출간되고 있는 『주부생활』, 『여성동아』와 같은 부녀자 잡지의 마지막 차례에 여성의 건강이나 생식기 질환을 다루는 기사가 있는 것과 같은 이치라 볼 수 있다. 여성이 여성의 몸을 걱정하고 여성의 몸을 더 알고자 하는 것이 진정한 여성에 대한 애정이라고 보는 이치는 『신여성』이 보여 준 프롤레타리아 관점의 여성이라는 구시대 페미니즘보다 오히려 현대적이고 세련됐다.

특히 『장한』 창간호 78~80쪽에 실린 '月經과 婦人'이라는 글에서는 월경 때 여자들의 심리에 대해 이야기하고 증세나 정신상태 등을 자세히 알려주고 있어 여성과 성에 대한 두 가지 궁금증을 해소할 수 있다. 또 임질, 매독, 구강위생 등 건강관리에 힘썼던 것은 직업에 대한 위생 정신을 고찰해 보자는 의미도 있었겠지만 그 시대 자유연애가 공공연하게 시작되면서 함께 범람하게 되는 성윤리에 대해 제대로 대처하자는 진보적 의식이 있었던 것으로 해석된다.

마지막으로 잡지 『신여성』과 동인지 『장한』을 비교해 볼 때 가장 크게 두드러지는 시각의 차이가 있다. 『신여성』은 '계급/민족'문제에 치중하여 '젠

11) 研究生(1927. 2), 여자의 健康과 月經, 『長恨』 제2호, 105-108쪽.

더'를 놓쳤고 『장한』은 '젠더'에 몰입한 나머지 '계급/민족'을 도외시했다는 결론이 그것이다. 그러나 이렇게 인과율의 여성 문화가 있었기에 지금의 여성상이 등장하게 되었음을 간과할 수 없는 일이다.

기생이 없었다면 지금 우리가 읽는 문학은 윤기가 흐르지 않았을 것이며 현대 여성이 누릴 수 있는 유행이라는 특권은 지금보다 멀리 떨어져 있을 것이다. 좀 더 대한민국 여성이 혹은 대한민국 국민이 더 살기 좋은 세상을 위해 치열하게 살았음을 증명해주는 그들의 자취가 나로 하여금 대한민국 여성이라는 것을 자랑스럽게 생각하게 한다. 투쟁의 선봉에 서서 대한민국을 외쳤든 단발을 하고 카메라 앞에서 미소를 지었든 기방에 앉아 자유연애를 꿈꾸었든 돈 몇 푼에 팔려 하급 기생으로 전락하였든 그들은 내 할머니고 내 어머니이며 내 언니이고 또 나이다. 시대의 운명에 꽃같이 살다간 고결한 삶이다. 이제는 기생도 우리 역사의 한켠에 자리를 마련해 주어야 하는 시대이다. 그것이 성급하게 페미니즘을 운운하며 여성신권의 역차별적 진보에 치중하는 여성상을 제시하는 것보다 차라리 더 값지고 교육적인 일일 것이다. 뒤늦게라도 기생이라는 이 아름다운 분들이 재조명되고 있다는 사실이 필자는 더없이 소중한 연구라고 생각된다. 이번 연구가 앞으로 권번 역사연구에 미흡하게나마 보탬이 된다면 먼저 삶을 살다간 그분들에게 너무나 고마운 일일 것이라 생각된다.

『장한』 창간호에 수록된 「영춘사(迎春辭)」를 보면 많은 시사점을 주고 있다.

"철판에 붉은 피 흐르고 가슴에 심장이 살아 뛰는 사람으로서 사람의 대접을 받지 못하고 짐승으로 더불어 변하게 되는 때에 어찌 탄식인들 없으며 눈

물인들 없으오리마는 탄식과 눈물만으로는 모든 것이 해결되지 못하나니라. 때로 흐르는 도다. 벗이여 한숨을 거두라. 눈물을 씻으라. 눈물과 한숨을 익히고 서서 우리는 우리의 밟은 길을 돌아보는 동시에 우리의 존재를 찾아야 할 것이요. 동시에 우리와 사회와의 관계를 생각하여야 할 것이로다. 만물이 다 자기가 있는지라. 자기가 산 것이니 자기가 없으면 자기는 죽은 것이라. 어찌 우리는 살아 뛰는 자기를 가지고 죽은 자기와 바꾸리오. 벗이여 일어나라. 자유와 평등을 위하여 새해의 새봄맞이를 나가려 하노라."

조선시대의 기생을 이어 계급적 차별을 받아온 일제강점기 기생은 이제 자유와 평등을 위하여 일어나자는 주장이다. 이처럼 단순히 넋두리로는 이것이 해결되지 않기에 더욱 사회의 관계를 개선하고자 하는 힘이 필요하다고 역설한다. 하지만 당시 조선 전체에는 이미 수천여 명의 기생이 분포하고 있었다. 그들이 생활고에 쫓겨 그 길을 택하기도 하였고 넘치는 개개인의 '끼'를 분출할 방법을 찾기 위해 선택하기도 하였다. 하지만 시간이 흐르면서 기생들은 그들만의 문화적인 고유 영역을 확보하고 싶어 했고, 거기에 뜻을 함께한 기생들이 적극적인 사업을 펼치기 시작했다. 그 일환으로 시작된 것이 『장한』이라는 월간잡지의 발행이다. 기생 스스로 자신들의 정체성 혼란을 사회운동으로 극복해보자는 의도였다고 볼 수 있다. 하지만 발간 초반의 의욕을 채우지 못한 인상도 지울 수 없다.[12] 그러나 이러한 담론들이 있었기에 지금의 현대적 여성상으로 그 명맥이 이어지게 되었음을 부인할 수 없다.

12) 신현규(2005), 『파란만장한 일제강점기 기생인물생활사 ; 꽃을 잡고』, 경덕출판사. 264쪽.

이방인이 쓴 『기생물어(妓生物語)』 서지 고찰

1. 서지 정보

1920-30년대에 본격화된 식민지 관광정책 속에 기생은 조선적 지표이면서 동시에 '내지' 남성들의 호기심을 자극하는 성애적(性愛的) 아이콘으로서 각종 조선 안내서에 등장한다.[1)]

그런 면에서 1932년에 발행된 요시카와 헤이스이(吉川萍水)의 『(裏から覗いた朝鮮)기생물어(妓生物語)』[2)]는 아직까지도 널리 알려지지 않은 일서(日書)로 된 조선 안내서 중에 하나이다. 당시 일제강점기 출판 현상의 난맥상을 일컬어 흔히 '삼난(三難)'이라고 한다.[3)] 여기서 검열난(檢閱難)에서 아마도 일본인이기에 조선의 안내서 시리즈를 허용한 것이 아닐까 한다. 요시카와 헤이스이는 『(裏から覗いた朝鮮)기생물어(妓生物語)』에

1) 서지영(2009), 「표상, 젠더, 식민주의: 제국남성이 본 조선 기생」, 『아시아여성연구』 제48권 제2호, 68쪽.

2) 吉川萍水(1932), 『(裏から覗いた朝鮮)妓生物語』, 京城, 半島自由評論社.

3) '삼난(三難)'은 검열난, 원고난, 용지난 등을 말한다. 오영식(2009), 『해방기(1945~1950) 간행도서 총목록』, 소명출판, 24쪽.

이어서 『조선요리(朝鮮料理)』, 『조선(朝鮮)에 성생활(性生活)』, 『조선(朝鮮)의 염소부(艶笑婦)』 등의 시리즈를 발간한다.

『(裏から覗いた朝鮮)기생물어(妓生物語)』는 발간지가 京城이고, 출판사는 半島自由評論社이고, 1932년(昭和7) 발간된 단행본이다. 형태사항은 1책 삽도 19cm, 193쪽이고, 朝鮮 風俗史料로 분류되어 있다. 소장기관은 국회도서관, 경북대 중앙도서관, 경상대 도서관, 고려대 도서관, 부산대 도서관, 서강대 도서관, 연세대 도서관, 청주대 도서관 등이다.

『(裏から覗いた朝鮮)기생물어(妓生物語)』의 인쇄소는 경성부 관훈동 30번지에 있었던 박한주(朴翰柱) 대표의 동아인쇄소였다. 반도자유평론사로 당시 경성부 경운동 16번지에 있었다. 발매소는 활문사(活文社)였고, 우편구좌는 경성 724번이었다. 정가는 3원이고, 우송료 23전을 받았다.

『(裏から覗いた朝鮮)기생물어(妓生物語)』는 1991년 경인문화사에서 영인본을 발간하는데, 『한국지리풍속지총서(韓國地理風俗誌叢書)』 중에서 178권으로 『고적(古蹟)と풍속(風俗)/조선풍속자료(朝鮮風俗資料)』에 『(裏から覗いた朝鮮)기생물어(妓生物語)』[4]이 영인되었다. 그런데 책의 표지에는 저자가 요시카와 헤이스이(吉川萍水)로 되어 있지만, 판권지에는 요시카와 부미타르(吉川文太郎)가 저작자 겸 발행자로 나와 있다.

4) 吉川萍水(1932), 『(裏から覗いた朝鮮)妓生物語』, 『古蹟と風俗/朝鮮風俗資料』:『韓國地理風俗誌叢書』(178), 경인문화사, 1991.

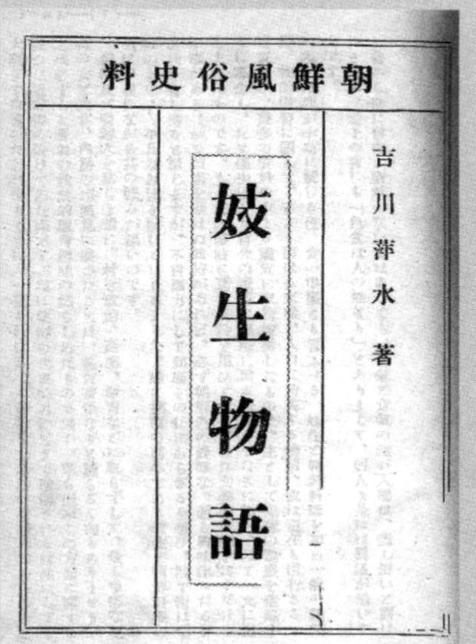

朝鮮風俗史料

妓生物語

吉川萍水 著

裏から覗いた朝鮮
妓生物語

不許複製

昭和七年十二月廿五日 印刷
昭和七年十二月三十日 發行

著作兼發行者 京城府大島町十五番地 吉川文太郎

印刷者 京城府寬勳洞三十番地 朴翰柱

印刷所 京城府寬勳洞三十番地 東亞印刷所

發行所 半島自由評論社

發賣所 京城府慶雲洞九十六番地 活文社
振替口座京城七一二四番

定價金三圓・送料十二錢

『(裏から覗いた朝鮮)기생물어(妓生物語)』

2. 『(裏から覗いた朝鮮)기생물어(妓生物語)』의 고찰

1) 『(裏から覗いた朝鮮)기생물어(妓生物語)』의 목차

『(裏から覗いた朝鮮)기생물어(妓生物語)』의 목차[5)]는 다음과 같다.

서설
- (1) 조선풍속의 지금과 옛날
- (2) 조선사찰의 기생

기생전주곡
- (1) 옛 기생에 대하여 – 뛰어난 경치에 미인에 대하여
- (2) 관기의 유래 – 기생과 수급비의 일화

관기의 일
- (1) 기생 박자 – 태수, 기생과 기분 좋게 불사르다
- (2) 여악
- (3) 영기 – 적장과 무리하게 심중했던 기생의 일화
- (4) 외신의 접대역
- (5) 여의 · 침선비
- (6) 지방관과 기생 – 뱀 기생의 일화, 옛날 소유주의 일화

관기 화려한 모습
- (1) 고려조의 전성기
- (2) 이조의 관기 – 농부가
- (3) 연산군에 기생 – 고양이 돼지의 일화
- (4) 광해군 이태왕

---

5) 吉川萍水(1932), 『(裏から覗いた朝鮮)妓生物語』, 『古蹟と風俗/朝鮮風俗資料』:『韓國地理風俗誌叢書』(178), 경인문화사, 1991.

왕년의 기생

(1) 기생의 교양 – 기생 축니의 일화

(2) 기생

기생 유희

(1) 조선 사찰 기생 – 승방의 춘정을 찾다

(2) 기생의 집 – 기생과 유품의 자루 일화, 침금 죽은 아이를 얻은 기생의 일화, 걸식 기생의 일화

(3) 연석 기생

(4) 기생 가무 – 시조, 권주가, 사미인곡, 청춘행락가, 연초의 노래, 기생자탄가, 난봉가, 추심가, 육자의 노래, 무녀가, 성주풀이, 아리랑의 패(1), 아리랑의 패(2), 신아리랑가, 아리랑(악보 첨부)

기생의 인상

(1) 기생의 카코의 새

(2) 근대감각 접촉

(3) 연주 열심 노력

기생의 종류 모습

(1) 기생의 생활패

(2) 기생 웃음을 팔다 – 여인 역전 기생 말, 이홍옥 출세미담

(3) 기생의 모던화 – 화가 신풍경, 기생의 수양의 말, 기생학교

(4) 기생의 연애 – 만춘 비연물어, 옥란 정리용 말

(5) 기생기질의 해부

(6) 기생계 번영책

『(裏から覗いた朝鮮)기생물어(妓生物語)』의 특징은 몇 가지로 나누어 설명할 수 있다.

첫째, 옛 기생에 대한 유래를 관기(官妓)에서 찾고 있다. 수급비(水汲婢)의 일화를 중심으로 몇 년 전에 발간된 이능화의 『조선해어화사(朝鮮解

語花史)』를 참조한 흔적이 엿보인다.

둘째, 기생의 역할을 연회의 접대, 여악(女樂), 영기(營妓), 외국 사신의 접대, 여의(女醫), 침선비(針線婢), 수청기(守廳妓) 등으로 설명한다.

셋째, 기생의 유희 모습은 조선 사찰 기생, 기생집, 연석 기생, 기생 가무 등을 여실히 보여 주고 있다.

넷째, 기생의 종류를 여러 가지 상황 설명으로 일제강점기 권번기생을 그려내고 있다. 특히 기생의 모던화[6]를 평양 기성권번의 기생학교에서 찾고 있다.

2) '요시카와 헤이스이(吉川萍水)'와 '요시카와 부미타르(吉川文太郎)' 동일인물 가능성

앞서 언급한 것처럼 요시카와 헤이스이(吉川萍水)는 아직 인물 연구의 검토 대상으로서 고찰이 부족하지만, 요시카와 부미타르(吉川文太郎)와 동일 인물이라고 여겨진다. 『(裏から覗いた朝鮮)기생물어(妓生物語)』의 서설에서 『조선의 종교(朝鮮の宗教)』[7]를 출판했다는 경력에서 그 근거

6) "이처럼 '조선 기생의 모던화'가 일차적으로 일본 '내지' 화류계의 모방으로 인한 것이며, 모든 것이 근대화되는 시대의 흐름이다. 이를 무엇보다도 자본의 이익을 추구하는 요리점과 결탁한 권번 시스템의 도입과 급변하게 변하는 대중의 취행을 좇는 요리점의 상업화 전략이 기생들로 하여금 전통의 옷을 벗게 하는 직접적 요인이 되었음을 잘 지적하고 있다." 서지영(2009), 「상실과 부재의 시공간: 1930년대 요리점과 기생」, 『정신문화연구』 제32권 제2호, 179쪽.

7) 吉川文太郎(1921), 『조선의 종교(朝鮮の宗教)』, 서울, 조선인쇄주식회사. 서설에 "저자도 문필 직업으로 장년이 되도록 밝아도 어두어도 신통치 않은 문장을 꿰맬 교정(校正)의 빨간 잉크로 글을 수정하는 생활을 계속하면서도 자신이 서명한 쓴 것을 말한다면 『조선의 종교』를 출판한 이래, 학생용의 참고서류라든가, 제물적(祭物的)인 작은 책 이외에는 한 번도 이 글과 같은 것을 쓴 적은 없다."고 밝혀져 있다.

를 찾을 수 있다. 요시카와는 조선총독부 학무국 소속 고적조사과에서 촉탁(囑託)으로 재직했었다.[8] 『최근조선관비제학교입학안내(最近朝鮮官費諸學校入學案內)』 발행인이면서 『原本彦吐 玉樓夢』(京城, 普及書館, 1924)[9]을 편찬하였다.

『(裏から覗いた朝鮮)기생물어(妓生物語)』의 후속 발간 내용이 끝부분에 『조선요리(朝鮮料理)』[10], 『조선(朝鮮)에 성생활(性生活)』[11], 『조선(朝鮮)의 염소부(艶笑婦)』[12] 등을 예고하고 있다. 각각의 목차를 확인해보면, 앞서 『(裏から覗いた朝鮮)기생물어(妓生物語)』와 유사하다. 『조선요리

8) 조선총독부및소속관서직원록 1922년도(한국역사정보통합시스템 www.koreanhistoy.or.kr 검색).

9) 線裝3卷3册 : 四周雙邊 半郭 18.3 x 12.2 cm, 無界, 半葉19行37字 ; 22.2 x 15.1 cm/ 주기사항 刊記: 大正十三年(1924)京城 普及書館 發行, 洋紙

10) 『朝鮮料理』의 내용목차를 보면, "조선요리를 말하다, 조선인에게 음식, 조선요리, 신선로 요리법, 조선의 술을 마시는 음료, 김치의 말, 김치의 적방, 조선생활과 김치, 조선의 식사, 조선요리의 인상, 조선의 음식점, 주막점경, 입음주가, 주막여자와 민요, 대중적 탕반가, 설농탕, 상식사, 냉면가, 음식물잡감, 당신에 대마, 조선특산의 식물, 소, 명태어, 소나무의 열매, 개고기, 개고기즙에 먹을 때 이야기, 조선인의 관습, 언엽과 예의, 신분과 계급, 용자의 관례" 등이 소개되어 있다.

11) 『朝鮮の性生活』의 내용목차를 보면, "조선인에 결혼, 허혼과 조혼, 조선부인과 범죄, 향주살에 처의 정조, 과부의 정조, 겁탈결혼의 이야기, 부고담과 이야기, 근친혼과 금기, 천하대장군의 이야기, 조선인과 남색, 향락사상소화, 조선의 축첩, 공천과 사천, 부녀매매실화, 조선인과 처, 니와 초물 이야기, 처와 기생의 대신, 성 관련 조선민요, 조선부인의 장래" 등이 소개되어 있다.

12) 『朝鮮の艶笑婦』의 내용목차를 보면, "남과 녀, 금단의 과실, 인생과 성욕, 성문제의 지금과 예전, 남자의 관점에서 여자, 여자 마음의 변천, 여성과 매음, 성업부과 사회, 동서매음사, 여성의 생활, 조선의 성업부, 경성에고민요, 지족선사와 기생, 조선의 염소여성, 은군자, 에고결사의 이야기, 은군자의 근대화, 니사풍경, 선처와어업의 남자, 색주가의 여자, 마굴탐험기, 색주가의 가구에화, 변화리다메, 벽안의 여자, 지나풍여야화, 선창곽소묘, 조선인과 모라비메, 모르핀굴과 탐험, 모비중애화, 경성홍등야화, 경성의 예기, 예기의 내막, 경성의 유곽, 창기의 내막, 조선의 가구에, 가구에 정경, 여급생활과 이야기, 사창의 소성, 에고전술소파발과 다옥녀의 내막 이하 소략" 등이 소개되어 있다.

(朝鮮料理)』의 경우에는 '신선로', '김치', '설농탕', '냉면', '개고기' 등 우리 나라 전래의 요리를 소개하고 있다. 당시 조선의 요리를 확인할 수 있는 기회라고 여겨진다. 또한 『조선(朝鮮)에 성생활(性生活)』의 목차를 살펴보면, '조혼(早婚)', '정조(貞操)', '겁탈(劫奪)결혼', '근친혼(近親婚)', '남색(男色)', '축첩(蓄妾)', '기생' 등을 소개하여 이 분야에서 드문 기록을 남기고 있다.

『조선(朝鮮)의 염소부(艶笑婦)』의 경우는 '여성과 매음', '동서매음사', '기생', '은군자(隱君子)', '색주가', '벽안(碧眼)의 여자' 등의 염소부를 소개하면서, '마굴탐험기', '색주가 이야기', '조선창기 유곽을 묘사하기', '모르핀굴과 탐험', '경성홍등야화', '경성의 유곽', '여급생활' 등으로 체험 내용도 보인다.

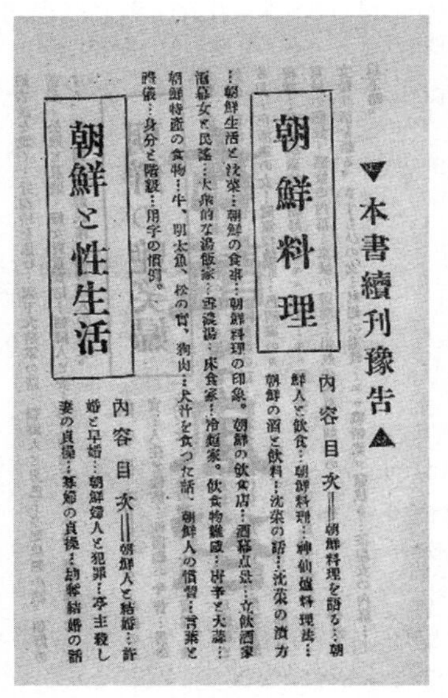

▼本書續刊豫告▲

朝鮮料理

内容目次＝朝鮮料理を語る…朝鮮人と飲食…朝鮮料理…神仙爐料理法…朝鮮の酒と飲料…沈菜の話…沈菜の漬方…朝鮮生活と沈菜…朝鮮の食事…朝鮮料理の印象。朝鮮の飲食店…酒幕点景…立飲酒家酒幕女と民謠…大衆的な湯飯家…雪濃湯…床食家…冷麺家。飲食物雜感…唐辛と大蒜…朝鮮特産の食物…牛、明太魚、松の實、狗肉…犬汁を食つた話、朝鮮人の慣習…言葉と禮儀…身分と階級…用字の慣習。

朝鮮と性生活

内容目次＝朝鮮人と結婚…許婚と早婚…朝鮮婦人と犯罪…亭主殺し妻の貞操…寡婦の貞操…劫奪結婚の話

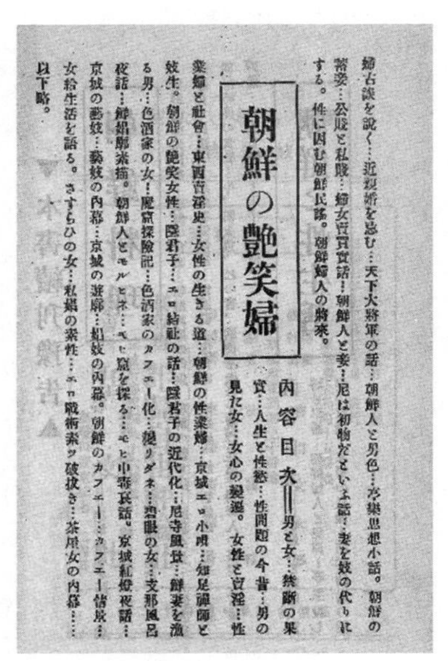

婦古談を說く…近親婚を忌む…天下大將軍の話…朝鮮人と男色…享樂思想小話。朝鮮の蓄妾…公賤と私賤…婦女賣買實話…朝鮮人と妾…尼は初物だといふ話…妻を妓の代りにする。性に因む朝鮮民謠。朝鮮婦人の將來。

朝鮮の艶笑婦

内容目次＝男と女…禁斷の果實…人生と性慾…性問題の今昔…男の見た女…女心の變遷。女性と賣淫…性業婦と社會…東西賣淫史…女性の生きる道…朝鮮の性業婦…京城エロ小唄…知足禪師と妓生。朝鮮の艶笑女性…隱君子…エロ結社の話…隱君子の近代化…尼寺風景…鮮妻を漁る男…色酒家の女…魔窟探險記…色酒家のカフエー化…變りダネ…碧眼の女…支那風呂夜話…鮮娼廓素描。朝鮮人とモルヒネ…モヒ窟を探る…モヒ中毒哀話。京城紅燈夜話…京城の藝妓…藝妓の内幕…京城の遊廓…娼妓の内幕。朝鮮のカフエー…カフエー情景…女給生活を語る。さすらひの女…私娼の素性…エロ戰術素ッ破拔き…茶屋女の内幕……以下略。

『조선요리(朝鮮料理)』, 『조선(朝鮮)에 성생활(性生活)』, 『조선(朝鮮)의 염소부(艶笑婦)』

3)『(裏から覗いた朝鮮)기생물어(妓生物語)』 발간 취지

『(裏から覗いた朝鮮)기생물어(妓生物語)』를 직역하면『(일본인이 속속히 본 조선의) 기생(妓生)에 대하여』라고 할 수 있다. 그 서설을 보면 발간 취지가 밝혀져 있다.[13]

"예전부터 세상에 자기도취에 빠지거나 창기(瘡氣)가 없는 사람은 있어도 색기(色氣)와 식기(食氣)가 없는 사람은 드물다고 한다. 맹자(孟子)의 말에도 "색식(色食)은 인간의 성(性)이라"도 했듯이 누구라도 다른 의견은 없을 것이다. 이 글은 조선에 있어서의 색(色), 식(食)의 중추(中樞)라고도 말할만한 기생(妓生)과 조선요리를 처음으로 '농염한 웃음을 파는 작부', '성적 관습'에 관해 옛날부터 전해오는 문헌, 인구에 회자(膾炙)되는 이야기, 또는 현재도 관행되는 사실 등 많은 자료 중에서 필요한 부분만을 취사선택했다."[14]

본문의 인용문구가 원전과는 다르다. 본래『맹자(孟子)』에서는 '식색성설(食色性說)'이라고 하여 "식욕과 성욕은 인간의 본성이다"[15]를 의도적으로 '색'과 '성'을 뒤바꾸어서 '조선 요리'보다 '조선 기생'을 강조한 것이다. 이처럼 이 글은 조선에 있어서의 색(色), 식(食)의 중추(中樞)라고도 말할만한 기생과 요리를 언급하면서 색(色) 중심으로 서술하고 있다. 기생을 '농염

---

13) 吉川萍水(1932),『(裏から覗いた朝鮮)妓生物語』 京城, 半島自由評論社.

14) 吉川萍水(1932),『(裏から覗いた朝鮮)妓生物語』,『古蹟と風俗/朝鮮風俗資料』:『韓國地理風俗誌叢書』(178), 경인문화사, 1991.

15) 『맹자(孟子)』 만장편(萬章篇) "食色性 所謂性也, 性者心所好也."

한 웃음을 파는 작부'로, 또한 '성적 관습'에 관해 옛날부터 전해오는 문헌에서 기생을 찾고 있다. 당시 인구에 회자(膾炙)되는 이야기, 또는 현재도 관행되는 사실 등 많은 자료 중에서 '기생에 대하여' 필요한 부분만을 취사선택했다.

"주로 선배의 남긴 것을 여러 서적에서 모아 기록하는 데 전념하였다. 다만 근소하지만 직접 천박한 경험에 대하여 소견을 이어 덧붙여 하나로 적당히 끼어 맞춘 것뿐이다. 혹시 이 다양한 자료를 이용하여 일관된 문학적 표현을 위해 문장력이 있고 번거로운 걱정과 근심에 염증(厭症)을 느끼질 않을 여유가 있어서, 조선색의 농후한 한 자료를 이용으로 흥미진진한 좋은 읽을거리를 저술했다고 믿는다. 하지만 불초하게 미력하나마 도저히 그것에 맡지 않으면 상상할 수 없이 되레 현학적 문장으로 평범한 서술을 시험해보는 것에 그쳤다. 특히 졸고(拙稿)의 전반부에는 기생과 조선요리의 항목은 미흡해서 매우 염려가 된다."[16)]

여기서 '선배의 남긴 것'은 기생 연구의 시초라고 할 수 있는 이능화의 『조선해어화사』(1927)라 할 수 있다. 그러나 특히 『(裏から覗いた朝鮮)기생물어(妓生物語)』의 전반부에는 기생과 조선요리의 항목은 미흡해서 매우 염려가 된다고 서술하면서 되레 '미미한 전제'를 인정하고 있다. 그렇지만 조선요리에 대한 자세한 묘사가 경험담으로 기술한다.

"신선로를 중앙에 놓고, 많은 요리를 상이 좁을 정도로 죽 늘어놓은 채, 요

16) 吉川萍水(1932), 『(裏から覗いた朝鮮)妓生物語』, 『古蹟と風俗/朝鮮風俗資料』:『韓國地理風俗誌叢書』(178), 경인문화사, 1991.

조한 기생으로 하여금 조용히 시중을 들게 하고 그곳에 양반처럼 있는 기분은 그 어떤 세상에서도 느낄 수 없는 독특하고 멋진 경험이었다."[17]

또한 서설에는 조선 및 조선인을 천한 풍속인 밤거리의 여자와 술과 음식, 내실 방의 담 사이를 보고 근거했다고 해서 여러 비판도 없지 않다. 하지만 이는 저자의 줏대 없는 엽기적 취미 때문이라고 변명하고 있다. 더구나 정녕 종래 그 방면에 관하여 통속서의 결함을 채우지 못한 죄라고 여기고 있다.[18]

요시카와 헤이스이(吉川萍水)는 당시 조선의 대표적인 명물로까지 추천되는 기생(妓生)에 대한 큰 관심을 언급한다. 그러면서 문헌에 의해 알려진 것은 대부분 단편적인 것이라고 지적한다. 또한 조선요리라든가 조선인의 성생활(性生活) 등에 종사하면서 그 근거지에서 기록된 글은 매우 드물기 때문에 의미가 있다. 특히 명월관 무대에서 기생들의 공연을 본 '내지' 남성 관광객의 감상 기록은 흥미롭다.

내지에서는 연석을 열 경우 객석이 전부 찬 상태에서 시작하지만, 조선 기생은 연회 대기실에 있는 동안 이미 기생을 볼 수 있다. 그림을 그리거나 손님의 이름을 묻거나 여러 가지로 애교 있는 서비스는 대단히 좋은 것이라 생각된다. 말은 통하지 않지만, 내지인과 같이 갑자기 병풍 뒤부터 나타난 것

---

17) 吉川萍水(1932), 『(裏から覗いた朝鮮)妓生物語』, 京城, 半島自由評論社, 102쪽.

18) "조선 및 조선인을 언급하려고 할 때, 정치, 산업, 교육 등의 제재(題材) 등에서 취하지 않고 최근 천한 풍속인 밤거리의 여자와 술과 음식, 내실 방의 담 사이를 보고 근거한 것은 심히 기괴(奇怪)하다고 기롱(譏弄)하다는 비판도 없지 않다. 하지만 이는 저자의 줏대 없는 엽기적 취미 때문이니, 정녕 종래 그 방면에 관하여 통속서의 결함을 채우지 못한 죄이다." 吉川萍水(1932), 『(裏から覗いた朝鮮)妓生物語』, 京城, 半島自由評論社..

과 다르고, 처음부터 친근감을 줌으로써 만족스러웠다. 의상은 기본적인 단색이었는데, 가벼운 자수가 놓인 단순한 형태의 조선복을 입었다. 아홉 명의 기생이 나와, 그중 네 명은 무용을 하고, 5명은 뒤에 앉아 있다. 소리가 나는 악기는 피리와 큰 북인데, 그것을 치는 남자 두 명은 지저분한 모습을 하고 있다. 검은 얼굴에 턱수염을 한 그들보다는 차라리 건너편 아름다운 기생들에게 시키면 좋겠다고 생각하였다. 기생들의 춤은 어떠했는지 말하자면 내 눈에 그것은 지나치게 단조롭기 짝이 없었다. 때로는 춤을 추면서 기생끼리 말하기도 한다. 서로 호흡을 맞추는 것인 줄 알았는데 그렇지도 않는 것 같다. 노래의 내용은 모르겠지만 노래를 부르는 방식은 별로 좋지 않았다. 내지에서 말하는 '간(間)'이라는 것이 전혀 없고 그냥 질질 끌고 있는 것 같았다. (146-147쪽)

『(裏から覗いた朝鮮)기생물어(妓生物語)』은 난잡하지만, 기생을 알고 싶어 하는 일본인의 손님과 이것을 설명하려고 하는 조선 사람에게 안내서의 역할이 그 발간 취지라고 한다. 그러면서 이 책으로 인하여 문화적 차이의 이해도가 나아진다면 좋겠다는 것을 밝히고 있다.[19)]

19) "현재에 조선의 대표적인 명물로까지 추천되는 기생(妓生)에 대한 큰 관심 때문에 자만(自慢)함에 원인이 되었다. 반면에 그것에 관하여 기록물을 조선말의 재료로 구한다고 갑자기 결함(缺陷)을 폭로하여 난해한 조선 글인가 점잔을 빼는 듯한 문헌에 의해 외부에는 대개 단편적인 것이다. 그것으로서 그다지 택산(澤山)을 보는 것에는 합당하지 않다. 하물며 조선요리라든가 조선인의 성생활(性生活) 등에 종사하면서 어느 정도 근거지에서 기록된 글은 매우 드물다. 그러므로 난잡하면서도 이 글은 이것의 간극(間隙)을 채우고, 기생을 알려고 하는 일본인의 손님과 이것을 설명하려고 하는 조선인의 여러 분들에게 사소하지만 그 역할을 세우는 게 된다. 아울러 색식(色食)을 기조로 하는 적나라한 조선이 일본인 앞에 전개되는 것에 의해 인정(人情)의 조짐을 연락받거나 혹 여러 종류의 사회적 장애(障碍)가 제거된다면 저자로서는 바라던 이상의 요행(僥倖)이다." 吉川萍水(1932), 『(裏から覗いた朝鮮)妓生物語』, 京城, 半島自由評論社.

3. 『(裏から覗いた朝鮮)기생물어(妓生物語)』의 가치

『(裏から覗いた朝鮮)기생물어(妓生物語)』에는 조선명물로서, '아리랑'과 '수심가', '신선로'와 '온돌방'의 '장고소리' 등과 어우러져 '무릎을 세우고 앉은 기생'이 소개된다.[20] 내용을 면밀하게 검토해보면 일본인 특유의 세밀한 기록을 남겼다. 에피소드 중심으로 체험의 글로 채워지고 있다.

요시카와 헤이스이의 『(裏から覗いた朝鮮)기생물어(妓生物語)』는 기생에 대한 성적 판타지를 보다 직접적으로 드러낸다고 지적한다. 여기서 기생은 양반문화로 대표되는 조선의 전통, 조선적 정서, 조선적 아름다움 등을 담고 있는 상징적 기호이자, 식민지 여성에 대한 제국 남성의 성애적 욕망이 투사된 젠더적 표상의 전형을 보인다.[21]

이 책에서는 조선 기생에 대한 섬세하고 자세히 묘사하고 있다. 그것을 '청초한 아름다움'으로 표현한다.

"기생의 복장은 하얀 종이에 작은 무늬를 찍어낸 견직물의 저고리로 물빛의 치마, 저고리의 작은 옷깃과 소매 입구에는 붉은색, 녹색의 화려한 것을 붙이고, 머리 장식은 비취색과 황금색의 비녀라고 하는 귀이개를 꽂고, 봉선화로 손톱을 칠하였다. 부드러운 손가락을 두 개, 세 개의 반지를 장식하였

---

20) 서지영(2009), 「상실과 부재의 시공간: 1930년대 요리점과 기생」, 『정신문화연구』 제32권 제2호, 176쪽.

21) "이를 '내지' 남성들은 조선 기생을 통해 충족하고자 한 이국 취미가 훼손되는 체험을 하게 되는데 그것이 조선에 침투한 제국의 영향력임을 간과한 채, 변해버린 조선 기생 자체에 실망하고 이를 문제 삼는 전형적인 식민자의 시선을 보여준다." 서지영(2009), 「표상, 젠더, 식민주의: 제국남성이 본 조선 기생」, 『아시아여성연구』 제48권 제2호, 68-73쪽.

다. 청초한 아름다움이었다."[22]

하지만 요시카와 헤이스이는 "기생도, 시세의 변화에 저항하기 힘들어, 다소는 용감하고 씩씩한 옛 기질이 남아 있지만, 점차 타락해서 내지의 예자와 동일한 것처럼 창부형이 되는 것 같다"고 하면서 창기와 동일시하고 있다.[23]

『(裏から覗いた朝鮮)기생물어(妓生物語)』에서는 '기생의 근대화[24]'를 일본 문화에 몰입으로 설명한다. 기존 조선 권번기생의 시스템은 본래 일본 권번의 시스템을 따라했기에 한계가 있다고 지적한다. 그러면서 기생의 풍모와 자태가 점차 근대화되지만, 연희되는 전통 예술은 보수적으로 시대에 뒤떨어진다고 집어내고 있다. 풍류음사는 너무 복잡해 기생 가운데에는 오히려 그것을 뛰어넘어서 양말도 안 신고, 미니스커트에 스텝을 밟고 새로운 길을 달리는 사람도 적지 않다는 것으로 생생하게 서술하고 있다.

---

22) 吉川萍水(1932), 『(裏から覗いた朝鮮)妓生物語』, 『古蹟と風俗/朝鮮風俗資料』:『韓國地理風俗誌叢書』(178), 경인문화사, 1991.

23) 吉川萍水(1932), 『(裏から覗いた朝鮮)妓生物語』, 京城, 半島自由評論社, 183쪽.

24) "조선기생의 요릿집, 권번, 화대에 경영체계는 무릇 내지 화류계의 모방이니까, 내지측의 대세를 보면 뒤떨어질 수 없었다. 그래서 조선요릿집도 점차 근대 건축에 연석용 무대를 설비하였다. 기생의 풍모와 자태가 점차 근대화되므로, 예(藝)가 보수적인 것은 시대에 뒤떨어지는 것이다. 풍류음사는 너무 복잡해 기생 가운데에는 오히려 그것을 뛰어넘어서 양말도 안 신고, 미니스커트에 스텝을 밟고 새로운 길을 달리는 사람도 적지 않다." 吉川萍水(1932), 『(裏から覗いた朝鮮)妓生物語』, 京城, 半島自由評論社, 168쪽.

기성권번(箕城卷番)의 『가곡보감(歌曲寶鑑)』(1928) 서지 연구

1. 기성권번의 『가곡보감』(1928) 서지 고찰

『가곡보감』는 1928년 평양 기생조합인 기성권번에서 활자본으로 발행한 것이다. 이 무렵 유행하기 시작한 외래의 대중가요에 대응하여 조선 전통가요를 보존할 목적으로 편찬된 것으로 보인다. 목차는 가곡, 가사, 시됴, 서도잡가, 남도잡가, 경성잡가, 영산회상의 순으로 짜여 있다. 시조는 악곡 명칭인 가곡과 시됴로 구분되어 실려 있다. 가곡편에는 긴우됴, 으됴들머리 드난우됴, 시조편에는 평시됴, 딜님(지름시조), 사셜시조 등이 각각 실려 있다. 시조 작품에는 악보 표시가 없고, 〈영산회상〉은 장단 박자가 표시된 악보만 실려 있다. 잡가편에는 서도잡가로 산천초목, 사거리, 중거리, 긴방아타령, 양산됴 등이, 남도잡가로 륙자이, 셩쥬푸리, 타령 등이, 경성잡가로 로가락, 유산가 등이 실려 있다. 특이하게 갈래 개념이 애매한 정철의 장진주사와 관산융마, 사설시조 두 작품이 가사편에 들어 있기도 하다.

1928년 기성권번에서 발간한 『가곡보감』은 가집(歌集)으로 김구희(金

龜禧)가 저자로 확인된다. 추측하건대 기생학교 교장을 겸하게 되어 있는 기성권번의 대표이기에, 저자 김구희가 바로 교장이면서 대표로 보인다. 책의 형태사항에서 쪽수는 170쪽이고, 크기는 22cm이다. 현재 소장처는 국립중앙박물관이다. 또한『가곡보감』은 '서울사대본'이라 하여 영인본이 출간된 적이 있었다.『가곡보감』는 가람 이병기 선생의「조선어문학명저해제(朝鮮語文學名著解題)」(1940)에 수록되어 있는 239종의 중에 하나로, "一册 活字本 平壤 妓生學校의 教科書. 本書에는 옛날 좋은 雜歌가 많이 실려었다"고 해제가 실려 있을 정도다.[1]

판권지를 확인해보면 소화3년, 즉 1928년 3월 28일 발행되었다. 정가는 1원이다. 저작 겸 발행자는 평양부 철관리 50번지의 김구희로 되어 있다. 인쇄자는 평양부 신창리 170번지의 강준빈이며, 인쇄소도 같은 주소의 일신활판소(一信活版所)이다. 발행소는 평양부 철관리 50번지의 기성권번이다. 본래 편집자가 김봉혁(金鳳爀)으로 되어 있으나 지워져 있다. 다른 자료에는 지워있지 않았다. 가곡이 중심이 되고 모두 81편의 노래가 실려 있다. 제1편 가곡, 제2편 가사, 제3편 시조, 제4편 서도잡가, 제5편 남도잡가, 제6편 경성잡가로 되어 있고,「영산회상」아래 15곡의 장단법이 실려 있다. 주로 가곡 가사의 중심이다. 조선 후기 우리의 노래를 잡가로 불리던 시대에『가곡보감』이라 한 것이다. 우리의 노래가 희소해지고 또한 그 중요성을 인식한 결과 이루어진 잡가집이다. 평양 기성권번의 기생학교에서 기녀들을 가르치는 교재로 활용된 것이다.

1) 李秉岐(1940),「朝鮮語文學名著解題」,『文章』제2권 제8호(10월호), 228쪽.

歌曲寶鑑

全

平壤 箕城券番 發行

『가곡보감』 겉표지

歌曲寶鑑

全

平壤箕城券番發行

『가곡보감』 속표지

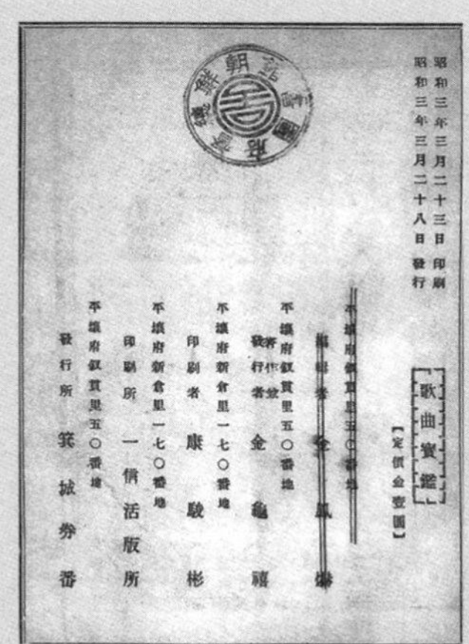

昭和三年三月二十三日印刷
昭和三年三月二十八日發行

歌曲寶鑑 【定價金壹圓】

平壤府[illegible]五〇番地 編輯者 [illegible]
平壤府叙賓里五〇番地 著作兼發行者 金龜禧
平壤府新倉里一七〇番地 印刷者 康駿彬
平壤府新倉里一七〇番地 印刷所 一信活版所
平壤府叙賓里五〇番地 發行所 箕城券番

『가곡보감』 판권지

저작 겸 발행자 김구희은 1901년 중추원(中樞院) 의관(議官)을 역임[2]하였고, 1903년 평양에서 양잠을 사육, 판매하는 잠상회사(蠶桑會社)[3]를 운영했으며, 국자(麴子)의 제조 판매하는 국자제조판매(麴子製造販賣) 합자(合資)[4]도 관여하였다. 1905년[5]에는 평양 사립 사숭학교(四崇學校) 의연금에 김구희 20원을 기부할 정도로 지역의 유지이었다. 1906년에는 「황성신문』의 '문명록(文明錄)'[6], 즉 '신문구독자 명단'으로 7환 70전 8리의 구독료 납부자로 수록되어있다. 또한 1908년 대한협회의 회원명부[7]를 보면, 김구희은 지회임원에서 평양지회의 회장이었다. 이러한 지역 사회에 활동을 미루어보면, 『가곡보감』 발행에도 관여한 것으로 보인다.

평양의 기성권번은 부속된 3년 학제의 기생학교를 운영하였다. 대동강 부근에 있었는데 그 부근 일대에 산재해 있는 10여 군데의 대규모 요릿집을 대상으로 운영하였다. 기생을 전문적으로 키우던 평양 기생학교에는 10대 소녀들이 모여 가무음곡을 익히고, 일제 말기 대동강변의 기생 수효는 무려 5, 6백 명에 이르렀다. 이는 조선말 '평양관기학교(平壤官妓學校)'에서 그 흔적을 찾을 수 있다.[8] 일본인들까지도 아름다운 평양기생의 공연을 보기 위해 '기생학교' 관광일정에 꼭 포함시키기도 하였다. 이처럼 1937년 당시 평양기생은 국내외를 통해 명성을 떨쳤는데도, 실제로 화대는 서울에 비해

2) 「議政府總務局官報課」光武四年 六月十二日 火曜 彙報

3) ≪訓令照會存案≫ 50책(奎19143), 1903.12.31.

4) ≪朝鮮總督府官報≫98, 1910. 12.14.

5) 『황성신문』1905. 5. 31.

6) 『황성신문』1906. 9. 5「文明錄」

7) 「대한협회회보」제1호 1908. 4. 25.「會員名簿」

8) 德永勳美(1907),『韓國總攬』, 東京 博文館.

상대적으로 저렴했으며 시간당 50전이었다. 쌀 한 가마에 20원 하던 시절인데 5원 정도면 3, 4명이 실컷 즐길 수 있었으니, 유흥객의 전성기이었다.

기생들과 함께 놀이하는데 가장 즐겨 사용됐던 것은 뱃놀이였다. 놀잇배 수백 척이 대동강에 두둥실 떠 있다가 손님과 기생이 오르면 모란봉 아래 능라도 주변 등지로 뱃놀이를 시작하는데, 기생들이 창을 시작하면 흥취는 절정에 이른다.

평양기생이 다른 기생들보다 특별히 정조관념이 강한 것은 아니었지만, 단골손님이나 평양손님과는 결코 관계를 맺지 않았다. 늘 다니는 손님과 관계를 맺어놓으면 곧 소문이 나게 되고, 그렇게 되면 자연히 다른 손님들이 외면하기 때문이다. 평양 기생학교에 들어가는 동기는 대체로 하류층 자녀로서 보통학교를 졸업하는 즉시 기생수업을 받기 시작하며, 기생학교를 졸업하면 권번에 입적되어 손님을 받게 된다. 1937년 기준으로 살펴보면 '기성권번' 총인원은 252명으로, 그중에서 휴업이 19명, 임시휴업이 26명, 영업 기생은 207명이었다. 당시 하룻밤에 한 번 불리는 이가 66명, 두 번 불리는 이가 47명, 세 번 이상 불리는 이가 21명, 한 번도 못 불리는 이가 71명이나 되었다. 이러한 기성권번은 그 후 조합제로서 주식제가 되면서 기존 기생들의 저항으로 우여곡절을 겪지만, 결국 주식회사로 바뀌게 된다.[9] 기성권번(주)은 1930년 9월 23일에 자본금 20,000원으로 설립되었다. 사업목적으로 기생 권번업, 기생 영업자의 구제, 기생 영업자에 대한 금전의 융통, 기생 영업자의 일용품 용달, 기생 양성 및 기예의 향상 등이었다. 공동대표로는 윤영

9) 中村資良, 『朝鮮銀行會社組合要錄』(1932년, 1937년, 1939년, 1942년판), 東亞經濟時報社.; 김산월, 「고도의 절대명기, 주로 평양기생을 중심삼고」, 『삼천리』 제6권 제7호 1934. 6. 1.

『가곡보감』의 "자세를 바르게 하고 예쁘게 가꾸어서, 아름다움을 도와주고 길러준다." 미용 광고

『가곡보감』의 '크라프 백분(가루분)'을 광고하는 '카테이 비누'회사

선(尹永善), 양근하(楊根夏), 양리탁(梁利鐸) 등이고, 이사진 이희건(李禧健), 김남현(金南鉉), 감사는 이희원(李禧愿)이다. 본점주소는 평양부 신창리 36이다.[10]

2. 『歌曲寶鑑』(1928)의 序[11]

夫歌曲寶鑑은 自昔及今한 偉人詩客에 各種歌曲을 網羅한 一大補聽之書也라 我朝鮮에 古來로 音樂이 完備하얏스나 及今에 漸漸 衰微하야 歌曲에 長短과 五音八聲에 節次를 不變하야 文明社會에 咀笑를 蹶起케 홈에 對하야 不肖은 猥以過言이나 寒心으로 思하는바이라 況新舊變換하고 內外混同時代에 處한 一般風流豪客의 一動一靜에 觸事生弊함이 엇지 常事가 안이리요 此에 鑑한바이 有하야 現行 一切의 正音正樂 方式을 蒐集하야 指南에 針으로 此寶鑑을 發刊하야 將來 風流人士에 娛樂機關을 引導코자하고 數言을 提하야 序文을 代하노라

昭和 三年 三月 二十日

編者 識

이『가곡보감』은 예전부터 위대한 시객(詩客)들에 각종 가곡을 망라한 생각이 미처 이르지 못한 곳을 일깨워 도와주는 중요한 책이라 지적한다. 특히 "우리 조선에 예로부터 음악이 완비했지만, 점점 쇠퇴하여 가곡 장단

10) ≪朝鮮銀行會社組合要錄≫(1933년판), 東亞經濟時報社

11) 金龜禧(1928),『歌曲寶鑑』, 기성권번 발행, 국립중앙도서관 소장본

과 오음팔성(五音八聲)에 절차가 변하지 않았다. 하물며 시대가 바뀌어 내외 혼동시대에 처한 일반 풍류호객의 동정에 어찌 예상사가 아니다. 이것에 살펴 현행 일체의 정음(正音), 정악(正樂) 방식을 수집하여 나침반 역할로 이 『가곡보감』을 발간한 것이다."고 취지가 명확하다. 장래 풍류 인사에 오락 기관, 즉 권번에 인도하고자 하고 여러 말을 내놓아 서문을 대신한 셈이다.

『교본(校本) 역대시조전서(歷代時調全書)』(1972)와 『시조의 문헌적 연구』에도 언급되어 있다. 발행처와 편자의 서(序)와 가집(歌集)의 내용을 보면, 당시 평양의 권번용(券番用) 겸 일반풍류인사의 실용가곡집으로 발행한 것을 알 수 있다. 국문으로 표기하여 한자를 모르는 사람에게도 읽기 쉽도록 하고 있다. 끝으로 가집에 수록된 시조작품은 총 276수인데, 그중 타 가집에 볼 수 없는 작품은 950(234), 965(140), 1061(77), 2565(20), 2933(143), 3307(130) 등이다.[12]

마루 너머 재 너머가니 님에 집 초당 압페 난만화초가 휘넘느러졋네
청학백학은 펄펄날아 매화가지에도 안꼬 님은 나안져 학에경보다
져님은 나안져 학에경 보는 뜻은 날보려고

시조(녀청딜님) 歌鑑 234

만경창파지수에 일엽션 타고 가는 져 어부야
게잠간 머물너라 말 무러보자 태백강남의 풍월 실너 가넌냐
어부둑핍을 두루치며 행하는 곳은 동명호를

평시조 歌鑑 140

---

12) 심재완(1972), 『校本 歷代時調全書』, 世宗文化社.
심재완(1972), 『時調의 文獻的硏究』, 世宗文化社, 69쪽.

무수의 츈풍뎌니이요 가연에 야월한 이로다
인생수 진환이니 노불부소 아니 놀냐
아마도 인간행낙은 소년시련가 하노라

平羽樂歌鑑 77

젹무인 엄즁문하니 열을이면 멧 삼촌고
제 마음 즐겁거든 남에 실음 생각하리
(종장결루)

우됴 새는긔 歌鑑 20

초당지어 구름 덥고 년못 파셔 달 다마 두고
달아레 고기 낙고 구름속의 밧틀 갈라
문젼의 학 탄 션관이 오락가락

평시조 歌鑑 143

황혼에 기약 두고 오경잔등 다 진토록
대월 셔상하의 창열고 바라보니
다만지 불장 화영이 날속인가

평시조 歌鑑 130

3. 『歌曲寶鑑』의 목차[13)]

데일편 가곡

긴우됴	우됴들머리
드난우도	우도세재치
쇠는가	뒤집는우됴
계면(긴노래)	계면들머리
계면드는 것	계면셋까치
계면쇠는 것	농(弄)
뒤집는농	평우락
뒤집는우락	계락(界樂)
편(編)	태평가

데이편 가사

쟝진쥬	권쥬가
어부사	츈면곡
길구락	황계사
백구사	상사별곡
쳐사가	양양가
죽지사	관산융마
편락(編樂)	

데삼편 시됴

시됴(평시조)	딜님(녀성딜님)
딜님(남성딜님)	사설시됴
파연곡	

13) 金龜禧(1928), 『歌曲寶鑑』, 기성권번 발행, 국립중앙도서관 소장본.

가곡보감목차

뎨일편 가곡

뎨이편 가사

뎨삼편 시됴

가곡보감목차 一

『가곡보감』의 목차 1

가곡보감목차

『가곡보감』의 목차 2

뎨사편 서도잡가

산천초목	서거리
중거리	경사거리
긴방아타령	자진방아타령
양산도	긴난봉가
자진난봉가	사설난봉가
경복궁타령	개성난봉가
간지타령	배따락이
자진배따라기	도라지타령
수심가	역금
공명가	연변가

뎨오편 남도잡가

육자백이	성주풀이
새타령	소상팔경
단가	토기화상

뎨육편 경성잡가

노래가락	유산가
적벽가	제비가

령산회상

양금도	상령산가락
상녕산	둥녕산
잔녕산	삼현
상현	도도리
하현	념불
타령	군악
양청도도리	우도

특히 제3편은 시됴 모음으로 제1절 평시됴(平詩調), 제2절 녀청딜림(女唱지름詩調), 제3절 남청딜림(男唱지름詩調), 제4절 사설시됴(辭說詩調) 등이 실려 있다.

4. 『가곡보감』을 학습하는 사진엽서 장면들[14]

기생학교에서『가곡보감』을 교재로 시조창 학습하는 흥미로운 사진을 찾아볼 수 있다. 평양 기생학교 시조창 시간에 기생수업 장면으로 칠판에 쓰인 시조는『가곡보감』평시됴 중의 하나로 103번째 내용이다. 시조는 노래의 가사다. 시조를 노래로 부르는 방식은 가곡창(歌曲唱)과 시조창(時調唱)으로 나눌 수 있다. 기생은 주로 가곡창을 조선 전기까지 유행하다가, 후에 시조창 중심으로 향유했다. 자세히 칠판에 쓰인 시조를 살펴보면 아래

일제강점기기성권번 부설 기생학교에서의 시조창 수업 장면

확대된 칠판 사진에 적힌 시조

14) 신현규(2011),「1920년대 기녀 시조문학의 한 양상 연구 : 기생 잡지 〈장한(長恨, 1927년)〉에 수록된 시조 중심으로」『시조학논총』제35집, 한국시조학회. 이 논문의 일부 내용을 수정해서 인용 참고하였음을 밝힌다.

와 같이 되어 있다.

"三春이 구십일에 꽃 볼 날이 몇 날이며
人生이 백 년인들"

이 시조는 『시가요곡(詩歌謠曲)』에도 출전이 확인되는데, 본래 아래의 시조로 미루어 알 수 있다. 시조를 가르치는 스승이 '春光'을 '三春'으로 잘못 써놓은 것이 아닌가 한다.

"春光이 구십일에 꽃 볼 날이 몇 날이며
人生이 백 년인들 少年行樂 몇 날인고
두어라 空華世界니 아니 놀고"

'봄철의 볕이 구십일에 꽃을 볼 수 있는 날이 몇 날이며, 인생이 백 년인들 젊은 시절 재미있게 노는 날이 몇 날이겠느냐. 아! 아무것도 없는 허공에 마치 꽃이 있는 이 세상을 아니 놀 수 있겠느냐'는 요릿집 주흥에서 권주가와 함께 널리 불리던 시조창이었다.[15]

사진 설명은 "평양에 있는 조선 유일의 기생학교에서 기생의 수업중"이라 적혀있다. 시조창을 가르치는 스승은 칠판에 시조를 적어 놓고 창을 가르친다. 사진을 유심히 살펴보면, 가곡창이 아니라 시초창이다. 가곡창은 시조 전체를 다 부르고, 시조창은 3장 6구 중 맨 마지막 구는 부르지 않는

15) 신현규(2005), 『파란만장한 일제강점기 기생인물생활사 ;꽃을 잡고』, 경덕출판사, 34쪽.
신현규(2010), 『기생, 조선을 사로잡다』, 어문학사 참고.

다. 종장을 다 써놓지 않는 것을 미루어 보면 추측이 가능하다. 사진에서도 악기 반주가 없이 무릎장단만으로도 부를 수 있는 시조창의 장면이다.

또 다른 평양기생학교 사진 중에 시조창 장면이 있다. 사진의 제목은 "교실(敎室)에서 패(唄)의 계고(稽古)"이다. 즉 "교실에서 찬불가(讚佛歌)의 옛일을 자세히 살펴 공부한다"고 표시되어 있다. 『가곡보감』 평시됴 중의 하나로 21번째 내용이다. 자세히 칠판에 쓰인 시조를 살펴보면 아래와 같이 되어 있다.

일제강점기 기성권번 부설 기생학교에서의 시조창 수업 장면

확대된 칠판 사진에 적힌 시조

"국화야 너는 어이 삼월동풍 다 보내고
낙목한천에 네 홀로 피었는고"

이 작품의 출전은 『청구영언(靑丘永言)』에 수록된 이정보(李鼎輔, 1693~1766)의 시조이다. 추운 가을에 홀로 피는 국화를 선비의 높고 곧은 절개에 비유한 교훈적 성격의 시이다.

"국화야 너는 어이 삼월동풍 다 보내고

낙목한천[16]에 네 홀로 피었는고

아마도 傲霜孤節은 너뿐인가 하노라"

시적 화자는 국화는 왜 삼월 봄바람이 부는 좋은 계절을 다 보내고, 나뭇잎 지고 하늘이 찬 이 가을에 너 홀로 피어 있느냐고 대구(對句)한다. 모진 서리의 세상 한파에도 굽히지 않고 외롭게 절개를 지키는 것은 너뿐이라고 맺는다. 이처럼 서리가 내린 싸늘한 가을날이지만 홀로 피어 있는 국화를 예찬하면서 굳건한 절개를 노래한다. 결국 모든 꽃들이 다투어 피는 따뜻한 봄을 다 보내고 나뭇잎이 다 떨어져 버린 쓸쓸하고 추운 늦가을에 홀로 핀 국화를 "아마도 오상고절은 너뿐인가 하노라"라고 노래하며 지조 있는 삶에 대한 작자의 신념과 결의를 표현하고 있다. 이 사진에서도 시조의 종장을 써놓지 않았다.

『歌曲寶鑑』의 시조 작품에는 악보 표시가 없고, 「영산회상」은 장단 박자가 표시된 악보만 실려 있다. 잡가편에는 서도잡가로 「산천초목」, 「사거리」, 「중거리」, 「긴방아타령」, 「양산됴」 등이, 남도잡가로 「륙자이」, 「셩쥬푸리」, 「타령」 등이, 경셩잡가로 「로가락」, 「유산가」 등이 실려 있다. 가사편에 「어부사」, 「츈면곡」, 「황계사」 등의 12가사(歌詞)의 일부 작품이 실려 있다. 특이하게 갈래 개념이 애매한 정철(鄭澈)의 「장진주사」와, 「관산융마」, 사설시조 2작품이 가사편에 들어 있기도 하다. 시조집으로서보다 오히려 『잡가집(雜歌集)』으로서 의미가 크다고 본다.

16) 落木寒天, 즉 나뭇잎이 떨어진 추운 날씨를 말한다.

『대경성안내(大京城案內, 1929년)』에 나타난 기생 이미지 연구

1. 『대경성안내(1929년)』 서지 소개

'大京城案內'[1)]의 표제에 보듯이 경성(京城) 중심의 안내서다. 이 글에서는 여행안내서에 등장하는 기생의 이미지를 살펴볼 것이다. 유달리 1929년 『大京城案內』 책자는 朝鮮博覽會와 맞닿아 있는 곳이 많다. 1929년 경복궁에서 열리는 조선박람회는 조선총독부가 시정 20주년을 기념하기 위해 야심차게 밀어붙인 사업이었다. 더구나 조선박람회에서 열린 여러 공연 중에 기생 조합, 즉 권번기생들의 공연은 문전성시를 이루었다.

판권지를 보면, 昭和 4년(1929년) 9월 13일 발행되었다. 저작 겸 발행자는 陳綠星이고 인쇄소는 조선인쇄주식회사, 인쇄인은 羽田茂一이다. 총발행소는 대경성안내소로 조선교육신보사와 함께 광고가 게재되어 있다.

『대경성안내』 책자에도 조선을 비문명화된 공간으로 규정함으로써 식민의 정당성을 피력한 일본은 더 나아가 일본에 의해 문명화된 조선의 풍경을

---

1) 陳綠星, 『大京城案內』, 大京城案內社, 1929 자료는 오영식 선생님 소장본으로 연구에 큰 도움을 받았기에 감사의 말씀을 밝힌다.

『대경성안내』 표지

滿天下愛讀者의게

朝鮮敎育新報社
代理部

版權所有 ○ 不許複製

大京城案內
定價一圓十錢

總發行所 大京城案內社

『대경성안내』 판권지

서술함으로써 다시 한 번 제국주의의 논리를 반복한다. 특히 경성에 대한 표상에서 잘 드러나는데 실제의 경성의 사정과 다르게, 일본에 의해 서술된 경성은 '신내지'를 대표하는 근대화된 도시의 풍경이었다.[2)]

『대경성안내』 책자 이외 경성관광에 대해 자세하게 서술된 안내서는 같은 해(1929년)에 제작된 『관광의 경성(観光の京城)』이다. 『관광의 경성』을

2) "경성은 조선의 수도로서 조선의 역사와 문화가 배제된 채, 일본에 의해 근대화된 도시라는 점이 강조되면서 현실로부터 분리되고 식민지지배의 억압과 권력은 시각이미지 내부로 은폐되었다. 근대화된 경성의 이미지는 사진엽서를 비롯해 조선사진첩, 여행안내서에도 반복적으로 등장했다. 여기서 사진첩의 소개 글과 사진은 식민자의 시선이 내포되어 있다고 볼 수 있다. 이것은 조선사진첩에서 어떻게 조선의 이미지를 신화화하는지 경성에 대해 기술하는 방식을 통해 구체적으로 알 수 있다." 전수연(2010), 「근대관광을 통해 드러난 일본의 제국주의-1900년대 이후 일본의 조선관광과 여행안내서를 중심으로-」, 『美術史學報』 제35집, 미술사학연구회, 325쪽.

보면 전차를 타고 이동하는 일본인 관광객들에게 다음과 같은 코스를 추천했다. "정거장(경성역)–남대문–조선신궁–남산공원–창경궁–창경원–파고다공원–경복궁–미술품제작소–조선은행."[3] 여기서 경성은 조선의 수도로서의 역사와 현실이 소멸되었고, 반대로 일본에 의해 근대화되고 발전하는 경성의 이미지가 부각되었는데 그 중심에 기생 이미지를 빼놓고 말할 수 없다. 당시 일제강점기 관광 안내서는 조선명물을 첫째 금강산, 둘째 기생, 셋째 인삼 등을 자주 인용하면서 확대되어 재생산되었다.

2.『대경성안내(1929년)』 권두사(卷頭辭)와 목차(目次)

『大京城 案內』의 卷頭辭에는 발간 취지와 그와 관련된 편집자의 관점이 담겨 있다. 이를 정리하면『大京城 案內』책자의 성격을 알 수 있을 듯하다.

卷頭辭

一

寒微한 書生 陳綠星은 空前의 壯觀인 朝鮮博覽會를 期로하야『大京城 案內』를 편집하게 됨이 重且大한 義務이면서 偶然이 안일가 한다. 恨淚에 잠긴 哀史를 率直이 表現하는 北漢山脈의 名勝古蹟를 비롯하야 文物進化의 現下 大京城을 最善의 特力을 다하야 筆耕의 收穫을 다 한가지로 난호고저함이 編輯者의 本意가 안일진대 全朝鮮의 産業 啓發· 生産振興·福利增進·三大要素를 誠意껏 抽獎코저하는 所以임을 力說한다.

3) 『觀光の京城』, 朝鮮總督府 鐵道國, 1929, 8쪽.

二

天惠의 產物을 남달리 豐富하게 잇는 三千里槿域에 自處한 倍達民族인 우리야말노 過程의 過程을 거듭한 頭腦와 理想과 活動이 몹시 變遷되얏다. 空間에서 空間으로 흐르는 '타임'의 必然的 軌道에서 時節따라 受幻됨과 갓치 우리의 生產 우리의 活動 우리의 義務 우리의 所見 우리의 問學 모든 것이 急進的 突變 안인 것이 업다 이갓치 刮目할 突變를 우리 朝鮮에서는 向上이라하며 進步이라한다. 天惠의 產物을 져바린 向上과 進步에 浴한 우리로써는 己巳仲秋에 大京城 慶福宮趾에서 開催된 朝鮮博覽會에서 저바린 活躍과 저바린 產物을 一新한 眞面目으로 또다시 發見할 것을 豫測한다.

三

朝鮮三千里江山이 決코 적은 땅덩이가 안이며 二千萬民族이 決코 적은 同胞가 안일진대 엇지 써 무엇이나마 남달리 뒤질 必要가 업다. 적은 것으로부터 큰대 이르기까지에 忠實히 하는 가온대 精禮統一과 科學的 土臺에서 生產을 開拓한다하면 文明에 先進인 歐米列國에 뒤지지 안을 것을 確認한다. 이여서 過般의 士農工商이란 特殊 差別的 因習에서 解脫되야 새로운 理想과 새로운 抱負로써 새로운 生活을 開拓하는 同時엔 大勢의 神도 우리의 忿鬪에 征服될 것일다.

四

玆에 編輯者는 뜻한 바이 잇서서 大京城의 現下 商工界와 또는 實業界 中樞人物! 京城의 歷史的 情況을 細密히 記錄하야 남달리 經濟滅破를 늣기는 白衣人으로하야금 獨立自尊의 產業革新을 喚起하는 資料로 提供하랴하엿스나 무엇보담도 遺憾인 것은 元來 才質이 愚劣하얏다는 것보담도 紙面上關係도 또한 업지 안잇스며 時日上問題도 잇서 余의 豫想에 未及한 點이 不少하다. 그러나 今番機會를 利用하야 全朝鮮의 産業을 天下에 宣布하는 最近 一策으로 發刊된 것만은 欣喜不已하는 同時에 압흐로 우리의 活路는 漸次 開拓될지며 一般商工界興도 또한 猛烈할 것을 豫測한다.

昭和五年 五月 著者 書

『大京城 案內』卷頭辭에는 발간의 동기에 대해 명확하게 밝혔다. 즉 “공전의 장관인 조선박람회를 기회로 삼아『大京城 案內』를 편집되었다”고 한다. 이를 미루어 보듯이 1929년에 개최된 ‘조선박람회’에 맞추어 제작되었다. 편집자는 이를 중요한 의무이면서 우연이 아니라고 할 정도로 조선박람회에 의미를 부여한다. 목차에 드러나듯이 경성의 주요한 안내 과정은 과거의 역사적 흔적으로 ‘北漢山脈의 名勝古蹟’, 현재의 문명으로 ‘文物進化의 大京城’으로 나누고 있다. 편집자의 의도는 당시 조선의 산업 계발·생산 진흥·복리증진 등의 3대 요소를 추천하여 뽑아 올려 쓰고자 한 것이다. 그러면서 편집자는 이번 기회를 이용하여 조선의 산업을 천하에 선포하는 최근 한 방법으로 발간된 기쁨을 권두사에 가득 담고 있다. 편집자는 陳綠星으로『無名彈』발행인으로 알려져 있다. 자세한 기록은 찾을 수 없다.[4)]

일제강점기에 일본이 조선 여행 안내서를 통해 ‘신내지’화된 조선을 묘사

4) 「朝鮮出版警察月報」第15號, 出版警察概況 - 不許可 差押 및 削除 出版物 記事要旨 -『無名彈』創刊號(발신일 1929년 11월 06일) 陳綠星(『無名彈』발행인), 片康烈/『무명탄』은 1930년 1월 20일 조선문예협회에서 발행한 문예 동인지로 발행인은 진녹성(陳綠星)이다. 창간호 집필 동인들은 대개 지방의 무명 문학청년들로 엄필진(嚴弼鎭) 외 37명이었으며, 창간호가 곧 종간호가 되었다. 조선문예협회는 경영 본부와『무명탄』편집진을 경상북도 김천에 두었고, 발행처는 서울 연지동이었다.

하는 방식은 크게 두 가지였는데, 그것은 '전근대적인' 조선과 일본에 의해 '근대화된' 조선이었다.[5] 마찬가지로 『대경성 안내』에도 조선의 역사를 경성 중심으로 설명하면서 과거의 유적과 현재의 근대화된 문명을 상징하는 분야별 통계를 인용한다. 전자는 북한산, 성벽, 창경원, 창덕궁, 경복궁, 덕수궁 등의 유적을 안내하는 반면에 후자는 교육, 사회사업, 의료기관 등의 통계를 소개된다.

大京城 案內全集 重要 目次를 분석해보면, 책자의 성격을 잘 알 수 있다.

5) 전수연(2010), 「근대관광을 통해 드러난 일본의 제국주의-1900년대 이후 일본의 조선관광과 여행안내서를 중심으로-」 『美術史學報』 제35집, 미술사학연구회, 326쪽.

昌慶苑 – 動物園 – 植物園 – 博物館

昌德宮 – 敦化門–仁政殿–璿源殿–譜閣–祕苑

甲午戰役記念碑

商品陳列館–恩賜記念科學館

大漢門

朝鮮總督府廳舍

景福宮 – 慶會樓–博物館–勤政殿

普信閣 – 빠고다公園

經學院 – 京城常國大學 – 林業試驗場 – 京城運動場 – 獎忠壇公園

德壽宮 – 大廟 – 京城名勝古蹟一覽表

漢江 – 人道橋 – 圜丘壇

裁判制度 – 京城諸官公署一覽表

教育 – 諸學校一覽表

社會事業

京城內發刊新聞雜誌通信一覽表

府內各金融組合一覽表

府內會社一覽表 – 支店會社

醫療機關 重要病院一覽表

宗教 – 安息教 – 朝鮮神宮

京城現在職業別戶口 – 現在戶口總計–行政區劃 – 氣象 – 社會事業의 區別統計表 – 衛生 – 商工業及貿易–金融 – 保險 – 土地 – 京城學校組合費豫算 – 工業 – 交通

藥製業의 元祖閔橿君

劇界의 巨星朴承弼君

新劇의 霸王金小浪君

京城發各要都里程標

著名商店一覽表

著名旅館一覽表

자세히 살펴보면, 城壁의 경우는 太平館跡-宣武祠, 聳南山-志士의 詩咏-南山禮讚-覓山-終南山, 倭城臺-梵鍾-倭城臺附近 등으로 경성을 안내하고 있다. 昌慶苑의 경우는 動物園-植物園-博物館 순으로, 昌德宮은 敦化門-仁政殿-璿源殿-譜閣-祕苑 등의 순으로 소개된다. 이러한 경성의 안내 지도는 일본인의 관점을 반영하고 있다. 내지인(일본인)이 보고 싶은 장소만 찾아가는 셈이다.

안내 지도는 관광의 미명이라고 불리었던 에도시대에 일본 풍경을 중심으로 한 일본소개가 성행하는 데 기인한다. 그리고 명치유신 이후 철도개통에 의해 여행안내서나 시각표 등이 발행되고 1906년 철도국유법이 공포되어 일본을 방문하는 외국 관광객들이 출현하기 시작하여 그것에 맞춘 형태의 여행안내와 관광유치시설들이 요구되었다.[6] 그리고 철도원에서는 만주일대와 조선관광에 대한 내용을 1919년 일본어판으로 출판하여 일본 내지에 있는 사람들에게도 신내지(新內地)에 대한 정보를 알리면서 지금까지의 외지였던 조선이 신내지가 되었음을 알린다. 이러한 조선에 대한 통치의 주체로서의 인식은 국가의 상위부의 사람들뿐만 아니라 내지의 일반인에게도 인식시킬 필요가 있었던 것이다. 일본 국가는 실제적으로 신내지에 대해 실감을 느끼지 못하는 일본국민 특히 젊은이들에게 「여행안내서」를 통해 최대한 실감을 느끼게 하며 나아가서는 여행자 이민자를 배출하기 위한 방편으로 사용하였다. 일본은 오리엔탈리즘을 바탕으로 아시아 국가들을 타자

6) "1913년에는 『AN OFFICIAL GUIDE TOASIA』 이라고하는 영문판 여행안내기가 철도원에서 발간된다. 이 책은 자칭 「동양관광의 지침」이 되는 책이라고 하며, 일본 국내뿐만이 아니라 만주일대와 조선을 소개하고 있어 서구에게 있어 동양의 통치세력의 주체가 됨을 알리고 있다. 이 책에는 조선의 생활과 풍습 관광지를 안내하며 여행에 필요한 조선어 교육에 이르기까지 자세한 내용을 담고 있다." 서기재(2002), 「일본근대 『여행안내서』를 통해서 본 조선과 조선관광」, 『일본어문학』 제13집, 91쪽.

화하면서 지리적 팽창을 시도했다. 결정적으로 일본의 청일, 러일전쟁의 승리는 일본의 국민들로 하여금 근대국가의식과 제국주의의식을 고취시키는 계기가 됐다. 전쟁의 승리로 인한 일본의 국가적 위상은 시선에 있어서도 객체에서 주체로 변모시키는데, 이러한 변화는 관광행위를 통해 집약된다. 여기서 일본의 본격적인 관광이 러일전쟁이 끝난 직후라는 사실과 전승지인 만주, 조선이 일본의 대중적인 단체관광의 시발점이었다는 점은 이를 뒷받침해준다.[7]

3. 『대경성안내』 기생 이미지와 조선박람회

1907년 경성박람회에는 처음으로 물품을 간수하는 여성도우미(여간수)가 등장했다. 조선과 일본의 기생 세 팀이 교대로 잡가와 검무 등을 공연하면서 관람객 유치를 위해 노력했다. 이후 조선에서 개최된 크고 작은 박람회에는 기생들이 흥행몰이를 위한 단골메뉴로 등장한다.[8]

---

7) "근대이전의 여행은 「고생」의 상징이었다. 그러나 근대 이후의 여행은 야나기다쿠니오(柳田國男)가 이야기하고 있는 것처럼 더 이상 고통스러운 것이 아니라 「즐거운」 것으로 그 인식이 바뀌었다. 그것은 철도건설로 인한 편리한 교통편 증가와 관광 사업을 통한 숙박시설 편의시설 등의 설치에 의한 것이라고 볼 수 있다. 이처럼 편리해진 시설로 인해 근대 일본인들의 여행에 대한 인식이 바뀌어 가고 이 점을 이용하여 일본 국내뿐만이 아니라 조선반도에 그 외의 외지에 있어서도 철도로 이어지는 역중심의 지역을 관광의 요지로 정하고 그 지역에 편의시설과 유락시설을 배치하여 즐거운 신내지 여행을 권장하였다. 이로 인하여 미지의 세계에 대한 호기심에 가득 차 있는 젊은이들의 신내지 여행에 대한 꿈을 부풀리기도 했다." 서기재(2002), 「일본근대『여행안내서』를 통해서 본 조선과 조선관광」, 『일본어문학』 제13집, 92쪽.

8) 1929년 조선박람회가 열리면서 경성 인구는 30만 명에서 100만 명 이상으로 늘었다. 시골 사람들이 논을 팔고 올라와 근대의 인공도시를 감상하면서 근대 소비자로 변화했으며, 수많은 소작농도 박람회의 임시토목공사장에서 일하면 돈벌이가 된다는 말을 듣고 올라왔다.

1915년 조선물산공진회

일제는 조선에서 여러 차례의 박람회를 개최하였다. 본래 박람회는 짧은 기간 동안에 다수의 사람에게 전시효과를 내는 목적이 있기에 이 박람회에서는 기생을 조선의 상징으로 내세웠다.

그리고 1915년 일본의 조선 시정 5년을 기념하여 실시한 '조선물산공진회'가 개최된다. 이에 대한 일본 내지용 광고 포스터는 경복궁과 조선총독부를 배경으로 하여 조선의 기생(신부복을 입고 춤을 추는 자세)이 그려져 일본 전국 각지로 배포되었다.

이처럼 기생 이미지는 국내외의 사람들에게 기생을 조선의 대표적 이미지로 각인시키는 결정적 계기가 되었으며, 공진회를 찾지 않은 사람들에게도 박람회의 꽃이 기생이라는 암시를 주게 되었다. 여기서 기생의 이미지는 중요한 의미를 차지한다. 사진엽서를 통해서 기생을 남성의 성적 대상과 타자화된 조선의 이미지로 창출했던 것처럼, 이 포스터는 기본적으로 공진회를 계기로 일본 내부의 정치적 문제를 외부(조선)로 돌리게 하였다. 또 조선에의 투자를 촉진하는 한편 에로티시즘과 엑조티시즘이 결합한 형태인 기생 이미지를 통해 일본 남성들의 성적 욕망을 자극함으로써 조선 이주와 관광을 위한 유인책으로 활용한 것이다. 또한 조선인들에게는 박람회에 가면 공개적인 장소에서 누구나가 기생을 볼 수 있다는 기대를 갖게 하여, 궁극적으로 특권층만이 누렸던 기생문화를 대중화하는 효과를 얻었다. 이로써 기생은 특권 계급의 향유 대상을 넘어서 자본의 대상이 되어 갔다. 돈만 있으면 누구든지 소비하고 향유할 수 있는 문화라는 인식을 낳음으로써 기생 이미지가 갖고 있는 식민담론의 수사는 은폐되고 기생 이미지는 조선 내 자본주의와 성적 불평등의 문제로 환원되었다.[9)]

9) 신현규(2005), 『꽃을 잡고-일제강점기기생인물생활사』, 경덕출판사.

4. 『대경성안내(1929년)』와 『조선미인보감(1918년)』에 수록된 기생 이미지

『대경성안내』에는 기생 명단이 63명이고 사진 이미지까지 소개된 기생은 57명이다. 사진 이미지 형식은 1918년에 발간된 『朝鮮美人寶鑑』을 따르고 있다. 더구나 요릿집 명월관의 광고 사진도 함께 게재되어 있기에 책의 성격을 잘 알 수 있다.

1918년에 京城新聞社의 사장이었던 아오야나기 고타로[青柳綱太郎]가 발행한 『조선미인보감』은 당시 시대 상황을 잘 반영하고 있는 화보 및 唱歌 자료집이다. 크기가 가로 26㎝, 세로 18.5㎝의 46배판이며 총 312쪽으로, 각 권번, 조합별 구분하여 605명의 기생 자료가 실려 있다. 체재는 한 쪽에 각각 2명씩의 기생 이름과 나이, 사진, 출신지와 현주소, 특기, 그리고 그 기생에 대한 짧은 평가들이 적혀 있다. 童妓의 경우에는 3명씩 수록되어, 총 605명 기녀의 신상 정보가 수록되어 있다.[10] 수록된 기생들의 妓藝 부분에는 國樂[11]과 舞踊,[12] 그 밖의 特技[13]에 관련된 내용이다.[14] 이를 『대경

---

10) 青柳綱太郎, 『조선미인보감』, 朝鮮研究會, 序文, 1918, 1면(民俗苑 1985년 復刻).

11) 〈雜歌〉京西雜歌 京城雜歌 南道雜歌 南中雜歌 內地雜歌 西關雜歌 西南雜歌 西道雜歌 〈俚曲·俚謠·俗謠〉 關西俚曲 關中俚曲 南方俚曲 南中俚曲 西道俚謠 西方俗謠 〈창가·俚唱〉 창가 南方俚唱 立唱 坐唱 〈行歌〉 南道行歌 西道行歌 〈樂器〉 伽倻琴 楊琴 長鼓 風琴 玄琴 〈調〉 羽界面 羽調 執拍

12) 劍舞 南舞 南舞바지 南中俗舞(살풀이춤) 內地舞無山香 西洋舞蹈 僧舞 立舞 長衫舞 呈才舞 春鶯舞.

13) 歌詞 京西巨里 國語 墨畵 竝唱散調 三味線 書畵 善圍碁 隷書 風流 漢語 筭術.

14) 신현규(2007), 「『朝鮮美人寶鑑』에 수록된 唱歌 硏究」, 『우리문학연구』 21집, 우리문학회, 27쪽.

『대경성안내』 요릿집 명월관 광고

성안내』에서 차용하여 형식과 내용이 거의 같다.

권번은 일제강점기에 기생들이 妓籍을 두었던 조합이다. 檢番 또는 券班이라고도 하였는데, 조선시대에 기생을 총괄하던 妓生廳의 후신이라 할 수 있다. 또한 권번은 기생을 관리하는 업무대행사로, 등록된 기생을 요청에 따라 요릿집에 보내고 花代를 수금하는 일을 맡았다. 권번에선 매일 '草日記'라는 기생명단을 요릿집에 보내 단골손님이 아닌 사람도 기생을 부를 수 있게 했다. 물론 예약도 가능했다.[15]

『대경성안내』 책자 이외에도 일제강점기 경성의 관광안내책자에는 숙박업소, 요릿집, 택시 연락처, 관광 명소 등을 수록하고 여기에 기생조합인 권번의 연락처를 빠짐없이 적어 놓고 있다. 또한 각 요릿집에서 발간한 안내책자에는 기생의 이름과 사진도 더불어 실어 놓아 지금도 그 자료를 적지 않게 찾아볼 수 있다.[16]

---

15) 경성 소재 권번 → 4대권번 : 漢城券番, 大正券番, 漢南券番, 京和券番 / 그밖에 평양(箕城券番, 대동권번), 부산권번(동래권번), 인천권번(소성권번, 龍洞券番), 그 밖에 대구권번, 광주권번, 남원권번, 개성권번, 함흥권번, 진주권번 등이 유명하다. 신현규(2007), 『기생이야기-일제시대 대중스타』, 살림출판사.

16) 1938년에 경성관광협회에서 발행한 '경성관광안내도'는 경성역 구내에 설치된 안내소를 통해 배포되었다. 그 안에는 경성관광협회 지정 업소들이 소개되어 있다. 여관, 택시회사, 토산물점, 조선인삼, 감률(단밤)가게, 사진촬영, 사진재료, 일본요리옥, 조선요릿집(명월관·

『대경성안내』 기생사진과 프로필 1

『대경성안내』 기생사진과 프로필 2

『대경성안내』 수록된 기생 사진 이미지와 프로필은 『조선미인보감』처럼 소속 권번, 성명, 나이, 출생지, 技藝, 그리고 주소까지 판박이처럼 같다. 다만 1918년과 1929년, 즉 거의 10년 세월 밖에는 변화를 찾을 수 없다. 등장하는 권번기생은 대부분 『조선미인보감』에 수록된 사진 이미지가 아닌 『명기대감』이나 다른 지면에 소개된 것을 사용하고 있다.

『대경성안내』에 소개된 조선권번기생 이유색[17]의 경우는 사진 이미지가

천향원), 카페, 끽다점(찻집), 백화점, 유곽, 권번, 온천 등이 수록되었다. 특히 권번은 일본의 예기로 본(本)권번과 신정(新町)권번을 들고 조선의 기생은 한성권번과 조선권번을 소개하고 있다.

17) 신현규(2014), 『기생, 푸르디푸른 꿈을 꾸다- 일제강점기 기생의 이야기』, 북페리타. 참고

『대경성안내』 조선권번기생 이유색 소개

없고 전면광고 형태로 색다르다.

방년 23세로 技藝에 다음과 같이 소개된다.

"꽃다운 나이 이십춘광을 먹음은 고운 자태 달과 꽃이 부끄러울 만큼 어여쁘다 조선의 정기가 이유색을 낳고 그가 또한 쓸쓸한 우리 사회를 위안 시키었다. 노래가사 서도잡가, 경성잡가, 그것만은 널리 소개한다." (현재 경성 관철동 244번지)

이 과정에서 조선인들은 일제가 만든 타자의 이미지를 투명하고 자연스러운 이미지로 오인하게 되었다. 조선을 바라보는 일본관광객들의 시선과 여행 안내서를 이해하기 위해서 일본이 제국주의 국가로 팽창하면서 관광의 주체로 변모한 과정을 살펴볼 필요가 있다. 이러한 과정은 일본이 근대화와 제국주의를 실현하는 와중에 내재화된 서구의 오리엔탈리즘으로 설명할 수 있다. 또한 조선총독부에서 발행한 여행안내서의 분석은 일본의 제국주의 이데올로기가 어떻게 시각화되었는지를 확인하는 중요한 자료가 된다.[18]

---

18) "여행안내서의 이미지와 지도 그리고 조선 명소에 대한 소개 글들은 일본인들에게 근대 이전의 조선인들이 가지고 있던 공간인식과 전혀 다른 방식으로 조선을 바라보게끔 하였다. 이것은 철도의 선로가 세워짐으로 인해 조선의 지형이 재정립되었기 때문에 가능했던 것인데 여행안내서의 발행주체가 조선총독부 철도국이라는 사실은 이러한 견해를 반증한다." 전수연(2010), 「근대관광을 통해 드러난 일본의 제국주의-1900년대 이후 일본의 조선관광과 여

『대경성안내』는 조선총독부를 포함하여 일본에서 발행된 여행안내서와 거의 내용과 형식이 같아 보인다. 물론 안내서의 분량은 다소 차이가 있지만 변별성을 찾기 어렵다. 그중에서 기생이미지를 수록하는 것을 미루어 보면, 조선이라는 '타자'에 대한 일본의 제국주의 이데올로기가 표상된 이미지로 파악된다.

행안내서를 중심으로-」『美術史學報』 제35집, 미술사학연구회, 313-314쪽.

부록

일제강점기 기생관련 잡지 기사 목록

부록

일제강점기 기생관련 잡지 기사 목록

1. 일제강점기의 기생 관련 잡지 기사

일제강점기는 우리 민족의 장구한 역사에서 민족의 정통성과 역사가 단절된 특별한 시기였다. 이 시기에 벌어진 식민지적 경제의 파행과 왜곡된 근대화 과정 등으로 정치·경제·문화·사회 등 여러 분야에서 심각한 후유증이 남았다.

오늘날 '근대近代'라는 말은 널리 사용되고 있고, 여러 곳에서 논의되는 말이기도 하다. 하지만 아직 그 개념 규정이나 내용에 관해서는 일치된 견해가 없다. '전근대적인 상태로부터 근대적인 상태로 이행하는 과정' 또는 '후진적 상태에서 선진적 상태로 발전해 가는 과정'이라는 근대화의 정의는 보편적 개념으로 받아들일 수 있다. 특히 근대화의 척도 중에 '대중매체의 광범위한 보급'은 보편적인 근대화의 개념과 구분되는 봉건 사회에서 자본주의 사회로의 이행이라는 근대화 개념을 확인할 수 있는 좋은 예이다.

조선 땅에 1920년대 중반부터 레코드 산업이 시작된다. 판소리와 민요 등을 일본에 가서 취입한 사람들은 당대의 명기·명창들이었다. 1925년 11월에 발매한 「조선소리판」이라는 레코드에 당시 유행했던 일본 유행가를 처음으로 우리말로 부른 노래 '시들은 방초(원제: 船頭小唄)'를 취입한 사람은 도월색都月色이었고, '장한몽(원제: 金色夜叉)'은 김산월金山月이 불렀는데, 이들은 모두 기생 출신이었다. 나아가 1930년대 이후 레코드산업이 본격화되자 당대 명기·명창들은 서둘러 레코드업계로 진출했다. 1930년대에는 스포츠가 볼거리와 유흥의 대상으로서 등장하기 시작했고, 미국영화의 상영으로 도시적 감수성, 서구화된 육체와 성에 대한 개방적 관심이 증폭되었으며, 이에 따라 '모던 걸'과 '모던 보이'가 거리로 쏟아져 나왔다. 이에 맞추어 '카페'도 보급되었고, 기생 출신 '카페'의 여급도 많이 늘었다. 요릿집보다 카페에 손님 수요가 많아지자, 권번의 기생들은 차츰 화류계에서도 밀리는 상황을 맞는다.

이와 함께 한국음악사에서 매우 중요한 1930년대가 열리고 있었다. 근대음악사의 발전과정에서는 그 시대가 새로운 대중음악을 등장시킨 하나의 전환기였고 그 중요한 획을 그은 이가 평양 출신 기생 왕수복이었다. 이처럼 급격한 사회변동에 따라 생성된 새로운 대중음악의 등장은 그 시대를 앞 시대와 구분 짓도록 만든 전환기적 사건이었다. 바로 지금의 대중가요의 뿌리에 해당하는 유행가·신민요·신가요·유행소곡 등과 같은 새로운 갈래의 노래들이 이 시기에 작사자와 작곡가들에 의해서 창작됐다는 사실 때문이다. 새 노래문화의 창작자들이 출현했다는 사실은 음악사적 관점에서 보면 일제강점기 이전에는 없었던 명백한 증거물이라는 점에서 커다란 의미를 지닌다. 이러한 흐름 속에서 1930년대 본격적으로 작곡가에 의해 새로 등장한 '신민요新民謠'라는 성악의 갈래는 일제강점기 전통 민요와 유행가의 중간 다리 역할을 맡았던 전환기적 시대 산물이라고 볼 수 있다.

신민요의 등장은 근대의 단초를 제공한다. 왜냐하면 근대화는 전통적 사회에 내재된 전통적인 바탕 위에서 외재적인 요소를 가지고 변질 또는 변형시키는 과정을 보여주기 때문이다. 신민요는 전통적인 문화에 외래적인 문화가 더해진 문화적 종합화라고 보아야 한다. 이처럼 레코드 산업의 등장은 새로운 수요를 창출할 뿐 아니라, 새로운 가수의 등장을 예고하기도 했다. 그것은 기존의 서양음악가나 전통음악가와 달리, 새로운 수요에 적극적으로 응대할 수 있는 유행가 가수를 의미하는 것이었다. 1928년에서 1936년 사이에 콜럼비아, 빅타, 오케이, 태평, 폴리돌, 리갈, 시에론 등 각 레코드사들은 음반 제작에 기생 출신의 여가수들을 잇달아 참여케 함으로써 1930년대 중반 레코드음악의 황금기를 장식했다.

따라서 일제강점기 기생관련 잡지 기사 목록은 전통음악 및 대중음악과 밀접한 관계를 가지고 있다. 1905년 1월 1일부터 1945년 8월 15일까지의 기준으로 기생관련 잡지 기사를 목록작업을 하였다. 여기 수록된 자료 출전은 〈한국역사정보통합시스템(www.koreanhistory.or.kr)〉에서 검색을 통해서 기본 자료를 확보했다.

1927년 기생 잡지 『장한』 1호, 2호와 『모던일본 조선판』 1939년, 1940년에 기생 관련 기사내용을 정리했다. 또한 1906년에서 1945년까지 발행된 잡지에 실린 음악기사의 원문을 배열한 한국어 잡지의 음악 기사집 『한국근대 음악기사 자료집 잡지편 1-10』(1906-1945)에서 기생관련 기사내용을 찾아내어 검토했다.

2. 일제강점기의 기생 관련 잡지 기사 목록

1917. 6 半島時論, (1/3)	半島花柳界의 昨今	風流生
1917. 7 半島時論, (1/4)	朝鮮正樂傳習所를 論함	風流生
1917. 9 半島時論, (1/6)	京城의 料理店과 妓生	風流生
1917.10 半島時論, (1/7)	京城의 花柳界와 演藝界의 今昔感	一浪人
1918. 1 半島時論, (2/1)	〈광고〉廣橋妓生組合, 大正藝妓券番, 安洞商店	
1918. 9 泰西文藝新報, 1호 (1/1)	〈광고〉漢城藝妓券番	
1918.10 半島時論, (2/10)	〈광고〉妓生界의 先驅 漢城券番	
1918.10 半島時論, (2/10)	今日의 京城 中 京城의 花柳界	風流生
1918.10 半島時論, (2/10)	京城의 花柳界와 演藝界	風流客
1918.10 朝鮮文藝, 2호(1/2)	古今의 歌謠	太華山人
1921. 8 開闢, 14호	오다 가다 - 新羅의 俗에 歌樂은 등	一記者
1921. 8 開闢, 14호	오다 가다 - 世界的인 朝鮮雅樂	一記者
1923. 3 시사평론 제2권 제2호	妓生生活도 神聖하다면 神聖합니다	花中仙
1923. 6 開闢, 36호(4/6)	多恨多淚한 慶北의 民謠 - 사승노래 등	C.S.C生
1924. 6 開闢, 48호(5/6)	京城의 花柳界	一記者
1924. 6 新女性, 6호	流行歌是非 - 학교당국을 책망하시오	金永煥
1924. 6 新女性, 6호	流行歌是非 - 해는 잇슬지언정 리익은 업습니다	洪永厚
1924. 6 新女性, 6호	流行歌是非 - 일종의 군소리겟지요	韓琦柱
1924. 6 新女性, 6호	流行歌是非 - 갓득이나 탕일한 음악이엿는데	金애리시
1924. 6 新女性, 6호	流行歌是非 - 趣味가低級한것을表白하는것이외다	尹基誠
1924. 6 新女性, 6호	流行歌是非 - 童謠를 권고합니다	鄭順哲
1927. 1 長恨, 1호	卷頭言	
1927. 1 長恨, 1호	迎春辭	
1927. 1 長恨, 1호	創刊에 際하야	金月仙

1927. 1 長恨, 1호	지금으로 다시 살자	金季鉉
1927. 1 長恨, 1호	우름이라도 맘것 울어보자	金銀姬
1927. 1 長恨, 1호	기생 노릇할 바에는 녯 기생을 본밧자	田蘭紅
1927. 1 長恨, 1호	사랑하는 동무여	金綠珠
1927. 1 長恨, 1호	녯 설음	鄭錦紅
1927. 1 長恨, 1호	내가 바라는 女性	鄭柳綠
1927. 1 長恨, 1호	草露 가튼 인생	全山玉
1927. 1 長恨, 1호	『長恨』을 마지며	裵竹葉
1927. 1 長恨, 1호	斷髮과 自殺	嚴山月
1927. 1 長恨, 1호	妓生과 犧牲	桂山月
1927. 1 長恨, 1호	외국인이 본 조선의 기생	
1927. 1 長恨, 1호	朝鮮的의 기생이 되라	木村一郎
1927. 1 長恨, 1호	고상한 品格을 가지라	D.Y. 번츠
1927. 1 長恨, 1호	藝術的 기생이 되라	王大名
1927. 1 長恨, 1호	기생 생활의 裏面	金蘭紅
1927. 1 長恨, 1호	눈물겨운 나의 哀話	李月香
1927. 1 長恨, 1호	첫소리	金彩鳳
1927. 1 長恨, 1호	波瀾重疊한 나의 前半生	白紅黃
1927. 1 長恨, 1호	珍奇한 離婚裁判	一記者
1927. 1 長恨, 1호	世界名作 紹介	一記者
1927. 1 長恨, 1호	기생노릇은 일생의 厄運	金一蓮
1927. 1 長恨, 1호	장한이란 말이 마음에 백혀요	朴点紅
1927. 1 長恨, 1호	세계 제일 미남자 「발렌티노」의 死	
1927. 1 長恨, 1호	『長恨』에 대하야	朴綠珠
1927. 1 長恨, 1호	내가 만일 손님이라면 差別업시 하겟다	紅桃
1927. 1 長恨, 1호	普通人間으로 대하야 주엇스면	一妓生
1927. 1 長恨, 1호	眞情으로써 대하겟다	翡翠
1927. 1 長恨, 1호	溫突夜話	金南洙
1927. 1 長恨, 1호	世末雜感	尹玉香

1927. 1 長恨, 1호	기생과 斷髮	ㅎ ㅈ ㅋ
1927. 1 長恨, 1호	여자와 斷髮	ㅎ ㅈ ㅋ
1927. 1 長恨, 1호	눈 밝은 쥐	
1927. 1 長恨, 1호	동화 '놀부와 흥부'	金桂花
1927. 1 長恨, 1호	紙上映畵	
1927. 1 長恨, 1호	笑話集	
1927. 1 長恨, 1호	人命在天	金道尋
1927. 1 長恨, 1호	눈 오는 밤	金彩鳳
1927. 1 長恨, 1호	석왕사에서	朴点紅
1927. 1 長恨, 1호	가선님이여	田蘭紅
1927. 1 長恨, 1호	月經과 婦人	研究生
1927. 1 長恨, 1호	無線電話	
1927. 1 長恨, 1호	가곡「데아보로 이야기」	綠鶯
1927. 1 長恨, 1호	唐明皇과 楊貴妃	가운
1927. 1 長恨, 1호	부인과 구강위생	趙東欽
1927. 1 長恨, 1호	編輯餘言	
1927. 1 長恨, 1호	逆境의 아비로부터	패배자
1927. 1 長恨, 1호	「妓生人氣」投票	
1927. 2 長恨, 2호	靑春	淚子
1927. 1 長恨, 2호	萬紫千紅 기생도 사람다운 생활	金季鉉
1927. 1 長恨, 2호	가신 님에게	梅軒 金銀姬
1927. 1 長恨, 2호	나의 生涯에 비초여 同志諸妹의게 訴함	金綠珠
1927. 1 長恨, 2호	妓生도 勞動者다	田蘭紅
1927. 1 長恨, 2호	밤중	
1927. 1 長恨, 2호	人의 一生은 苦痛의 歷史	孤竹
1927. 2 長恨, 2호	나는 기생	全山玉
1927. 2 長恨, 2호	기구한 몸	李錦紅
1927. 1 長恨, 2호	신생활 경영에 대한 우리의 자각과 결심	吳虹月
1927. 1 長恨, 2호	우숨거리	리진순

1927. 1 長恨, 2호	女子界에 曙光인 長恨 잡지 창간에 대하야	桂月軒
1927. 1 長恨, 2호	기생 생활 裏面(二)	金蘭紅
1927. 1 長恨, 2호	구천에 사모치는 우리의 한	金南洙
1927. 1 長恨, 2호	화류계에 다니는 모든 남성들에게 원함	裵花月
1927. 2 長恨, 2호	앵도	金錦紅
1927. 2 長恨, 2호	멀리 계신 어머님에게	朴点紅
1927. 1 長恨, 2호	우수운 이얘기	리진순
1927. 1 長恨, 2호	慘憺한 압길	金雪玉
1927. 1 長恨, 2호	예기의 립장과 자각	尹玉香
1927. 1 長恨, 2호	저주바든 이몸	옥향
1927. 1 長恨, 2호	감동과 친애	金桂花
1927. 1 長恨, 2호	여러 형님께	方玉梅
1927. 2 長恨, 2호	創刊號를 본 나의 늣김	金道尋
1927. 2 長恨, 2호	月光	金道尋
1927. 1 長恨, 2호	사랑으로 죄악에	朴錦玉
1927. 1 長恨, 2호	笑話片片	리진순
1927. 1 長恨, 2호	나의 서름	申暎月
1927. 1 長恨, 2호	님이여! 오라	朴瓊花
1927. 1 長恨, 2호	隨想片言(33句)	패부자
1927. 1 長恨, 2호	눈 밝은 쥐	尖口生
1927. 2 長恨, 2호	唐明皇과 楊貴妃(二)	가운
1927. 2 長恨, 2호	琵琶行 意譯	화산인
1927. 1 長恨, 2호	映畵小說 매암이의 노래(禁無斷撮映)	
1927. 1 長恨, 2호	在東京	曲流生 作
1927. 1 長恨, 2호	夫妻	金紅蓮
1927. 1 長恨, 2호	閑窓漫談	碧波
1927. 1 長恨, 2호	尹心悳의 情死春月	
1927. 1 長恨, 2호	가을비	李月香
1927. 2 長恨, 2호	여자의 健康과 月經	研究生

1927. 2 長恨, 2호	編輯餘言	
1927.10 新民, 30호	職業巡禮 - 妓生	一記者
1927.10 별건곤 제9호	變裝出動 臨時OO되여본記, 새벽에도 妓生 모시고 自動車運轉助手가 되야	C記者
1927.12 별건곤 제10호	妓生組合에서 본 昨今生活相, 今年一年 朝鮮사람의 生活은 엇더하엿나, 여러 方面으로 모아 본 昨年과 今年의 比較	漢城券番 崔東垣
1928. 5 別乾坤, 12, 13호	民謠자랑 - 둘도없는 寶物 特色잇는 藝術 朝鮮은 메나리나라	露雀
1928. 5 別乾坤, 12. 13호	요모조모로 본 朝鮮손님과 外國손님 中-花柳界에서 본	
1928. 5 別乾坤, 12. 13호	요모조모로 본 朝鮮손님과 外國손님 中-料理店에서 본	
1928. 8 別乾坤, 15호	妓生의 平壤 牧師의 平壤	松雀生
1928.10 조선(제161호)	妓生	
1929. 6 別乾坤, 21호	妓生의 外國歌舞	
1929. 9 別乾坤, 23호	碧海桑田가티 激變한 서울의 녯날집과 只今집	(李王職雅樂部와 禁衛營)
1929. 9 별건곤 제23호	不良한 四角帽에게 妓生집에 끌녀서, 서울은 낭이다! 京城와서 속아 본 이약이 (各地各人의 實地經驗談)	安邊 金雲波
1930. 1 별건곤 제25호	妓生 山月이	李泰俊
1930. 7 三千里, 7호(2/4)	西道一色이 모힌 平壤妓生學校	草士
1930.11 朝鮮(朝鮮文), 157호	朝鮮音樂의研究(六):俳優篇	安廓
1931. 1 東光, 17호(3/1)	〈광고〉遊戲唱歌集	
1931. 7 삼천리 제17호	妓生女給과 男便이 戀愛할 때 妻의 態度	
1931. 8 별건곤 제42호	朝鮮妓生에게 붓잽힌 中國巡洋艦이야기	李泰運
1931. 9 三千里, 19호(3/9)	춤잘추는 西道妓生 소리잘하는 南道妓生	
1931.12 동광 제28호	性에 關한 問題의 討論(其二), 理想的 家庭制 妓生撤廢	諸氏
1931.12 東光, 28호(3/12)	妓生撤廢論	韓青山
1931.12 동광 제29호	賣淫制度論, 妓生制度撤廢 諸意見을 檢討함	吳基永

1932. 4 三千里, 25호(4/4)	興行戰 中 朝鮮劇場이냐, 團成社냐	
1932. 4 三千里, 25호(4/4)	料理戰 中 明月館이냐, 食道園이냐	
1932. 5 三千里, (4/5)	〈좌담〉女俳優座談會	金蓮實 외
1932. 5 삼천리 제4권 제5호	인테리 여성의 비극, 그 여자는 女子普高를 졸업하고 엇재서 기생과 여급이 되엿나?	孫朱利奈, 白惠蓮, 李惠淑 손주리내, 백혜련, 이혜숙
1932. 6 三千里, (4/7)	〈광고〉시에론레코드 新譜	
1932. 8 三千里, (4/8)	〈광고〉新發賣시에론레코드	
1932. 9 제일선 제2권 제8호	厥女를 싸고도는 男性群.第二回 妓生篇	實步
1932.10 三千里, 32(4/10)	清秋文藝 - 朝鮮의 流行歌	李瑞求
1932.11 별건곤 제57호	開城 夜話, 妓生尾行의 尾行記	松岳山人
1933. 1 新女性, (7/1)	女俳優漫談	李瑞求
1933. 2 新家庭, (1/2)	流行歌와 各界關心	李萬珪 외
1933. 2 조선급만주(제303호)	アメリカ人の觀た朝鮮妾, 妓生, 公娼	大口義夫
1933. 2 第一線, (3/2)	歷代名妓詩集	
1933. 3 第一線, (3/3)	妾의 開城.巫女의 松都	彩霞洞人
1933. 5 新女性, (7/5)	遊廓은 이런 곳이다	探花郎
1933. 9 新女性, (7/9)	〈광고〉시에론 레코드 미스朝鮮의 노래	
1933.10 삼천리 제5권 제10호	妓生哀話, 蘭花는 가엽슨 女子	李鳳姬
1933.12 新家庭, (1/12)	女流樂壇의 一年	金永義
1933.12 中央, 2호(1/2)	樂界漫談	
1934. 1 別乾坤, 69호(9/1)	〈광고〉오케 레코드 二月新譜	
1934. 1 別乾坤, 69호(9/1)	新流行小曲大懸賞募集	
1934. 1 中央, 3호(2/1)	레코드漫評 - 愛情試驗	金陵人
1934. 1 中央, 3호(2/1)	〈광고〉시에론레코드 금강산타령	
1934. 2 別乾坤, 70호	〈광고〉시에론레코드 - 崔香花孃의 流行歌	
1934. 2 別乾坤, 70호	〈광고〉第一回 當選流行小曲	
1934. 2 別乾坤, 70호	〈광고〉오케 레코드 - 腰絶春香傳	
1934. 2 別乾坤, 70호	〈광고〉第二回新流行小曲大懸賞募集	

1934. 2 新家庭, 14호(2/2)	女流樂壇總評 ZYX	
1934. 2 中央, 4호(2/2)	〈광고〉오케레코드 二月 新譜 特作品	
1934. 2 中央, 4호(2/2)	藝苑에 피는 꼿들(一) - 申一仙 篇	A記者
1934. 3 別乾坤, 71호	〈광고〉第三回 新流行小曲大懸賞募集	
1934. 3 別乾坤, 71호	第一回 新流行小曲大懸賞當選發表	
1934. 3 別乾坤, 71호	〈광고〉오케 레코드 - 李有善獨唱盤	
1934. 4 別乾坤, 72호	流行小曲 第二回當選發表 - 新民謠 베짜는 處女/ 靑春曲(趙靈出)	高馬夫 외
1934. 5 三千里, 39호(6/5)	平壤妓生學校求景, 西都 平壤의 花柳淸調	
1934. 5 三千里, 39호(6/5)	文學妓生의 告白	張蓮花
1934. 5 三千里, 39호(6/5)	五人의 女性 - 申一仙, 金靜淑, 全玉, 河小陽, 金蓮實의 諸孃	白鷺學人
1934. 6 別乾坤, 73호	第五回 新流行小曲 大懸常募集!	
1934. 6 別乾坤, 73호	〈광고〉시에론레코드 - 金剛山打鈴	
1934. 6 月刊每申, 9590부록호	名妓가 되려면	金華山人
1934. 7 三千里, 40호(6/7)	女歌姬自傳	金仙草
1934. 7 三千里, 40호(6/7)	歌手의 哀話 - 폴리돌 歌手 崔昌善孃	SK
1934. 7 三千里, 40호(6/7)	古都의 絶代名妓, 主로 平壤妓生을 中心삼고	金山月
1934. 7 新家庭, (2/7)	朝鮮의 藝妓.娼妓及 酌婦數	李如星
1934. 9 三千里, 42호(6/9)	레코드街散步	
1934.11 三千里, 43호(6/11)	〈광고〉레코드歌手人氣投票(투표용지)	
1934.11 三千里, 43호(6/11)	〈광고〉태평, 포리도루, 오케,시에론 레코드	
1934.11 三千里, 43호(6/11)	朝鮮內各地劇場	
1934.11 三千里, 43호(6/11)	巴里博覽會와 妓生出品	
1934.11 三千里, 43호(6/11)	放送夜話	
1934.11 中央, 13호(2/11)	〈대담〉李瑞求君과 王壽福孃의 一問一答	
1934.11 中央, 13호(2/11)	名曲祕話	
1934.12 新人文學, (1/3)	流行歌手座談會(콜롬비아篇)	

1935. 1 三千里, 44호(7/1)	레코드歌手人氣投票第一回豫選發表	編輯局
1935. 1 三千里, 44호(7/1)	레코드歌手人氣投票用紙	編輯局
1935. 2 三千里, 45호(7/2)	레코드歌手人氣投票第二回發表	編輯局
1935. 2 삼천리 제7권 제2호	美人薄命哀史, 눈물 속에 진 꽃 崔香花 紅衣童子	
1935. 2 三千里, 45호(7/2)	玄桂玉의 가야금	
1935. 2 三千里, 45호(7/2)	名作流行歌謠選 - 綾羅島, 紅淚怨 등 岸曙 외	
1935. 2 朝鮮文壇, 21(5/1)	〈광고〉축음기 빅추롤라	
1935. 2 朝鮮文壇, 21(5/1)	〈광고〉시에론레코드 新歌姬崔姸姸絶唱	
1935. 2 朝鮮文壇, 21(5/1)	그리운그 옛날(流行歌詞)	金岸曙
1935. 2 中央, (3/2)	大京城花柳界今昔盛衰記	無號浪人
1935. 3 三千里, 46호(7/3)	레코드 歌手 人氣投票第四回發表	編輯局
1935. 3 月刊野談, 6호(2/3)	〈광고〉祝發展 - 平壤 王壽福	
1935. 3 月刊野談, 6호(2/3)	〈광고〉祝發展 - 株式會社 箕城券番	
1935. 3 月刊野談, 6호(2/3)	朝鮮女流奇人 名妓黃眞伊	車相讚 述
1935. 3 中央, (3/3)	〈광고〉시에론레코드 가버린사랑	
1935. 3 中央, (3/3)	〈광고〉오케레코드 金蓮月孃 獨唱盤	
1935. 4 中央, (3/4)	朝鮮樂壇回顧와展望座談會	
1935. 4 호남평론 제1권 제1호	愛情小說: 우리의 참사랑.家庭婦人이 된 어느 妓生의 日記中에서	朴華影
1935. 5 朝鮮文壇, 23(5/3)	平壤歌, 가을의 노래	洪順玉 외
1935. 6 四海公論, (1/2)	鮮于一扇과 국일관	好聲生
1935. 6 三千里, 47호(7/5)	레코드 歌手 人氣投票第五回發表	編輯局
1935. 6 三千里, 47호(7/5)	삼천리 기밀실 中 桂貞植氏의 그 后	金如山
1935. 6 三千里, 47호(7/5)	歌姬의 藝術 戀愛 生活 - 文士夫人을 꿈꾸는 王壽福	金如山
1935. 6 三千里, 47호(7/5)	歌姬의 藝術 戀愛 生活 - 農村生活을 憧憬하는 鮮于一扇	金如山
1935. 6 三千里, 47호(7/5)	西道美人 嶺南美人	尹白南
1935. 6 三千里, 47호(7/5)	〈광고〉鮮于一扇孃의 新民謠	

1935. 7 三千里, 48호(7/6)	人氣歌手의生活과 藝術.戀愛 - 哀想曲의 金福姬	如山
1935. 8 四海公論, (1/4)	鮮于一扇孃의 五十圓劇 無言劇	中賣錚耳
1935. 8 三千里, 49호(7/7)	男女歌手結婚與否記	
1935. 8 三千里, 49호(7/7)	美人薄命哀史 - 康明花 青衣處士	
1935. 8 삼천리 제7권 제7호	三千里 機密室	
1935 8 삼천리 제7권 제7호	人氣歌手의 藝術·私生活·戀愛	如山
1935. 9 三千里, 50호(7/8)	人氣歌手의 戀愛.藝術.私生活 - 滿月臺 아래 숨었든 崔南鏞氏	金如山
1935. 9 三千里, 50호(7/8)	人氣歌手의 戀愛.藝術.私生活 - 歌姬, 舞姬로 歷史 깁흔 姜石燕	金如山
1935.10 三千里, 51호(7/9)	〈광고〉朝鮮最初의 發聲映畵 - 春香傳	
1935.10 三千里, 51호(7/9)	레코드歌手人氣投票決選發表	
1935.10 三千里, 51호(7/9)	藝術上으로 본 녯 妓生, 지금 妓生	尹白南
1935.11 三千里, 52호(7/10)	鮮于一扇의 꽃을 잡고 作詞하고	金岸曙
1935.11 三千里, 52호(7/10)	王壽福氏의 '孤島의 情恨'을 作曲하고 全基玹	
1935.11 三千里, 52호(7/10)	金福姬씨 부른 '哀傷曲을 지을	異河潤
1935.11 三千里, 52호(7/10)	金福姬의 '哀傷曲'을 作曲하고	全壽麟
1935.11 三千里, 52호(7/10)	男唱이 본 女流名唱(吳太石)	吳太石
1935.11 三千里, 52호(7/10)	女唱이 본 男流名唱(吳翡翠)	吳翡翠
1935.11 삼천리 제7권 제10호	「거리의 꾀꼬리」인 十大歌手를 내보낸 作曲·作詞者의 苦心記	
1935.11 삼천리 제7권 제10호	現代『長安豪傑』찾는(座談會)	白樂仙人
1935.11 三千里, 52호(7/10)	彈琴名人藝談 - 伽倻琴줄 골라 三十年間	沈相健
1935.11 三千里, 52호(7/10)	彈琴名人藝談 - 短簫로 사람 울니든?	崔壽成
1935.11 三千里, 52호(7/10)	彈琴名人藝談 - 長鼓로 眞境에 이르기까지 韓成俊	
1935.11 三千里, 52호(7/10)	歌手의 都 平壤	金相龍
1935.11 朝光, 1호(1/1)	流動하는 星群 - 趙澤元舞踊硏究所訪問記	
1935.11 朝光, 1호(1/1)	于勒의 後裔들 - 朝鮮正樂傳習所訪問記	

1935.11 朝光, 1호(1/1)	沈滯해가는 朝鮮레코드의 運命	聽又聽生
1935.12 三千里, 53호(7/11)	〈광고〉十二月(送年新譜)流行歌와 民謠	
1935.12 新人文學, (2/8)	新人文學안테나 - 音樂家協會總出演, 妓生株式會社	
1935.12 朝光, 2호(1/2)	레코드欄 - 레코드歌手枯渴時代	景三伊
1935.12 朝光, 2호(1/2)	JODK 京城放送局은 어떠한 곳.무엇을 하는 곳인가	李石薰
1936. 1 文學, 1호	〈광고〉시에론레코드 新譜	
1936. 1 三千里, 69호(8/1)	〈광고〉오케 - 레코드 教育	
1936. 1 三千里, 69호(8/1)	〈광고〉오케 - 레코드	
1936. 1 三千里, 69호(8/1)	〈화보〉當代人氣歌手諸氏	
1936. 1 三千里, 69호(8/1)	年四十萬枚 팔니는 레코드界	
1936. 1 三千里, 69호(8/1)	近聞片片 - 포리돌京城支店	
1936. 1 三千里, 69호(8/1)	近聞片片 - 토키撮影나서는 오케 레코드	
1936. 1 三千里, 69호(8/1)	〈좌담〉人氣歌手座談會 王壽福 外	
1936. 1 삼천리 제8권 제1호	內外情勢	三千里機密室
1936. 1 삼천리 제8권 제1호	流行歌集, 三千里 新年□ 別冊第二附錄	
1936. 1 新人文學, 10호	미스京城新風景 中 田園의 天國을 세우고 싶다/高鳳京	
1936. 1 朝光, 3호(2/1)	새해 첫날에 長安名妓 一泣一訴	
1936. 1 朝鮮文壇, (6/1)	〈광고〉茂英堂樂器部新設	
1936. 2 三千里, 70호(8/2)	〈광고〉오케 朝鮮語教育레코드	
1936. 2 三千里, 70호(8/2)	〈광고〉포리도루레코드 - 流行歌, 新民謠	
1936. 2 三千里, 70호(8/2)	新春에는 엇든 노래 流行할까 - 조선사람 心琴을 울니는 노래	異河潤
1936. 2 三千里, 70호(8/2)	新春에는 어떤 노래 流行할가 - 民謠와 新民謠의 中間의 것	李基世
1936. 2 三千里, 70호(8/2)	新春에는 어떤 노래 流行할가 - 民謠와 리아리틱한 流行歌	金陵人
1936. 2 三千里, 70호(8/2)	新春에는 어떤 노래 流行할가 - 새로히 流行 될 짜 - 乙盤	閔孝植

1936. 2 三千里, 70호(8/2)	新春에는 어떤 노래 流行할가 - 녯것에 도라가질 듯	王平
1936. 4 四海公論, (2/4)	〈광고〉뉴 코리아 레코드 - 新民謠 流行歌	
1936. 4 三千里, (8/4)	〈광고〉포리도루 레코드 - 鮮于一扇 王壽福	
1936. 4 女性, (1/1)	名歌手레코드巡禮 - 쏘푸라노篇	
1936. 4 삼천리 제8권 제4호	女高出身인 인테리 妓生·女優·女給 座談會	
大邱三笠町 徐丙柱		
1936. 5 사해공론 제2권 제5호	朴靜惠는 웨 妓生이 되었나?	C記者
1936. 5 四海公論, (2/5)	人氣歌手알범 - 박경희, 이화자 등	
1936. 5 中央, (4/5)	音樂界, 舞踊界, 流行歌手界	
1936. 5 湖南評論, (2/5)	新民謠 - 실뽑는 처녀	李北草
1936. 6 四海公論, (2/6)	花柳京城의 橫顔	一記者
1936. 6 四海公論, (2/6)	四月分 府內 券番妓生花代時間調査表	
1936. 6 사해공론 제2권 제6호	妓生收入表	
1936. 6 三千里, (8/6)	〈광고〉포리도루레코드	
1936. 6 三千里, (8/6)	名妓榮華史 - 朝鮮券番	浪浪公子
1936. 8 모던朝鮮, 1호	〈화보〉專屬歌手 金仁淑	李銀波
1936. 8 모던朝鮮, 1호	〈광고〉빅타 專屬歌手 金福姬孃	
1936. 8 모던朝鮮, 1호	〈광고〉朝鮮券番 鍾路券番 漢城券番	
1936. 8 모던朝鮮, 1호	〈광고〉團成社 東洋劇場 朝鮮劇場	
1936. 8 모던朝鮮, 1호	流行歌謠에 關한 雜感 - 主로 流行歌의 淨化에 對하야	金友哲
1936. 8 모던朝鮮, 1호	〈광고〉콜롬비아 레코드 紹介	
1936. 8 모던朝鮮, 1호	〈광고〉오케레코드 紹介	
1936. 8 모던朝鮮, 1호	〈광고〉모던朝鮮社新計劃 - 新流行歌大懸賞募集	
1936. 8 三千里, (8/8)	〈광고〉빅타週間特別新譜 - 新民謠 流行歌	
1936. 8 三千里, 76호(8/8)	名妓榮華史 - 漢城券番 青衣童子	
1936. 8 三千里, 76호(8/8)	平壤出生 名妓로서의 레코드 歌手들	
1936. 8 三千里, 76호(8/8)	서울長安 朝鮮人 料亭 二十年記	

1936. 8 三千里, 76호(8/8)	朝鮮·漢城·鍾路 三券番 妓生藝道概評	
1936. 8 新人文學, 12호	〈좌담〉아름다운 노래의 主人公 鮮于一扇孃과의 座談錄	一記者
1936. 9 호남평론 제2권 제9호	鼠妓生의 談話偵探	一猫子
1936. 9 湖南評論, (2/9)	新民謠 - 八月한가운날밤	李北草
1936.10 朝光, 12호(2/10)	없어진 民俗 - 妓生의 特色	白花郎
1936.11 三千里, (8/11)	〈광고〉포리도루 레코드 - 王壽福 鮮于一扇	
1936.11 三千里, (8/11)	名歌手를 엇더케 發見하엿든나 - 妓席一曲으로 鮮于一扇을 發見	王 平
1936.11 三千里, (8/11)	名歌手를 엇더케 發見하엿든나 - 거리에 흐르는 군밤타령으로 無名歌手 차저	異河潤
1936.12 삼천리 제8권 제12호	喫茶店 戀愛風景	
1937. 1 삼천리 제9권 제1호	長安 紳士淑女 스타일 漫評	覆面客
1937. 1 三千里, (9/1)	長安紳士 淑女 風采評 中 男女歌手들 卜惠淑 외	
1937. 1 三千里, (9/1)	〈광고〉東洋劇場 裵龜子樂劇團 公演舞臺	
1937. 5 四海公論, (3/5)	人氣歌手 鮮于一扇은 누구하고 戀愛하나	
1937. 5 三千里, (9/4)	長恨歌 부르는 薄倖의 佳人 申一仙	
1937. 6 四海公論, (3/6)	〈광고〉폴리도루 레코드 - 六月의 노래	
1937. 7 朝光, 21호(3/7)	唯一한 古歌의 權威 河圭一翁의 長逝 咸和鎭	
1937. 8 四海公論, (3/8)	京城 花柳界는 如何	花柳雀
1937.10 삼천리 제9권 제5호	海棠花混戰, 포리돌과 콜럼비아 레코드 兩社 鮮于一扇과 蔡奎燁	
1938. 1 삼천리 제10권 제1호	鮮于一扇의 音樂行脚記, 소녀의 꿈과 각지 풍광	
1938. 2 朝光, 28호(4/2)	레코드 文藝部長의 製作苦心記	金駿永
1938. 5 四海公論, (4/5)	〈좌담〉藝術 朝鮮 人氣의 焦點探索 - 人氣俳優 人氣歌手 誌上座談會	高福壽 외
1938. 7 家庭之友, 13호	誌上納涼 - 朴淵瀑布이야기	車相瓚
1938. 7 朝光, 33호(4/7)	東西妖婦奇話 - 漢末妖姬 趙飛燕	車相瓚

1938. 8 삼천리 제10권 제8호	流行 歌手 今昔 回想	李瑞求
1938. 8 삼천리 제10권 제8호	鮮于一扇과 崔南鏞 . 流行歌에 對한 一問一答	
1938. 9 朝光, 35호(4/9)	〈좌담〉流行歌手와 映畵女優의 座談會	朴響林 외
1939. 1 三千里, (11/1)	〈좌담〉長安才子佳人 - 榮華와 興亡記 - 李瑞求 卜惠淑	李瑞求 외
1939. 1 三千里, (11/1)	長安名妓情話 - 新婦의 未完成 交響樂	白鳥郎
1939. 1 新世紀, (1/1)	〈좌담〉歸鄕한 春香과 列車속에서 朝鮮印象座談記	
1939. 1 新世紀, (1/1)	거리의 메가폰 - 朝鮮流行歌의 人氣歌手는?	
1939. 3 朝光, 41호(5/3)	〈좌담〉레코드界의 內幕을 듣는 座談會	
1939. 5 女性, (4/5)	話題 女性月評 - 劉芙蓉, 鮮于一扇	
1939. 5 朝光, 43호(5/5)	李朝樂制原流	咸和鎭
1939. 5 朝光, 43호(5/5)	流行歌手志望者에게 보내는 글	具沅會
1939. 6 女性, (4/6)	朝鮮歌舞를 이여가는 사람들 - 妓生今昔譚	木金黑
1939. 6 삼천리 제11권 제7호	文學妓生의 作品, 德王의 印象 其他	金淑
1939. 7 三千里, (11/7)	伊太利 가려는 王壽福 歌姬	
1939. 9 新世紀, (1/7)	레코드歌手人物論 - 金龍煥, 李圭南, 朴丹馬, 黃琴心, 金海松, 劉鍾燮, 高福壽, 南仁壽 등	仁旺山人
1939. 9 新世紀, (1/7)	長安名妓人物論 - 陳小紅, 崔景花, 金如蘭, 金彩鳳, 朴小香, 金素姬, 朴初月, 朴玉珠, 李花中仙	徐向宇
1939. 9 月刊野談, 54호(6/9)	靑手帖 - 朝鮮舞踊(2) - 劍舞, 鳳來儀	
1939.11 新世紀, (1/8)	本社記者總動員 - 레코드歌手 尾行記 - 李蘭影과 KO/ 人力車와 鮮于一扇/黃琴心과 누르黃字	
1939.11 모던일본 조선판	기생학교에서는 무엇을 가르치는가	
1939.11 모던일본 조선판	평양기생 내지명사를 말하다	
1940. 1 朝光, 51호(6/1)	내가 느끼는 朝鮮情調 - 朝鮮춤	金煥泰
1940. 3 文章, 15호(2/3)	茶房과 音樂	任東爀

1940. 3 博文, 16호(3/3)	音樂室(한동안 구박과 摸視를 받고~)	
1940. 3 三千里, (12/3)	살림드러가 잘사는 長安名妓, 못사는 名妓	紅衣童子
1940. 4 博文, 17호(3/4)	藝術과 娛樂	金管
1940. 4 朝光, 54호(6/4)	戰時下의 레코드界	具沅會
1940. 8 모던일본 조선판	특집클럽 미스 조선·朴溫實	
1940. 8 모던일본 조선판	히비야 공원에 등장한 경성 기생	
1940. 8 모던일본 조선판	宋秋蓮	
1940. 8 모던일본 조선판	여행앨범에서	村山知義
1940. 8 모던일본 조선판	조선 고전무용의 정수 閑良舞·韓成俊	
1940. 8 모던일본 조선판	기생의 하루	
1940. 8 모던일본 조선판	약진하는 조선	
1940. 8 모던일본 조선판	미스 조선 당선발표	
1940. 8 모던일본 조선판	풍속 조선	
1940. 8 모던일본 조선판	경성에서의 열흘	島木健作
1940. 8 모던일본 조선판	조선, 본 대로의 기록	福田清人
1940. 9 朝光, 59호(6/9)	京城名妓點考	賞花室散人
1941. 1 三千里, 140호(13/1)	愛國美談 中 一千妓生藝妓의 丹心 - 高射機關銃八挺 奬忠壇에서 獻納擧行	
1941. 3 春秋, 2호(2/2)	〈대담〉歌舞의諸問題 - 李東伯 韓成俊對談	
1941. 5 新時代, 5호(1/5)	〈화보〉꿈의繼承 韓成俊과 愛孫	韓英淑
1941. 5 新時代, 5호(1/5)	朝鮮舞踊의 繼承者 - 韓成俊翁의 愛孫 舞姬 韓英淑	
1941.10 新時代, 10호(1/10)	朝鮮蓄音器閑話	翠汀學人
1941.10 春秋, 9호(2/9)	韓成俊과 洪蘭坡	金正實
1942. 7 朝光, 81호(8/7)	流行歌의 걸어온 길	楊薰
1943. 5 朝光, 91호(9/5)	人氣 流行歌手 群像	楊薰

참고문헌

사료

『遣閑雜錄』 『薊山紀程』卷之一

『老稼齋燕行日記』 『綠波雜記』綠波雜記 二

『端宗實錄』『世宗實錄』『世祖實錄』

『大東野乘』권71

『林白湖集』卷之三

『三國史記』·『三國遺事』·『高麗史節要』·『高麗史』

『書言故事』『左傳』

『石洲別集』卷之一

『石洲集』卷之七

『惺所覆瓿藁』제15권

『小話詩評』「嬋娟洞」

『續東文選』제21권

『松溪漫錄』

『詩話叢林』하권

『心田稿』제1권 燕薊紀程

『燃藜室記述』제18권 宣祖朝故事本末

『吳越春秋』

『五洲衍文長箋散稿』필사본. 60권 60책. 규장각도서.

「議政府總務局官報課」光武四年 六月十二日 火曜 彙報

李瀷 撰『星湖僿說』卷23

『紫海筆談』

『佔畢齋集』詩集 제2권

『朝鮮王朝實錄』燕山君日記

周亮工 撰『因樹屋書影 卷4』

『贈越崇侍御』

『芝峯類說』卷十二 文章部五 唐詩

『芝峯先生集』卷之十六 續朝天錄

『青莊館全書』권 32~35『淸脾錄』

『聽天遣閑錄』

『내외진담집(內外珍談集)』, 일본국회도서관 소장, 256쪽.

德永勳美(1907),『韓國總攬』, 東京 博文館.

문화관광부 · 한국문화콘텐츠진흥원(2004),『사업안내서』, 2004년 우리 문화원형의 디지털 콘텐츠화 사업 –"경제살리기" 2004 추가경정예산 사업–]

송준호 · 안대회 역(1996),『정유집』,『한국고전문학전집』28, 고려대 민족문화연구소.

『施政五年紀念朝鮮物産共進會報告書』, 朝鮮總督府, 1916.3.

王書奴(2004),『中國娼妓史』, 團結出版社.

李解觀(1925),「康春紅小傳」『女의 鬼 康明花實記 下』, 회동서관.

조선연구회(2007),『조선미인보감』, 민속원.

≪朝鮮總督府官報≫ 98, 1910. 12.14.

朝鮮總督府 鐵道國(1929),『觀光の京城』

「朝鮮出版警察月報」第15號, 出版警察槪況 – 不許可 差押 및 削除 出版物 記事要旨

中村資良,『朝鮮銀行會社組合要錄』(1932년, 1937년, 1939년, 1942년판), 東亞經濟時報社.

陳綠星,『大京城案內』, 大京城案內社, 1929

青柳網太郎,『조선미인보감』, 朝鮮研究會, 序文, 1918, 1면(民俗苑 1985년 復刻).

村資良,『조선은행회사조합요록』(1932년, 1937년, 1939년, 1942년판), 동아경제시보사.

편집부(1994),『한국사12』,「근대민족의 형성 Ⅱ」, 한길사.

≪訓令照會存案≫ 50책(奎19143), 1903.12.31

신문기사 및 잡지

『개벽』 제21호. 1922. 3월호. 「편집국소식」

『개벽』 제71호. 1926. 7월호. 尖口生, 「京城雜話」

「대한협회회보」 제1호 1908. 4. 25. 「會員名簿」

『동명』 제27호. 1923. 3. 4. 穀明, 「白雲仙」

『동아일보』 1923. 6. 15. 「康明花의 自殺내막은 매우복잡」

『동아일보』 1923. 6. 16. 「꽃 같은 몸이 생명을 끊기까지」

『동아일보』 1923. 7. 8. 나혜석, 「康明花의 自殺에 對하여」

『동아일보』 1923. 10. 30. 「부호의 독자 장병천의 자살」

『동아일보』 1927. 5. 30. 2면. 「朝出夕歿의 기생 잡지」

『每日申報』 1915. 2. 5. 「지방통신: 평안남도: 妓生學校 근황(평양)」

『매일신보』 1915. 7. 15. 人力車夫, 「독자긔별」

『매일신보』 1918. 3. 27. 「妓生 騎馬 禁止—경찰셔에셔 금지혼다」

『매일신보』 1919. 7. 16. ③「白雲仙의 秘密(一)」

『매일신보』 1919. 6. 2. 「支那가는 妓生들—벌셔 다섯명이 도쥬」

『매일신보』 1920. 3. 24. 「화류계소식-빅운션의 일」

『매일신보』 1921. 11. 30. 「강춘홍의 음독자살-그 못된 양모의 마귀 같은 단련으로 해서 이번에 자살함인가」

『매일신보』 1927. 1. 15, 2면.

『매일신보』 1931. 6. 22. 「본사 주최 제6회 시민대운동회에서 참가선수의 입상자 명단에」

『매일신보』 1931. 12. 30. 「화류계에 흐르는 동포애의 열성, 영변기생연주회」

『매일신보』 1932. 4. 8. 「조선호 헌금납 국민협회 取扱」 10전 김은희 기부

『매일신보』 1933. 6. 21. 「잡지발행간판 걸고 인치긔 기자 발호」

『매일신보』 1933. 7.14, 29면. 朴祥燁의 「感傷의 七月-曙海靈前에」

『매일신보』 1934. 4. 1. 「來靑閣에 名唱大會 31일밤부터」

『매일신보』 1935. 1. 3. 「流行歌手 王壽福孃 : 「포리도루」 專屬」

『매일신보』 1936. 3. 23. 2면. 「평양 前 명기의 말로」

『每日申報』 1937. 7. 31. 「京城妓生學校 正式으로 許可 樂園偵에 校舍新築」
『모던일본』 제10권 조선판. 1939. 한재덕, 「기생학교에서는 무엇을 가르칠까?」, 모던일본사.
『모던일본』 제11권 제9호 조선판. 1940. 「미스조선심사평」, 모던일본사, 320쪽.
『별건곤』 제41호. 1931. 7. 1. 「靑燈凉話」
『부인(婦人)』 창간호, 춘파, 「어머니께 여쭙던 그대로」
『부인』 6월, 7월, 8월, 9월, 10월, 12월호.
『부인』 제1호. 1922. 6월호. 「창간사」
『부인』 제1권 제2호. 1922. 7월호. 편집부, 「미용강화를 시작하는 첫말」
『부인』 제1권 제2호. 1922. 7월호. 「미용강화美容講話(一)」
『부인』 제1권 제4호. 1922. 9월호. 현희운, 미용(美容) 문답(問答)
『부인』 제5호. 1922. 10월호. 「사고(社告)」
『부인』 제10호. 1923. 4월호. 「서울 정종명 면담」
『삼천리』 제7호. 1930. 7. 1. 草士, 「西道一色이 모힌 平壤妓生學校」
『삼천리』 제6권 제5호. 1934. 5. 1. 「平壤妓生學校求景, 西都 平壤의 花柳淸調」
『삼천리』 제7권 제10호. 1935. 11. 1. 「'거리의 꾀꼬리'인 十大歌手를 내보낸 作曲 · 作詞者의 苦心記」
『삼천리』 제8권 제8호. 1936. 8. 1. 「名妓榮華史」
『삼천리』 제8권 제8호. 1936. 8. 1. 「조선, 한성, 종로 삼권번 기생예도 개평」
『삼천리』 제8권 제11호. 1936. 11. 1. 王平, 「歌手를 엇더케 發見하엿든나」
『삼천리』 제10권 제10호. 1938년 10월 1일.
『선데이서울』 제1권 제2호. 1968. 9. 29.
『위생(衛生)과 화장(化粧)』 1926. 회춘사(回春社).
『長恨』 1927. 1월호-2월호. 연세대 소장본
『조광』 1939. 3월호. 「레코드계의 내막을 듣는 좌담회」
『조광』 1939. 5월호. 구원회, 「유행가수 지망자에게 보내는 글」
『조선일보』 1923. 10. 30. 「張炳天 군 자살」 - 쥐잡는 약을 먹고
『조선일보』 1923. 12. 15. 「張炳天 군의 葬儀」 - 來18일 칠곡군에
『조선일보』 1926. 12. 24. 「방탕아의 최후 만 원을 사기 차용, 범인 임인상은 서대문서에 배후

엔 명기 백운선」
『조선일보』 1927. 3. 27.
『조선중앙일보』 1933. 8. 28. 平壤 綺談 一束, 「비행기로 渡東, 한 기생 가수」
『주간 아사히(週刊朝日)』 1934. 11. 4.
『중앙일보』 1971. 이난향, 「남기고 싶은 이야기-명월관」
『중앙일보』 1984. 8. 27. 조용만, 「남기고 싶은 이야기-30년대의 문화계」
『중외일보』, 1926. 12. 24. 「부호의 친제가 만여 원 사기로 서대문 경찰서에 잡혀, 엄중 취조를 받고 있다. 백운선 따르던 임인상」
『황성신문』 1905. 5. 31.
『황성신문』 1906. 9. 5. 「文明錄」

논저

고복수, 〈가요계 이면사(1-25)〉, 〈중앙일보〉『남기고 싶은 이야기』, 1971.12.1.-29 [5면].
권도희(2000), 「20세기 초 남도 음악인의 북진」, 『소암권오성박사화갑기념논문집』, 간행위원회.
______(2001), 「20세기 기생의 음악사회사적 연구」, 『한국음악연구』 29호, 한국국악학회.
권순희(2009), 「〈古今歌曲〉의 원본 발굴과 轉寫 경로」, 『우리어문연구』 34집, 우리어문학회.
권오만(1989), 『개화기 詩歌硏究』, 새문사.
金龜禧(1928), 『歌曲寶鑑』, 기성권번 발행, 국립중앙도서관 소장본.
김근수(1991), 『한국 잡지 표지에 의거한 한국잡지연표』, 한국학연구소.
______(1999), 『한국잡지사연구』, 한국학연구소.
김기덕 · 신광철(2006), 「문화 · 콘텐츠 · 인문학」, 『문화콘텐츠입문』, 인문콘텐츠학회, 북코리아.
김동욱(1966), 「이조기녀사서설(사대부와 기녀)-이조 사대부와 기녀에 대한 풍속사적 접근-」, 『아세아여성연구』5, 숙명여대 아세아여성문제연구소.
김명호(1983), 「연암문학과 史記」, 『이조후기 한문학의 재조명』, 창작과 비평사.
김명희(1993), 「기녀문학의 특질」, 『시조학논총』 9.
김미영(2011), 「일본교토의 하나마찌(花街)에 대해서」, 『근대서지』 4호.

김산월(1934), 「고도의 절대명기, 주로 평양기생을 중심삼고」『삼천리』제6권 제7호.
김상진(2005), 「기녀시조에 나타난 문학 치료적 효과」『한국언어문화』28.
김수달(1995), 『한국잡지 100년』, 사단법인 한국 잡지 협회.
김수정(2005), 『한국미용100년』, 동서교류 5.
김수진(2005), 「1920-30년대 신여성 담론과 상징의 구성」, 서울대 박사학위논문.
김영애(2011), 「강명화이야기의 소설적 변용」『한국문학이론과 비평』제50집(15권1호), 한국문학이론과 비평학회.
김영철(1997), 「개화기 전통 시가의 장르적 성격과 변이」『한국시가학회』, 창간호.
김영희(1999), 「일제시대 기생조합의 춤에 대한 연구—1910년대를 중심으로」『무용예술학연구』제3집, 한국무용예술학회.
______(2006), 『〈매일신보〉전통공연예술 관련기사 자료집(1)』, 보고사.
______(2006), 『개화기대중예술의 꽃, 기생』, 민속원.
김용숙(1971), 「韓國女俗史」『韓國文化史大系』4, 고대민족문화연구소.
______(1975), 『이조의 여류문학』, 한국일보사.
김은정 · 김미정(2003), 「인터랙티브 스토리텔링을 적용한 교육용 멀티미디어 콘텐츠에 관한 연구」『HCI』.
김중순(2012), 「근대화의 담지자 기생 Ⅱ-대구지역 문화 콘텐츠로서의 가능성」『한국학논집』제47집.
김창식(1985), 『林白湖詩 一考』,『한양어문』3집, 한국언어문화학회.
김춘식(2003), 『근대성과 민족문학의 경계』, 역락.
김학동(1982), 「개화기 시가」『한국문학연구입문』, 지식산업사.
김함득(1968), 「여류 시조문학고」『국문학논집』2.
박애경(2005), 「기녀시에 나타난 내면의식과 개인의 발견」『인간연구』9.
박영민(2007), 「기생의 한시, 사회적 정체성과 섹슈얼리티의 서사」『동방한문학』33집, 동방한문학회.
박을수(1979), 『시조시화』, 서울, 성문각.
박종우(2008), 「16세기 호남 한시의 풍류론적 고찰」『민족문화연구』48, 고려대 민족문화연구원.

백철(1980), 『신문학사조사』, 신구문화사.

서기재(2002), 「일본 근대 '여행안내서'를 통해서 본 조선과 조선관광」, 『일본어문학』 제13집.

_____(2003), 「전략으로서의 리얼리티-일본 근대 '여행안내서'를 통하여 본 '평양'」, 『일본어문학』 16집, 한국일본어문학회.

서지영(2003), 「식민지 시대 카페여급연구 - 여급잡지 『女聲』을 중심으로」, 『한국여성학』 제19권 3호, 한국여성학회.

_____(2005), 「식민지 시대 기생 연구(1)-기생집단의 근대적 재편 양상을 중심으로」, 한국학중앙연구원, 정신문화연구 제28권 제2호(통권 99호), 여름호.

_____(2006), 「식민지 시대 기생 연구(3) -기생 잡지 『장한(長恨)』을 중심으로-」, 『대동문화연구』 53집, 성균관대학교 대동문화연구원.

성경린(1997), 「다시 태어나도 아악의 길로 Ⅱ」, 『한국음악사학보』 18, 한국음악사학회. 참조.

성기동(1993), 『조선후기야담연구』, 중앙대 박사논문.

성기숙(2001), 「일제강점기 권번과 기생의 전통춤 연구」, 한국민속학회 추계학술대회, 발표3.

성기옥(2000), 「기녀시조의 감성특성과 시조사」, 『한국고전여성문학연구』 1.

성중범(1994), 「한국한시의 역사적 소재 수용양상」, 『진단학보』 77집, 진단학회.

송방송(2002), 「한국근대음악사의 한 양상」-유성기음반의 신민요를 중심으로-, 『음악학』 9집, 한국음악학학회.

송방송(2003), 「한성기생조합소의 예술사회사적 조명—대한제국 말기를 중심으로」, 『한국학보』 113집, 일지사.

신경숙(2012), 「시조문헌 편찬의 역사:『청구영언』에서 『고시조대전』까지」, 『민족문화연구』 57호, 고려대학교 민족문화연구원.

신규호(2003), 『한국현대시와 종교』, 국학자료원.

신석호 외(1980), 『연표로 보는 현대사』, 신구문화사, 281쪽.

신은경(1999), 『풍류-동아시아 미학의 근원』, 보고사.

신현규(1992), 「진랑(황진이)시조 구조 분석의 한 시도」, 『어문론집』 22집, 중앙어문학회.

_____(1999), 「朝鮮王朝實錄 列傳 형식의 卒記 試考」, 『어문론집』 27집, 중앙어문학회.

_____(2005), 『꽃을 잡고 - 일제강점기기생인물생활사』, 경덕출판사.

_____(2006) 「기생에 대한 오해와 진실」, 『신동아』 통권 566호, 11월호.

______(2006), 『제4기민속박물관대학2』, 한국민속박물관회 · 국립민속박물관대학.
______(2006), 『평양기생왕수복-10대가수여왕되다』, 경덕출판사.
______(2007), 「문헌에 나타난 '기(妓)'의 기원 연구」, 『한민족문화연구』 23집.
______(2007), 「조선미인보감에 수록된 창가 연구」, 『우리문학연구』 21집, 우리문학회.
______(2007), 『기생이야기-일제시대의 대중스타』, 살림지식총서 297, 살림출판사.
______(2008), 「기생사진에게 말 걸기(1)~(6)」, 『월간사진』(2008~2009).
______(2010), 「'선연동'시 연구-기생의 무덤을 소재로 한 시가 중심-」, 『우리문학연구』, 우리문학회.
______(2010), 「기생 잡지 '장한(長恨)' 서지고찰」, 『근대서지』제1호, 근대서지학회.
______(2010), 「기생 '백운선'을 콘텐츠로 한 스토리텔링의 가능성 고찰」, 『어문론집』, 중앙어문학회.
______(2010), 『기생, 조선을 사로잡다-일제강점기 연예인이 된 기생 이야기』, 어문학사.
______(2011), 「1920년대 기녀 시조문학의 한 양상 연구 : 기생 잡지 〈장한(長恨, 1927년)〉에 수록된 시조 중심으로」, 『시조학논총』 제35집, 한국시조학회
______(2011), 「기생, 푸르디푸른 꿈을 꾸다(1)~(6)」, 『삶과꿈』(2011~2012)
______(2011), 「최초의 미용잡지 〈香痕〉과 연재물 〈미용강화(美容講話)〉」, 『근대서지』 제4호, 근대서지학회.
______(2011), 『고려사악지-아악 · 당악 · 속악-』, 학고방.
______(2012), 「『女의 鬼 康明花實記 下』(1925) 부록 妓生의 小傳 연구」, 『근대서지』 6호.
______(2012), 『중국창기사』, 어문학사
______(2013), 「일제강점기 기생의 권번시조 연구-〈조선미인보감〉(1918년) 과 〈가곡보감〉(1928년)을 중심으로-〉, 『시조학논총』 제39집, 한국시조학회.
______(2014), 『기생, 푸르디푸른 꿈을 꾸다- 일제강점기 기생의 이야기』, 북페리타.
______(2014), 「'大京城案內'(1929)에 나타난 기생 이미지 연구」, 『근대서지』 10호, 근대서지학회.
______(2015), 『일제강점기 권번기생연구』, 북페리타.
______(2017), 『조선기생선연동연구』, 보고사.
심경호(2005), 『한시기행』, 이가서.

심재완(1972), 『校本 歷代時調全書』, 세종문화사
______(1972), 『詩調의 文獻的研究』, 世宗文化社, 1972.
안대희(2006), 「평양기생의 인생을 묘사한 小品書 綠波雜記 연구」, 『한문학보』 14집.
안지영(2001), 「기녀시조의 시조사적 의미」, 『시조학논총』17.
역사문제연구소(2001), 『전통과 서구의 충돌(한국적 근대성은 어떻게 형성되었는가)』, 역사비평사.
연구공간 수유+너머 근대매체연구팀(2005), 매체로 본 근대 여성 풍속사-『신여성』, 한겨레신문사.
염은열(2000), 『고전문학과 표현교육론』, 역락.
오세정(2006), 「이야기와 문화콘텐츠」, 『시학과 언어학』 제11호
오영식(2009), 『해방기간행도서총목록(1945~1950)』, 소명출판.
오현화(2004), 「藝壇一百人을 통해 본 1910년대 기생집단의 성격」, 『어문론집』 49호, 민족어문학회.
요시미순야(이태문 옮김)(2004), 『박람회-근대의 시선』, 논형.
윤영옥(1983), 『기녀시조의 고찰』, 『여성문제연구』 12.
윤채근(2001), 「林悌의 시문학 : 일상과 초일상의 분열」, 『한문학논집』19, 근역한문학회.
이능화(1992), 이재곤 역, 『조선해어화사』, 동문선.
이각규(2010), 『한국의 근대박람회』, 커뮤니케이션북스.
이경민(2005), 『근대 기생의 탄생과 표상공간-기생은 어떻게 만들어졌는가』, 사진아카이브연구소.
이경민(2012), 『경성, 카메라, 산책』, 아카이브북스.
이경복(1986), 『고려시대기녀연구』, 민족문화문고간행회.
李秉岐(1940), 「朝鮮語文學名著解題」, 『文章』 제2권 제8호, 10월호.
이상경(2010), 「『부인』에서 『신여성』까지-근대여성 연구의 기초자료」, 『근대서지』 제2호, 근대서지학회.
이상보(1956), 「여류시조 작가론」, 『국어국문학』 14.
이승윤(2005), 「한국 근대 역사소설의 형성과 전개」, 연세대 박사논문.
李解觀(1925), 『女의 鬼 康明花實記 下』, 회동서관.

이화형(2001), 「시조에 나타난 기녀들의 존재의식 탐구」, 『한국언어문학』 46.
장남원(1988), 「朝鮮後期 李圭景의 陶磁認識」, 『미술사논단』, 한국미술연구소.
장덕순(1983), 『黃眞이와 妓房文學』, 중앙일보사(주).
장도준(2003), 『한국현대시교육론』, 국학자료원.
장영철(1998), 『조선음악명인전(1)』, 왕수복, 평양, 윤이상음악연구소.
전수연(2010), 「근대관광을 통해 드러난 일본의 제국주의-1900년대 이후 일본의 조선관광과 여행안내서를 중심으로-」, 『美術史學報』 제35집, 미술사학연구회.
정경운(2006), 「서사공간의 문화 기호 읽기와 스토리텔링 전략 I」, 『현대문학이론』, 현대문학이론학회.
정노식(1940), 『조선창극사』, 조선일보사.
정덕준(1977), 「玄哲硏究 Ⅰ~Ⅲ」, 『韓國演劇』, 한국연극사.
정상진(2005), 『아무르만에서 부르는 백조의 노래』, 지식산업사,
정혜영(2001), 「근대를 향한 왜곡된 시선- '〈장한〉'연구」, 『한국현대문학연구』 제9집, 한국현대문학회.
조동일(1994), 『제3판 한국문학통사4』, 지식산업사.
조연숙(2010), 「기녀시조의 전개 양상과 성격」, 『아시아여성연구』 제49권 2호.
조연현(1968), 『한국현대문학사』, 인간사.
조운찬, 「역사도시, 평양의 가능성」, 『경향신문』 2018. 09. 20
조혜란(2004), 「다매체 환경 속에서의 고소설 연구 전략」, 『고소설연구』 17집, 한국고소설학회.
주명희(1985), 「'傳'의 양식적 특징과 소설로의 수용 양상」, 서울대 박사논문.
최동현 · 최혜진(2005), 『교주본 춘향가1』, 민속원.
최창호(2000), 『민족수난기의 대중가요사』, 일월서각.
허경진(1988), 「19세기에 엮어진 세 권의 평민전기집」, 『조선조 후기문학과 실학사상』, 정음사.
황달기(1996), 「그림엽서의 인류학」, 『관광인류학의 이해(佐藤健)』, 일신사.
황지영(2011), 「근대 연애 담론의 양식적 변용과 정치적 재생산-강명화 소재 텍스트 양식을 중심으로-」, 『한국문예비평연구』 36집

최남선(1972), 『朝鮮常識問答續編』, 삼성문화재단(1972. 재발간).

최덕교(2004), 『한국잡지백년-2』, 현암사.

최혜실(2002), 「게임의 서사구조」, 『현대소설연구』, 한국현대소설학회.

______(2003), 『디지털시대의 영상문화』, 소명출판.

______(2006), 『문화콘텐츠 스토리텔링을 만나다』, 삼성경제연구소.

______(2007), 『문화산업과 스토리텔링』, 다홀미디어.

취음산인(1954), 「사상에 산 박명가인 채금홍」, 『지방행정』 3(3).

한기자(1922), 「현대문명이 요구하는 美人」, 『부인』 제1권 6호, 12월.

한재덕(1939), 「기생학교에서는 무엇을 가르칠까?」, 『모던일본』 10권, 조선판, 모던일본사.

한재락(2007), 이가원 역, 『녹파잡기(개성 한량이 만난 평양 기생 66인의 풍류와 사랑)』, 김영사.

허경진(1988), 「19세기에 엮어진 세 권의 평민전기집」, 『조선조 후기문학과 실학사상』, 정음사.

허동현(2004), 『한국 근대여성의 일상문화』(전 9권), 국학자료원.

현문자(1967), 「기녀고」, 동아대학교 대학원, 1967.

황지영(2011), 「근대 연애 담론의 양식적 변용과 정치적 재생산-강명화 소재 텍스트 양식을 중심으로-」, 『한국문예비평연구』 36집.

http://kisaeng.culturecontent.com/

북한 지역 정보넷 (http://www.cybernk.net)

한국고전번역원(www.minchu.or.kr)

기생,
문화콘텐츠 관점에서 본 권번기생 연구

발행일 2022년 04월 15일
저자 신현규
펴낸이 이정수
책임 편집 최민서 · 신지항
펴낸곳 연경문화사
등록 1-995호
주소 서울시 강서구 양천로 551-24 한화비즈메트로 2차 807호
대표전화 02-332-3923
팩시밀리 02-332-3928
이메일 ykmedia@naver.com
값 20,000원
ISBN 978-89-8298-198-2 (93910)